Jan Kott:
Shakespeare heute

Deutscher
Taschenbuch
Verlag

dtv

Erweiterte Neuausgabe
Aus dem Polnischen von Peter Lachmann
Die Originalausgabe erschien unter dem Titel
›Szekspir współczesny‹
im Państwowy Instytut Wydawniczy,
Warschau 1965

Juni 1980
Deutscher Taschenbuch Verlag GmbH & Co. KG,
München

ISBN 3 492 01823 8
Umschlaggestaltung: Celestino Piatti
Umschlagbild: Ausschnitt aus dem Chandos-Porträt
Shakespeares
Gesamtherstellung: C. H. Beck'sche Buchdruckerei,
Nördlingen
Printed in Germany · ISBN 3 423 04359 8

Das Buch

Dieser Band ist eine wesentlich erweiterte und revidierte Neuausgabe von Jan Kotts berühmtem Shakespeare-Buch. Zuerst 1961 in Warschau erschienen und seitdem in viele Sprachen übersetzt, hat es nicht nur der orthodoxen Shakespeare-Forschung neue Impulse gegeben, sondern vor allem auch die praktische Theaterarbeit entscheidend beeinflußt. In vierzehn brillant geschriebenen Essays analysiert und interpretiert Kott die bedeutendsten Shakespeare-Stücke, u. a. ›Hamlet‹, ›Richard III.‹, ›Othello‹, ›König Lear‹ und ›Ein Sommernachtstraum‹. Er nähert sich der von Chaos und Grausamkeit geprägten Welt des großen Dramatikers mit den Erfahrungen unserer Welt, den furchtbaren Erfahrungen der eigenen Generation – und findet die eigenen Erlebnisse in der Welt Shakespeares vorweggenommen. Kotts Interpretationen haben inzwischen zahllose Aufführungen in Europa und in den USA stark beeinflußt.

Der Autor

1914 in Warschau geboren, Autodidakt, galt Kott bis zu seiner Ausreise im Jahre 1967 als einer der führenden Theater- und Literaturkritiker Polens. Nach mehreren Gastprofessuren an westeuropäischen und amerikanischen Universitäten lehrt Kott jetzt als Professor für vergleichende und englische Literaturwissenschaft in Stony Brook, New Jersey.

FÜR LIDIA

For he is but a bastard to the time
That doth not smack of observation ...

König Johann, I, 1

INHALT

9 *Vorwort*

I. DIE TRAGÖDIEN

15 Die Könige
72 Der HAMLET der Jahrhundertmitte
85 TROILUS UND CRESSIDA, verblüffend und modern
92 MACBETH oder die vom Tod Befallenen
106 Die zwei Paradoxe des OTHELLO
133 KÖNIG LEAR oder das Endspiel
171 Let Rome in Tiber Melt!
179 CORIOLAN oder von Shakespeares Widersprüchen

II. DIE KOMÖDIEN

213 Titania und der Eselskopf
236 Bitteres Arkadien
291 Prosperos Stab

III. MISZELLEN

339 Der HAMLET von Stanisław Wyspiański
351 Shakespeare, grausam und wahrhaftig
359 Notizbuch
371 Zeittafel: Die Welt und Shakespeare

376 *Anmerkungen*
381 *Quellennachweis*
383 *Register*

VORWORT

Zur Verteidigung von SHAKESPEARE HEUTE

Zwischen zeitgenössischem Drama und dem Aufführungsstil der Klassiker besteht ein enger Zusammenhang: So entwickelte das Theater der Romantik unter dem Einfluß von Victor Hugo – der seinerseits von Shakespeare stark beeinflußt war – für Shakespeare-Aufführungen eine spezifische Art von Bühnenbild, Gestik und Rhetorik, die mehr als fünfundzwanzig Jahre lang die Szene beherrschte. Die Begegnung mit dem elisabethanischen Theater war entscheidend für Brecht – und jetzt benutzt man Brechts Technik für die Inszenierung von Shakespeares historischen Dramen, und zwar mit großem Erfolg. Das Nachleben der großen Klassiker ist immer ein Ergebnis der Kritik, aber im Nachleben großer Dramen ist alles zeitgenössisch bis auf den Text. Die Verse des Dichters werden von den Stimmen eines anderen Jahrhunderts rezitiert und von Menschen verschiedener Länder und Zeiten verkörpert; sie werden durch neue Methoden der Darbietung erhellt und in eine neue Umgebung versetzt. Dieses Zusammentreffen von klassischem Text und neuen Erfahrungen kann sich manchmal verheerend und zu anderen Zeiten sehr fruchtbar auswirken. Der Zusammenstoß zwischen Shakespeare und den ›Zeitgenossen‹ der Nachwelt führte zweimal zu katastrophalen Ergebnissen: zuerst im 18. Jahrhundert und dann während der Viktorianischen Epoche. Zweimal führte das Zusammentreffen zu einer Bereicherung Shakespeares: zunächst während der Romantik und dann wieder in der gerade vergangenen Dekade.

Nun ist meine Interpretation Shakespeares keineswegs etwas völlig Neues. Sie wurde schon mehrfach von Shakespeare-Adepten und -Regisseuren in der »vor-Kottischen Ära« formuliert, wie Kenneth Tynan etwas spöttelnd bemerkt hat. Ich habe sie in meinem Buch lediglich mit der ganzen mir eigenen Anmaßung noch einmal nachdrücklich ausgesprochen. Vielleicht haben mir der Naturalismus der Viktorianer und die pseudo-romantische Shakespeare-Interpretation mehr mißfallen als anderen. Ich habe laut nach Veränderung gerufen, und nun fühle ich mich verantwortlich, aber natürlich nur bis zu einem gewissen Grad. Ich ersehe aus meinen Unterlagen, daß mein Name mit über hundert Shakespeare-Inszenierungen in Europa und in den USA in Verbindung gebracht worden ist, manchmal von den Regisseuren und Intendanten selbst, öfter noch von den Rezensenten; manchmal mit zurückhaltendem Lob, aber meistens mit rückhaltloser Verachtung: als Abweichler, der zur Vernichtung des großen Barden aufhetzt. Ich wäre nicht überrascht, in einem neuen Lexikon den folgenden Eintrag zu finden: »*Kottisch* (von: Kott, J., polnischer Kritiker und Autodidakt), der Stil der abscheulichen Shakespeare-Aufführungen der sechziger Jahre, voll billiger Gags und maßloser Modernismen, der Shakespeare als Imitator von Beckett und Ionesco erscheinen ließ.« Für einen Großteil der Kritik bin ich eben der Sündenbock oder, genauer gesagt, der Sündenkott.

Persönlich fühle ich mich nur verantwortlich für (aber vielleicht ist das ein zu starkes Wort: ich fühle mich verbunden mit) zwei Shakespeare-Aufführungen außerhalb Polens. Die eine war Peter Brooks König Lear, die andere Clifford Williams: Wie es Euch gefällt. In beiden Fällen haben meine Ideen die Regisseure nur in geringem Maße verblendet. Einiges von meinen Vorstellungen haben sie aufgegriffen, anderes abgelehnt, und die Verantwortung für das Endergebnis sollten sie selbst übernehmen. Ich war in der glücklichen Lage, daß mein Buch genau zu dem Zeitpunkt erschien, als eine entscheidende Veränderung im Stil der Shakespeare-Inszenierungen fällig war. Irgendein anderer hätte mein Buch ebensogut schreiben können, allerdings nur jemand anderes aus Osteuropa. Denn es scheint mir kein Zufall zu sein, daß gerade ich für ein neues Verständnis der Gewalt bei Shakespeare verantwortlich bin: daß nämlich Shakespeares Richards und Jagos nun nicht mehr als die machiavellistischen Helden der alten Zeiten gesehen werden, sondern als das wahre Antlitz der großen Diktatoren und Henker unserer Zeit. Vielleicht erscheint mir und dem Publikum in Osteuropa Shakespeare düsterer als den Menschen in glücklicheren Ländern, und selbst wenn diese Sicht nicht die einzig mögliche ist, so ist sie doch auch zutreffend.

Weiter fühle ich mich dafür verantwortlich, daß man beginnt, die Zweideutigkeit des Geschlechts mancher Figuren wahrzunehmen. Vor einigen Jahren sah ich in Stockholm zum erstenmal junge Paare Hand in Hand auf der Straße, die einander in Haartracht und Kleidung so ähnlich waren, daß man unmöglich sagen konnte, wer Junge oder Mädchen war – da fiel mir ganz plötzlich die Ähnlichkeit mit Viola und Rosalinde auf. Shakespeare ist Stimme, Fleisch und Blut, ebenso aber reine Kostümierung. Wenn man heute ein modernes Mädchen mit Minirock oder in bunten Jeans sieht, hat man zum erstenmal seit Jahrhunderten das genaue Abbild eines elisabethanischen Pagen vor Augen. Der Shakespeare von heute kommt, sogar was die Kostüme anbelangt, dem elisabethanischen am nächsten.

Man hat mir oft vorgeworfen, vergagten Aufführungen den Weg geebnet zu haben – aber was ist in einer Shakespeare-Inszenierung Gag und was nicht? Erst kürzlich nahm ein Kritiker meines Buches einen meiner Scherze zu ernst und behauptete, daß meine Interpretation des HAMLET auf nichts anderes hinauslaufe, als die Rolle des Geistes mit einem Maulwurf zu besetzen. Da kann ich nur zustimmen, ein Maulwurf als Geist ist möglicherweise nicht die beste Lösung, ein Maulwurf wäre wirklich nur ein Gag – aber warum ist ein Maulwurf ein Gag, ein Gerippe mit alter Rüstung dagegen eine echte Shakespeare-Vision? Und was sind zwei Männer, einer, der Rad fährt mit dem anderen auf den Schultern – wie nämlich der Geist in Peter Halls letzter HAMLET-Inszenierung dargestellt wurde? Warum sind künstlicher Wind und Gewitterstürme aus der Schalldose kein Gag, dagegen aber die Metallscheiben zum Donnern, die in Brooks KÖNIG LEAR offen auf der Bühne standen? Warum gelten die gemalten Landschaften und künstlichen Bäume im SOMMERNACHTSTRAUM als einer normalen, ernsthaften Aufführung angemessen, während vier Betten in einem echten Garten als eine Beleidigung der Shakespeareschen Poesie bezeichnet werden? Alles, was an Shakespeare nicht reine Sprache ist – Bewegung, Musik, Szenerie, Kostüme –, ist schon Gag, und es ist vielleicht größte Entdeckung des modernen Theaters, Shakespeare einfach auf einer leeren Bühne zu spielen; zwar Requisiten zu benutzen, aber sonst den Raum ganz Shakespeares Poesie und Temperament zu überlassen. Gerade hierin zeigt sich deutlich der Einfluß Brechts.

Für die englischsprachige Welt ist der Shakespeare-Text sakrosankt. Wenn Shakespeare aber anderswo, in Übersetzung, aufgeführt wird, stammen nicht nur Umgebung, Szenerie und Beleuchtung aus einer anderen Zeit, sondern auch die Sprache: Sie ist entweder romantisch, symbolistisch oder modern. Shakespeare in romantischer oder symbolistischer Übersetzung – das heißt, ihn in eine andere Art von Dichtung zu versetzen oder vielmehr hineinzuquälen, wobei ›Dichtung‹ hier Bild und Bedeutung zugleich meint. Aber Shakespeare in moderner Sprache ist auch eine Verfälschung. Man hat nur die Wahl zwischen verschiedenen Zerrspiegeln – ebenso wie bei den griechischen Klassikern. Auf englisch erklingen Sophokles und Euripides entweder im stilreinen klassischen Ton oder romantisch-sentimental oder platt-naturalistisch. Warum nicht die zeitgenössische Umgangssprache benutzen, die ungebrochene Heftigkeit ihrer Ausdrucksweise? Moderne Sprache und altgriechische Gewänder passen jedoch schlecht zusammen. Moderne Aufführungen Shakespeares wie der griechischen Tragödien sind in jedem Fall problematisch, und jeder Lösungsversuch hat sein spezifisches Risiko. Andererseits ist man in nichtenglischsprachigen Ländern unbefangener und freier im Umgang mit Shakespeare, weil man nicht an den Originaltext gebunden ist, und gerade die Inszenierungen von Jacques Copeau, von Meyerhold und Kurosawa haben eine sehr heilsame und erfrischende Wirkung gehabt. Gewaltanwendung ist im politischen Leben entweder ein Verbrechen oder der Anfang einer neuen Ordnung. Dasselbe gilt für das Theater. Eine gelungene Vergewaltigung Shakespeares ist der Beginn eines neuen Stils.

J. K.

I. DIE TRAGÖDIEN

DIE KÖNIGE

What! Do you tremble? are you all afraid?
Alas! I blame you not; for you are mortal!*
RICHARD III., I, 2

I

Mehr braucht man nicht. Es genügt, das Personenverzeichnis von RICHARD III. aufmerksam durchzugehen, um die geschichtliche Materie zu begreifen, derer sich Shakespeare bediente, um seine Gegenwart zu füllen.

Hier, in diesem Stück, das zu seinen frühesten gehört, oder vielmehr, in dem historischen Rohstoff dieses Stückes – bildet sich bereits der Umriß aller späteren großen Tragödien Shakespeares (HAMLET, MACBETH, KÖNIG LEAR) heraus. Will man Shakespeares Welt als wirkliche Welt verstehen, so muß man mit den Königsdramen beginnen und vor allem mit den beiden RICHARDS.

Also beginnen wir mit dem Personenverzeichnis:

König Edward IV., der Heinrich VI., den letzten Herrscher des Hauses Lancaster, entthronte und in den Tower warf, wo ihn seine Brüder: Richard und der Herzog von Clarence, ermordeten. Einige Monate zuvor war der einzige Sohn Heinrichs VI. von Richard in der Schlacht bei Tewkesbury erstochen worden.

Edward, Prinz von Wales, der im Alter von zwölf Jahren im nämlichen Tower an der Themse auf Richards Geheiß ermordet wurde.

Richard, Herzog von York, Edwards IV. zweiter Sohn, der im Alter von zehn Jahren in eben jenem düsteren Tower, dem gotischen Turm aus weißem Stein, auf Richards Geheiß ermordet wurde.

Georg, Herzog von Clarence, Edwards IV. Bruder, der im nämlichen gotischen Turm auf Richards Geheiß ermordet wurde.

Des Herzogs von Clarence Sohn, der sofort nach der Krönung von Richard gefangengenommen wurde.

Des Herzogs von Clarences Tochter, die minderjährig einem einfachen

*Wie nun? ihr zittert, ihr seid all erschreckt?
Doch ach! ich tadl' euch nicht: ihr seid ja sterblich ...

Edelmann zur Frau gegeben wurde, damit sie nicht Königsmutter werde.
Die Herzogin von York, Mutter zweier Könige, Großmutter eines Königs und einer Königin, deren Mann und jüngster Sohn in den Kämpfen der weißen und der roten Rose fielen oder ermordet wurden; deren zweitältester Sohn von zwei gedungenen Mördern im Gefängnis erstochen wurde, deren dritter Sohn, Richard, die Ermordung ihrer beiden Enkelkinder befahl; aus deren gesamter Nachkommenschaft nur ein Sohn und eine Enkelin eines natürlichen Todes gestorben sind.
Margareta, Heinrichs VI. Witwe, deren Mann im Tower ermordet und deren Sohn in einer Schlacht erschlagen wurden.
Lady Anna, Richards III. Gattin, deren Vater in der Schlacht bei Barnet und deren erster Mann in der Schlacht bei Tewkesbury von Richard getötet wurden, deren Schwiegervater zuvor von Richard im Tower hingerichtet worden war – die nach der Hochzeit sofort von Richard gefangengenommen wurde.
Herzog von Buckingham, Richards Vertrauensmann und dessen rechte Hand im Kampf um die Krone, der noch im Krönungsjahr von Richard geköpft wurde.
Graf Rivers, Königin Elisabeths Bruder, Lord Grey, Königin Elisabeths Sohn, Sir Thomas Vaughan, die alle drei auf Richards Befehl vor der Krönung in Pomfret hingerichtet wurden.
Sir Richard Ratcliffe, Organisator des Blutbads von Pomfret und des Staatsstreichs, der zwei Jahre darauf bei Bosworth fiel.
Lord Hastings, Baron, Anhänger des Hauses Lancaster, der verhaftet, freigelassen, erneut verhaftet und darauf von Richard unter dem Vorwurf des Staatsstreichs hingerichtet wurde.
Sir James Tyrrel, Mörder der Kinder Edwards IV. im Tower, der später hingerichtet wurde.
Wir nähern uns dem Ende dieses Personenverzeichnisses oder vielmehr, dem Ende der Liste der Opfer. Noch fehlen Sir William Catesby, der nach der Schlacht bei Bosworth hingerichtet wurde, und Herzog von Norfolk, der in derselben Schlacht fiel. Dazu kommen noch einige Lords und Barone, die ihre Köpfe durch die Flucht in die Emigration gerettet haben. Dann sind wir bei den letzten drei Zeilen angelangt. Diese Gestalten besitzen keine Eigennamen mehr. Man braucht nur den Theaterzettel abzuschreiben: »Geister der von Richard III. Ermordeten, Lords, Höflinge, Bürger, Mörder, Boten, ein Gerichtsschreiber, Soldaten und andere. Ort der Handlung ist England.«
Shakespeare ist wie die Welt oder das Leben. Jede Epoche findet das bei ihm, wonach sie selbst sucht und was sie selbst sehen will. Der Leser un-

serer Jahrhundertmitte liest und sieht RICHARD III. so, wie man ihn auf der Bühne zeigt, durch seine eigenen Erfahrungen. Er vermag ihn weder anders zu lesen noch anders zu sehen. Und deshalb entsetzt, vielmehr, verwundert ihn Shakespeares Grausamkeit nicht. Auf den Machtkampf und das Gemetzel zwischen den Helden der Tragödie blickt er viel gelassener als manche Publikums- und Kritikergeneration des 19. Jahrhunderts. Gelassener oder jedenfalls verständiger. Den grausamen Tod der Mehrzahl der Personen betrachtet er nicht als ästhetische Notwendigkeit, nicht als Norm, die für die Tragödie verpflichtend ist und die die Katharsis herbeiführt, ja nicht einmal als eine besondere Eigenart des mächtigen Genies Shakespeares.

Er ist viel eher geneigt, den grausamen Tod der Protagonisten als geschichtliche Notwendigkeit anzusehen oder aber als eine völlig natürliche Sache. Selbst in TITUS ANDRONICUS, den Shakespeare vermutlich in demselben Jahr wie die Tragödie KÖNIG RICHARD III. umarbeitete oder neu faßte, wird der zeitgenössische Zuschauer bedeutend mehr erblicken als eine überzogene und groteske Häufung entbehrlicher Grausamkeiten, wie es die Kritik des 19. Jahrhunderts verkündete. Und wenn man TITUS ANDRONICUS so aufführt, wie es Peter Brook getan hat, so ist der Zuschauer sogar bereit, die Szene des allgemeinen Abschlachtens aus dem fünften Akt mit demselben begeisterten Beifall zu bedenken, wie ihn die Kesselflicker, Schneider, Metzger und Soldaten zur Zeit Shakespeares spendeten. Es war damals einer der größten Theatererfolge. Der heutige Zuschauer, der in den Tragödien Shakespeares seine eigene Gegenwart wiedererkennt, rückt der Gegenwart Shakespeares oftmals überraschend nahe. Auf jeden Fall versteht er sie gut. Das betrifft in erster Linie die Königsdramen.

Diese Dramen Shakespeares tragen die Namen der Könige als Titel: KÖNIG JOHANN, HEINRICH IV., V., VI., KÖNIG RICHARD II. und III. (KÖNIG HEINRICH VIII., der nur zum Teil von Shakespeare stammt und am Ende seines Schaffens steht, gehört nur formal zum Zyklus der historischen Dramen). Außer KÖNIG JOHANN aus der Wende des 12. zum 13. Jahrhundert umfassen die historischen Dramen Shakespeares die Geschichte der Kämpfe um die englische Krone vom Ende des 14. bis in die letzten Jahre des 15. Jahrhunderts. Sie sind eine mehr als ein Jahrhundert umfassende Epopöe, eingeteilt in die großen Kapitel der Herrschaftsperioden. Lesen wir aber die einzelnen Kapitel in der Reihenfolge der Ereignisse, in der Aufeinanderfolge der Herrscher, so werden wir gewahr, daß die Geschichte für Shakespeare stillsteht. Jedes Kapitel beginnt und endet an derselben Stelle. In jedem *Königsdrama* beschreibt die Geschichte gleichsam einen Kreis, wonach sie zu ihrem Ausgangspunkt zurückkehrt. Diese sich wiederholenden und unveränderlichen Kreise, die die Geschichte zieht, sind die einzelnen Herrschaftsperioden der Könige. Jede dieser großen Geschichtstragödien beginnt mit dem Kampf um den Thron oder dessen Befestigung, jede endet mit dem Tod des Monarchen und der neuen Krönung. In jeder Chronik schleppt der rechtmäßige Herrscher eine lange Kette von Verbrechen hinter sich her, er hat die Feudalherren von sich gestoßen, die ihm zur Krone verholfen hatten, er hat zuerst seine Feinde, dann seine einstigen Verbündeten umgebracht, seine Nachfolger und die Thronprätendenten ausgelöscht. Aber es ist ihm nicht gelungen, alle auszumerzen. Aus der Verbannung kehrt ein junger Prinz zurück – Sohn, Enkel oder Bruder der Ermordeten –, dieser setzt sich für das vergewaltigte Recht ein, um ihn versammeln sich die verstoßenen Herren, er verkörpert die Hoffnung auf eine Ordnung und auf Gerechtigkeit. Aber jeder Schritt auf dem Wege zur Macht ist auch weiterhin durch Mord, Gewalttätigkeit und Treubruch gezeichnet. Und wenn sich dann der neue Prinz in Thronnähe befindet, schleppt auch er eine Kette von Verbrechen hinter sich her, eine Kette, die ebenso lang ist wie die des bisherigen rechtmäßigen Herrschers. Und im Augenblick, da er den Thron besteigt, ist er bereits ebenso verhaßt wie jener. Er hat seine Feinde getötet, nun wird er mit dem Töten seiner einstigen Verbündeten beginnen. Und ein neuer Thronanwärter tritt auf – wiederum im Namen der mißachteten Gerechtigkeit. Der Zyklus schließt sich. Ein neues Kapitel beginnt, eine neue geschichtliche Tragödie:

Then thus
Edward the Third, my lords, had seven sons:
The first, Edward the Black Prince, Prince of Wales;
The second, William of Hatfield; and the third,
Lionel, Duke of Clarence; next to whom
Was John of Gaunt, the Duke of Lancaster;
The fifth was Edmund Langley, Duke of York;
The sixth was Thomas of Woodstock, Duke of Gloucester;
William of Windsor was the seventh and last.*

HEINRICH VI., 2. Teil, II, 2

*Dann so:
Eduard der Dritte hatte sieben Söhne;
Erst, Eduard Prinz von Wales, der Schwarze Prinz;
Der zweite, William Hatfield; und der dritte
Lionel, Herzog Clarence; dem zunächst

Dieses Schema tritt selbstverständlich nicht in allen historischen Dramen Shakespeares mit der gleichen Schärfe zutage. Am klarsten wird es in König Johann sichtbar und in den beiden Meisterwerken der geschichtlichen Tragödie, in Richard II. und Richard III. Am verschwommensten erscheint es in Heinrich V., dem idealisierten, patriotischen Stück, in dem der Kampf mit dem äußeren Feind beschrieben wird. Aber der Kampf um die Macht ist bei Shakespeare immer frei von jeglichem Mythos, im Reinzustand gezeigt. Es ist ein Kampf um die Krone, der sich zwischen lebendigen Menschen abspielt, die mit Namen, Titeln und zäher Kraft ausgestattet sind.

Im Mittelalter war das reinste Sinnbild des Reichtums ein Sack Gold. Jedes Goldstück ließ sich auf der Hand abwägen. Jahrhundertelang bedeuteten Wälder, Felder, Wiesen, Schafherden, ein Schloß und Dörfer Reichtum. Später konnte es auch ein mit Pfeffer oder Gewürznelken beladenes Schiff sein, gefüllte Getreidespeicher und Weinkeller, Warenlager, die sich an der Themse entlangzogen und aus denen schon von weitem der säuerliche Geruch des gegerbten Leders und der stickige Baumwollstaub drangen. Den Reichtum konnte man sehen, man konnte ihn berühren und riechen, erst später entmaterialisierte er sich, wurde zum Zeichen, zum Symbol, zu etwas Abstraktem. Er hörte auf, Ding zu sein. Wurde zu einem Blatt beschriebenen Papiers. Karl Marx hat es sehr wohl verstanden, diese Umwandlungen in Das Kapital zu beschreiben.

Ähnlich entmaterialisierte sich die Macht. Sie entkörperte sich. Sie verlor Vor- und Zunamen. Sie hatte aufgehört, Augen, Mund und Hände zu haben. Sie wurde zur Abstraktion, zum Mythos. Nahezu zur reinen Idee. Nicht nur in unserer Epoche hat man das Schreckensantlitz der absoluten Macht sehen können, die Vor- und Zunamen, Hände, Mund und Augen hat. Der Kampf um die Macht hat seinen abstrakten Charakter verloren. Er ist zum erbarmungslosen Kampf zwischen lebenden Menschen geworden, die an einem Tisch sitzen. Und siehe da, einer von ihnen ist gefallen. Dieser Fall hat das ganze Königreich ins Wanken gebracht. Genau wie in den Königsdramen Shakespeares. Aber für Shakespeare besitzt die absolute Macht Vor- und Zunamen, sie hat Hände, Augen und Lippen. Sie ist der unerbittliche Kampf zwischen lebendigen Menschen, die an einem Tisch sitzen.

Kam John von Gaunt, der Herzog Lancaster;
Der fünfte, Edmund Langley, Herzog York;
Der sechste, Thomas von Woodstock, Herzog Gloster;
William von Windsor war der siebt' und letzte.

For God's sake, let us sit upon the ground
And tell sad stories of the death of kings:
How some have been depos'd, some slain in war,
Some haunted by the ghosts they have depos'd,
Some poison'd by their wives, some sleeping kill'd;
All murder'd...* RICHARD II., III, 2

Für Shakespeare ist das Zeichen der Macht die Krone. Sie ist schwer. Man kann sie in die Hände nehmen, dem sterbenden Herrscher vom Haupte reißen und auf das eigene setzen. Von diesem Augenblick an ist man König. Und nur dann ist man es. Aber man muß warten, bis der König stirbt, oder sein Sterben beschleunigen.

He cannot live..., and must not die
Till George be pack'd with post-horse up to heaven.
I'll in, to urge his hatred more to Clarence...
With lies well steel'd with weighty arguments;
Which done, God take King Edward to his mercy,
And leave the world for me to bustle in!** RICHARD III., I, 1

In jeder Chronik sind es vier oder fünf Menschen, die dem verlöschenden Monarchen in die Augen schauen, dem Zittern seiner Hände folgen. Schon haben sie sich verschwörerisch zusammengetan, schon haben sie die ihnen ergebenen Truppen in der Hauptstadt konzentriert, schon haben sie sich mit ihren Vasallen verständigt. Sie haben den gedungenen Mördern Aufträge erteilt, und der steinerne Tower wartet auf neue Häftlinge. Es sind ihrer vier oder fünf, aber nur einer kann am Leben

*Ums Himmelswillen, laßt uns niedersitzen
Zu Trauermären von der Kön'ge Tod:
Wie die entsetzt sind, die im Krieg erschlagen,
Die heimgesucht von Geistern der Entthronten,
Im Schlaf erwürgt, von ihren Frau'n vergiftet,
Ermordet alle...

**Er kann nicht leben... darf nicht sterben,
Eh George mit Extrapost gen Himmel fährt.
Ich will hinein, und ihn auf Clarence hetzen
Mit Lügen...
Dann nehme Gott in Gnaden König Eduard,
Und lasse mir die Welt, zu hausen drin.

bleiben. Jeder von ihnen hat ein anderes Gesicht. Der eine ist tückisch, der andere mutig, der dritte grausam, der vierte zynisch. Sie sind lebendige Menschen, denn Shakespeare war ein großer Dichter. Wir behalten ihre Gesichter. Aber wenn wir dann am Ende eines Kapitels angelangt sind und mit dem nächsten beginnen, wenn wir die historischen Dramen Shakespeares in einem Zuge lesen, eins nach dem anderen, dann verwischen sich die Gesichter der Herrscher und Usurpatoren.
Selbst ihre Namen gleichen einander. Immer sind es ein Richard, ein Edward und ein Heinrich. Sie tragen dieselben Titel. Da gibt es den Herzog von York, den Herzog von Clarence. Der eine ist tapfer, der andere grausam, wieder ein anderer verschlagen. Aber das Drama, das sich zwischen ihnen abspielt, ist immer das gleiche. In jeder Tragödie wiederholt sich ein und dasselbe Stöhnen der Mütter der ermordeten Könige:

QUEEN MARGARET
I had an Edward, till a Richard kill'd him;
I had a Harry, till a Richard kill'd him:
Thou hadst an Edward, till a Richard kill'd him;
Thou hadst a Richard, till a Richard kill'd him.
DUCHESS OF YORK
I had a Richard too, and thou didst kill him;
I had a Rutland too, thou holp'st to kill him...
QUEEN MARGARET
Thy Edward he is dead, that kill'd my Edward;
Thy other Edward dead, to quit my Edward;
Young York he is but boot...
Thy Clarence he is dead that stabb'd my Edward;
And the beholders of this tragic play,
The adulterate Hastings, Rivers, Vaughan, Grey,
Untimely smother'd in their dusky graves.*

RICHARD III., IV, 4

*KÖNIGIN MARGARETA
Mein war ein Eduard, doch ein Richard schlug ihn;
Mein war ein Heinrich, doch ein Richard schlug ihn;
Dein war ein Eduard, doch ein Richard schlug ihn;
Dein war ein Richard, doch ein Richard schlug ihn.
HERZOGIN VON YORK
Mein war ein Richard auch, und du erschlugst ihn;
Mein war ein Rutland auch, du halfst ihn schlagen...

Und da enthüllt sich in den dramatischen Chroniken Shakespeares allmählich hinter den individuellen Zügen der Könige und Usurpatoren das Bild der Geschichte selbst. Das Bild des Großen Mechanismus. Jedes einzelne Kapitel, jeder große Shakespearesche Akt ist nur eine Wiederholung –

The flattering index of a direful pageant;
One heav'd a – high to be hurl'd down below.*

RICHARD III., IV, 4

Dieses Bild der Geschichte, von Shakespeare vielfach wiederholt, drängt sich uns mit aller Kraft auf. Die Feudalgeschichte ist eine große Treppe, über die ununterbrochen der Zug der Könige schreitet. Jede Stufe, jeder Schritt nach oben ist von Mord, Treubruch oder Verrat gezeichnet. Jede Stufe, jeder Schritt aufwärts rückt den Thron näher oder festigt ihn.

...that is a step
On which I must fall down, or else o'er-leap.**

MACBETH, I, 4

Von der letzten Stufe ist es dann nur noch ein Schritt in den Abgrund. Die Herrscher wechseln. Aber die Treppe ist immer dieselbe. Und auf dieselbe Weise beschreiten sie die Guten und die Bösen, die Mutigen und die Feigen, die Niederträchtigen und die Edlen, die Naiven und die Zynischen.
Hat Shakespeare die Tragik der Geschichte in seiner ersten jugendlichen

KÖNIGIN MARGARETE
Tot ist dein Eduard, Mörder meines Eduards;
Ein andrer Eduard tot für meinen Eduard;
Der junge York war Zutat...
Tot ist dein Clarence, Meuchler meines Eduards;
Und die Zuschauer dieses Trauerspiels,
Der falsche Hastings, Rivers, Vaughan, Grey,
Sind vor der Zeit versenkt ins dumpfe Grab.

*Ein schmeichelnd Inhaltsblatt zu grausem Schauspiel;
So hoch erhoben, tief gestürzt zu werden.

**Das ist ein Stein,
Der muß, sonst fall ich, übersprungen sein.

Schaffensperiode, die man frohgemut optimistisch nannte, so verstanden? Oder war er vielleicht ein Anhänger der absoluten Monarchie und hat deshalb nach dem blutigen Stoff des 15. Jahrhunderts gegriffen, um dem Publikum mit dem Bild des Kampfes der Feudalherren und der inneren Zerrüttung Englands Entsetzen einzujagen? Oder schrieb er gar über seine eigene Zeit? Und sollte HAMLET vielleicht gar nicht so weit entfernt sein von den beiden RICHARDS? Aus welchen Erfahrungen schöpfte er? War er ein Moralist, oder beschrieb er ganz einfach die Welt, die er kannte oder erahnte, ohne Illusionen, ohne Verachtung, aber auch ohne Entrüstung? Und wie ist die Welt in Wirklichkeit, die er in seinen Königsdramen zeigte?
Versuchen wir, die beiden RICHARDS zu verstehen. Zu verstehen, so gut wir es können.

II

Beginnen wir mit dem Gang des Großen Mechanismus, wie ihn Shakespeare in seinem Theater dargestellt hat. Auf der Vorderbühne kämpfen die Truppen miteinander; der kleine überdachte Alkoven verwandelt sich in das Unterhaus oder in das königliche Gemach; auf dem Balkon erscheint der König, umgeben von Bischöfen; Fanfaren ertönen, die Vorderbühne ist bereits der Platz vor dem gotischen Tower geworden, wohin die Hellebardenträger die gefangenen Prinzen abführen; der Alkoven hat sich in die Kerkerzelle verwandelt; heftige Gedanken gewähren dem Thronfolger keinen Schlaf. Aber schon öffnet sich die Tür, und die gedungenen Mörder schleichen mit Dolchen in der Hand herein. Die Vorderbühne ist jetzt zur nächtlichen Straße von London geworden, über die verschreckte Bürger huschen, die von hoher Politik reden; wieder Fanfaren: der neue Herrscher erscheint auf dem Balkon.
Beginnen wir mit der großen Abdankungsszene aus RICHARD II., die zu Lebzeiten der Königin Elisabeth in keiner Edition der Tragödie enthalten war. Diese Szene enthüllte nämlich den Gang des Großen Mechanismus auf eine allzu brutale Weise: im Augenblick des Machtwechsels. Die Macht stammt entweder von Gott oder aus dem Willen des Volkes. Ein aufblitzendes Schwert, Schritte der Hellebardenträger, der Applaus der verängstigten Würdenträger. Dann die Rufe der herbeigetriebenen Menge, und auch diese neue Macht stammt von Gottes Gnaden oder aus dem Willen des Volkes.
Heinrich, mit dem Beinamen Bolingbroke, der spätere König Heinrich

IV., ist aus der Verbannung zurückgekehrt, landete mit seinen Truppen und nahm den von seinen Vasallen verlassenen Richard II. gefangen. Der Staatsstreich ist vollzogen. Nun heißt es, ihn rechtskräftig machen. Noch ist der alte König am Leben.

> Fetch hither Richard, that in common view
> He may surrender; so we shall proceed
> Without suspicion.*

RICHARD II., IV, 1

Unter Bewachung tritt Richard herein, seiner königlichen Gewänder beraubt. Ihm folgen die Würdenträger mit den königlichen Insignien. Die Szene spielt im Oberhaus, das Proszenium stellt die Westminsterhall dar, die Richard umgebaut und mit der berühmten Eichenholzdecke versehen hat. Er stand nur einmal darunter, als Gefangener, als König, der abzudanken hatte.
Der König ohne Krone spricht:

> Alack! why am I sent for to a king
> Before I have shook off the regal thoughts
> Wherewith I reign'd? I hardly yet have learn'd
> To insinuate, flatter, bow, and bend my limbs ...
> Yet I well remember
> The favours of these men: were they not mine?
> Did they not sometime cry ›All hail!‹ to me?**

RICHARD II., IV, 1

Aber sie lassen ihn nicht allzulange reden. Für einen Augenblick geben sie ihm die Krone, damit er sie Heinrich überreiche.
Auf seine Macht, Zinsen und Einkünfte hat er bereits verzichtet. Seine

*Holt Richard her, daß er vor aller Augen
Sein Reich abtrete; so verfahren wir
Frei von Verdacht.

**Ach, warum ruft man mich vor einen König,
Eh ich des Fürstensinns mich abgetan,
Womit ich herrschte? Kaum hab ich gelernt,
Zu schmeicheln, mich zu schmiegen, Knie zu beugen;
Dieser Männer Züge
Sind wohl im Sinn mir: waren sie nicht mein?
Und riefen sie nicht manchmal ›Heil!‹ mir zu?

Edikte hat er für ungültig erklärt. Was mögen sie noch von ihm wollen? Shakespeare wußte es.

No more, but that you read
These accusations and these grievous crimes
Committed by your person and your followers
Against the state profit of this land;
That, by confessing them, the souls of men
May deem that you are worthily depos'd.* RICHARD II., IV, 1

Der König ohne Krone spricht:

Must I do so? and must I ravel out
My weav' d-up follies? Gentle Northumberland,
If thy offences were upon record,
Would it not shame thee in so fair a troop
To read a lecture of them?** RICHARD II., IV, 1

Aber wiederum lassen sie ihn nicht lange reden. Die Entthronung muß schnell und gründlich erledigt werden. Der König seiner Königlichkeit entblößt werden. Denn neben ihm steht bereits wartend der neue. War der alte König kein Verräter, so ist der neue ein Usurpator. Ich kann Königin Elisabeths Zensoren gut verstehen:

NORTHUMBERLAND
My lord, dispatch; read o'er these articles.
KING RICHARD
Mine eyes are full of tears, I cannot see:

* Nichts, als daß Ihr hier
Die Anklagepunkte lest und die Verbrechen,
Die Ihr durch Eure Diener, oder in Person
Begangen habt wider dieses Landes Wohl,
Daß, wenn Ihr sie bekennt, der Menschen Seelen
Ermessen, Ihr seid würdiglich entsetzt.

**Muß ich das tun? Erstricken das Gewebe
Verworrner Torheit? Lieber Northumberland,
Wenn deine Fehler aufgezeichnet ständen,
Würd es dich nicht beschämen, so vor Leuten
Die Vorlesung zu halten?

And yet salt water blinds them not so much
But they can see a sort of traitors here.
Nay, if I turn mine eyes upon myself,
I find myself a traitor with the rest;
For I have given here my soul's consent
To undeck the pompous body of a king.* RICHARD II., IV, 1

Worin besteht die Dramatisierung der Geschichte durch Shakespeare? Vor allem darin, daß sie in Form einer großen Ellipse, unendlich verdichtet, gezeigt wurde. Denn dramatischer als die Dramen des Johann, der Heinrichs und der Richards ist die Geschichte als solche. Der reine Gang des Großen Mechanismus. Shakespeare verwandelte ganze Jahre in Monate, in Tage, in eine einzige große Szene, in zwei, drei Repliken, in denen der ganze Kern der Geschichte enthalten ist.
Und hier das Finale jeder Entthronung:

KING RICHARD
Then give me leave to go.
BOLINGBROKE
Wither?
KING RICHARD
Wither you will, so I were from your sights.
BOLINGBROKE
Go, some of you convey him to the Tower...
On Wednesday next we solemnly set down
Our coronation: lords, prepare yourselves.** RICHARD II., IV, 1

*NORTHUMBERLAND
Herr, macht ein Ende, leset die Artikel.
KÖNIG RICHARD
Ich kann nicht sehn, die Augen sind voll Tränen,
Doch blendet salz'ges Wasser sie nicht so,
Daß sie nicht hier 'ne Schar Verräter sähn.
Ja, wend ich meine Augen auf mich selbst,
So find ich mich Verräter, wie die andern.
Denn meine Seele hat hier eingewilligt,
Den Schmuck von eines Königs Leib zu streifen.

**KÖNIG RICHARD
Erlaubt mir denn zu gehn.

Wir nähern uns dem Ende. Es bleibt nur noch ein Akt. Der letzte. Aber dieser letzte Akt ist gleichzeitig der erste einer neuen Tragödie. Diese wird lediglich einen anderen Titel tragen: HEINRICH IV.
In RICHARD II. war Bolingbroke der positive Held. Er war der Rächer, er verteidigte das vergewaltigte Recht und die Gerechtigkeit. Aber in seiner eigenen Tragödie kann er keine andere als die Rolle Richards II. spielen. Der Kreis hat sich geschlossen. Der Zyklus kann von neuem beginnen. Bolingbroke befindet sich auf der Mitte der großen Treppe der Geschichte. Schon ist er gekrönt. Schon herrscht er. In königlichen Gewändern erwartet er im Schloß von Windsor die Würdenträger des Reiches. Sie kommen.

NORTHUMBERLAND
First, to thy sacred state wish I all happiness.
The next news is: I have to London sent
The heads of Salisbury, Spencer, Blunt and Kent...
BOLINGBROKE
We thank thee, gentle Percy, for thy pains,
And to thy worth will add right worthy gains.
FITZWATER
My lord, I have from Oxford sent to London
The heads of Brocas and Sir Bennet Seely,
Two of the dangerous consorted traitors
That sought at Oxford thy dire overthrow.
BOLINGBROKE
Thy pains, Fitzwater, shall not be forgot;
Right noble is thy merit, well I wot.* RICHARD II., V, 6

BOLINGBROKE
Wohin?
KÖNIG RICHARD
Gleichviel wohin, muß ich nur Euch nicht sehn.
BOLINGBROKE
Gehn eurer ein'ge, nehmt ihn mit zum Turm.
Auf nächsten Mittwoch setzen wir die Feier
Der Krönung an: ihr Lords, bereitet euch.

*NORTHUMBERLAND
Erst wünsch ich deinem heil'gen Regiment
Das glücklichste Gedeihn. – Nach London schon
Sandt' ich die Köpfe – sei dir ferner kund, –
Des Sal'sbury, des Spencer, Kent und Blunt...

Das Erschreckende an dieser Szene ist ihre völlige Ungezwungenheit. Es ist, als sei nichts geschehen. Als sei alles auf die natürlichste Weise vor sich gegangen. Eine neue Herrschaft hebt an: dem König werden sechs Köpfe in die Hauptstadt gesandt. Aber Shakespeare kann die Tragödie nicht so ausklingen lassen. Er benötigt einen Schock. Er muß in den Gang des Großen Mechanismus einen Funken von Bewußtheit hineinbringen. Nur einen einzigen Funken, aber dieser ist genial. Der neue Herrscher erwartet noch einen Kopf. Den wichtigsten. Er hat den treuesten seiner Vertrauensmänner mit einem Mord beauftragt. Auftrag, das ist ein zu simples Wort. Könige pflegen niemanden mit einem Meuchelmord zu beauftragen. Könige lassen ihn geschehen, sie selbst wollen nichts davon wissen. Aber lassen wir Shakespeare sprechen. Denn diese Szene ist eine von den großen, die die Geschichte immer wiederholen wird, eine Szene, die ein für allemal geschrieben ist, in der alles enthalten ist: der Mechanismus des menschlichen Herzens und der der Macht, die Angst, die Speichelleckerei und das ganze System. Bei dieser Szene ist der König abwesend. Und es fällt kein einziger Name. Nichts und alles wird hier gesagt. Gegenwärtig ist nur die Stimme des Königs und ihr zweifaches Echo. Das ist eben eine jener Szenen, in denen Shakespeare seine Überwahrhaftigkeit erreicht:

Exton
Didst thou not mark the king, what words he spake?
›Have I no friend will rid me of this living fear?‹
Was it not so?
Servant
Those were his very words.
Exton
›Have I no friend?‹ quoth he: he spake it twice,

Bolingbroke
Wir danken, lieber Percy, deinen Mühn,
Und würdiglich soll deine Würde blühn.
Fitzwater
Mein Fürst, ich sandt' aus Oxford hin nach London
Den Kopf des Brokas und Sir Bennet Seely,
Zwei der gefährlichen verschwornen Rotte,
Die dir zu Oxford greulich nachgestellt.
Bolingbroke
Fitzwater, deine Müh wird nie vergessen;
Wie hoch dein Wert ist, hab ich längst ermessen.

And urg'd it twice together, did he not?
SERVANT
He did.* RICHARD II., V, 4

Und dann, in dieser letzten Szene RICHARDS II., tritt der Treueste der Treuen herein. In seiner Begleitung die Diener, die einen Sarg tragen:

Great king, within this coffin I present
Thy buried fear: herein all breathless lies
The mightiest of thy greatest enemies,
Richard of Bordeaux, by me hither brought.** RICHARD II., V, 6

Und jetzt bricht der geniale Funke durch. Ersparen wir uns die Antwort des Königs, sie ist flach. Er jagt Exton hinaus, ordnet ein feierliches Begräbnis Richards an und wird dem Sarg als erster folgen. Das alles ist weiterhin nur ein Nachzeichnen des Großen Mechanismus, trocken wie in einer mittelalterlichen Chronik. Aber dem König entschlüpft ein Satz, der uns bereits in die Problematik HAMLETS führt. Denn HAMLET darf nicht anders als durch die beiden RICHARDS gesehen werden. In diesem einzigen Satz steckt jenes plötzliche Entsetzen vor der Welt mit ihrem grausamen Mechanismus, dem man nicht entkommen, den man aber auch nicht akzeptieren kann. Denn es gibt weder gute noch böse Könige; Könige sind nur Könige. Oder anders und zeitgenössischer formuliert: es gibt nur die königliche Situation und das System. Es gibt darin keine

*EXTON
Gabst du nicht Achtung, was der König sagte?
›Hab ich denn keinen Freund, der mich erlöst
von der lebend'gen Furcht?‹ – War es nicht so?
BEDIENTER
Das waren seine Worte.
EXTON
›Hab ich denn keinen Freund?‹ so sagt' er zweimal,
Und wiederholt' es dringend. Tat er's nicht?
BEDIENTER
Er tat's.

**In diesem Sarg bring ich dir, großer König,
Begraben deine Furcht: hier liegt entseelt
Der Feinde mächtigster, die du gezählt,
Richard von Bordeaux, her durch mich gebracht.

Freiheit der Wahl. Den Satz, den der König am Ende der Tragödie spricht, könnte Hamlet sagen:

They love not poison that do poison need.* RICHARD II., V, 6

Zwischen der Ordnung des Tuns und der der Moral besteht in der Shakespeareschen Welt ein Widerspruch. Dieser Widerspruch ist das Schicksal des Menschen. Man kann ihm nicht entrinnen.

III

Allmählich enthüllt sich die Tragik der Shakespeareschen Welt. Doch bevor wir zu den großen Fragen Hamlets vorstoßen, müssen wir diese Welt noch einmal beschreiben. Müssen wir uns überzeugen, daß es die wirkliche Welt war. Die Welt, in der wir leben. Wir müssen noch einmal den Gang des Großen Mechanismus verfolgen, von den Stufen des Throns bis zur Straße von London, von den königlichen Gemächern bis zum Kerker im Tower.

Ermordet wurde Heinrich VI., ermordet wurde der Herzog von Clarence, der Bruder des Königs, Edward IV. ist gestorben. Elf lange Jahre der Geschichte schloß Shakespeare in den beiden ersten Akten von RICHARD III. zusammen, raffte sie in eine große Allerseelenwoche. Es gibt nur Richard und die Stufen, die ihn vom Thron trennen. Jede Stufe ist ein lebendiger Mensch. Nur noch die zwei Söhne des verstorbenen Königs sind übriggeblieben. Auch sie müssen sterben. Das Geniale bei Shakespeare beruht auf der Befreiung der Geschichte vom Illustrativen, Anekdotenhaften, ja geradezu von der Fabel. Seine Geschichte hat keine leeren Stellen.

Und weder die historischen Namen noch die historische Treue der Geschehnisse haben hier etwas zu sagen. Wahr sind die Situationen, ich möchte noch einmal sagen, *überwahr*. Es ist früher Morgen, Abend oder Nacht in dieser nicht endenwollenden Shakespeareschen Allerseelenwoche. Die Zeit existiert nicht, gegenwärtig ist nur die Geschichte, ihr Geschehen an sich, für uns nahezu physisch spürbar. Eine jener dramatischen Nächte, in der das Schicksal des ganzen Königreiches von einer Beratung im Schlosse abhängig ist, vielleicht von einem Dolchstoß. Eine jener historischen Nächte, in der die Luft ein anderes Gewicht und die Stunden eine andere Dauer haben. Eine Nacht, in der man auf Nach-

*Der liebt das Gift nicht, der es nötig hat.

richten wartet. Shakespeare dramatisiert nicht allein die Geschichte, Shakespeare dramatisiert die Psychologie, reicht sie in großen Scherben, in denen wir uns wiedererkennen.
Richard hat die Macht als Lordprotektor bereits ergriffen. In dem Königspalast weilen zwei entsetzte Frauen, die Königsmutter und die Königswitwe. Daneben spielt ein zehnjähriger Knabe: Sohn und Enkel der Frauen. Der Erzbischof ist eingetroffen. Alle warten, und alle denken nur an das eine: was wird Richard tun? Auch der Knabe kennt die Geschichte seines Hauses, die Geschichte des Staates und die Namen der Ermordeten. In ein paar Tagen, in ein paar Stunden wird er ein Königsbruder sein. Oder aber... Der Knabe sagte etwas Unüberlegtes, neckte den mächtigen Oheim. Die Königin schrie auf.

ARCHBISHOP OF YORK
Good madam, be not angry with the child.
QUEEN ELIZABETH
Pitchers have ears.* RICHARD III., II, 4

Dieser Palast, in dem jedes Mitglied der königlichen Familie den Namen der Ermordeten trägt, erinnert stark an Elsinor. Nicht Dänemark allein ist ein Gefängnis. Doch schließlich trifft der Bote ein.

ARCHBISHOP OF YORK
Here comes a messenger. What news?
MESSENGER
Such news, my lord, as grieves me to report.
QUEEN ELIZABETH
How doth the prince?
MESSENGER
Well, madam, and in health.
DUCHESS OF YORK
What is thy news?
MESSENGER
Lord Rivers and Lord Grey are sent to Pomfret,
With them Sir Thomas Vaughan, prisoners.

*ERZBISCHOF
Zürnt nicht mit einem Kinde, gnäd'ge Frau.
KÖNIGIN ELISABETH
Die Krüge haben Ohren ...

Duchess of York
Who hath committed them?
Messenger
The mighty dukes, Gloucester and Buckingham.
Elizabeth
For what offence?
Messenger
The sum of all I can I have disclos'd:
Why or for what the nobles were committed
Is all unknown to me, my gracious lady.* Richard III., II, 4

Noch währt die Allerseelenwoche. Die Nacht des Machtwechsels. Zuvor hatte Shakespeare elf Jahre der Geschichte in ein paar heftige Szenen zusammengedrängt, jetzt zeigt er sie uns Stunde um Stunde.
Wir haben den königlichen Palast verlassen und befinden uns auf der Straße von London. Verschreckte Bürger huschen vorbei: zu zweit, zu dritt. Sie haben etwas zu Ohren bekommen, sie wissen etwas. Aber sie sind nicht der Chor der antiken Tragödie, der die Geschehnisse kom-

*Erzbischof
Da kommt ein Bote, seht – Was gibt es Neues?
Bote
Mylord, was anzumelden mich betrübt.
Elisabeth
Was macht der Prinz?
Bote
Er ist gesund und wohl.
Herzogin von York
Was bringst du sonst?
Bote
Lord Rivers und Lord Grey sind fort nach Pomfret,
Benebst Sir Thomas Vaughan, als Gefangne.
Herzogin
Und wer hat sie verhaftet?
Bote
Die mächt'gen Herzoge, Gloster und Buckingham.
Königin Elisabeth
Für welch Vergehn?
Bote
Was ich nur weiß und kann, eröffnet ich.
Warum, wofür die Herrn verhaftet sind,
Ist gänzlich unbekannt mir, gnäd'ge Fürstin.

mentiert oder den Willen der Götter verkündet. Bei Shakespeare gibt es keine Götter, es gibt nur Herrscher, von denen jeder nacheinander Henker und Gehenkter wird. Und lebendige, entsetzte Menschen, die nur auf die große Treppe der Geschichte schauen können. Aber davon, wer auf der letzten Stufe stehen oder in den Abgrund stürzen wird, hängt ihr eigenes Schicksal ab. Deshalb fürchten sie sich.

Die Shakespearesche Tragödie ist kein antikes Drama sittlicher Haltungen vor dem Angesicht unsterblicher Götter, in seiner Tragödie wirkt kein Fatum, das das Schicksal der Helden determiniert. Die Größe des Shakespeareschen Realismus beruht auf der Erfassung des Grades, in welchem die Menschen an der Geschichte teilhaben. Die einen machen Geschichte und fallen ihr zum Opfer. Die anderen sind der Meinung, Geschichte zu machen, und fallen ihr zum Opfer. Die dritten machen keine Geschichte, fallen ihr jedoch ebenfalls zum Opfer. Die ersten sind die Könige; die zweiten die Ohrenbläser der Könige und die Ausführenden ihrer Befehle, die Zahnräder des Großen Mechanismus; die dritten sind ganz einfach die Bürger des Königreiches. Die große Geschichte spielt sich auf den Schlachtfeldern, im Königspalast und im Tower ab, aber der Kerker, der Palast und die Felder, auf denen die Schlachten stattfinden, liegen in England. Das war eine der Entdeckungen Shakespeares, die die moderne Geschichtstragödie hervorgebracht haben. Hören wir uns deshalb die Stimmen der Straße an.

Third Citizen
Doth the news hold of good King Edward's death?
Second Citizen
Ay, sir, is too true; God help the while!
Third Citizen
Then, masters, look to see a troublous world.
First Citizen
No, no; by God's good grace, his son shall reign...
Third Citizen
For emulation, who shall now be nearest,
Will touch us all too near, if God prevent not.
O! full of danger is the Duke of Gloucester!
And the queen's sons and brothers haught and proud;
And were they to be rul'd, and not to rule,
This sickly land might solace as before.
First Citizen
Come, come, we fear the worst; all will be well.

THIRD CITIZEN
When clouds are seen, wise men put on their cloaks.*
RICHARD III., II, 3

Weiterhin dieselbe Allerseelenwoche und dieselbe Straße von London. Es ist erst ein Tag vergangen, Richard hat seine Vertrauensmänner bereits nach dem Prinzen von Wales ausgesandt. Fanfarenstöße. Der jugendliche Thronfolger zieht in London ein. Aber weder sein Bruder noch seine Mutter begrüßen ihn. Der Herzog von York und die Königswitwe halten sich vor Richard in der weißen gotischen St.-Paul-Kathedrale verborgen. Wie gemeine Verbrecher, denen das Gesetz im Gotteshaus Unantastbarkeit gewährte. Von dort muß man sie herausholen. Der Erzbischof von Canterbury sträubt sich, aber der Herzog von Buckingham findet die richtigen Worte:

You are too senseless-obstinate, my lord,
Too ceremonious and traditional;
Weigh it but with the grossness of this age.**
RICHARD III., III, 1

*DRITTER BÜRGER
Bestätigt sich des guten Königs (Eduards) Tod?
ZWEITER BÜRGER
Ja, 's ist nur allzuwahr: Gott steht uns bei!
DRITTER BÜRGER
Dann, Leut, erwartet eine stürm'sche Welt.
ERSTER BÜRGER
Nein, nein! Sein Sohn herrscht nun durch Gottes Gnaden ...
DRITTER BÜRGER
Denn Eifersucht, der Nächste nun zu sein,
Tritt uns gesamt zu nah, wenn's Gott nicht wendet.
O! Sehr gefährlich ist der Herzog Gloster,
Der Kön'gin Söhn' und Brüder frech und stolz,
Und würden sie beherrscht und herrschten nicht,
Dies kranke Land gediehe noch wie sonst.
ERSTER BÜRGER
Geht, geht! Wir zagen: alles wird noch gut.
DRITTER BÜRGER
Wann Wolken ziehn, nimmt man den Mantel um ...

**Ihr seid zu sinnlos eigenwillig, Mylord,
Zu altherkömmlich und zu feierlich.
Erwägt es nach der Gröblichkeit der Welt ...

Und der Kardinal antwortet:

My lord, you shall o'er–rule my mind for once.*

RICHARD III., III, 1

Noch immer dauert die gleiche nicht endenwollende Allerseelenwoche. Schon sind die beiden Thronfolger, der Prinz von Wales und der Herzog von York, in den Tower geworfen worden, schon eilt der Henkersknecht zum Schloß Pomfret, um die nächsten Verwandten und Freunde der Königin zu köpfen. Richard überschreitet die Stufen, die ihn vom Thron trennen, in Windeseile. Aber noch ist der Staatsstreich nicht abgeschlossen. Man muß den Kronrat und das Oberhaus unter Druck setzen. Man muß die Stadt terrorisieren. Und erst jetzt bekommen wir diejenigen zu Gesicht, die meinen, sie seien es, die Geschichte machen, diejenigen, die in den Großen Mechanismus mitverwickelt sind. Wir bekommen das von jeglichem Mythos befreite, in groben Strichen gezeichnete reine Bild der politischen Praxis zu sehen, die Dramatisierung eines Kapitels aus Machiavellis FÜRST, die große Szene des Staatsstreichs. Aber die Szene spielt sich zwischen lebendigen Menschen ab, und darin liegt die Überlegenheit Shakespeares. Zwischen Menschen, die um ihre Sterblichkeit wissen und ihren Kopf zu retten versuchen, oder von der grausamen Geschichte ein kleines Teilchen an Selbstachtung ergattern wollen, einen Schein von Mut, einen Schein von Anstand. Es gelingt ihnen nicht. Zuerst wird sie die Geschichte zu Memmen machen, dann wird sie ihnen den Kopf abschlagen.

IV

Es ist vier Uhr früh. Zum ersten Mal in dieser Tragödie gibt Shakespeare die genaue Uhrzeit an. Vier Uhr früh. Es ist die Stunde zwischen Nacht und Morgengrauen, die Stunde, in der dort oben die Beschlüsse bereits gefaßt worden sind, in der bereits geschehen ist, was geschehen sollte, aber es ist auch die Stunde, in der man sich noch retten kann, die Stunde, da man noch das Haus verlassen kann. Die letzte Stunde für die Wahl der Freiheit. Das Telefon läutet, jemand pocht hastig an die Tür. Wer ist es? Man weiß es nicht. Ein Freund? Ein Gesandter des Großen Mechanismus? Schon?

*Mylord, Ihr sollt mich diesmal überstimmen. –

MESSENGER
My lord! my lord!
HASTINGS
Who knocks?
MESSENGER
One from the Lord Stanley.
HASTINGS
What is't o'clock?
MESSENGER
Upon the stroke of four.
HASTINGS
Cannot my Lord Stanley sleep – these tedious nights?
MESSENGER
So it appears by that I have to say.
First, he commends him to your noble self.
HASTINGS
What then?
MESSENGER
... Besides, he says there are two councils held.*

RICHARD III., III, 2

*BOTE
Mylord! Mylord!
HASTINGS
Wer klopft?
BOTE
Jemand von Lord Stanley.
HASTINGS
Was ist die Uhr?
BOTE
Vier auf den Schlag.
HASTINGS
Kann nicht dein Herr die langen Nächte schlafen?
BOTE
So scheint's nach dem, was ich zu sagen habe.
Zuerst empfiehlt er sich Eu'r Herrlichkeit.
HASTINGS
Und dann?
BOTE
... Auch, sagt er, werde doppelt Rat gehalten.

Ich bewundere bei Shakespeare jene kurzen Momente, in denen die Tragödie plötzlich im Alltag Boden findet, in denen die Helden vor der todbringenden Schlacht oder nach dem Aushecken eines Staatsstreiches, von dem das Schicksal des Königreiches abhängen wird, sich zum Nachtmahl oder zu Bett begeben. (»Wir essen früh zu Abend, daß wir später Zeit haben, unsere Pläne zu verdauen.«) Sie fallen in einen schweren Schlaf oder sie können ihn nicht finden, leeren einen Pokal Wein in einem Zug, klatschen in die Hände, rufen nach Pagen, reißen sich vom Lager hoch. Sind nur Menschen. Wie die Helden Homers essen, schlafen und wälzen sie sich auf der unbequemen Bettstatt.

Shakespeare ist auch hierin genial, in diesen frühen Stunden. Wer von uns wurde nicht schon wenigstens einmal im Leben um vier Uhr früh auf die nämliche Weise aus dem Schlaf geholt?

> If you will presently take horse with him,
> And with all speed post with hin towards the north,
> To shun the danger that his soul divines.* RICHARD III., III, 2

Lord Hastings wurde um vier Uhr früh geweckt. Lord Hastings wurde von Freunden gewarnt, aber er hat sich nicht zur Flucht entschließen können. Er hat gewartet.

> Go, fellow, go, return unto thy lord;
> Bid him not fear the separated councils:
> His honour and myself are at the one,
> And at the other is my good friend Catesby ...
> Tell him his fears are shallow, wanting instance:
> And for his dreams. I wonder he's so fond
> To trust the mockery of unquiet slumbers.
> To fly the boar before the boar pursues,
> Were to incense the boar to follow us
> And make pursuit where he did mean no chase.
> Go, bid thy master rise and come to me;
> And we will both together to the Tower,
> Where, he shall see, the boar will use us kindly.**
>
> RICHARD III., III, 2

*Ob Ihr sogleich mit ihm aufsitzen wollt,
Und ohne Säumen nach dem Norden jagen,
Um die Gefahr zu meiden, die ihm schwant.

**Geh, geh, Gesell, zurück zu deinem Herrn,
Heiß ihn nicht fürchten den getrennten Rat:

Die Stunde der Wahl ist verstrichen. Schon sind alle im Tower. Lord Stanley, der Warner, und Hastings, der der Warnung nicht folgte, Bischof Ely und Ratcliffe, der gerade erst das Blutbad von Pomfret bereitet hatte. Alle sitzen an einem Tisch. Der gesamte Kronrat, die höchsten weltlichen und geistlichen Herren des Königreiches, Laien und Priester, von denen Kirche, Schatz, Heer und Kerker abhängig sind. Diejenigen, vor denen alle zittern.

Nur der Wichtigste, Richard, fehlt noch. Richard, der Lordprotektor. Er ist nicht erschienen. Inzwischen heißt es reden, wählen, seine eigene Meinung kundtun. Bevor der Lordprotektor reden wird. Niemand weiß, was Richard denkt. Niemand außer seinen Ohrenbläsern weiß es. Und eben sie wollen nicht reden. Sie warten. Und der Kronrat schweigt, es schweigen die, vor denen ganz England zittert.

BUCKINGHAM
Who knows the Lord Protector's mind herein?
Who is most inward with the noble duke?
BISHOP OF ELY
Your Grace, we think, should soonest know his mind.
BUCKINGHAM
We know each other's faces; for our hearts,
He know no more of mine than I of yours;
Nor I of his, my lord, than you of mine.
Lord Hastings, you and he are near in love.
HASTINGS
I thank his Grace, I know he loves me well;
But, for his purpose in the coronation,
I have not sounded him, nor he deliver'd

Sein' Edeln und ich selbst sind bei dem einen,
Catesby, mein guter Freund, ist bei dem andern ...
Sag ihm, die Furcht sei albern, sonder Anlaß;
Und wegen seines Traums, da wundr' es mich,
Wie er doch nur so töricht könne sein,
Zu traun der Neckerei unruh'gen Schlummers.
Den Eber fliehn, bevor der Eber nachsetzt,
Das hieß' den Eber reizen, uns zu folgen,
Und Jagd zu machen, wo er's nicht gemeint.
Heiß deinen Herrn aufstehen und zu mir kommen,
Dann wollen wir zusammen hin zum (Tower) Turm,
Wo, er soll sehn, der Eber freundlich sein wird.

His gracious pleasure any way therein:
But you, my noble lord, may name the time.* RICHARD III., III, 4

Da erscheint Richard. Endlich werden die Lords seine Stimme vernehmen, werden alles erfahren. Und sie vernehmen:

My Lord of Ely, when I was last in Holborn,
I saw good strawberries in your garden there;
I do beseech you send for some of them.** RICHARD III., III, 4

Wo und wann hat Shakespeare das grausame Lachen des Tyrannen gehört, und wenn er es nicht gehört hat, auf welche Weise hat er es erahnt? Blicken wir noch einmal auf die Herren, vor denen England zittert. Sie sitzen da, ohne einander in die Augen zu schauen, schweigen. Jeder versucht, die Gedanken des anderen zu durchdringen. Und vor allem versuchen sie zu ergründen, was der *eine* denkt, der Lordprotektor. Dieser hat den Raum bereits wieder wortlos verlassen.

STANLEY
What of his heart perceiv'd you in his face
By any livelihood he show'd to day?

*BUCKINGHAM
Wer kennt des Lord Protektors Sinn hierin?
Wer ist Vertrautester des edlen Herzogs?
BISCHOF VON ELY
Eu'r Gnaden kennt wohl seinen Sinn am ersten.
BUCKINGHAM
Wir kennen von Gesicht uns: doch die Herzen,
Da kennt er meins nicht mehr, als Eures ich;
Noch seines ich, Mylord, als meines Ihr. –
Lord Hastings, Ihr und er seid nah vereint.
HASTINGS
Ich weiß, er will mir wohl, Dank seiner Gnaden.
Doch über seine Absicht mit der Krönung
Hab ich ihn nicht erforscht, noch er darin
Sein gnäd'ges Wohlgefallen mir eröffnet.
Ihr mögt, mein edler Lord, die Zeit wohl nennen.

**Mylord von Ely, jüngst war ich in Holborn,
Und sah in Eurem Garten schöne Erdbeern;
Laßt etliche mir holen, bitt ich Euch.

HASTINGS
Marry, that with no man here he is offended;
For, were he, he had shown it in his looks.* RICHARD III., III, 4

Dann erscheint Richard abermals. Jetzt hat er entschieden, jetzt ist er auf der Spur des Zweiflers. Er hat sein Opfer ausgesucht. Shakespeare läßt den Zuschauer dieser Szene der großen Ratssitzung keine Minute Atem schöpfen, er hält ihn die ganze Zeit über an der Kehle gepackt. Es ist so still, daß man den stockenden Atem hört. Das eben ist Geschichte ohne leere Stellen.
Richard spricht. Wir kennen die Worte auswendig:

I pray you all, tell me what they deserve
That do conspire my death with devilish plots
Of damned witchcraft, and that have prevail'd
Upon my body with their hellish charms?** RICHARD III., III, 4

Lord Hastings wollte den Eber nicht reizen. Lord Hastings hatte einst Freunde im Rat. Er glaubte an die Legalität. Er wollte den Staatsstreich, aber im Namen und unter der Majestät des Rechtes. Noch vor drei Stunden hat er die Rechtsstaatlichkeit verteidigt. Er lehnte eine Teilnahme an offener Gewalt ab. Er wollte die Reste von Scham, die Reste von Ehre bewahren. Er war ein tapferer Mann. Er *war* es.
Shakespeare hat aller Wahrscheinlichkeit nach niemals das Meer gesehen, und wie andere Kommentatoren wissen wollen, hat er auch nie mit eigenen Augen ein Schlachtfeld gesehen. Er hatte von Geographie keine Ahnung, Böhmen verlegte er ans Meer. Proteus besteigt ein Schiff, um von Verona nach Mailand zu kommen, und er wartet obendrein auf die Flut. Auch Florenz ist für Shakespeare eine Hafenstadt. Er kannte auch

*STANLEY
Was nahmt Ihr im Gesicht vom Herzen wahr,
Durch irgendeinen Anschein, den er wies?
HASTINGS
Ei, daß er wider niemand hier was hat;
Denn, wäre das, er zeigt' es in den Mienen.

**Ich bitt euch alle, sagt, was die verdienen,
Die meinen Tod mit Teufelsränken suchen
Verdammter Hexerei, und meinen Leib
Mit ihrem höllischen Zauber übermannt?

die Geschichte nicht. Odysseus zitiert bei ihm Aristoteles, Timon von Athen beruft sich auf Seneca und Galenus. Shakespeare kannte auch die Philosophie nicht, ebensowenig wie die Kriegskunst; er brachte die Sitten der einzelnen Epochen durcheinander. In JULIUS CAESAR schlägt eine Uhr, Cleopatra wird von einer Kammerzofe aus dem Korsett befreit, die Kanonen schießen zu Zeiten John Lacklands mit Pulver. Shakespeare hat weder das Meer noch eine Schlacht gesehen und keine Berge; er kannte sich weder in der Geschichte noch in der Geographie und Philosophie aus. Aber Shakespeare wußte, daß in der großen Ratssitzung nach Richard als erster der edle Lord Hastings das Wort ergreifen werde. Daß er sein eigenes Todesurteil sprechen werde. Ich höre seine Stimme:

The tender love I bear your Grace, my lord,
Makes me most forward in this princely presence
To doom th'offenders, whosoe'er they be:
I say, my lord, they have deserved death.* RICHARD III., III, 4

Es ist bereits zu spät, den Kopf zu retten, aber es ist immer noch Zeit genug, zur Memme zu werden, jeglichem Spuk und sogar dem Teufel Glauben zu schenken und sich mit allem einverstanden und zu allem bereitzuerklären. Und sei es eine Stunde vor dem eigenen Tod.

GLOUCESTER
Then be your eyes the witness of their evil.
Look how I am bewitch'd; behold mine arm
Is like a blasted sapling, wither'd up:
And this Edward's wife, that monstrous witch
Consorted with that harlot strumpet Shore,
That by their witchcraft thus have marked me.
HASTINGS
If they have done this thing, my noble lord, –
GLOUCESTER
If! thou protector of this damned strumpet,
Talk'st thou to me of ifs? Thou art a traitor:
Off with his head! now, by Saint Paul, I swear,

*Die Liebe, die ich zu Eu'r Hoheit trage,
Drängt mich in diesem edlen Kreis vor allen
Die Schuld'gen zu verdammen; wer sie sei'n,
Ich sage, Mylord, sie sind wert des Todes.

I will not dine until I see the same.
Lovel and Ratcliff, look that it be done.* RICHARD III., III, 4

Ich sehe diese Szene in Oliviers Film. Alle haben die Augen gesenkt. Niemand sieht Hastings an. Langsam rücken die nächsten Nachbarn von ihm ab, die am großen Tisch neben ihm sitzen. Richard schiebt den Stuhl zurück und geht hinaus. Und alle anderen rücken die Stühle zurück. Langsam, einer nach dem anderen, verlassen sie den Saal. Bischof Ely und der treue Freund, Lord Stanley.
Niemand hat den Kopf gewandt. Niemand hat sich umgeschaut. Der Saal wurde leer. Nur Lord Hastings blieb zurück, und mit ihm die beiden großen Schurken des Königreiches: Lord Lovel und Sir Richard Ratcliff. Sie zücken die Schwerter.
Jetzt heißt es, den Mord rechtskräftig machen. Für einen Prozeß war keine Zeit. Aber der Prozeß muß stattfinden. Und er wird mit aller Noblesse stattfinden; England ist ein Rechtsstaat. Einer wird allerdings dabei fehlen. Der Angeklagte. Shakespeare kannte den Gang des Großen Mechanismus. Wozu gibt es denn den Lord Mayor von London und die großen Richter? Man muß sie nur überzeugen können. Richard und der Herzog von Buckingham lassen den Bürgermeister zu sich kommen. Sofort eilt jener herbei. Mitnichten, ihn braucht man nicht zu überzeugen, er ist es bereits, er ist immer überzeugt.

LORD MAYOR
Now, fair befall you! he deserv'd his death;
And your good Graces both have well proceeded,

*GLOSTER
Sei denn Eu'r Auge ihres Unheils Zeuge:
Seht nur, wie ich behext bin! Schaut, mein Arm
Ist ausgetrocknet, wie ein welker Sproß.
Und das ist Eduards Weib, die arge Hexe,
Verbündet mit der schandbarn Metze Shore,
Die so mit Hexenkünsten mich gezeichnet.
HASTINGS
Wenn sie die Tat getan, mein edler Herr –
GLOSTER
Wenn! Du Beschützer der verdammten Metze!
Kommst du mit Wenn mir? Du bist ein Verräter. –
Den Kopf ihm ab! Ich schwöre bei Sankt Paul,
Ich will nicht speisen, bis ich den gesehn. –
Lovel und Ratcliff, sorgt, daß es geschieht.

To warn false traitors from the like attempts...
BUCKINGHAM
Yet had we not determin'd he should die,
Until your lordship came to see his end;
Which now the loving haste of these our friends,
Something against our meaning, hath prevented:
Because, my lord, we would have had you heard
The traitor speak, and timorously confess
The manner and the purpose of his treason;
That you might well have signified the sawe
Unto the citizens, who haply may
Misconster us in him, and wail his death.
LORD MAYOR
But, my good lord, your Grace's word shall serve,
As well as I had seen and heard him speak:
And do not doubt, right noble princes both,
But I'll acquaint our duteous citizens
With all your just proceedings in this cause.* RICHARD III., III, 5

Diese Szene hat ein prächtiges Ende. Der Bürgermeister galoppiert zum Rathaus zurück. Richard und der Herzog von Buckingham begeben sich zum Nachtmahl. Das Proszenium ist leer. Es ist wieder die Straße von London. Weiterhin dauert die Allerseelenwoche an. Und wieder graut ein Morgen. Ein Kanzlist, mit einem Schriftstück in der Hand, tritt auf.

*LORD MAYOR
Ergeh's euch wohl! Er hat den Tod verdient,
Und beid' Eu'r Gnaden haben wohl getan,
Verräter vor dergleichen Tun zu warnen...
BUCKINGHAM
Wir wollten, Mylord, daß Ihr den Verräter
Selbst höret reden, und verzagt bekennen
Die Weis und Absicht der Verräterei,
Auf daß Ihr selb'ge wohl erklären möchtet
Der Bürgerschaft, die uns vielleicht hierin
Mißdeutet, und bejammert seinen Tod.
LORD MAYOR
Doch, bester Herr, mir gilt Eu'r Gnaden Wort,
Als hätt ich ihn gesehn und reden hören;
Und zweifelt nicht, erlauchte Prinzen beide,
Ich will der treuen Bürgerschaft berichten
All Eu'r gerecht Verfahren bei dem Fall.

Here is the indictment of the good Lord Hastings;
Which in a set hand fairly is engross'd,
That it may be to-day read o'er in Paul's:
And mark how well the sequel hangs together.
Eleven hours I have spent to write it over,
For yersternight by Catesby was it sent me.
The precedent was full as long a-doing;
And yet within these five hours Hastings liv'd,
Untainted, unexamin'd, free, at liberty.
Here's a good world the while! Who is so gross
That cannot see this palpable device?
Yet who so bold but says he sees is not?
Bad is the world; and all will come to naught,
When such ill dealing must be seen in thought.*

RICHARD III., III, 6

»Here's a good world the while!« Welch eine herrliche Welt!... Es ist verblüffend, festzustellen, wie verwandt dieser Kanzlist in seinem grausamen Hohn den späteren komischen und tragischen Narren Shakespeares ist. Sollte nur der Narr, der philosophiert, weil man ihn zu diesem Zweck bei Hofe hält, die Wahrheit über die Welt kennen? Und der Gerichtsschreiber, der alles weiß, aber nicht reden darf? Welch herrliche Welt... Aber welche Welt ist das? Über welche Welt schreibt Shakespeare?

Was hat er mit RICHARD III. sagen wollen? Den Stoff schöpft er aus den Chroniken von Hall und Holinshed, die diese nach den Aufzeichnungen

*Hier ist die Klagschrift wider den Lord Hastings,
Den wackern Mann, in sauberer Kopie,
Um in Sankt Paul sie heute zu verlesen.
Nun merke man, wie fein das hängt zusammen:
Elf Stunden braucht' ich zu, sie abzuschreiben,
Denn Catesby schickte sie mir gestern abend;
Die Urschrift war nicht minder lang in Arbeit,
Und vor fünf Stunden lebte Hastings doch
Noch unbescholten, unverhört, in Freiheit.
Das ist 'ne schöne Welt! – Wer ist so blöde
Und sieht nicht diesen greiflichen Betrug?
Und wer so kühn, und sagt, daß er ihn sieht?
Schlimm ist die Welt, sie muß zu Grunde gehn,
Wenn man muß schweigend solche Ränke sehn.

von Thomas Morus verfaßt haben. Shakespeare ändert weder ihren Charakter noch die Reihenfolge der Geschehnisse; selbst die heftige Szene mit den Erdbeeren ist fast mit denselben Worten bei Thomas Morus beschrieben worden. Sollte Shakespeare die alten Geschichtsdramen, die so gern in London gespielt wurden, lediglich verbessert haben: so wie RICHARDUS TERTIUS von Thomas Legge oder die anonyme TRUE HISTORY OF RICHARD III., sollte er die alten Namen nur mit einem Tropfen roten Blutes belebt haben? Sollte RICHARD III. lediglich eine Seite der Geschichte darstellen, ein grausames Kapitel aus Englands Vergangenheit?

Welch eine herrliche Welt... Aber welche Welt? Die aus RICHARD III.? Diejenige Shakespeares? Über welche Welt schrieb Shakespeare? Welche Zeiten wollte er zeigen? Die gegenseitig sich niedermetzelnden Feudalherren aus der Mitte des 15. Jahrhunderts oder vielleicht die Herrscherjahre der gütigen, weisen und gottesfürchtigen Königin Elizabeth? Die Maria Stuart köpfen ließ, als Shakespeare dreiundzwanzig Jahre alt war, und die eineinhalbtausend Engländer aufs Schafott schickte, darunter ihre eigenen Geliebten und die Minister des Königreiches, Doktoren der Theologie und Doktoren des Rechts, Feldherren, Bischöfe und große Richter. Welch eine herrliche Welt... Aber vielleicht hat Shakespeare eine Welt gemeint, in der nur der Name der Könige wechselt, der Große Mechanismus aber immer derselbe bleibt, in der an dem langen Tisch immer wieder Männer in Helm und Panzerhemd sitzen, oder aber gepuderte und feinlächelnde Hofherren in großen weißen Perücken, in enganliegenden Hosen aus zartester Seide, diamantengeknöpft, oder aber auch Männer eines bestimmten Alters, kurzgeschoren, in militärischen Sakkos, bis an die Gurgel geschlossen...? Sollte Shakespeare meinen, daß die Geschichte lediglich eine ununterbrochene Kette von Grausamkeiten ist, eine nicht endenwollende Allerseelenwoche, in der nur sehr selten und nur für einen kurzen Augenblick ein Sonnenstrahl zur Mittagszeit durch die dichten Wolken bricht, in der nur selten ein stiller ruhiger Morgen oder ein warmer milder Abend anhebt, an dem die Liebenden sich umarmt unter den Bäumen des Ardenner Waldes zur Ruhe legen?

> Go, hie thee, hie thee, from this slaughter-house,
> Lest thou increase the number of the dead!*
>
> RICHARD III., IV, 1

*Geh, eil aus dieser Mördergrube fort,
Daß du die Zahl der Toten nicht vermehrst!

Welch eine herrliche Welt ... Aber was bedeutete für Shakespeare wirklich jener Große Mechanismus? War er für ihn ein Zug von Königen, die nacheinander die großen Treppen der Geschichte betreten und sich gegenseitig von dort hinabstürzen, oder war er eine Welle heißen Blutes, die in den Kopf steigt und den Blick verdunkelt? War er für ihn die verletzte Ordnung der Natur, in der das Böse Böses gebiert, jedes Unrecht seinen Rächer verlangt, jede Untat eine weitere nach sich zieht, oder die grausame soziale Ordnung der miteinander in Fehde liegenden Vasallen und Lehnsherren, in der das ganze Königreich wie ein großes Gut verwaltet wird und in dem die Beute dem Mächtigsten anheimfällt? War er für ihn der nackte Machtkampf oder war er das gewaltsame Schlagen des Menschenherzens, das Vernunft weder zu beschleunigen noch anzuhalten vermag, das aber ein totes Stück scharfen Eisens für immer unterbrechen kann? Die dichte und undurchdringliche Nacht der Geschichte, die keinen Morgen kennt, oder die Finsternis, die die menschliche Seele belagert?

V

Nur auf einen Teil dieser großen Fragen gibt RICHARD III. Antwort. In dieser Tragödie, die in der Anhäufung von Grausamkeiten TITUS ANDRONICUS gleichkommt, wenn nicht gar übertrumpft, wird nur eine Gestalt für einen kurzen Augenblick von Zweifeln und Gewissensbissen befallen. Es ist der gedungene Mörder, einer von den beiden, die Richard ausgesandt hat, damit sie den Herzog von Clarence im Tower ermorden.

> FIRST MURDERER
> What! art thou afraid?
> SECOND MURDERER
> No to kill him, having a warrant for it: but to be damn'd for killing him, from the which no warrant can defend me.*
>
> RICHARD III., I, 4

*ERSTER MÖRDER
Was? Du fürchtest dich?
ZWEITER MÖRDER
Nicht ihn umzubringen, dazu hab ich ja die Vollmacht; aber verdammt dafür zu werden, wovor mich keine Vollmacht schützen kann.

In dieser Welt von Königen, Bischöfen, Richtern, Kanzlern, Lords und Heerführern schreckt nur der vor der Bluttat zurück, dessen natürlicher Beruf der bezahlte Mord ist. Er fürchtet weder die Verletzung des im Königreich geltenden Rechts noch die der sozialen Ordnung: er weiß wohl, daß er darin einen bestimmten, wenig ehrenvollen, nichtsdestoweniger allgemein gebilligten und notwendigen Platz innehat, besitzt er doch die Erlaubnis zum Mord vom König selbst. Aber der gedungene Mörder fürchtet das Letzte Gericht, Verdammnis und Hölle. Er ist der einzige gläubige Mensch der Tragödie. In ihm wird das Gewissen wach, aber er ist sich gleichzeitig dessen bewußt, daß das Gewissen mit den Gesetzen und der Ordnung der Welt, in der er lebt, sich nicht vereinen läßt, daß es etwas Überflüssiges, Lächerliches und Hinderliches ist.

> SECOND MURDERER
> I'll not meddle with it; it makes a man a coward; a man cannot steal, but it accuseth him; a man cannot swear, but it checks him; a man cannot lie with his neighbour's wife, but it detects him: 'tis a blushing shamefast spirit, that mutinies in a man's bosom; it fills one full of obstacles; it made me once restore a purse of gold that I found; it beggars any man that keeps it; it is turned out of all towns and cities for a dangerous thing; and every man that means to live well, endeavours to trust to himself and live without it.*
>
> RICHARD III., I, 4

Nur zwei Personen der Tragödie machen sich Gedanken über die Ordnung der Welt: König Richard III. und der gedungene Mörder; der, der sich an der Spitze der feudalen Hierarchie befindet, und der, der auf ihrer untersten Sprosse steht. Richard III. hat weder Hemmungen noch Skrupel; der Meuchelmörder erlebt kurze Momente des Zwiespaltes. Aber sie

*ZWEITER Mörder
Ich will nichts damit zu schaffen haben, es ist ein gefährlich Ding, es macht einen zur Memme. Man kann nicht stehlen, ohne daß es einen anklagt; man kann nicht schwören, ohne daß es einen zum Stocken bringt; man kann nicht bei seines Nachbars Frau liegen, ohne daß es einen verrät. Es ist ein unverschämter blöder Geist, der einem im Busen Aufruhr stiftet; es macht einen voller Schwierigkeiten; es hat mich einmal dahin gebracht, einen Beutel voll Gold wieder herzugeben, den ich von ungefähr gefunden hatte; es macht jeden zum Bettler, der es hegt; es wird aus Städten und Flecken vertrieben als ein gefährlich Ding, und jedermann, der gut zu leben denkt, verläßt sich auf sich selbst und lebt ohne Gewissen.

beide sehen klar denselben Großen Mechanismus, der eine ganz von unten, der andere vom Gipfel herab. Beide haben keinerlei Illusionen, denn nur sie beide können sich das erlauben, sie nehmen die Welt, wie sie in Wirklichkeit ist. Mehr noch: König und Meuchelmörder repräsentieren die Ordnung dieser Welt im Reinzustand. Und eben das wollte Shakespeare. In diesem frühen Stück kommt es zu plötzlichen, genialen Ausbrüchen. Einer davon ist die Gleichsetzung des gedungenen Mörders mit dem königlichen Bruder.

> CLARENCE
> In God's name, what art thou?
> FIRST MURDERER
> A man, as you are.
> CLARENCE
> But not, as I am, royal.
> FIRST MURDERER
> Nor you, as we are, loyal.* RICHARD III., I, 4

Dieser Dialogfetzen kündet bereits HAMLET an. Was sind denn die gedungenen Mörder anderes, wenn nicht die Totengräber der Geschichte. Auch auf dem Friedhof in Elsinor reden zwei Totengräber mit einem Königssohn. Und sie blicken auf die große Geschichte und die menschlichen Dramen aus derselben Perspektive: aus der Perspektive jener, die Gräber ausheben und Galgen errichten. In dieser Perspektive gibt es keinen Unterschied zwischen einem Königssohn und dem letzten Bettler. Beide sind sterblich. Sie wurden geboren, um zu sterben. Der Meuchelmörder und der Königssohn wurden auf zweifache Weise gleichgesetzt. In der Geschichtsordnung sind beide nur Zahnräder des Großen Mechanismus. In der Perspektive des Totenackers und der Richtstätte sind beide nur Menschen. Die Größe Shakespeares liegt in jenen überraschenden Gegenüberstellungen, in denen die große Landschaft der Geschichte plötzlich wie im Schein eines Blitzes vor unseren Augen erhellt wird. So führt

*CLARENCE
Im Namen Gottes, wer bist du?
ERSTER Mörder
Ein Mensch, wie Ihr seid.
CLARENCE
Doch nicht, wie ich bin, königlich.
ERSTER Mörder
Noch Ihr, wie wir sind, bürgerlich.

uns Richard III. zum Verständnis Hamlets als eines politischen Dramas und umgekehrt, Richard III. wird durch Hamlet gesehen zum philosophischen Drama des Widerspruches zwischen der moralischen Ordnung und der Praxis.

Die beiden Mörder kommen ins Gefängnis, um den Befehl Richards auszuführen und seinen leiblichen Bruder umzubringen. Sowohl der Herzog als auch die Meuchelmörder haben auf Befehl und im Namen des Königs getötet. Noch gestern konnte ihnen der Herzog im Namen des Königs jeglichen Mord auftragen. Heute ist er selbst im Gefängnis und soll auf Befehl und im Namen desselben Königs umkommen. Der Herzog und die gedungenen Mörder sind nur Menschen und nur die Räder ein und desselben Mechanismus.

Sehen wir uns diese Szene noch einmal an. Der Königsbruder hat den Missetätern im Namen der politischen Ordnung zu töten befohlen. Er wurde ins Gefängnis geworfen und trifft jetzt auf dieselben Missetäter. Er verteidigt sich. Spricht vom Gewissen. Sie antworten ihm, er selbst habe sie über das Gewissen spotten geheißen. Er sagt, er sei ein Minister. Sie antworten, im Gefängnis gebe es keine Minister. Er spricht von der Idee. Sie antworten ihm, daß es dieselbe Idee sei, die nunmehr seinen Tod verlange.

Clarence
Wherein, my friends, have I offended you?
First Murderer
Offended us you have not, but the king.
Clarence
I shall be reconcil'd to him again.
Second Murderer
Never, my lord; therefore prepare to die . . .
First Murderer
What we will do, we do upon command.
Second Murderer
And he that hath commanded is our king.* Richard III., I, 4

*Clarence
Was, meine Freunde, trat ich euch zu nah?
Erster Mörder
Dem König tratet Ihr zu nah, nicht uns.
Clarence
Ich söhne mich doch wieder aus mit ihm.

Und die beiden Meuchelmörder ertränken den Herzog von Clarence in einem Malvasierfaß. So hatte die große Allerseelenwoche begonnen. Die Krönungsszene wird sie beenden. Richard hat bereits alle beseitigt, die sich ihm in den Weg zum Thron gestellt hatten. Er hat den Kronrat, das Oberhaus und die Stadt unter Terror gesetzt. Es ist Nacht. Die Vorderbühne stellt den Hof des königlichen Schlosses dar. Man hat die verängstigten Notabeln herbeigeschleppt, sie schweigen und starren. Überall wimmelt es von Helfershelfern des Herzogs. In der Ecke des Hofes steht die gedrängte Menge der Bürger, die aus ihren Häusern zusammengetrommelt wurden. Sie sind es, die Richard zum König ausrufen sollen. Denn er ist nur dann bereit zu herrschen, wenn es Gott und das Volk so wollen. Schließlich erscheint er auf dem Balkon. Er betet den Rosenkranz.

LORD MAYOR
See, where his Grace stands 'tween two clergymen!
BUCKINGHAM
Two props of virtue for a Christian prince,
To stay him from the fall of vanity.* RICHARD III., III, 7

Und auf diesem kleinen hölzernen »O«, mit dem Shakespeare mehrfach die runde und schmale Bühne seines Globetheaters verglichen hat, spielt sich jetzt die große Szene der Geschichte ab. Richard läßt sich flehentlich bitten, die Krone anzunehmen.

LORD MAYOR
Do, good my lord; your citizens entreat you.
BUCKINGHAM
Refuse not, mighty lord, this proffer'd love.

ZWEITER MÖRDER
Niemals, Mylord, drum schickt Euch an zum Tod . . .
ERSTER MÖRDER
Was wir tun wollen, tun wir auf Befehl.
ZWEITER MÖRDER
Und er, der so befahl, ist unser König.

*LORD MAYOR
Seht, Seine Gnaden zwischen zwei Bischöfen!
BUCKINGHAM
Zwei Tugendpfeilern für ein christlich Haupt,
Ihn vor dem Fall der Eitelkeit zu stützen.

CATESBY
O! make them joyful: grant their lawful suit!*

RICHARD III., III, 7

Es schweigen die Notabeln, und es schweigen die Bürger. Von ihren Lippen kommt nur ein einziger Aufschrei: »Amen!« Das genügt. Richard willigt ein, er nimmt die Krone an. Er ist mit dem Rosenkranz zu Ende. Wendet sich an die Bischöfe, die immer noch reglos um ihn herumstehen, und sagt:

Come, let us to our holy work again.** RICHARD III., III, 7

VI

Im Theater pflegt die Geschichte zumeist nur eine erhabene Szenerie zu sein, auf deren Hintergrund die Helden lieben, leiden oder hassen, ihr eigenes Drama erleben und ihre eigenen Dinge austragen. Bisweilen werden sie sogar unmittelbar in die Geschichte verwickelt. Die Geschichte ist es, die ihnen das Leben schwer macht, aber auch in diesem Fall bleibt sie Kostüm, das mehr oder weniger unbequem sitzt; die Geschichte ist die Perücke, die Krinoline, das Schwert, das ihnen hinderlich gegen die Beine schlägt. Das ist natürlich nur eine Geschichtlichkeit des Scheins. Aber es gibt Stücke, in denen die Geschichte weder Hintergrund noch Kostüm ist, in denen sie auf der Bühne gespielt oder vielmehr im Spiel wiederholt wird, von Schauspielern in historischer Verkleidung. Jene kennen die Geschichte, weil sie sie auswendig gelernt haben, und fallen deshalb nur selten aus ihren Rollen. Der Klassiker dieser Art von Drama war Schiller. Marx hat Schillers Gestalten »Sprachröhren des Zeitgeistes« genannt. Die Helden interpretieren die Geschichte, weil sie deren Ausgänge kennen. Bisweilen sind sie sogar befähigt, ein authentisches Kräftespiel sozialer Bewegungen und deren wirkliche Zusammenstöße dar-

*LORD MAYOR
Tut, bester Herr, was Eure Bürger bitten.
BUCKINGHAM
Weist, hoher Herr, nicht ab den Liebesantrag.
CATESBY
O macht sie froh, gewährt ihr bill'ges Flehn!

**Kommt, gehn wir wieder an das heil'ge Werk.

zustellen. Aber auch das ist noch keine Dramatisierung der Geschichte. Dramatisiert wird hier lediglich das Lehrbuch der Geschichte. Dieses Lehrbuch kann entweder idealistisch sein wie bei Schiller oder Romain Rolland oder materialistisch wie in einigen Dramen Büchners und Brechts, aber dadurch hört es noch lange nicht auf, Lehrbuch zu sein. Die Geschichtlichkeit Shakespeares ist anders geartet. Die Geschichte spielt sich auf der Bühne ab, aber sie wird nicht nur gespielt. Sie ist weder Hintergrund noch Dekoration noch große Szenerie. Sie selbst ist der Held der Tragödie. Aber welcher Tragödie?

Es gibt zwei grundverschiedene Typen des historisch Tragischen. Der erste gründet in der Überzeugung, daß die Geschichte einen Sinn besitze, objektive Aufgaben erfülle und in eine bestimmte Richtung strebe. Demgemäß ist sie vernünftig oder wenigstens verständlich. Tragisch ist dann nur der Preis der Geschichte, der Preis des Fortschritts, den die Menschheit zu zahlen hat. Jeder Widerstand gegen die Geschichte, der die unerbittliche Walze vor- und rückwärts zu rollen versucht, gerät in tragische Dimensionen, und wird in Folge seiner Unvereinbarkeit mit der Geschichte, gerade wegen seines Vorläufertums oder seiner Rückständigkeit von dieser Walze zermalmt werden. Darauf beruht die tragische Auffassung von der verbotenen Geschichte bei Hegel. Sie bleibt auch für den jungen Marx bestimmend, selbst dann, als er die objektive Entwicklung der Hegelschen »Idee« durch die gleicherweise objektive Entwicklung der »Produktivkräfte« ersetzt hatte.

> Well said, old mole! canst work i' th' earth so fast?
> A worthy pioner!* HAMLET, I, 5

Der Maulwurf ist unwissend, aber er gräbt sich in eine bestimmte Richtung in die Erde ein. Er hat seine Maulwurfsträume, aber diese sind lediglich eine verschwommene Vorahnung von Sonne und Himmel; nicht die Träume sind es, die seine Marschroute bestimmen, sondern die Bewegung der Schaufeln und des kleinen Rüssels, die die Erde pausenlos durchwühlen. Der Maulwurf wird dann tragisch sein, wenn er verschüttet wird, bevor er die Erdoberfläche erreicht.

Es gibt noch eine andere Art des historisch Tragischen. Sie erwächst aus der Überzeugung, daß die Geschichte ohne Sinn sei, auf der Stelle trete, oder immer wieder in einem erbarmungslosen Zyklus sich wiederhole,

*Brav, alter Maulwurf! Wühlst so hurtig fort?
O trefflicher Minierer!

daß sie eine elementare Kraft sei wie Hagel und Sturm, wie Geburt und Tod. Der Maulwurf wühlt in der Erde, kommt aber nie an die Oberfläche. Immer neue Generationen von Maulwürfen werden geboren, durchwühlen die Erde in allen Richtungen, werden immer wieder verschüttet. Der Maulwurf hat seine Maulwurfsträume. Er hat sich lange der Täuschung hingegeben, er sei der Herr der Schöpfung; Erde, Himmel und Sterne seien allein für die Maulwürfe geschaffen, es gebe einen Herrgott der Maulwürfe, der die Maulwürfe geschaffen und den Maulwürfen eine Maulwurfunsterblichkeit verheißen habe. Aber plötzlich hat der Maulwurf erkannt, daß er nicht mehr und nicht weniger, daß er nur Maulwurf sei, daß Erde, Himmel und Sterne nicht für ihn geschaffen seien. Er leidet, er fühlt und denkt, aber sein Leiden, seine Gefühle und Gedanken können nichts an seinem Maulwurfslos ändern. Er wird weiterhin in der Erde wühlen, und die Erde wird ihn weiterhin verschütten. Und der Maulwurf wird sich dessen bewußt, daß er ein tragischer Maulwurf ist.

Es scheint mir, daß diese zweite Auffassung des historisch Tragischen Shakespeare näherstand, und zwar nicht nur in der Zeit von HAMLET und KÖNIG LEAR, sondern während der Zeit seines gesamten Schaffens, von den Königsdramen und RICHARD III. bis zum STURM.

> . . . for within the hollow crown
> That rounds the moral temples of a king
> Keeps Death his court, and there the antick sits,
> Scoffing his state and grinning at his pomp;
> Allowing him a breath, a little scene,
> To monarchize, be fear'd and kill with looks.
> . . . .and humour'd thus
> Comes at the last, and with a little pin
> Bores through his castle wall, and farewell king!*
>
> RICHARD II., III, 2

* . . . denn im hohlen Zirkel,
Der eines Königs sterblich Haupt umgibt,
Hält seinen Hof der Tod: da sitzt der Schalksnarr,
Höhnt seinen Staat, und grinst zu seinem Pomp,
Läßt ihn ein Weilchen, einen kleinen Auftritt
Den Herrscher spielen, drohn, mit Blicken töten.
. . . und wenn er so betört,
Kommt er zuletzt und bohrt mit kleiner Nadel
Die Burgmau'r an, und – König, gute Nacht!

Wir haben unsere Betrachtungen mit der Metapher der Großen Treppen der Geschichte begonnen. Auf großen leeren Treppen hat Leopold Jessner RICHARD III. in seiner berühmten Inszenierung im Berliner Schauspielhaus aufgeführt. Die Metapher hat philosophische Konsequenzen und ist dramaturgisch fruchtbar. Es gibt keine guten oder bösen Könige, es gibt nur Könige auf verschiedenen Stufen derselben Treppe; die Namen der Könige ändern sich, aber immer ist es ein Heinrich, der einen Richard stürzt, oder ein Richard, der einen Heinrich stürzt. Die Königsdramen Shakespeares sind die *dramatis personae* des Großen Mechanismus. Aber was bedeutet der Große Mechanismus, der an den Thronstufen beginnt und das Wesen des ganzen Königreiches bestimmt, dessen Zahnräder die großen Herren und die Meuchelmörder sind, der zu Gewalttätigkeit, Terror, Grausamkeit und Verrat zwingt, der unentwegt nach Opfern verlangt, in dem der Weg zur Macht gleichzeitig der Weg zum Tode ist? Dieser Große Mechanismus ist für Shakespeare diejenige Geschichtsordnung, in der der König der göttlich Gesalbte ist.

Not all the water in the rough rude sea
Can wash the balm from an anointed king;
The breath of wordly men cannot depose
The deputy elected by the Lord.* RICHARD II., III, 2

Die Sonne kreist um die Erde und mit ihr zusammen in hierarchischer Ordnung die Himmelssphäre, Planeten und Sterne. Es gibt im Weltall eine Ordnung der Elemente, eine Ordnung der Engelschöre und eine dementsprechende Ordnung der Stände auf Erden. Es gibt Lehnsherren und die Vasallen der Vasallen. Die königliche Macht stammt von Gott, und jegliche Macht auf Erden ist nur ein Abglanz der königlichen.

The heavens themselves, the planets, and this centre
Observe degree, priority and place,
Insisture, course, proportion, season, form,
Office, and custom, in all line of order:
And therefore is the glorious planet Sol
In noble eminence enthron'd and spher'd

*Nicht alle Flut im wüsten Meere kann
Den Balsam vom gesalbten König waschen;
Der Odem ird'scher Männer kann des Herrn
Geweihten Stellvertreter nicht entsetzen.

Amidst the other; whose med'cinable eye
Corrects the ill aspects of planets evil,
And posts, like the commandment of a king,
Sans check, to good and bad: but when the planets
In evil mixture to disorder wander,
What plagues, and what portents, what mutiny,
What raging of the sea, shaking of earth,
Commotion in the winds, frights, changes, horrors,
Divert and crack, rend and deracinate
The unity and married calm of states
Quite from their fixure! O! when degree is shak'd,
Which is the ladder to all high designs,
The enterprise is sick.* TROILUS UND CRESSIDA, I, 3

RICHARD II. ist eine Tragödie der Entthronung. Es ist nicht nur die Entthronung Richards, die sich hier vollzieht, sondern die Entthronung des Königs als solchen, die Entthronung der Idee der monarchischen Macht. Wir haben gesehen, wie Shakespeare einen Herzog reinsten Blutes, einen Königssohn und Königsbruder mit einem gedungenen Mörder gleichgesetzt hat. In RICHARD II. wird der göttlich Gesalbte, der König, dem die Krone vom Haupte gerissen wurde, zu einem gewöhnlichen Sterblichen. In den ersten Akten der Tragödie wurde der König mit der Sonne ver-

*Der Himmel selbst, Planeten und dies Zentrum
Reih'n sich nach Abstand, Rang und Würdigkeit,
Beziehung, Jahreszeit, Form, Verhältnis, Lauf,
Amt und Gewohnheit in der Ordnung Folge,
Und deshalb thront der majestät'sche Sol
Als Hauptplanet in höchster Herrlichkeit
Vor allen andern; sein heilkräftig Auge
Verbessert den Aspekt bösart'ger Sterne
Und schießt, wie Königs Machtwort, unumschränkt
Auf Gut und Böses. Doch wenn die Planeten
In schlimmer Mischung irren ohne Regel,
Welch Schrecknis! Welche Plag und Meuterei!
Welch Stürmen auf der See! Wie bebt die Erde!
Wie rast der Wind! Furcht, Umsturz, Graun und Zwiespalt
Reißt nieder, wühlt, zerschmettert und entwurzelt
Die Eintracht und vermählte Ruh der Staaten
Ganz aus den Fugen! Oh, wenn Abstufung,
Die Leiter aller hohen Pläne, schwankt,
Erkrankt die Ausführung.

glichen. Er blendete, und man mußte die Augen senken, wenn man sich in der Nähe der Majestät befand. Nun ist die Sonne in den Abgrund gestürzt worden und zusammen mit ihr das gesamte Gefüge des Alls.

> ... for what can we bequeath
> Save our deposed bodies to the ground?
> Our lands, our lives, and all are Bolingbroke's,
> And nothing can we call our own but death,
> And that small model of the barren earth
> Which serves as paste and cover to our bones.
> ... throw away respect,
> Tradition, form, and ceremonious duty,
> For you have but mistook me all this while:
> I live with bread like you, feel want,
> Taste grief, need friends: subjected thus,
> How can cou say to me, I am a king?* RICHARD II., III, 2

»E pur si muove!« Man kann diese Worte mit verschiedener Betonung aussprechen. »Und sie bewegt sich doch!« In diesen Worten ist auch bitterer Spott enthalten. Es gibt keinen Himmel und keine Hölle und keine Ordnung der Himmelssphären. Die Erde dreht sich um die Sonne, und die Geschichte der Renaissance ist nur eine große Treppe, von deren höchster Stufe ein immer neuer König in den Abgrund stürzt. Es gibt nichts als den Großen Mechanismus, aber er ist nur eine grausame und tragische Farce.

RICHARD III. kündigt HAMLET an. RICHARD II. ist eine Tragödie der Erkenntnis. Der König, dem man die Krone nahm, erreicht, kurz bevor er

* ... denn was können wir vermachen,
Als unsern abgelegten Leib dem Boden?
Hat Bolingbroke doch unser Land und Leben,
Und nichts kann unser heißen als der Tod,
Und jenes kleine Maß von dürrer Erde,
Die dem Gebein zur Rind' und Decke dient.
... werft die Achtung ab,
Gebräuche, Sitt' und äußerlichen Dienst.
Ihr irrtet euch die ganze Zeit in mir:
Wie ihr leb ich von Brot, ich fühle Mangel,
Ich schmecke Kummer und bedarf der Freunde.
So unterworfen nun,
Wie könnt ihr sagen, daß ich König bin?

in den Abgrund gestürzt wird, König Lears Größe. Denn König Lear ist gleich Hamlet auch eine Tragödie des Menschen, des Zeitgenossen Shakespeares, die politische Tragödie des Humanismus der Renaissance. Eine Tragödie, in der die Welt ihrer Illusion verlustig geht. König Lear schreitet die große Treppe Schritt für Schritt hinab, um die ganze Grausamkeit der Welt, die er regierte, aber nicht kannte, kennenzulernen, um die Bitternis bis zur Neige zu trinken. Richard II. wird in diesem Augenblick brutal in den Abgrund gestoßen. Aber zusammen mit ihm stürzt das Fundament der feudalen Welt ab. Nicht nur Richard wurde vom Throne gestoßen. Die Sonne hörte auf, um die Erde zu kreisen.

Give me the glass, and therein will I read.
No deeper wrinkles yet? Hath sorrow struck
So many blows upon this face of mine
And made no deeper wounds? O, flattering glass!
Like to my followers in prosperity,
Thou dost beguile me. Was this face the face
That every day under his household roof
Did keep ten thousand men? Was this the face
That like the sun did make beholders wink?
Was this the face that fac'd so many follies
And was at last out-fac'd by Bolingbroke
A brittle glory shineth in this face:
As brittle as the glory is the face;
Dashes the glass against the ground
For there it is, crack'd in a hundred shivers.
Mark, silent king, the moral of this sport...* Richard II., IV, 1

*Gib mir den Spiegel, darin will ich lesen, –
Noch keine tiefern Runzeln? Hat der Gram
So manchen Streich auf mein Gesicht geführt,
Und tiefer nicht verwundet? Schmeichelnd Glas,
Wie die Genossen meines günst'gen Glücks
Betörst du mich! – War dieses das Gesicht,
Das täglich unter seines Hauses Dach
Zehntausend Menschen hielt? Dies das Gesicht,
Das, wie die Sonn', Anschauer blinzeln machte?
Dies das Gesicht, das so viel Torheit sah,
Bis endlich Bolingbroke es übersehn?
Hinfäll'ger Glanz erleuchtet dies Gesicht,
Hinfällig wie der Glanz ist das Gesicht. –

Die Tragödie RICHARD II. spielte sich auf der untersten Stufe der Treppe ab. Die Hauptszenen von RICHARD III. geschehen auf ihrer ersten Hälfte. Es gibt keine historische Tragik ohne Bewußtsein. Die wahre Tragödie beginnt mit dem Augenblick, in dem sich der König des Wirkens des Großen Mechanismus bewußt wird. Das kann dann geschehen, wenn er ihm zum Opfer fällt, oder dann, wenn er selbst Henker ist. Diese Augenblicke sind es, die Shakespeare für seine großen Konfrontationen der moralischen Ordnung mit der der Geschichte wahrnimmt. Richard III. vergleicht sich mit Machiavelli, und er ist ein wirklicher Fürst. Auf jeden Fall ist er ein Fürst, der den FÜRST gelesen hat. Die Politik ist für ihn reine Praxis, eine Kunst, deren Ziel das Herrschen ist. Sie ist amoralisch, so wie die Kunst des Brückenbaus oder die des Fechtens. Die menschlichen Leidenschaften sind aus Ton. Und auch die Menschen sind aus Ton, aus dem man machen kann, was man will. Die ganze Welt ist ein riesiger Tonklumpen, der sich in der Hand kneten läßt. RICHARD III. ist nicht nur der Name eines der Könige, die die große Treppe bestiegen haben. Und er ist nicht nur eine der vielen Königssituationen, die Shakespeare in seinen Geschichtschroniken gezeigt hat. RICHARD III. ist die Intelligenz des Großen Mechanismus, sein Wille und sein Bewußtsein. Zum ersten Mal zeigt Shakespeare das menschliche Antlitz des Großen Mechanismus. Das Antlitz entsetzt durch seine Scheußlichkeit und die Grausamkeit um seinen Mund. Aber es ist faszinierend.

VII

Richard III. ist die erste der großen Gestalten, die Shakespeare mit der Ganzheit der historischen Erfahrung ausstattet, um seine tragische Abrechnung mit der Wirklichkeit durchzuführen. Diese Abrechnung beginnt mit der Begegnung zwischen Richard und Lady Anna. Es ist eine der größten Szenen, die Shakespeare geschrieben hat, und eine der größten, die überhaupt jemals geschrieben worden sind.
Lady Anna schreitet hinter dem offenen Sarg, in dem die Diener den Leichnam ihres Schwiegervaters, des Königs Heinrich VI., tragen. Richard hat ihn im Tower umgebracht. Zuvor hat er ihren Mann, Edward, und ihren Vater, Graf Warwick, umgebracht. War es gestern? War es

> *Er schmeißt den Spiegel gegen den Boden*
> Da liegt's, zerschmettert in viel hundert Scherben.
> Merk, schweigender Monarch, des Spieles Lehre ...

vor einem Jahr? Vor einer Woche, vor einem Monat? Die Zeit spielt hier keine Rolle, sie wurde zu einer langen Nacht verdichtet, zu einer Allerseelenwoche.
Richard tritt dem Trauerzug entgegen. Und da geschieht es. Innerhalb von sechs kurzen Minuten, die die Turmuhr mißt, auf drei Seiten des Shakespeareschen Folios, in dreiundvierzig Repliken – wird er es dahinbringen, daß jene, deren Mann, Vater und Schwiegervater er ermordet hat, ihm freiwillig auf sein Lager folgen wird.

> Stay, you that bear the corse, and set it down!*
>
> RICHARD III., I, 2

Das sind die ersten Worte Richards. Lady Anna gleicht einer Furie aus einer antiken Tragödie, sie ist ganz Leiden und Haß. Aber Lady Anna weiß wohl, in welchen Zeiten sie lebt. Shakespeare verwurzelt die Szene vom ersten Augenblick an in einem Land der Angst und des Schreckens, in dem die Angst alle lähmt und in dem niemand seines Lebens sicher ist. Die Hellebardenträger fliehen vor Richard, die Diener werfen den Sarg zu Boden. Lady Anna kann nichts mehr verwundern. Sie hat schon zuviel gesehen:

> What! do you tremble? are you all afraid?
> Alas! I blame you not; for you are mortal.** RICHARD III., I, 2

Sie bleibt mit Richard allein. Sie hat alle verloren. Jetzt ist sie frei von Angst. Sie weint, fleht ihn an, verflucht ihn, spottet und schmäht, bewirft ihn mit Schimpf:

> No beast so fierce but knows some touch of pity.*** (I, 2)

Und Richard antwortet:

> But I know none, and therefore am no beast.† (I, 2)

*Halt! Ihr, der Leiche Träger, setzt sie nieder!

**Wie nun? Ihr zittert, ihr seid all erschreckt?
Doch ach! Ich tadl' euch nicht: ihr seid ja sterblich.

***Das wildste Tier kennt doch des Mitleids Regung.

†Ich kenne keins, und bin daher kein Tier.

Shakespeare erinnert noch einmal daran, daß die Szene auf der Erde spielt, auf dem grausamsten aller Sterne, und unter Menschen, die grausamer sind als Tiere. Und um seine Abrechnung zu machen, sucht er nach endgültigen, extremen Gestaltungen von Liebe, Leid und Haß. Immer noch ist Lady Anna in diesem Duell die stärkere. Richard ist flach, er versucht, das Verbrechen abzustreiten, er lügt. Lady Anna zwingt ihn zum Geständnis. Und erst jetzt, in der Welt, die ihres Scheins beraubt wird, in der die Gewalt offen zutage tritt, in der der Mörder Auge in Auge mit seinem Opfer steht, erweist sich Richard als stärker. Er gibt zu, den König getötet zu haben.

GLOUCESTER
Let him thank me, that help'd to send him thither.
For he was fitter for that place than earth.
LADY ANNE
And thou unfit for any place but hell.
GLOUCESTER
Yes, one place else, if you will hear me name it.
LADY ANNE
Some dungeon.
GLOUCESTER
Your bed-chamber.* RICHARD III., I, 2

Das ist der Augenblick des ersten Sieges Richards. Solange er noch log, zu täuschen versuchte und das Verbrechen leugnete, erkannte er die Existenz einer moralischen Ordnung noch an. Jetzt aber hat er diese Ordnung vernichtet. Die beiden sind allein auf der Bühne. Sie sind allein in der Welt des Mordes, der Gewalttätigkeit, des Terrors und der Grausamkeit.

*GLOSTER
Er danke mir, der ihm dahin verholfen.
Er taugte für den Ort, nicht für die Erde.
ANNA
Du taugst für keinen Ort, als für die Hölle.
GLOSTER
Ja, einen noch, wenn ich ihn nennen darf.
ANNA
Ein Kerker.
GLOSTER
Euer Schlafzimmer.

LADY ANNE
Ill rest betide the chamber where thou liest!
GLOUCESTER
So will, madam, till I lie with you.
LADY ANNE
I hope so.* RICHARD III., I, 2

Von diesem Augenblick an ist Lady Anna verloren. Richard hat ihr den Boden unter den Füßen weggezogen. Also war alles Vorausgegangene, der Tod ihrer Nächsten, die Folter der großen Herren des Königreiches, der Kampf um Macht und Krone – ihretwegen, ausschließlich um ihretwillen geschehen. Die Welt wurde des Scheins beraubt. Die moralische Ordnung vernichtet; von nun an hört die Geschichte auf zu sein. Es gibt nur die Frau, den Mann und ein Meer vergossenen Blutes.

GLOUCESTER
Your beauty was the cause of that effect;
Your beauty, that did haunt me in my sleep
To undertake the death of all the world,
So might I live one hour in your sweet bosom.
LADY ANNE
If I thought that, I tell thee, homicide,
these nails should rend that beauty from my cheeks.**
RICHARD III., I, 2

*ANNA
Verbannt sei Ruh vom Zimmer, wo du liegst.
GLOSTER
Das ist sie, Herrin, bis ich bei Euch liege.
ANNA
Ich hoff es.

**GLOSTER
Eu'r Reiz allein war Ursach dieser Wirkung,
Eu'r Reiz, der heim mich sucht in meinem Schlaf,
Von aller Welt den Tod zu unternehmen
Für eine Stund an Eurem süßen Busen.
ANNA
Dächt' ich das, Mörder, diese Nägel sollten
Von meinen Wangen reißen diesen Reiz.

Shakespeare ist ein psychologischer Seher. In dieser großen Szene stößt er heftig, satzweise, in gewaltigen Ellipsen bis an den Rand des Dunkels vor. Er reduziert die Welt auf die elementarsten Kräfte, auf Haß und Begierde. Noch haßt Lady Anna Richard, aber sie befindet sich bereits mit ihrem Haß allein in der Welt, in der es nur noch die Begierde gibt. Man muß diese Szene durch unsere eigenen Erfahrungen sehen, man muß darin die Nacht der Besatzungszeit, die Nacht der KZs, die Nacht der Massenmorde wiederfinden. Man muß darin die grausame Zeit erblicken, in der alle Normen der Moral zersplittern, in der nacheinander das Opfer zum Henker und der Henker zum Opfer werden. Noch kann Lady Anna Richard ins Gesicht spucken, aber das ist bereits ihre letztmögliche Geste, die letzte Wehr, bevor sie sich ergibt.

Lady Anna fügt sich Richard nicht aus Angst. Sie geht mit ihm, um den Abgrund zu erfahren. Um sich selbst zu beweisen, daß alle Gesetze der Welt ihre Gültigkeit verloren haben. Denn wenn alles verlorengegangen ist, bleibt nur noch das Gedächtnis übrig, das man ebenfalls in sich töten muß. Man muß sich selbst töten oder die letzte Scham in sich vernichten. Lady Anna geht mit Richard ins Bett, um – wie Conrad sagen würde – »im vernichtenden Element unterzutauchen«.

Ist die ganze Geschichte nur ein großes Abschlachten, dann bleibt einem nichts außer dem Sprung ins Dunkel, außer der Wahl zwischen Tod und Lust. Die Genialität Shakespeares hat Lady Anna eben vor diese Wahl gestellt, vor die letzte und einzige, die ihr blieb. Richard reicht ihr den Degen.

Gloucester
Nay, do not pause; for I did kill King Henry;
But 'twas thy beauty that provoked me,
Nay, now dispatch; 'twas I that stabb'd young Edward...
She again offers at his breast.
But 'twas thy heavenly face that set me on.
She lets fall the sword.
Lady Anne
... though I wish thy death,
I will not be thy executioner.* Richard III., I, 2

*Gloster
Nein, zögre nicht: ich schlug ja König Heinrich,
Doch deine Schönheit reizte mich dazu.
Nur zu! Denn ich erstach den jungen Eduard:

Ein halbes Jahrhundert später ist eine andere Tragödie entstanden, in der ebenfalls ein Mann vor einer Frau steht, deren Vater er getötet hat, Der Vater von Chimène hat den Vater Rodrigues beleidigt, und Rodrigue hat die Schande des Vaters gerächt. Jetzt muß Chimène ihren Vater rächen und verlangt den Kopf Rodrigues. In der ganzen Tragödie führen Liebe und Pflicht einen Dialog miteinander, der in glatte Alexandriner gefügt ist. Das glasklare Metrum dieses Dialogs wird nicht einen Augenblick lang unterbrochen. Die Welt Corneilles ist ebenfalls grausam, aber weder die moralische noch die geistige Ordnung werden darin verletzt. Ehre, Liebe und Recht sind erhalten geblieben. In den Königstragödien Shakespeares sind nur Haß, Begierde und Gewalttätigkeit vorhanden, nur der Große Mechanismus, der den Henker in das Opfer und das Opfer in den Henker verwandelt. Die Helden Corneilles behalten ihre Würde und ihr Selbstvertrauen. Sie hegen keinen Zweifel, und Leidenschaft entstellt ihnen nicht die Lippen. Sie leben in einer Welt, die keinen Augenblick lang ins Schwanken gerät. Und vielleicht erscheinen sie deshalb wie Menschen von einem anderen Stern. Vor den Augen des Zuschauers absolvieren sie ein großes Rennen des Edelmuts, aber dieses Rennen kostet sie nicht viel und ändert sie innerlich nicht im geringsten. Und ich kann nicht anders, ich muß der herrlichen Rhetorik Corneilles, in der die Leidenschaft kühl durchdekliniert wird, das Ungestüm der Shakespeareschen Repliken vorziehen:

LADY ANNE
I would I knew thy heart.
GLOUCESTER
'Tis figur'd in my tongue.
LADY ANNE
I fear me both are false.
GLOUCESTER
Then never man was true.
LADY ANNE
Well, well, put up your sword.
GLOUCESTER
Say, then, my peace is made.

Sie zielt wieder nach seiner Brust.
Jedoch dein himmlisch Antlitz trieb mich an.
Sie läßt den Degen fallen.
ANNA ... Wünsch ich schon deinen Tod,
So will ich doch nicht sein Vollstrecker sein.

LADY ANNE
That shalt thou know hereafter.
GLOUCESTER
But shall I live in hope?
LADY ANNE
All men, I hope, live so.* RICHARD III., I, 2

Die Helden Corneilles sind stärker als die Welt, und in der Tiefe ihrer Seele liegt kein Dunkel. Aber menschlicher als die statuenhafte Chimène, vielleicht aber auch nur zeitgenössischer, erscheint mir jene Lady Anna, die dem Mörder ihres Mannes ins Gesicht speit und dann mit ihm ins Bett geht. Bei Shakespeare sind alle menschlichen Werte zerbrechlich, und die Welt ist stärker als der Mensch. Die unerbittliche Walze der Geschichte zermalmt alle und alles. Der Mensch ist durch die Situation bestimmt, durch die Stufe, auf der er sich befindet. Die Höhe der Stufe wiederum bestimmt die Freiheit seiner Wahl.
In RICHARD II. hat Shakespeare nicht nur den König vom Thron gestoßen, sondern die Idee der monarchischen Macht selbst. In RICHARD III. hat er gezeigt, wie die ganze moralische Ordnung auseinanderfällt. Richard II. verlangt nach der großen Abdankungsszene nach einem Spiegel, und als er darin sein unverändertes Gesicht erblickt, schmettert er den Spiegel zu Boden. Der König ist ein Mensch geworden, die Krone ist dem göttlichen Gesalbten vom Haupt gerissen worden, aber die Welt ist

*ANNA
Kennt ich doch nur dein Herz!
GLOSTER
Auf meiner Zunge wohnt's.
ANNA
Vielleicht sind beide falsch.
GLOSTER
Dann meint es niemand treu.
ANNA
Nun wohl, steckt ein das Schwert.
GLOSTER
Gewährst du Frieden mir?
ANNA
Das sollt Ihr künftig sehn.
GLOSTER
Darf ich in Hoffnung leben?
ANNA
Ich hoffe, jeder tuts.

nicht ins Wanken geraten, und nichts hat sich geändert. Sollte sich wirklich gar nichts geändert haben, nicht einmal das eigene Gesicht? Also war die Krone nur ein Schein.

Richard III. verlangt ebenfalls nach einem Spiegel, nachdem er Lady Anna auf sein Lager gezwungen hat. Alles hat sich als Trug erwiesen: die Treue, die Liebe, selbst der Haß. Das Verbrechen ist ungestraft geblieben, die Schönheit hat die Häßlichkeit gewählt, die menschlichen Schicksale sind aus Ton; man kann sie nach Belieben formen. Es gibt weder einen Gott noch das Recht.

> Having God, her conscience, and these bars against me.
> And I no friends to back my suit withal
> But the plain devil and dissembling looks,
> And yet to win her, all the world to nothing! * RICHARD III., I, 2

Richard III. verlangt nach einem Spiegel. Aber er ist klüger als Richard II., denn gleichzeitig verlangt er nach Schneidern, die ihm einen neuen Anzug nähen sollen.

VIII

Auf den unerbittlichen Mechanismus der Macht blickt Shakespeare ohne das Entsetzen des Mittelalters und ohne die Illusionen der frühen Renaissance. Die Sonne kreist nicht um die Erde, und es gibt weder eine Ordnung der Himmelssphären noch eine Ordnung der Natur. Der König ist kein göttlicher Gesalbter, und die Politik ist nur die Kunst der Erringung und der Erhaltung der Macht. Die Welt ist ein Schauspiel, ähnlich einem Gewitter oder einem Sturm. Die schmächtigen Haselnußbäume werden davon zu Boden gedrückt, die großen Bäume entwurzelt. Grausam ist die Ordnung der Geschichte, gefährlich die Ordnung der Natur, fürchterlich die Leidenschaften, die im menschlichen Herzen nisten.

Nur in den Komödien beschwört Shakespeare Bilder einer renaissancehaften Utopia. Im Ardenner Wald finden die Liebenden zueinander, der Sohn kehrt zu seinem Erbe zurück, aus dem er vertrieben worden

*Gott, ihr Gewissen, all dies wider mich,
Kein Freund, um mein Gesuch zu unterstützen,
Als Heuchlerblicke und der bare Teufel,
Und doch sie zu gewinnen! alles gegen nichts!

war, freie Menschen gehen auf die Jagd und singen Lieder, der gerechte Herrscher gewinnt seinen Thron wieder. Aber selbst die Utopie des Ardenner Waldes und der heiße Traum der Sommernacht sind von inneren Widersprüchen zersetzt. Die Harmonie ist nur ein kurzer und flüchtiger Moment der Stille. Das Hirtenlied wird vom bitteren Hohn Jaques' getrübt.

Im ganzen Schaffen Shakespeares seit 1600, das die ehrbaren Literaturhistoriker des 19. Jahrhunderts die *optimistische* Periode nannten, kann nur HEINRICH IV. ein heiteres Stück genannt werden – zumindest unter den Meisterwerken. In den beiden RICHARDS und in den weiteren HEINRICHS ist die Geschichte die einzige *dramatis persona* der Tragödie. Der Held in HEINRICH IV. ist Falstaff. Auch hier rotten die großen Feudalherren sich gegenseitig aus. König Heinrich IV., der eben erst Richard II. vom Thron gestürzt hat, ihn hinrichten und seine Anhänger ermorden ließ, hat seine Missetaten durch die Reise ins Heilige Land nicht abgebüßt. Seine Verbündeten, die ihm auf den Thron geholfen haben, rebellieren. Für sie ist er zum neuen Tyrannen geworden. Schottland und Wales erheben sich. Die Geschichte beginnt von vorne. Aber in HEINRICH IV. ist die Geschichte nur einer der vielen Helden des Dramas. Das Drama spielt sich hier nicht nur im Königspalast und an den Höfen feudaler Schlösser ab. Auch nicht nur auf den Schlachtfeldern, im Kerker des Tower und auf der Straße von London. Neben dem königlichen Palast steht das Wirtshaus »Zum wilden Schweinskopf«, und darin ist Falstaff der König. Zwischen die weiteren Kapitel der strengen geschichtlichen Chronik ist plötzlich die deftige Renaissancekomödie über den beleibten Edelmann geraten, der seit Jahren ob seines Riesenbauches die eigenen Knie nicht mehr zu sehen bekommt.

Ich ziehe die beiden RICHARDS dem Drama HEINRICH IV. vor. Sie sind für mich eine viel tiefere und viel herbere Art von Tragödie. Shakespeare entblößt darin den Mechanismus der Macht unmittelbar, ohne sich Winkelzügen zu bedienen, ohne Fiktionen zu schaffen. Er entthront die königliche Majestät, entkleidet sie aller Illusionen. Ihm genügt hierbei das Gefüge der Macht allein, der geschichtliche Mechanismus an sich. In HEINRICH IV. ist die Situation anders. Der Thronfolger ist der künftige Nationalheld, der Sieger über Frankreich bei Azincourt. HEINRICH IV. ist bereits ein patriotisches Heldenstück.

Shakespeare verzichtet niemals auf seine großen Konfrontationen. Er variiert nur ihre Gruppierung. Den gegenseitig sich mordenden Feudalherren stellt er den gargantuesken Falstaff entgegen. Sir John Falstaff ist nicht nur die Verkörperung renaissancehafter Lebenslust und des renaissancehaften dröhnenden Lachens über Himmel und Hölle, über die Krone und alle königlichen Rechte. In diesem Dickwanst und Ritter stecken plebejische Weisheit und plebejische Erfahrung, die der Geschichte nicht auf den Leim gehen. Shakespeares Falstaff ist ein Spötter.

In HEINRICH IV. gibt es zwei herrliche Szenen. Die erste: Falstaff wird vom Prinzen zum Kapitän der Infanterie ernannt und begibt sich an der Spitze seiner Abteilung zur Armee. Er hat lauter zerlumpte Elendskerle und Krüppel angeworben. Wer nur ein paar Groschen sein eigen nannte, hat sich vom Kapitän losgekauft. Der Prinz betrachtet dieses erbärmliche Trüppchen mit Entsetzen. Aber Falstaff entgegnet ihm kaltblütig:

> Tut, tut; good enough to toss; food for powder, food for powder; they'll fill a pit as well as better: tush, man, mortal men, mortal men.* HEINRICH IV., T. 1, IV, 2

Diese Szene paßt in Brechts Theater. Sie zeigt auch, wieviel Brecht Shakespeare zu verdanken hat.

Die zweite Szene: Falstaff auf dem Schlachtfeld. Er hält Ausschau nach dem besten Schlupfwinkel und monologisiert dabei:

> What is honour? a word. What is that word, honour? Air. A trim reckoning! Who hath it? he that died o' Wednesday. Doth he feel it? No. Doth he hear it? No. It is insensible then? Yea, to the dead. But will it not live with the living? No. Why? Detraction will not suffer it. Therefore I'll none of it: honour is a mere scutcheon; and so ends my catechism.** HEINRICH IV., T. 1, V, 1

In Heinrich IV. werden ständig zwei Arten von England miteinander konfrontiert. Die Feudalherren schlachten sich ab; der junge Thronfol-

*Pah! Pah! gut genug zum Aufspießen; Futter für Pulver, Futter für Pulver; sie füllen eine Grube so gut wie bessere; hm, Freund! sterbliche Menschen! sterbliche Menschen!

**Was ist Ehre? Ein Wort. Was ist dieses Wort Ehre? Luft. Eine feine Rechnung! – Wer hat sie? Der mittwochs starb. Fühlt er sie? Nein. Hört er sie? Nein. Ist sie also nicht fühlbar? Für die Toten nicht. Aber lebt sie etwa mit den Lebenden? Nein. Warum nicht? Die Verleumdung gibt es nicht zu. Ich mag sie also nicht. – Ehre ist nichts als ein gemalter Schild beim Leichenzuge, und so endet mein Katechismus.

ger überfällt Kaufleute auf den Wegen und verbringt seine Zeit mit einer Bande von Vagabunden. HEINRICH IV. ist eines der wenigen apologetischen Dramen Shakespeares. Der junge Prinz wächst zu einem weisen und tapferen König heran. Aber die Moral ist nicht ganz ungiftig. Es stellt sich heraus, daß die Gesellschaft von Falstaff und den Wegelagerern eine weitaus bessere Schule der Königlichkeit ist als die feudale Schlächterei. Das sind im übrigen zwei gar nicht so entfernte Tätigkeiten. Man erinnere sich an KÖNIG JOHANN:

Cousin, away for England! haste before;
And, ere our coming, see thou shake the bags
Of hoarding abbots; set at liberty
Imprison'd angels: the fat ribs of peace
Must by the hungry now be fed upon.* KÖNIG JOHANN, III, 3

IX

Wir müssen noch einmal auf Shakespeares Metapher der großen Treppen zurückkommen. Richard II. wächst zusammen mit der Tragödie. Auf der ersten Hälfte der Treppe ist er nur der Name des Königs, erst auf der letzten Stufe kommt es zu der tragischen Großaufnahme. Die dramaturgische Optik in RICHARD III. ist dem entgegengesetzt. Im ersten Teil der Tragödie ist Richard die Intelligenz des Großen Mechanismus, der Demiurg der Geschichte, der Fürst Machiavellis. Aber Shakespeare ist klüger als der Autor des FÜRST. Richard III. wird immer kleiner, je höher er die Treppen hinaufsteigt. Es ist, als umschlinge und verschlinge ihn der Große Mechanismus. Allmählich wird er zu einem seiner Räder. Er hört auf, Henker zu sein, und wird zum Opfer. Er ist in das Getriebe geraten.

Der Herzog machte Geschichte. Die ganze Welt war für ihn ein Klumpen Ton, den er in seinen Händen knetete. Nun wurde er selbst zu Ton, den jemand anderes knetet. In den Königsdramen Shakespeares verblüfft stets die Fixierung des Augenblicks, in dem die Geschichte den bislang

*Ihr, Vetter, fort nach England! eilt voran,
Und eh wir kommen, schüttle du die Säcke
Aufspeichernder Prälaten; setz in Freiheit
Gefangene Engel: denn die fetten Rippen
Des Friedens müssen jetzt den Hunger speisen.

allmächtigen Herzog in die Sackgasse treibt, wo jener, der die Geschichte machte oder sich der Illusion hingab, sie zu machen, zu ihrem bloßen Gegenstand wird, wo der Große Mechanismus sich als stärker erweist als derjenige, der ihn in Bewegung gesetzt hat.
Im letzten Akt der Tragödie ist Richard III. nur noch der Name des verfolgten Königs. Die Bühne wechselt von Schlachtfeld zu Schlachtfeld. Man jagt ihm nach. Richard flieht. Er wird immer schwächer. Da erwischen sie ihn. Zu retten hat er nur noch sein Leben.

> A horse! a horse! my kingdom for a horse! *
>
> RICHARD III., V, 4

Also war alles nur soviel wert. Also ist das der wahre Preis der Macht, der Geschichte, der Krone des göttlichen Gesalbten. Ein gutes Pferd ist mehr wert als ein ganzes Königreich. Das ist der letzte Satz des großen Zyklus, der Königsdramen Shakespeares.

X

Im Herbst 1958 zeigte J. Woszczerowicz zusammen mit einer kleinen Gruppe junger Schauspieler im Warschauer Haus der Kultur eine Szene aus RICHARD III. Der Saal war überfüllt, die kleine Insel der Bühne tauchte geradezu in der Menge unter. Die Beleuchtung war gewöhnlich, es gab keinerlei Requisiten. Woszczerowicz warf seine Jacke ab; er war in einem schwarzen dicken Pullover, der bis zum Kinn reichte. Er streifte den linken Ärmel hoch, ein Armstumpf war zu sehen. Am Zeigefinger der rechten Hand trug er einen großen Ring. Nichts weiter. Lady Anna war in einem gewöhnlichen Kleid. Der Mann im schwarzen Pullover hatte ihren Mann und ihren Vater ermordet. Jetzt verlangte er, daß sie mit ihm schlafe. Der schwarze Pullover, der einen Teil des Kinns verdeckte, glich einem Panzer. Aber bedarf es eines Panzers, um zu morden?
Einen solchen Shakespeare habe ich nie zuvor gesehen. Einen so konzentrierten Shakespeare. Seit dieser Zeit wartete ich auf RICHARD.
Endlich, im Oktober 1960, fand im Warschauer Ateneum-Theater die Premiere von RICHARD III. mit Woszczerowicz statt.[1]
Flink ging er ein paar Schritte, ein Bein leicht nachschleppend. Dann be-

*Ein Pferd! ein Pferd! mein Königreich für ein Pferd!

gann er zu lachen. Er sagte, der Krieg sei zu Ende, Friede sei eingetreten, nun könne man das schartige Schwert beiseite legen. Von oben fiel ein Gitter herab. Dann ein zweites, ein drittes, ein viertes Gitter. Richard sprach mit sich selbst. Nicht mit uns. Dann lachte er wieder. Über sich selbst. Nein – über uns. Er hatte ein breites Gesicht, wirres Haar, trug einen schmutzigen, zerrissenen Überrock. So hätte Woszczerowicz die Rolle Sganarelles beginnen können; in derselben Maske, mit demselben Tonfall und mit demselben Lachen. Er stellte sich breitbeinig auf. Der Stumpf des linken Arms hing herab. Olivier hatte von Anfang an fasziniert, die Verkrüpplung nur leicht angedeutet. Er war herrlich und bedrohlich gewesen, ein Königsbruder. Woszczerowicz lachte, als er die Worte über den Frieden sprach. Dieser unförmige Zwerg begann mit einem Narrenspiel. Und das war die erste Entdeckung und der erste Schock gewesen. Richard war kleiner als alle anderen, er mußte den Kopf recken, um den anderen in die Augen zu schauen. Er war lächerlich. Er wußte es, er wußte alles.
Im 19. Jahrhundert wurde die Rolle Richards von Tragöden gespielt, und sie spielten sie auf tragisch. Sie spielten die Krankheit des großen Verbrechers oder des ›Übermenschen‹. Woszczerowicz baute als erster die Rolle Richards mit allen Mitteln eines Komödienschauspielers auf. Sein Richard mimte und machte uns etwas vor, fiel auf die Knie, parodierte Mitleid, Zorn, Großmut, Wut und Begierde, ja, selbst Grausamkeit. Sein Richard stand über allen Situationen, identifizierte sich nicht mit ihnen, spielte sie. Er *ist* nicht, er spielt sich nur. Woszczerowicz ist ein großer Schauspieler, aber sein Richard war ein noch größerer. Ein Schauspieler im wörtlichsten Sinne ist jener, der spielt und ein Spiel vorführt. In der Gerichtssprache wäre der Schauspieler der Kläger, nicht der Angeklagte. Ähnlich spricht man von den großen Darstellern der Geschichte. Sie spielen sie nur, führen sie auf. Sie schämen sich nicht des Narrenspiels. Sie schämen sich überhaupt nicht. Ebensowenig wie sich ein Schauspieler der Rolle schämt, die er spielt. Er steht über der Rolle. Ist er der Regisseur, so wählt er die Rolle und bestimmt die Situation. Dann ist für ihn alles Theater. Er hat alle ins Spiel geführt. Wenn er allein auf der leeren Erde zurückbleibt, kann er lachen. Er kann sich dann sogar selbst als Narren betrachten. Als Übernarren.
Shakespeare pflegte das Leben gern mit dem Theater zu vergleichen. Der Vergleich stammt aus der Antike, aber Shakespeare verlieh ihm erst seine Tiefe und Schärfe. Das *theatrum mundi* ist weder tragisch noch komisch. Aber es spielen darin tragische und komische Schauspieler mit. Wie steht es in diesem Theater um die Rolle des Tyrannen? Richard ist

unpersönlich wie die Geschichte. Er setzt die Walze der Geschichte in Bewegung, später gerät er selbst unter diese Walze. Richard ist nicht einmal grausam. Er paßt nicht in den Rahmen der Psychologie. Er ist nur Geschichte. Eines ihrer sich wiederholenden Kapitel. Er hat kein Gesicht. Aber der Schauspieler, der Richard spielt, muß ein Gesicht haben. Der Richard von Woszczerowicz hatte ein breites Gesicht und lachte. Dieses Lachen war erschütternd; am schrecklichsten ist der Tyrann, der sich zum Narren erklärt hat. Und der die ganze Welt als ein Narrenspiel ansieht. Von allen Darstellern Richards hat Woszczerowicz Shakespeare als erster auf die Art verstanden. Ich meine, er hat ihn genial verstanden. Er begann seine Rolle mit einem Narrenspiel, und die ganze Rolle lebte davon. Närrisch waren alle Gesten, die verschlagenen und die grausamen, die der Liebe und die des Regierens. Aber ein Narrenspiel besteht aus mehr als nur Gesten. Das Narrenspiel ist eine Philosophie. Es ist die höchste Form der Verachtung, die absolute Verachtung.

Schon ist Richard König. Jetzt trägt er den Königsmantel um die Schultern. Dieser Mantel wurde in wenigen Stunden zusammengeschneidert. Mögen sich die andern putzen, er braucht keine reichen Gewänder. Er hat es immer eilig. Die anderen haben Zeit für Nichtigkeiten, er hat keine Zeit. Auf die leere Bühne wird der Thron getragen. Er gleicht einem aus Brettern gezimmerten Galgen. Der Zwerg sitzt jetzt hoch oben wie eine Spinne. In der Hand die königlichen Insignien. Aber er verachtet auch diese. Das Szepter schiebt er sich unter das Bein. Was ist ein Szepter? Ein goldener Stock. Richard kennt dessen Preis.

Erst im letzten Akt hört Richard auf, Narr zu sein. Bislang hat er die Ausbrüche von Wut und Raserei gespielt, er hat die Frömmigkeit gespielt, selbst die Angst hat er nur gespielt. Jetzt fürchtet er sich wirklich. Zuvor hat er die Rollen bestimmt und stand über den anderen. Jetzt ist er nur noch er selbst: ein Mensch, dem man nach dem Leben trachtet. Diese Rolle will Richard nicht annehmen, aber er muß es. Er lacht nicht mehr. Er ist ein plumper, ungestalter Zwerg. Gleich wird er wie eine Sau abgestochen werden. Vom Kopf der Leiche wird man die Krone reißen. Von Frieden wird jetzt ein neuer, jugendlicher König sprechen.

Von oben fallen Gitter herab. Eins, zwei, drei, dann ein viertes Gitter. Heinrich VII. spricht über Frieden, Aussöhnung und Gerechtigkeit. Doch plötzlich kräht er wie Richard, für den Bruchteil einer Sekunde wird sein Gesicht von derselben Fratze verzerrt. Die Gitter fallen. Das Antlitz des neuen Königs strahlt wieder.

DER HAMLET DER JAHRHUNDERTMITTE

Lebwohl Prinz mich erwarten das Kanalisationsprojekt
Und das Dekret über Prostituierte und Bettler
Auch muß ich an die Verbesserung des Gefängnissystems denken
Denn wie du treffend sagtest Dänemark ist ein Gefängnis
Ich gehe an meine Geschäfte heute nacht wird der Stern
Hamlet geboren wir werden nie zusammentreffen
Was von mir bleibt wird nicht Gegenstand einer Tragödie ...

Zbigniew Herbert, TOTENKLAGE DES FORTINBRAS

I

Die Bibliographie der Abhandlungen und Studien über HAMLET ist zweimal so dick wie das Warschauer Telefonbuch. Über keinen leibhaftigen Dänen ist so viel geschrieben worden wie über Hamlet. Dieser Shakespearesche Prinz ist ganz gewiß der berühmteste aller Dänen. Stimmen und Kommentare umranken Hamlet, so daß er zu einem der wenigen literarischen Helden wurde, die unabhängig vom Text, unabhängig vom Theater leben. Sein Name bedeutet selbst denen etwas, die Shakespeare nie gelesen noch gesehen haben. Er ähnelt darin, wie Eliot bemerkte, Leonardos Mona Lisa. Bevor wir das Bild zu sehen bekommen, wissen wir bereits, daß es lächelt. Dieses Lächeln hat sich gleichsam vom Porträt gelöst, es hat sich verselbständigt. Es enthält nicht nur das, was Leonardo hineingelegt hat, sondern auch das, was darüber geschrieben und gesprochen wurde. Zuviel Mädchen und Frauen, Dichter und Maler haben sich an der Deutung des Lächelns versucht. Und wenn wir dann vor dem Bild stehen, so lächelt uns nicht nur Mona Lisa an, sondern alle die, die dieses Lächeln durchschauen wollten.

So verhält es sich auch mit Hamlet, und vor allem mit dem Theater-Hamlet. Denn zwischen uns und dem Text steht nicht nur das Eigenleben Hamlets in der Kultur, sondern ganz einfach sein Umfang. HAMLET läßt sich nicht im ganzen spielen, er würde sechs Stunden dauern. Man muß eine Auswahl treffen, Kürzungen und Streichungen vornehmen. Man kann nur *einen* HAMLET spielen, einen von denen, die in diesem Super-Stück enthalten sind. Es wird immer ein HAMLET sein, der ärmer ist als der Shakespearesche, aber es kann auch einer sein, der reicher ist, reicher um unsere Zeit. Er kann, nein, er muß es sein.

Denn HAMLET läßt sich nicht ganz einfach ›aufführen‹. Vielleicht liegt darin seine Anziehungskraft für Regisseure und Schauspieler. In HAMLET haben viele Generationen nach ihren eigenen Zügen gesucht, und sie haben sie gefunden. Vielleicht beruht das Geniale HAMLETS gerade darauf, daß man sich darin spiegeln kann. Der vollendete HAMLET müßte gleichzeitig maximal shakespearehaft und maximal modern sein. Ist das möglich? Ich weiß es nicht. Aber nur an diesen Fragen kann man die einzelnen Shakespeare-Inszenierungen beurteilen. Man muß sich fragen, wieviel darin von Shakespeare und wieviel von uns gegeben ist. Und es geht mir hier keineswegs um eine an den Haaren herbeigezogene Modernisierung, um einen Hamlet im Existentialistenkeller. Man hat HAMLET im Frack und im Zirkustrikot, in mittelalterlicher Rüstung und im Renaissancekostüm gespielt. Um das Kostüm geht es nicht. Wichtig ist nur, daß man durch den Shakespeareschen Text hindurch zu den Erfahrungen unserer Zeit findet, zu unserer Unruhe und unserer Sensibilität.

In HAMLET gibt es viele Fragen: die Politik, die Gewalttätigkeit und die Moral, den Streit um die Übereinstimmung von Theorie und Praxis, um die letzten Dinge und den Sinn des Lebens; HAMLET ist eine Tragödie der Liebe, der Familie, des Staates, es ist eine philosophische, eschatologische und metaphysische Tragödie. Alles, was ihr wollt! Und obendrein eine aufrüttelnde psychologische Studie. Eine blutige Fabel, ein Duell und ein großes Gemetzel sind darin enthalten. Man hat die Wahl. Aber man muß wissen, weshalb und wozu man wählt.

II

Der HAMLET, der in Krakau einige Wochen nach dem 20. Parteitag der KPdSU aufgeführt wurde, dauerte drei Stunden.[2] Und keine Minute länger. Er ist beschwingt und durchsichtig, gespannt und aggressiv, modern und konsequent, auf eine Frage reduziert. Er ist durch und durch ein politisches Drama. »Es ist etwas faul im Staate Dänemark.«

Das ist der erste Akkord der neuen Aktualität HAMLETS. Darauf folgt das dumpfe, dreifache: »Dänemark ist ein Gefängnis«. Und schließlich die herrliche Szene des Gesprächs zwischen den Totengräbern, frei von Metaphysik, brutal und eindeutig.

Die Totengräber wissen, wessen Gräber sie graben. Der Galgen, sagen sie, ist das stärkste Gebäude, er steht fester als die Kirche.

Auf der Bühne ist am häufigsten von Verfolgung und Spionage die Rede. Alle spionieren hier allen nach, alle ausnahmslos und ohne Unterlaß.

Polonius, der große Meister des verbrecherischen Königs, schickt selbst nach dem eigenen Sohn in Frankreich einen Späher aus. Ja, Shakespeare war genial. Hören wir, was der Minister sagt:

> Inquire me first what Danskers are in Paris;
> And how, and who, what means, and where they keep,
> What company, at what expense; and finding
> By this encompassment and drift of question
> That they do know my son, come you more nearer
> Than your particular demands will touch it.* HAMLET, II, 1

Hinter jedem Vorhang auf dem Schloß von Elsinor steckt jemand. Der brave Minister traut selbst der Königin nicht. Ja, Shakespeare war genial. Hören wir wieder den Minister:

> Tis meet that some more audience than a mother,
> Since nature makes them partial, should o'erhear
> The speech, of vantage.** HAMLET, III, 3

Alles auf dem Schloß ist von Angst durchsetzt: die Ehe, die Liebe und die Freundschaft. Welche höllischen Erfahrungen mußte Shakespeare zur Zeit der Verschwörung und der Hinrichtung Essex' gemacht haben, um den Gang des Großen Mechanismus kennenzulernen. Hören wir den König an: er hat die jungen Freunde Hamlets zu sich rufen lassen:

> ... I entreat you both,
> That, being of so young days brought up with him,
> And since so neighbour'd to his youth and humour,
> That you vouchsafe your rest here in our court
> Some little time; so by your companies

*Erst fragt mich, was für Dänen in Paris sind,
Und wie, wer, auf was Art, und wie sie leben,
Mit wem, was sie verzehren; wenn Ihr dann
Durch diesen Umschweif Eurer Fragen merkt,
Sie kennen meinen Sohn, so kommt Ihr näher;
Berührt alsdann es mit besondern Fragen.

**Daß noch ein andrer Zeug' als eine Mutter,
Die von Natur parteiisch, ihr Gespräch
Im stillen anhört.

To draw him on to pleasures, and to gather,
So much as from occasion you may glean,
Whe'r aught to us unknown afflicts him thus,
That, open'd, lies within our remedy.* HAMLET, II, 2

Ja, Shakespeare war genial: »Ob irgendwas, uns unbekannt, ihn drückt, das, offenbart, zu heilen wir vermöchten.« In diesem Mörder-Oheim muß eine akute Wachsamkeit Hamlet gegenüber bestehn. Warum will er ihn nicht aus Dänemark herauslassen? Dieser Hamlet ist doch so unbequem am Hof, er mahnt immerfort daran, was alle vergessen möchten. Aber vielleicht hegt er einen Verdacht? Vielleicht ist es besser, man gibt ihm keinen Paß, um ihn auf diese Weise immer bei der Hand zu haben? Aber vielleicht wollte der König Hamlet auch so schnell wie möglich loswerden, aber er hat sich der Königin gebeugt, die ihren Sohn bei sich haben will? Und sie, wie denkt sie darüber? Fühlt sie sich schuldig? Was weiß die Königin? Sie ist durch Leidenschaft, Verbrechen und Schweigen gegangen. Sie mußte alles in sich unterdrücken. Unter ihrer Ruhe verbirgt sich ein Vulkan.

In dieses große Spiel wird auch Ophelia hineingezogen. Man belauscht ihre Gespräche, man verhört sie, fängt ihre Briefe ab. Sie selbst händigt sie aus. Sie ist zugleich ein Rädchen des Mechanismus und dessen Opfer. Die Politik lastet hier auf jedem Gefühl, und es gibt kein Entrinnen. Alle Personen des Dramas sind von der Politik vergiftet. Sie sprechen einzig davon. Bis zum Wahnsinnigwerden.

Hamlet liebt Ophelia. Aber er weiß, daß er verfolgt wird, und er hat wichtigere Dinge im Kopf. Diese Liebe sickert allmählich aus ihm heraus. Es gibt keinen Platz dafür in dieser Welt. Der dramatische Aufruf Hamlets: »Ophelia, geh ins Kloster!« ist nicht nur an Ophelia gerichtet, sondern auch an jene, die das Liebespaar belauschen. Für jene soll es die Bestätigung des vorgetäuschten Wahns sein. Aber für Hamlet und Ophe-

* ... Ich ersuch euch beide –
Da ihr von Kindheit auf mit ihm erzogen,
Und seiner Laun und Jugend nahe bliebt –
Ihr wollet hier an unserm Hof verweilen
Auf ein'ge Zeit, um ihn durch euren Umgang
In Lustbarkeit zu ziehn, und zu erspähn,
So weit der Anlaß auf die Spur euch bringt,
Ob irgendwas, uns unbekannt, ihn drückt,
Das, offenbart, zu heilen wir vermöchten.

lia bedeutet es, daß es in der Welt des Verbrechens keinen Platz für Liebe gibt.
HAMLET wurde 1956 in Krakau eindeutig und mit erschütternder Klarheit aufgeführt. Zweifelsohne war das ein reduzierter HAMLET. Aber gleichzeitig ist er so suggestiv gewesen, daß ich den Text, den ich nach der Aufführung zur Hand nahm, nur noch als Drama eines politischen Verbrechens verstand. Auf die klassisch gewordene Frage, ob Hamlet den Wahn vortäusche oder ob er tatsächlich wahnsinnig sei, antwortete die Krakauer Inszenierung: Hamlet täuscht den Wahn vor, er verbirgt sich kaltblütig hinter seiner Maske, um den Staatsstreich zu vollziehen; Hamlet ist wahnsinnig, denn die Politik, wenn sie alle Gefühle vertrieben hat, ist selbst ein großer Wahnsinn.
Ich kann dieser Interpretation nichts vorwerfen. Und ich trauere den vielen anderen Hamlets nicht nach: weder Hamlet, dem Moralisten, der sich mit der scharfen Trennung von Gut und Böse nicht abfinden kann, noch Hamlet, dem Intellektuellen, der keinen ausreichenden Beweggrund für seine Handlungen finden kann, noch Hamlet, dem Philosophen, für den die Existenz der Welt in Frage steht.
Ich ziehe diesen allen den jungen Burschen vor, der von der Politik befallen ist, frei von Illusionen, sarkastisch, leidenschaftlich und brutal. Er begehrt auf wie Jugendliche, besitzt aber gleichzeitig etwas von der Anmut James Deans. Er wird von einer ungestillten Passion getrieben. Er wirkt in seiner Heftigkeit mitunter kindisch. Und er ist ohne Zweifel primitiver als seine Vorgänger in dieser Rolle. Er ist ganz Tat, nicht Reflexion. Er ist voller Entrüstung und berauscht sich daran. Das ist der polnische Hamlet nach dem 20. Parteitag. Einer von vielen. Noch hat er keine tieferen moralischen Zweifel erfahren, aber man kann nicht sagen, daß er simpel sei. Er will wissen, ob sein Vater wirklich ermordet worden ist. Dem Geist und überhaupt Geistern will er nicht vollends vertrauen. Er sucht nach überzeugenderen Beweisen, und deshalb veranstaltet er das Experiment des psychologischen Tests, die Theaterinszenierung des Verbrechens. Er verabscheut die Welt, und deshalb opfert er Ophelia. Aber er scheut nicht vor dem Staatsstreich zurück, obwohl er weiß, daß ein Staatsstreich kein Kinderspiel ist. Er zieht alle Für und Wider in Erwägung. Er ist der geborene Konspirateur. »Sein« bedeutet für ihn: den Vater rächen und den König töten; »Nichtsein«: auf den Kampf verzichten.
Es ist interessant, daß Hans Reichenbach in seinem letzten, kurz vor seinem Tod erschienenen Buch DER AUFSTIEG DER WISSENSCHAFTLICHEN PHILOSOHPIE, in dem er dem Monolog Hamlets zwei kleine Seiten widmet,

zu ähnlichen Schlüssen gelangt. In Hamlets Monolog sieht er den inneren Dialog zwischen dem Logiker und dem politischen Funktionär. Es sei dies eine Wahrscheinlichkeitsrechnung der moralischen Zulässigkeit der Tat. Ohne die Erfahrungen der Kriegs- und Nachkriegszeit hätte der neopositivistische Gelehrte diese zwei Seiten nicht geschrieben.

Aber der Krakauer HAMLET ist nicht nur dank der aktualisierten Problematik modern. Modern ist auch seine Psychologie und Dramatik. Er steht unter derselben Spannung, unter der wir leben. Befreit von großen Monologen, bar jeglicher Deskriptivität, weist er die Heftigkeit der Konflikte unserer Zeit auf: die Vermischung von Politik, Erotik und Karrieremacherei, die Brutalität der Reaktionen, die Abruptheit der Lösungen. In diesem HAMLET stößt man auf *blackouts* eines zeitgenössischen politischen Kabaretts. Auf großen bitteren Hohn. Zitieren wir Shakespeare:

KING
Now, Hamlet, where's Polonius?
HAMLET
At supper.
KING
At supper! Where?
HAMLET
Not where he eats, but where he is eaten.* HAMLET, IV, 3

Dieser Witz könnte in einem Kleinen Handbuch des Surrealismus stehen. Hier liegen derselbe Stil und dieselbe Doppelbödigkeit vor. Wobei der eine Boden spöttisch, der andere grausam ist. Auch das ist ein neues Muster eines Theaters der Grausamkeit und der Ironie. Zitieren wir Shakespeare! Man muß immer Shakespeare zitieren.

*KÖNIG
Nun, Hamlet, wo ist Polonius?
HAMLET
Beim Nachtmahl.
KÖNIG
Beim Nachtmahl? Wo?
HAMLET
Nicht wo er speist, sondern wo er gespeist wird.

III

Hamlet ist wie ein Schwamm. Wenn man ihn nicht stilisiert oder antiquiert spielt, saugt er sogleich die ganze Gegenwart in sich auf. Es ist das eigenartigste aller Stücke, die je geschrieben wurden; eben wegen seiner Porosität, wegen seiner offenen Stellen. Hamlet ist ein großes Szenarium, in dem jeder Schauspieler eine mehr oder weniger tragische oder grausame Rolle zu spielen hat. Dabei hat er prächtige Dinge zu sagen. Er hat eine Aufgabe zu erfüllen, die ihm von dem Autor des Szenariums auferlegt wurde. Dieses Szenarium existiert unabhängig von seinen Helden. Es ist früher entstanden. Es bestimmt die Situationen, bezeichnet die gegenseitigen Beziehungen zwischen den Personen, determiniert ihre Gesten und Worte. Aber es sagt nicht, wer die Helden sind. Und deshalb kann das Szenarium Hamlet von verschiedenen Helden gespielt werden.

Der Schauspieler übernimmt immer eine fertige Rolle, die ja nicht eigens für ihn geschrieben worden ist. In dieser Hinsicht unterscheidet sich Hamlet selbstverständlich nicht von allen anderen Stücken. Bei der ersten Probe setzen sich die Schauspieler erst einmal zusammen. »Sie spielen den König«, bestimmt der Regisseur, »Sie Ophelia, Sie Laertes. Beginnen wir mit der Lektüre.« Aber in dem Stück selbst geht es ganz ähnlich zu. Hamlet, Laertes und Ophelia müssen gleichfalls Rollen spielen, die ihnen auferlegt wurden, gegen die sie sich sträuben. Sie sind Schauspieler eines Dramas, das sie nicht durchweg verstehen, in das sie verwickelt wurden. Das Szenarium entscheidet, wie die Personen des Dramas zu handeln haben, aber es entscheidet nicht über die Motive des Handelns und nicht über die Psychologie. So ist es im Theater. So ist es im Leben.

Ein Beispiel. Eine Widerstandsgruppe beschließt, ein Attentat zu verüben. Man entwirft einen exakten Aktionsplan, bestimmt den Tatort, die Personen der Attentäter, die Rückendeckung, die Ersatzleute, die Fluchtrichtung. Nun heißt es, die Rollen verteilen: du wirst an der und der Ecke stehen und das Tuch schwenken, sobald du den kleinen grauen Wagen siehst. Du fährst zu Z. und bringst die Granatenkiste zum Haustor Nr. 12. Du wirst in Richtung W. schießen und in Richtung M. fliehen. Die Aufgaben sind vergeben, die Rollen verteilt. Selbst die Gesten sind festgelegt. Aber der Junge, der in Richtung W. schießen soll, konnte noch am Vorabend Rimbaud gelesen oder Wodka getrunken oder das eine und das andere getan haben. Er kann ein junger Philosoph sein oder ein gewöhnlicher Rowdy. Das Mädchen, das die Granaten bringen soll, kann unglücklich verliebt oder eine kleine Nutte sein. Oder beides. Der Plan des Attentäters ändert sich dadurch nicht. Das Szenarium bleibt unverändert.

Man kann den Inhalt HAMLETS auf die verschiedenste Weise schildern: als Geschichtschronik, als Kriminalroman, als philosophisches Drama. Das werden gewiß drei grundverschiedene Stücke sein, obschon alle drei von Shakespeare stammen. Aber wenn wir bei der Schilderung auf jegliche Färbung verzichten, dann wird das Szenarium der Stücke immer ein und dasselbe bleiben. Mit der Einschränkung, daß jeweils eine andere Ophelia, ein anderer Hamlet und ein anderer Laertes die Rollen übernehmen werden. Sehen wir uns also das Szenarium an. Denn schließlich war es Shakespeare, der das Szenarium geschrieben oder zumindest das alte umgearbeit hat. Und er hat auch die Rollen vorgeschrieben. Aber er hat sie nicht vergeben. Die Rollen verteilt die jeweilige Zeit. Sie entsendet ihre eigenen Poloniuse, Fortinbrase, Hamlets und ihre eigenen Ophelien auf die Bühne. Zuvor aber müssen sie in die Garderobe gehen. Mögen sie dort nicht allzulange verweilen. Sie können stattliche Perücken aufsetzen, ihren Schnurrbart abrasieren oder sich Bärte ankleben, hautenge mittelalterliche Hosen anziehen, oder byroneske Pelerinen über die Schultern werfen. Sie können im Ringelhemd oder im Frack auftreten. Im Grunde ändert das nicht allzuviel. Die Hauptsache, ihre Verkleidung wirkt nicht übertrieben. Denn sie müssen ihre modernen Gesichter bewahren. Sonst spielten sie nicht HAMLET, sondern ein Kostümstück.

Brecht wählte im KLEINEN ORGANON FÜR DAS THEATER den HAMLET als Beispiel für die zeitnahe Auslegung eines alten Stückes. »Angesichts der blutigen und finsteren Zeitläufe, in denen ich dies schreibe, verbrecherischer Herrscherklassen, eines verbreiteten Zweifels an der Vernunft, welche immerfort mißbraucht wird, glaube ich, diese Fabel so lesen zu können: Die Zeit ist kriegerisch. Hamlets Vater, König von Dänemark, hat in einem siegreichen Raubkrieg den König von Norwegen erschlagen. Als dessen Sohn Fortinbras zu einem neuen Krieg rüstet, wird auch der dänische König erschlagen, und zwar von seinem Bruder. Die Brüder der erschlagenen Könige, nun selbst Könige, wenden den Krieg ab, indem den norwegischen Truppen erlaubt wird, für einen Raubkrieg gegen Polen dänisches Gebiet zu queren. Nun ist aber der junge Hamlet vom Geist seines kriegerischen Vaters aufgerufen worden, die an ihm verübte Untat zu rächen. Nach einigem Zaudern, eine blutige Tat durch eine andere blutige Tat zu beantworten, ja schon willig, ins Exil zu gehen, trifft er an der Küste den jungen Fortinbras, der mit seinen Truppen auf dem Weg nach Polen ist. Überwältigt durch das kriegerische Beispiel, kehrt er um und schlachtet in einem barbarischen Gemetzel seinen Onkel, seine Mutter und sich selbst, Dänemark dem Norweger überlassend. In diesen Vorgängen sieht man den jungen, aber schon etwas beleibten Menschen die neue Vernunft, die er auf der Universität in Wittenberg bezogen hat, recht unzulänglich anwenden. Sie kommt ihm bei den feudalen Geschäften, in die er zurückkehrt, in die Quere. Gegenüber der unvernünftigen Praxis ist seine Vernunft ganz unpraktisch. Dem Widerspruch zwischen solchem Räsonieren und solcher Tat fällt er tragisch zum Opfer.«[3]

Brecht hat sein KLEINES ORGANON in den Jahren des Zweiten Weltkriegs geschrieben. Kein Wunder, daß er in Shakespeares Tragödie vor allem Feldzüge gesehen hat, die das Land verheeren, Truppenbewegungen, Eroberungskriege und die Ohnmacht der Vernunft. Das persönliche Drama Hamlets und das Mißgeschick der zärtlichen Ophelia sind angesichts der Gewalt der Geschichte zusammengeschrumpft.

Brecht war für die Politik in HAMLET empfänglich, und ihn interessierten die Bilder historischen Konflikts bei weitem mehr als die Seelenabgründe des dänischen Prinzen. Trotz aller Unterschiede war der Ausgangspunkt der polnischen HAMLET-Inszenierungen der Jahre 1956/59 ein ähnlicher. 1956 war HAMLET ein politisches Stück, und er blieb es auch im Jahre 1959, wenn auch der dänische Prinz inzwischen wieder an innerer Kompliziertheit gewonnen hatte und durch weitere Erfahrungen gegangen war.

Schauen wir uns das Szenarium an, um zu sehen, was für Rollen es hier zu verteilen gibt. Wir wissen bereits, daß diese Rollen von modernen Helden übernommen werden. HAMLET als Szenarium ist die Geschichte dreier Jungen und eines Mädchens. Die Jungen sind Altersgenossen und heißen Hamlet, Laertes und Fortinbras. Das Mädchen ist jünger und heißt Ophelia. Alle vier sind in ein blutiges politisches und familiäres Drama verwickelt. Drei von ihnen werden darin umkommen, und der vierte wird ziemlich unerwartet dänischer König werden. Ich sagte absichtlich: daß sie ins Drama verwickelt seien, denn niemand aus diesem Quartett hat sich seine Rolle selbst ausgesucht, sie wurde jedem aufgezwungen, sie stammt von außen, wurde im Szenarium *vorgeschrieben*. Auch das Szenarium *muß* ausgetragen werden, bis zum Schluß, unabhängig davon, wer die Helden sind. Wer ist Ophelia in Wirklichkeit, wer ist Hamlet? Sehen wir erst einmal davon ab, was das Szenarium in Wirklichkeit bedeutet. Ob es der Geschichtsmechanismus, das Schicksal oder die menschliche Verfassung ist. Es kann sowohl das erste wie das zweite und das dritte sein, in der Folge unserer Lesart. HAMLET ist ein Drama der aufgezwungenen Situationen. Das scheint der Schlüssel zu einer modernen Lesart zu sein.

Der König, die Königin, Polonius, Rosenkranz und Güldenstern sind eindeutig durch ihre Situation bestimmt. Diese kann tragisch sein wie im Falle der Königin oder grotesk wie im Falle Polonius. Aber zwischen Situation und Gestalt gibt es hier keine Lücke. Claudius spielt nicht die Rolle eines Mörders und Königs. Er ist der Mörder und König. Polonius spielt nicht die Rolle eines despotischen Vaters, des königlichen Lauschers. Er ist ein despotischer Vater und der Lauscher des Königs.

Anders Hamlet. Hamlet ist nicht nur der Thronfolger, der seinen Vater zu rächen versucht. Hamlet wird nicht nur durch eine Situation bestimmt, jedenfalls nicht eindeutig. Diese Situation wurde ihm aufgezwungen, Hamlet akzeptiert sie, bäumt sich aber gleichzeitig dagegen auf. Er nimmt die Rolle an, befindet sich jedoch selbst außerhalb der Rolle. Er ist jemand anderer als seine Rolle. Er überragt sie.

Der Shakespearesche Hamlet hat in seinen Studentenjahren Montaigne verschlungen. Mit diesem Montaigne in der Hand macht er auf den Terrassen des Schlosses zu Elsinor Jagd auf den mittelalterlichen Geist. Kaum ist der Geist entschwunden, schon notiert Hamlet am Rande des Buches, daß einer lächeln und immer lächeln und doch ein Schurke sein könne. Shakespeare hat den eifrigsten aller Montaigne-Leser in die feudale Welt zurückversetzt. Und er hat ihm eine Falle gestellt.

Jeder Hamlet hat ein Buch in der Hand. Aber was für ein Buch liest der Hamlet unserer Zeit? Der Hamlet der Krakauer Aufführung des Spätherbstes 1956 las nur Zeitungen. Er schrie, daß Dänemark ein Gefängnis sei, und wollte die Welt verbessern. Er war ein rebellierender Ideologe, verzehrte sich ganz im Handeln. Der Hamlet einer Warschauer Aufführung im Teatr Powszechny im Jahre 1959 war schon voller Zweifel. Er war wieder der traurige »arme Junge mit einem Buch in der Hand«. Es fällt nicht schwer, ihn sich in einem schwarzen Sweater und *blue jeans* vorzustellen. Das Buch, das er in der Hand hält, ist nicht Montaigne, sondern Sartre, Camus, Kafka. Er studierte in Paris oder in Brüssel und vielleicht sogar wie Hamlet selbst in Wittenberg. Er kam vor drei oder vier Jahren zurück nach Polen. Er ist voller Zweifel darüber, ob die Welt sich auf ein paar simple Thesen reduzieren läßt. Oftmals quälen ihn Gedanken über die grundsätzliche Absurdität des Daseins.

Dieser letzte, modernste Hamlet ist in einem gespannten Augenblick nach Polen zurückgekehrt. Der Geist des Vaters verlangt von ihm, daß er sich räche. Die Freunde erwarten von ihm, daß er den Kampf um die

Thronfolge ausfechten werde. Aber er will wieder zurück. Er kann nicht. Alle zerren ihn in die Politik hinein. Schließlich wird er davon gepackt. Er befindet sich in einer Zwangslage. In einer Situation, der er sich entziehen will. Er sucht nach innerer Freiheit, er will sich nicht fixieren lassen. Schließlich trifft er die Entscheidung, die ihm aufgezwungen wird. Aber er engagiert sich nur im Handeln, in der Tat. Nicht in seinen Gedanken. Er weiß, daß jegliche Tat eindeutig ist. Aber er will die Eindeutigkeit der Motivierung nicht akzeptieren. Er will die Gleichschaltung von Praxis und Theorie nicht anerkennen. Innerlich ist er ausgedörrt. Er ist der Ansicht, daß sein Leben von vornherein verspielt ist. Er möchte sich von diesem großen Spiel loskaufen, verhält sich jedoch den Spielregeln gegenüber loyal. Er las bei Sartre: »Wenn der Mensch auch nicht das tut, was er will, so ist er dennoch für sein Leben verantwortlich.« Und daß »nicht das wichtig ist, was man aus uns gemacht hat, sondern einzig und allein das, was wir selbst aus dem machen, was man aus uns gemacht hat«. Manchmal fühlt er sich wie ein Existentialist, dann wieder nur wie ein rebellierender Marxist. Aber er weiß, daß »der Tod das Leben zum Schicksal« macht. Er hat Malraux' LA CONDITION HUMAINE gelesen. Das Hamletisieren dieses modernen Hamlets ist die Verteidigung seiner inneren Freiheit. Am meisten fürchtet er, eindeutig fixiert zu werden. Aber er muß handeln. Ophelia kann frisiert sein wie die ›Dame mit dem Wiesel‹ von Leonardo oder offenes Haar tragen. Einen Zopf oder einen Pferdeschwanz. Sie weiß ebenfalls, daß man sein Leben von vornherein verspielt hat. Sie will nicht zu viel in ihre Partie investieren. Die Umstände zwingen sie dazu, ihr eigenes Maß zu übersteigen. Ihr Freund hat sich in die große Politik verwickelt. Sie hat mit ihm geschlafen. Aber sie ist die Tochter eines Ministers und überdies eine gehorsame Tochter. Sie geht darauf ein, daß ihr Vater das Gespräch mit Hamlet belauscht. Vielleicht will sie ihn retten. Aber sie geht selbst in die Falle. Die Geschehnisse haben sie in eine Sackgasse getrieben. Das Szenarium der Geschichte hat das normale Mädchen, das seinen Freund liebte, mit einer tragischen Rolle bedacht.

IV

Die klassische Hamletologie des 19. Jahrhunderts beschäftigte sich fast ausschließlich damit, wer Hamlet in Wirklichkeit sei, und warf Shakespeare vor, ein liederliches, inkonsequentes und schlecht gebautes Meisterwerk geschrieben zu haben. Das gemeinsame Merkmal aller modernen Studien über HAMLET ist die theatralische Sicht. HAMLET ist weder ein philosophischer noch ein moralischer, noch ein psychologischer Traktat. HAMLET ist Theater. Das bedeutet, er ist ein Szenarium mit Rollen. Aber wenn er ein Szenarium ist, so muß man mit der Frage des Fortinbras beginnen. Denn Fortinbras ist es, der über das Szenarium HAMLETS entscheidet. Ich stelle mir die analytischen Proben HAMLETS unter einem modernen Regisseur so vor: der Regisseur läßt seine Schauspieler an einem runden Tisch Platz nehmen und sagt: »Wir werden das Stück Shakespeares mit dem Titel HAMLET spielen. Wir werden versuchen, es so redlich wie möglich zu spielen. Das heißt, wir werden den Text weder verändern noch verbessern – wir wollen versuchen, so viel wie möglich von dem Text zu bringen, so viel wie man in dreieinhalb Stunden bringen kann. Wir werden uns jede Streichung genau überlegen. Wir wollen versuchen, einen modernen HAMLET zu zeigen, und mit der peniblen Deskriptivität des 19. Jahrhunderts brechen. Uns müssen eine Leinwand, ein treppenförmiges Podest und auf beiden Seiten der Bühne je ein Sessel genügen. Dafür wollen wir uns bemühen, zu beweisen, daß unsere Kostüme von zeitgenössischen Menschen getragen werden. Ihr sollt weder eure Hände in die Luft werfen noch euch auf die Zehenspitzen stellen und auch nicht wie auf Stelzen gehen. Die im Szenarium gezeigte Welt ist grausam, aber jedem von uns ist die Grausamkeit der Welt aus eigener Erfahrung geläufig. Die einen lehnen sich dagegen auf, die anderen fügen sich darunter wie unter ein Gesetz. Aber sowohl die einen wie die anderen scheitern daran.«

Einer der älteren Schauspieler, der die Rolle des Polonius spielen soll, wird nach diesen Worten vielleicht fragen: »Ist HAMLET für Sie ein politisches Stück?«

»Ich weiß es nicht«, wird der Regisseur darauf wahrscheinlich entgegnen. »Das hängt davon ab, was Dänemark den drei jungen Leuten bedeutet.« Und er wird auf das junge Mädchen weisen, das die Rolle der Ophelia spielen soll, auf den jungen Schauspieler, der gerade das grüne Kostüm des Laertes anprobiert hat, und dann auf den unruhigsten von allen, auf Hamlet, der in einer Ecke sitzt und sein silbernes Medaillon betrachtet. Vielleicht wird der Regisseur dann noch einmal kurz überlegen und leise – wie zu sich selbst – sagen: »Und vielleicht hängt es davon ab, wer unser Fortinbras sein wird.«

Fortinbras' Name fällt im Text wiederholt. Hamlets Vater hat seinen Vater in einem Duell erschlagen. Alle drei jungen Leute, die in diesem Stück auftreten, haben ihre Väter auf tragische Weise verloren: Hamlet, Laertes und Ophelia. Der Zuschauer verliert für gewöhnlich den Faden, wenn er die Geschicke des jungen Fortinbras verfolgen will. Aus dem Prolog erfährt man, daß er sich zu einem Feldzug gegen Dänemark rüstet, dann schlägt er sich mit den Polen um einen winzigen Landstrich, der »keine fünf Dukaten« wert ist und den Hamlet einen »Strohhalm« nennt, schließlich taucht Fortinbras in Elsinor auf. Er hat das letzte Wort in diesem blutigen Drama.

Wer ist dieser junge norwegische Prinz? Was soll er repräsentieren? Das blinde Schicksal, die Sinnlosigkeit der Welt oder den Sieg der Gerechtigkeit? Die Shakespeareforscher haben nacheinander alle diese drei Deutungen verfochten. Die Entscheidung liegt beim Regisseur. Shakespeare hat uns nur seinen Namen gegeben. Aber dieser Name ist bedeutungsvoll. Fortinbras – *forte braccio*. Fortinbras – der Mann der starken Hand. Der junge clevere Bursche. Er kommt und sagt:

»Schafft diese Leichen fort. Hamlet war ein braver Junge, aber nun ist er tot. Jetzt werde ich euer König sein. Es trifft sich gut, denn ich entsinne mich jetzt, daß ich ein Anrecht auf diese Krone habe.« Dann lächelt er und ist mit sich selbst sehr zufrieden.

Ein großes Drama hat sich abgespielt. Menschen sind auf dieser Bühne gewesen. Sie haben gekämpft, Verschwörungen ausgeheckt, sich gegenseitig getötet. Sie haben aus Liebe Verbrechen begangen und sind aus Liebe in Wahn geraten. Sie haben erschütternde Worte über das Leben, den Tod und das menschliche Schicksal gefunden. Sie haben sich gegenseitig Fallen gestellt und sind in diese Fallen gegangen. Sie haben ihre Macht verteidigt oder sich gegen diese Macht aufgelehnt. Sie haben die Welt verbessern oder auch nur sich selbst retten wollen. Ihnen allen ist es um etwas gegangen. Sogar ihre Verbrechen hatten irgendein Ausmaß. Nun taucht dieser junge clevere Bursche auf und sagt mit einem bezaubernden Lächeln: »Schafft mir gleich diese Leichen weg. Jetzt werde ich euer König sein.«

TROILUS UND CRESSIDA, VERBLÜFFEND UND MODERN

Zu Beginn herrscht der Ton eines Buffos. Der große Achill, der heroische Achill, der legendäre Achill wälzt sich im Bett mit seiner männlichen Hure – mit Patroclus. Er ist ein Schwuler, ist zanksüchtig wie ein altes Marktweib, ist ein Prahlhans und Dummkopf. Dümmer als er ist nur noch Ajax, der große Fleischklumpen mit dem Hirn eines Spatzen. Über diese beiden, auf ihren eigenen Ruhm eifersüchtigen Riesen, lacht das ganze Heerlager. Beide sind Feiglinge. Aber Shakespeare genügt das noch nicht. Achilles und Patroclus vertreiben sich in ihrem Zelt die Zeit, indem sie Könige und Heerführer nachäffen. Bei Shakespeare äffen die Narren oftmals die Herrscher nach. Aber hier ist der Hohn bei weitem grausamer und verschont niemanden. Die Helden spielen Narren und sind Narren. Nur der wirkliche Narr ist kein Narr. Der wirkliche Narr macht auch die Könige zu Narren, er ist klüger. Er haßt und spottet.

> Agamemnon is a fool to offer to command Achilles; Achilles is a fool to be commanded of Agamemnon; Thersites is a fool to serve such a fool; and Patroclus is a fool positive.*
>
> Troilus und Cressida, II, 3

Der Narrenkreis ist geschlossen, selbst Nestor und Ulysses sind einen Augenblick lang in das allgemeine Narrenspiel mit einbezogen; sie sind ein Paar alter Schwätzer, die nicht imstande sind, den Krieg ohne die Hilfe zweier aufeinander neidischer Muskelprotze zu gewinnen.

Und wie sieht es in Troja aus? Ein alter Kuppler und ein junges Mädchen beobachten, wie die Krieger und die Königssöhne vom Kampf unter den Stadtmauern zurückkehren. Für die beiden existiert der Krieg nicht. Sie haben ihn nicht bemerkt. Sie sehen nur eine Männerparade. In Troja ist auch noch Helena. Shakespeare zeigt sie nur in einer Szene, aber schon vorher hat Pandarus erzählt, wie sie in der Fensternische mit Troilus geknutscht und ihm Haare aus dem jugendlichen Bart gerupft hat. Die Stimmlage des Buffos hat sich geändert, ist dünner geworden, aber ironisch geblieben. Im griechischen Lager blödeln bullige und schwammige

*Agamemnon ist ein Narr, weil er dem Achilles befehlen will; Achilles ist ein Narr, weil er sich von Agamemnon befehlen läßt; Thersites ist ein Narr, weil er einem solchen Narren dient, und Patroklus ist ein Narr schlechthin.

Tölpel, ungehobelte und tolpatschige Grobiane. Hier gurren noble Hofleute. Die Parodie bleibt, nur das Material ändert sich. Paris kniet zu Helenas Füßen wie in Ritterromanzen. Pagen spielen Flöte und Zither. Aber Paris spricht diese mittelalterliche Dame aus einer Ritterromanze mit »Nell« an. Die bezaubernde Nell, ihres Zeichens Königin der Griechen, um deren Person der trojanische Krieg geführt wird, macht Witze wie eine Dirne aus einer Londoner Kneipe. Dieser buffohafte Ton, der Ton einer großen Parodie voller Anachronismen und Modernismen, erstaunt in einem Werk, das nur ein Jahr später als HAMLET entstanden ist. Eine Offenbachsche SCHÖNE HELENA aus dem Jahre 1601? TROILUS UND CRESSIDA ist keine SCHÖNE HELENA. Denn wirklich verblüffend ist hier nicht der buffohafte Ton, sondern seine plötzliche Aufhebung oder besser, seine Vermischung mit einer sehr bitteren Philosophie und leidenschaftlichen Poesie. Im Lager der Griechen macht sich niemand mehr etwas vor. Alle wissen, daß Helena eine Buhle ist, daß der Krieg um einen Hahnrei und eine Hure geht. Auch die Trojaner wissen das. Priamus und Cassandra machen kein Hehl daraus. Paris weiß es und ganz gewiß Hektor. Die einen wie die anderen wissen es. Doch was will das schon besagen? Der Krieg währt seit sieben Jahren und wird weiterhin währen. Helena ist keinen einzigen Tropfen griechischen oder trojanischen Blutes wert. Doch was will das schon besagen? Und was heißt es: ist nicht wert? Menelaus ist ein Hahnrei, Helena eine Hure, Achilles und Ajax – Buffos. Aber der Krieg ist keine Buffonade. Trojaner und Griechen kommen darin um, und Troja wird darin untergehen. Die Helden flehen die Götter an, aber in TROILUS UND CRESSIDA gibt es keine Götter. Keine Götter und kein Fatum. Warum also Krieg? Auf beiden Seiten nehmen daran nicht nur Dummköpfe teil. Weder Nestor noch Ulysses, nicht einmal Agamemnon sind Dummköpfe. Dummköpfe sind weder Priamus noch Hektor, noch der nach dem Absoluten verlangende Troilus. Wohl in keinem der Shakespeareschen Dramen analysieren die Helden sich und die Welt so leidenschaftlich und heftig. Sie wollen sich mit aller Bewußtheit entscheiden. Sie philosophieren, aber es ist weder eine seichte noch eine scheinbare Philosophie. Und sie ist mehr als Rhetorik. Von der ersten bis zur letzten Szene wickelt sich in TROILUS UND CRESSIDA, stets von der Buffonade untergraben, jener große Streit um Sinn und Preis des Krieges, um Existenz und Preis der Liebe ab. Man kann es auch noch anders nennen: es ist der Streit um die Existenz einer moralischen Ordnung in einer grausamen und sinnentleerten Welt. Hamlet, der dänische Prinz, steht in demselben Streit.

Der Krieg geht weiter. Trojaner und Griechen töten einander. Wenn der

Krieg nur ein Gemetzel ist, dann ist die Welt, in der es Krieg gibt, absurd. Aber der Krieg geht weiter, also muß man ihm einen Sinn geben, um den Sinn der Welt und die Ordnung der Werte zu retten. Helena ist eine Hure, aber Helena wurde im Einvernehmen mit Priamus und den trojanischen Führern entführt. Die Sache Helenas ist zur Sache Trojas geworden. Helena zum Symbol der Liebe und der Schönheit. Helena wird erst dann eine wahre Hure sein, wenn die Trojaner sie Menelaus zurückgeben und selbst zugeben werden, daß sie eine Hure sei, für die zu sterben sich nicht lohne.
Wie hoch ist der Preis für ein Kleinod? Der Händler bestimmt den Preis mit der Waage. Aber das Kleinod kann auch noch einen anderen Preis besitzen. Den Preis der Leidenschaft, die es erweckt hat; den Preis, den es in den Augen seines Besitzers hat. Den Preis, der ihm gegeben worden ist. Hektor weiß alles über Helena und fast alles über den Krieg. Er weiß, daß man nach dem Recht der Natur und dem des Volkes Helena den Griechen zurückgeben müßte. Daß die Vernunft dies gebietet. Aber Hektor weiß auch, daß die Rückgabe Helenas den Verzicht auf alle Werte bedeuten würde, die Troja verteidigt und die seinen Glauben ausmachen. Das würde bedeuten, das Gesicht zu verlieren und zuzugeben, daß man ein Kleinod auf der Waage wiege und es nur so viel Wert besitze, wie die Händler Gold dafür bieten. Daß die Krämer und die reichgewordenen Reeder recht haben, wenn sie behaupten, daß alles käuflich sei, die Liebe, die Treue, selbst die Ehre. Der Krieg dauert schon sieben Jahre. Für Helena sind bereits viele gefallen. Gäbe man sie jetzt zurück, dann würde man allen diesen Toden ihren Wert nehmen. Hektor wählt bewußt; er ist weder ein junger Fanatiker wie Troilus noch ein wahnwitziger Liebender wie Paris. Er weiß, daß die Griechen stärker sind und daß Troja dem Erdboden gleichgemacht werden kann. Er wählt wider die Vernunftgründe und wider sich selbst. Denn Vernunft ist für ihn etwas Krämerisches. Hektor weiß, daß er zwischen dem physischen und dem moralischen Zusammenbruch Trojas zu wählen hat. Hektor kann Helena nicht zurückgeben.
Dieser Streit spielt sich nicht im Leeren ab. Troilus und Cressida war von Anfang an ein Zeitstück, ein giftsprühendes politisches Pamphlet. Troja war Spanien, die Griechen waren die Engländer. Der Krieg währte noch lange nach der Niederlage der Unbesiegbaren Armada, und noch war kein Ende abzusehen. Die Griechen sind nüchtern, behäbig und brutal. Sie wissen, daß der Krieg um einen Hahnrei und eine Hure geht, und sie brauchen sich nicht einzutrichtern, daß sie für Treue und Ehre sterben. Sie gehören bereits einer anderen, neuen Welt an, sie sind Kauf-

leute. Sie verstehen zu rechnen. Für sie hat dieser Krieg wahrhaft keinen Sinn. Die Trojaner dagegen verharren auf ihren lächerlichen absoluten Prinzipien und mittelalterlichen Kampfmaximen. Sie sind anachronistisch. Aber daraus, daß sie es sind, resultiert nicht, daß sie sich nicht verteidigen könnten, daß sie sich ergeben müßten. Der Krieg ist sinnlos, aber auch einen sinnlosen Krieg muß man gewinnen. Auch darin liegt der Realismus Shakespeares. Ulysses ist ein Realist, ein Pragmatiker, ein Rationalist. Er kennt sogar die Mathematik. In seiner großen Rede bedient er sich eines euklidischen Axioms:

> That's done; – as near as the extremest ends
> Of parallels.* TROILUS UND CRESSIDA, I, 3

Dieser Rationalist ist ein Ideologe, der sein System der Praxis anpaßt. Er beruft sich dabei auf die ganze mittelalterliche Kosmogonie und Theologie. Er spricht von dem Prinzip der Hierarchie, die das All, die Sonne und Planeten, die Sterne und die Erde beherrscht. Dieser himmlischen Hierarchie entspreche die irdische der Stände und Würden. Die Hierarchie sei ein Naturgesetz, verletze man sie, so siege die Gewalt über das Recht, die Anarchie über die Ordnung. Den Sinn dieses Krieges um einen Hahnrei und eine Hure versuchen also nicht nur die feudalen Mystiker zu retten. Auch die Rationalisten verteidigen den Krieg. Darin liegen die bittere Weisheit und der große Sarkasmus von TROILUS UND CRESSIDA.

Hektor ist nach dem Muster eines mittelalterlichen Kreuzfahrers zugeschnitten. Als er sieht, daß Achill ein schartiges Schwert hat, verzichtet er auf den Zweikampf. Achill aber ist frei von feudalen Skrupeln. Er nutzt den Augenblick, in dem Hektor Schwert und Helm abnimmt; er mordet ihn mit Hilfe seiner Myrmidonen. Troja wird auf dieselbe Weise untergehen wie Hektor. Mit seinem Ehre- und Treuedünkel ist Troja ein Anachronismus in der neuen Welt der Renaissance, in der Kraft und Geld den Sieg davontragen. Der dumme, schurkische und feige Achill tötet Hektor. Den Sinn dieses Krieges wird niemand und nichts retten können.

Der Krieg wurde verhöhnt. Auch die Liebe wird verhöhnt werden. Helena ist eine Hure, Cressida wird in das Lager der Griechen übertreten und ebenfalls zur Hure werden. Dieser Übergang Cressidas in das Griechenlager ist nicht nur ein Handlungselement, er ist ein großes Gleichnis.

*... das wird getroffen wie sich Parallelen zu treffen pflegen. (Rothe)

Cressida ist eine der verblüffendsten Gestalten Shakespeares, vielleicht ebenso verblüffend wie Hamlet. Und wie Hamlet besitzt sie viele Gesichter. Sie läßt sich in keine Formel fassen.
Dieses Mädchen mochte acht, zehn oder zwölf Jahre alt gewesen sein, als der Krieg begann. Vielleicht ist der Krieg deshalb eine so natürliche und gewöhnliche Sache für sie, daß er ihr nicht einmal richtig auffällt und sie es nicht für nötig hält, darüber zu sprechen. Cressida ist noch unberührt. Aber sie weiß alles über die Liebe, über das Bett, oder ihr scheint, als wisse sie schon alles. Sie ist innerlich frei, bewußt und verwegen. Sie ist renaissancehaft, ist wie Stendhals Lamiel und ist ein junges Mädchen aus der Mitte unseres Jahrhunderts. Sie ist zynisch, nein, sie versucht, es zu sein. Sie hat zuviel gesehen. Sie ist bitter und spöttisch. Sie ist leidenschaftlich, fürchtet sich vor ihrer Leidenschaft und schämt sich, es zu bekennen. Noch mehr schämt sie sich der Gefühle. Sie ist sich selbst gegenüber voller Skepsis. In eben dieser Skepsis, in der Distanz und in dem Bedürfnis, sich zu analysieren, steht sie uns nahe. Ihre Waffe ist der Spott.
Bei Shakespeare gibt es keine Personen ohne Situation. Cressida ist siebzehnjährig, der eigene Onkel verkuppelt sie mit Troilus, führt ihr den Liebhaber ins Bett. Die zynische Cressida will zynischer sein als ihr Onkel, die bittere Cressida verhöhnt die Liebesgeständnisse, die leidenschaftliche Cressida provoziert den ersten Kuß. Und eben in diesem Augenblick verliert sie ihre Selbstsicherheit, ist zärtlich, verschämt und schüchtern, ist wieder siebzehnjährig.

Where is my wit?
I would be gone. I speak. I know not what.*

TROILUS UND CRESSIDA, III, 2

Das ist eine der tiefsten Liebesszenen, die Shakespeare geschrieben hat. Die Balkonszene zwischen Romeo und Julia ist dagegen nur ein eintöniges verliebtes Vogelgetriller. Hier ist alles enthalten. In dieser Zusammenkunft zwischen Troilus und Cressida liegt gewollte Grausamkeit. Ein Erzkuppler hat sie miteinander verbunden. Sein geiles Kichern begleitet ihre erste Liebesnacht.
In dieser Welt gibt es keinen Platz für Liebe. Die Liebe ist von Anfang an verseucht. Diesem Kriegspaar ist nur eine einzige Nacht vergönnt.

* O, wo blieb mein Sinn?
Ich möchte gehn – ich sprech, ich weiß nicht was.

Aber auch die einzige Nacht hat man ihnen verdorben. Man hat ihr die ganze Poesie genommen, sie in den Schmutz gezogen. Cressida hatte den Krieg bislang nicht bemerkt. Der Krieg erreicht sie erst am frühen Morgen nach ihrer ersten Nacht mit Troilus.

Prithee, tarry:
You men will never tarry.
O foolish Cressid! I might have still held off,
And then you would have tarried.*

TROILUS UND CRESSIDA, IV, 2

Pandarus hat Cressida wie eine Ware verschachert. Jetzt wird sie wie eine Ware für den gefangenen trojanischen General ausgetauscht. Sie muß auf der Stelle gehen, noch am selben Morgen, nach jener ersten Nacht.

Cressida ist siebzehn Jahre alt. Eine solche Erfahrung langt. Cressida wird zu den Griechen gehen. Aber es ist bereits eine andere Cressida. Bislang kannte sie die Liebe nur aus der Vorstellung. Jetzt hat sie sie erfahren. In einer Nacht. Gewaltsam wurde sie geweckt. Cressida hat gesehen, daß die Welt zu niederträchtig und grausam ist, als daß irgend etwas der Verteidigung wert wäre. Schon auf dem Weg ins Griechenlager versucht Diomedes, sich ihr brutal zu nähern. Dann küssen sie der Reihe nach Generäle, Greise und Könige. Die Großen und Berühmten: Nestor, Agamemnon und Ulysses. Sie hat gesehen, daß sie schön ist und Verlangen erwecken kann. Noch kann sie sich zu Spott aufschwingen. Aber sie weiß bereits, was aus ihr werden wird. Nur muß sie vorher alles in sich vernichten. Damit nicht einmal mehr die Erinnerung übrigbleibt.

Cressida ist konsequent. Vor dem Fortgang zu den Griechen hat sie mit Troilus einen Handschuh gegen eine Ärmelschleife eingetauscht. Noch am Abend desselben Tages wird Diomedes von Cressida verlangen, sie solle ihm die Schleife von Troilus aushändigen. Und Cressida tut es. Sie mußte es nicht tun, sie konnte auch ohne dies Diomedes' Liebchen werden. Und dennoch nicht. Sie mußte erst alles in sich vernichten. Cressida wird mit Diomedes schlafen, so wie Lady Anna mit Richard schlief, dem Mörder ihres Vaters und ihres Mannes.

*O bleib noch! Männer wollen niemals warten.
Ich Törin! Hätt ich nein zu dir gesagt,
Dann würdst du wohl noch warten.

In dieser Tragikomödie gibt es zwei große Narrenrollen: den süßen Narren Pandarus in Troja und den bitteren Narren Thersites im Lager der Griechen. Pandarus ist ein gutmütiger Dummkopf, der allen den Himmel näherbringen und jedem Paar das Bett mit Honig süßen möchte. Er lebt, als ob die Welt eine große Farce wäre. Aber auch er wird von der Grausamkeit erreicht werden. Dieser alte Kuppler wird weinen müssen. Doch sein Weinen erweckt weder Mitleid noch Erbarmen.
Nur der bittere Narr, Thersites, ist frei von allen Illusionen. Dieser Alleshasser sieht die Welt als eine düstere Groteske.

> I would croak like a raven; I would bode, I would bode. Patroclus would give me any thing for the intelligence of this whore: the parrot will not do more for an almond than he for a commodious drab. Lechery, lechery; still, wars and lechery: nothing else holds fashion. A burning devil take them!* TROILUS UND CRESSIDA, V, 2

Stellen wir uns ein anderes Ende des OTHELLO vor: Desdemona wird nicht ermordet. Othello weiß, daß sie ihn betrügen könnte, und er weiß auch, daß er imstande wäre, sie zu ermorden. Er gibt Jago recht: die Welt ist gemein und niedrig, wenn Desdemona zum Betrug fähig war, wenn er daran glauben könnte, wenn er zum Mord bereit ist. Der Mord ist nicht mehr vonnöten, er erübrigt sich. Es genügt, fortzugehen.
In der Tragödie sterben die Helden, aber die moralische Ordnung wird gerettet. Der Tod der Helden bestätigt die Existenz des Absoluten. In diesem verblüffenden Stück stirbt Troilus nicht und bringt die treulose Cressida auch nicht um. Es gibt keine Katharsis. Nicht einmal der Tod Hektors ist vollends tragisch. Dieser Held muß für seine brave Geste zahlen und stirbt, überrumpelt von den Myrmidonen, erdolcht von einem prahlerischen Feigling. Auch dieser Tod ist voller Hohn.
Die Groteske ist grausamer als die Tragödie. Thersites hat recht. Aber was will das schon besagen, daß er recht hat? Thersites ist ein Schuft.

*Ich wollte krächzen wie ein Rabe; – dem wollt ich prophezeien, dem wollt ich prophezeien! Patroklus gibt mir, was ich will, wenn ich ihm von dieser Hure sage: kein Papagei tut mehr für eine Mandel, als er für eine willige Metze. Unzucht, Unzucht; lauter Krieg und Liederlichkeit; die bleiben immer in der Mode. Daß ein Teufel aus dem Flammenpfuhl sie holte!

What bloody man is that?*
MACBETH, I, 2

In MACBETH ist derselbe Mechanismus wie in RICHARD III. wirksam. Ja, vielleicht stellt er sich hier noch entblößter dar.
Die Niederringung der Revolte hat Macbeth in Thronnähe gebracht. Er kann König werden, also muß er König werden. Er tötet den rechtmäßigen Herrscher. Er muß die Zeugen des Verbrechens töten und die, die ihn verdächtigen. Er muß die Söhne und die Freunde derer töten, die er zuvor hatte töten müssen. Dann muß er alle töten, denn alle sind gegen ihn.

... skirr the country round;
Hang those that talk of fear. Give me mine armour.**
MACBETH, V, 3

Schließlich wird er selbst getötet. Er ist den ganzen Weg gegangen, über alle Stufen der Geschichte. In der Inhaltswiedergabe unterscheidet sich MACBETH durch nichts von den Königsdramen. Aber auf Inhaltswiedergaben ist kein Verlaß.
Im Unterschied zu den Königsdramen ist die Geschichte in MACBETH nicht als Großer Mechanismus gezeigt. Hier ist sie Alptraum. Mechanismus und Alptraum sind nur Metaphern ein und desselben Kampfes um Macht und Krone. Aber die Andersartigkeit der Metaphern bedeutet unterschiedliche Gesichtspunkte, mehr noch, unterschiedliche Philosophien. Die Geschichte, dargestellt als Mechanismus, fasziniert noch in ihrer Grausamkeit und Unabwendbarkeit. Der Alptraum dagegen lähmt und entsetzt. In MACBETH wird die Geschichte in persönlichen Erfahrungen gezeigt. Auch das Verbrechen wird durch persönliche Erfahrung gezeigt. Es ist Entschluß, Wahl, Zwang, es geht auf eigene Rechnung und muß mit eigenen Händen vollbracht werden. Macbeth selbst ist es, der Duncan tötet.
Die Geschichte in MACBETH ist undurchsichtig wie ein Alptraum, in dem

*Wer ist der blut'ge Mann?

**... durchstreift das Land;
Wer Furcht nennt, wird gehenkt. – Bringt mir die Rüstung!

alle versinken. Man betätigt den Mechanismus, später wird man von ihm zermalmt. Man watet durch einen Alptraum, der bis an die Kehle steigt. Macbeth sagt:

> I am in blood
> Stepp'd in so far that, should I wade no more,
> Returning were as tedious as go o'er.* MACBETH, III, 4

Die Geschichte in MACBETH ist zäh und klebrig wie Blut und Brei. Nach dem Prolog der drei Hexen beginnt die eigentliche Handlung mit den Worten Duncans:

> What bloody man is that?** MACBETH, I, 2

In Blut getaucht sind hier alle, die Mörder und die Opfer. Die ganze Welt ist in Blut getaucht. Donalbain, Duncans Sohn sagt:

> There's daggers in men's smiles: the near in blood,
> The nearer bloody.*** MACBETH, II, 3

Das Blut in MACBETH ist nicht im übertragenen Sinne zu verstehen, es ist materiell, physisch vorhanden, fließt aus den Körpern der Ermordeten, klebt an Händen und Gesichtern, an Dolchen und Schwertern.
Lady Macbeth sagt:

> A little water clears us of this deed:
> How easy is it, then!† MACBETH, II, 2

*Ich bin einmal so tief in Blut gestiegen,
Daß, wollt ich nun im Waten stille stehn,
Rückkehr so schwierig wär als durchzugehn.

**Wer ist der blut'ge Mann?

*** ... Wo wir sind, drohn Dolche
In jedes Lächeln, um so blutsverwandter,
So mehr verwandt dem Tode.

†Ein wenig Wasser reint uns von der Tat,
Wie leicht dann ist sie!

Aber dieses Blut läßt sich weder von Gesicht und Händen abwaschen noch vom Dolche wischen. MACBETH beginnt und endet mit einem Blutbad. Des Blutes wird immer mehr. Alle waten darin, es überflutet die Bühne. Eine MACBETH-Inszenierung, die auf das Bild einer blutüberströmten Welt verzichtet, wird immer verfälscht sein. Der Große Mechanismus hat etwas Abstraktes an sich. Die Grausamkeiten RICHARDS III. sind Todesurteile, deren größter Teil außerhalb der Bühne vollstreckt wird. In MACBETH sind Tod, Verbrechen und Mordtaten konkret. Auch die Geschichte ist hier greifbar und konkret. Sie ist Fleisch, raubt den Atem, sie ist das Röcheln der Verendenden, der Schlag des Schwertes, der Stoß des Dolches.

Man schrieb, MACBETH sei eine Tragödie der Ambitionen, und man schrieb, MACBETH sei eine Tragödie der Angst. Dem ist nicht so. In MACBETH gibt es nur ein einziges Thema, ein Monothema. Dieses Thema ist der Mord. Die Geschichte wird hier auf ihre einfachste Form reduziert, auf ein einziges Bild, auf eine einzige Einteilung: in die, die töten, und die, die getötet werden.

Die Ambition ist hier als Vorsatz zum Mord und als Plan der Mordtat wirksam. Die Angst ist die Erinnerung an die Mordtaten, die geschehen sind, und die Furcht vor der Notwendigkeit des neuen Verbrechens.

Die Ermordung des Königs ist eine große Mordtat, ein wahrer Mord, ein Mord, mit dem die Geschichte beginnt. Die weiteren Morde ergeben sich zwangsläufig und geschehen so lange, bis derjenige, der getötet hat, selbst getötet wird. Neuer König wird derjenige, der den König tötet. So ist es in RICHARD III. und in den Königsdramen. So ist es auch in MACBETH. Die Riesenwalze wird in Bewegung gesetzt und zermalmt alle der Reihe nach. Doch in MACBETH ist das Nacheinander der Morde nicht die Logik des Mechanismus, sondern trägt die Züge eines erschreckend um sich greifenden, fieberhaften Alptraums.

MACBETH
... What is the night?
LADY MACBETH
Almost at odds with morning,
which is which.* MACBETH, III, 4

*MACBETH
... Wie weit ist die Nacht?
LADY MACBETH
Im Kampf fast mit dem Tag, ob Nacht, ob Tag.

Die Mehrzahl der Szenen spielt in der Nacht. Vertreten sind alle nächtlichen Zeiten: der späte Abend, die Mitternacht, das Morgengrauen. Die Nacht ist hier ständig anwesend, es wird an sie gedacht, an sie erinnert, auf sie wird ständig und eindringlich verwiesen; in der Metaphorik: »Nie soll die Sonne den Morgen sehn!« (MACBETH, I, 5) und in der Inszenierung: man trägt Fackeln herein, zündet sie an und löscht sie wieder; in der Handlung selbst und in den plötzlichen, wie immer bei Shakespeare erschütternden Prosaismen: »Tu an dein Nachtkleid« (MACBETH, II, 2). Es ist die Nacht, aus der der Schlaf verbannt wurde. In keiner Tragödie Shakespeares wird so viel über den Schlaf gesprochen wie hier. Macbeth hat den Schlaf gemordet. Macbeth kann nicht mehr einschlafen. In ganz Schottland vermag es niemand mehr. Es gibt keinen Schlaf mehr, es gibt nur noch Alpträume.

> ... when in swinish sleep
> Their drenched natures lie as in a death ...* MACBETH, I, 7

Vor diesem zähen und klebrigen Schlaf, in dem die Wirklichkeit wiederkehrt und der kein Vergessen gewährt, vor diesem Schlaf, der ein einziger Gedanke an das Verbrechen ist, wehren sich nicht nur Macbeth und Lady Macbeth. Derselbe alptraumhafte Schlaf quält auch Banquo.

> A heavy summons lies like lead upon me,
> And yet I would not sleep: merciful powers,
> Restrain in me the cursed thoughts that nature
> Gives way to in repose!** MACBETH, II, 1

Vergiftet ist der Schlaf, vergiftet ist das Mahl. In der Welt des MACBETH, der besessensten aller Welten, die Shakespeare erschaffen hat, ist alles von Mord, vom Gedanken an den Mord und von der Angst vor dem Mord durchdrungen. In dieser Tragödie gibt es nur zwei große Rollen; die dritte *persona dramatis* ist die Welt selbst. Auf die Gesichter Macbeths und der Lady Macbeth schauen wir länger und eindringlicher, daher bleiben sie uns besser im Gedächtnis haften. Aber auch die anderen

* ... Wenn nun im vieh'schen Schlaf
Ersäuft ihr Dasein liegt, so wie im Tode ...

**Ein schwerer Schlaftrieb liegt wie Blei auf mir,
Und doch möcht ich nicht schlafen. Gnäd'ge Mächte!
Hemmt in mir böses Denken, dem Natur
Im Schlummer Raum gibt.

Gesichter sind von derselben Fratze verzerrt und von derselben Angst gezeichnet. Alle Körper sind gleicherweise gequält. Die Welt des MACBETH ist geschlossen, und es gibt kein Entrinnen daraus. Selbst die Natur trägt die Züge des Alptraums. Auch sie ist undurchsichtig, zäh und klebrig. Sie besteht aus Schlamm und Gespenstern.

BANQUO
The earth hath bubbles as the water has,
... Whither are they vanish'd?
MACBETH
Into the air; and what seem'd corporal melted
As breath into the wind.* MACBETH, I, 3

Die Hexen in MACBETH gehören zur Landschaft und sind aus derselben Materie gemacht wie die übrige Welt. Sie geifern an Kreuzwegen, hetzen zum Morden auf. Die Erde stöhnt wie im Fieber, der Falke wird im Fluge von der Eule zerhackt, die Pferde brechen aus den Umzäunungen aus, rasen wie besessen, stürzen aufeinander und beißen sich tot. In der Welt des MACBETH gibt es keine geheimen Schlupfwinkel, es gibt weder Liebe noch Freundschaft, nicht einmal Begierde. Oder besser, selbst die Begierde ist von dem Gedanken an den Mord vergiftet.
Zwischen Lady Macbeth und Macbeth ist vieles unklar. Jede der großen Gestalten Shakespeares hat viele Böden. Shakespeare ist niemals eindeutig. Hier, in diesem Bund, der kinderlos blieb oder dessen Kinder gestorben sind, ist die Frau der Mann. Den Vollzug des Mordes als Bestätigung seiner Männlichkeit verlangt sie von ihm geradezu wie einen Liebesakt. In allen Äußerungen der Lady Macbeth kehrt dieses Thema wieder:

... From this time
Such I account thy love.
When you durst do it, then you were a man;** MACBETH, I, 7

*BANQUO
Die Erd hat Blasen wie das Wasser hat,
So waren diese. – Wohin schwanden sie?
MACBETH
In Luft, und was uns Körper schien, zerschmolz
Wie Hauch im Wind.

**Von jetzt an denk ich
Von deiner Liebe so ...
Als du es wagtest, da warst du ein Mann.

Dieses Paar lebt mit einem sexuellen Trauma, ist erotisch gescheitert. Aber das ist nicht das Wichtigste für die Deutung der Tragödie, obschon es für die darstellerische Gestaltung der beiden Hauptrollen von Bedeutung sein kann. Es gibt keine Tragik ohne Bewußtsein. Richard III. ist das Bewußtsein des Großen Mechanismus, Macbeth ist sich des Alptraums bewußt. In dieser Welt, in der sich der Mord als Schicksal, Zwang und innere Notwendigkeit aufdrängt, gibt es nur ein Verlangen: das Verlangen nach einem Mord, der die Reihe der Morde unterbrechen, einen Ausweg aus dem Alptraum bedeuten und eine Erlösung bringen würde. Schlimmer als der Mord selbst ist der Gedanke an den Mord, der auf einem lastet, den man verüben muß, vor dem es keinen Ausweg gibt. Macbeth sagt:

If it were done when 'tis done, then 'twere well
It were done quickly: if the assassination
Could trammel up the consequence...
...that but this blow
Might be the be-all and the end-all here,
But here, upon this bank and shoal of time,
We'ld jump the life to come.* MACBETH, I, 7

Der Terrorist Tschen aus Malraux' LA CONDITION HUMAINE spricht einen der entsetzlichsten Sätze aus, die in der Mitte des 20. Jahrhunderts geschrieben wurden. Ein Mann, der niemals getötet habe, sei wie ein Mann, der niemals eine Frau gehabt habe. Dieser Satz besagt, daß das Töten Erkenntnis bedeute, so wie nach dem Alten Testament der Liebesakt Erkenntnis sei; und daß die Erfahrung des Tötens auf eben dieselbe Weise unübertragbar sei wie die Liebeserfahrung. Aber dieser Satz besagt auch, daß das Töten den, der tötet, verwandle, daß jener von nun an ein anderer sei und daß die Welt, in der er lebe, für ihn eine andere geworden sei.
Macbeth sagt nach dem ersten Mord:

*Wär's abgetan, so wie's getan ist, dann wär's gut,
Man tät' es eilig. – Wenn der Meuchelmord
Einfangen könnte in sein Netz die Folgen ...
Daß mit *dem* Stoß, einmal für immer, alles
Sich abgeschlossen hätte – hier, nur hier, –
Auf dieser seichten Sandbank Erdenfrist –
So setzt' ich weg mich übers künft'ge Leben. –

> ... for from this instant
> There's nothing serious in mortality:
> All is but toys: renown and grace is dead;
> The wine of life is drawn.* MACBETH, II, 3

Macbeth hat getötet, um der Welt gleichzukommen, in der es den Mord gibt, und in der der Mord möglich ist. Macbeth tötete nicht nur, um König zu werden. Macbeth tötete, um sich selbst zu bestätigen. Er traf die Wahl zwischen einem Macbeth, der das Töten fürchtet, und einem Macbeth, der tötet. Aber der Macbeth, der getötet hat, ist bereits ein anderer Macbeth. Er weiß jetzt nicht nur, daß man töten kann, er weiß nunmehr, daß man töten muß.

> EDMUND
> ... know thou this, that men
> Are as the time is; to be tender-minded
> Does not become a sword ...
> OFFICER
> I cannot draw a cart nor eat dried oats;
> If it be man's work I will do it.** KING LEAR, V, 3

Die Szene stammt aus KÖNIG LEAR. Edmund befiehlt den Mördern, Cordelia im Gefängnis zu erhängen. Das Verbrechen ist eine menschliche Sache, der Mord ist eine menschliche Sache. Was vermag der Mensch? Die Frage Nietzsches wurde zum ersten Mal in MACBETH gestellt.

> LADY MACBETH
> ... Art thou afeard
> To be the same in thine own act and valour
> As thou art in desire?

*Von jetzt gibt es nichts Ernstes mehr im Leben;
Alles ist Tand, gestorben Ruhm und Huld!
Der Lebenswein ist ausgeschenkt ...

**EDMUND Merke dir's, der Mensch
Ist wie die Zeit; zartfühlend sein, geziemt
Dem Schwerte nicht ...
HAUPTMANN
Ich kann den Karrn nicht ziehn noch Hafer essen,
Ist's Menschen möglich, will ich's tun.

MACBETH
Prithee, peace:
I dare do all that may become a man;
Who dares do more is none.
LADY MACBETH
What beast was't then
That made you break this enterprise to me?* MACBETH, I, 7

Diese Unterredung findet vor der Ermordung Duncans statt. Nach dem Tod wird Macbeth wissend sein. Der Mensch kann nicht nur töten, der Mensch ist derjenige, der tötet. Und nur derjenige, der tötet, ist ein Mensch. So wie der Hund dasjenige Tier ist, das kriecht und bellt. Macbeth ruft die Mörder zu sich und befiehlt ihnen, Banquo und dessen Sohn umzubringen.

FIRST MURDERER
We are men, my liege.
MACBETH
Ay, in the catalogue ye go for men;
As hounds and greyhounds, mongrels, spaniels,
Curs, shoughs, water-rugs, and demi-wolves, are clept
All by the name of dogs...
SECOND MURDERER
We shall, my lord,
Perform what you command us.** MACBETH, III, 1

*LADY MACBETH ... Bist du zu feige,
Derselbe Mann zu sein in Tat und Mut,
Der du in Wünschen bist?
MACBETH Ich bitte, schweig.
Ich wage alles, was dem Menschen ziemt;
Wer mehr wagt, der ist keiner.
LADY MACBETH Welch ein Tier
Trieb dich, vom Unternehmen mir zu sagen?

**ERSTER MÖRDER
Mein König, wir sind Männer.
MACBETH
Ja, im Verzeichnis lauft ihr mit als Männer,
Wie Jagd- und Windhund, Blendling, Wachtelhund,
Spitz, Pudel, Schäferhund und Halbwolf, alle

Das ist eine der Grenzen der Erfahrung, die Macbeth erreicht. Der erste Abgrund. Man kann ihn die Erfahrung von Auschwitz nennen. Eine gewisse Schwelle ist überschritten worden; alles weitere ist einfach... all is but toys (... alles ist Tand).

Aber das ist nur ein Bruchstück der Wahrheit über Macbeth. Macbeth tötete den König, weil er einen Macbeth nicht zu akzeptieren vermochte, der sich vor dem Mord am König fürchtet. Aber auch der Macbeth, der getötet hat, kann den Macbeth, der tötete, nicht akzeptieren. Macbeth tötete, um sich von dem Alptraum zu befreien, um ihm ein Ende zu setzen. Aber der Alptraum bedeutet ja gerade: Notwendigkeit des Mordens. Das Wesen des Alptraums besteht eben darin, daß er endlos ist.

Die Nacht, in die Macbeth versinkt, wird immer dichter. Macbeth hat aus Angst gemordet und mordet weiterhin aus Angst. Das ist der zweite Teil der Wahrheit über Macbeth. Aber auch das ist noch nicht die ganze Wahrheit.

MACBETH mag die tiefste psychologische Tragödie Shakespeares sein. Aber Macbeth selber ist kein Charakter. Jedenfalls keiner im Sinne des 19. Jahrhunderts. Lady Macbeth dagegen ist ein solcher Charakter. In ihr ist alles, außer dem Verlangen nach Macht, niedergebrannt. Sie ist leer, aber sie brennt weiter. Sie rächt sich für ihre Niederlage als Geliebte und als Mutter. Lady Macbeth besitzt keine Phantasie. Deswegen ist sie mit sich von Anfang an einig. Später findet sie kein Entrinnen vor sich selbst. Macbeth hat Phantasie. Und er stellt sich dieselben Fragen, die sich Richard III. stellt. Von Anfang an. Vom ersten Mord an.

> To be thus is nothing;
> But to be safely thus.* MACBETH, III, 1

Macbeth bestimmt sich selbst von den ersten Szenen an durch Negationen; in seinen eigenen Augen ist er der, der er nicht ist; ist nicht der, der er ist. Er ist in der Welt versunken wie im Nichts, er ist nur der, der er sein könnte. Macbeth wählt nur sich selber, aber nach jeder Wahl steht er sich selbst immer fremder und abstoßender gegenüber.

> Der Name Hund benennt ...
> ZWEITER MÖRDER
> Wir vollziehn,
> Was Ihr befehlt.

*Das so zu sein, ist nichts;
Doch sicher, so zu sein.

All that is within him does condemn itself for being there.*
MACBETH, V, 2

Die Formeln, durch die sich Macbeth zu bestimmen sucht, stehen der Sprache des Existentialismus überraschend nahe. Das Sein ist für Macbeth vieldeutig, es hat zumindest zwei Bedeutungen, es ist ein permanenter, offener Widerspruch zwischen Existenz und Essenz, zwischen einem Sein ›für sich‹ und einem Sein ›an sich‹.
Er sagt:

... and nothing is
But what is not.** MACBETH, I, 3

Wir sind im bösen Traum wir selbst und sind es wiederum nicht; wir wollen es nicht sein, denn uns als Soseiende akzeptieren, hieße die Wirklichkeit des Alptraums akzeptieren, hieße sich damit abfinden, daß es außer dem Alptraum nichts gibt, daß der Nacht kein Tag folgt. Macbeth sagt nach der Ermordung Duncans:

To know my dead were best not know myself.*** MACBETH, II, 2

Macbeth erlebt die Scheinbarkeit der eigenen Existenz, weil er nicht anerkennen will, daß die Welt, in der er lebt, unwiderruflich ist. Diese Welt ist für ihn wie ein Alptraum. Für Richard III. bedeutet Sein die Erringung der Krone und die Ermordung aller Kronprätendenten. Für Macbeth bedeutet Sein Fliehen, in einer anderen Welt leben, in der:

Rebellion's head rise never...
And our high-placed Macbeth
Shall live the lease of nature, pay
His breath to time and mortal custom...† MACBETH, IV, 1

*Muß all sein Fühlen sich doch selbst verdammen,
Weil's seiner Seele eignet.

**Und nichts ist, als was nicht ist.

***Zu wissen, daß ich's tat – o! besser von
Mir selbst nichts wissen!

†Aufruhr ist tot, steigt nie...
Und unser Macbeth hochgemut
Lebt bis ans Ziel der Tag', und zahlt Tribut
Nur der Natur und Zeit...

Die Fabel und die Geschichtsordnung sind in den Königsdramen und in Macbeth identisch. Aber Richard III. akzeptiert die Ordnung der Welt und seine Rolle darin. Macbeth träumt von einer Welt in der es keine Morde gäbe, in der alle Verbrechen vergessen und die Toten ein für allemal begraben wären, in der alles von neuem beginnen könnte. Er träumt vom Ende des Alptraums und verfällt ihm immer mehr. Er träumt von einer Welt ohne Verbrechen und versinkt immer tiefer im Verbrechen. Die letzte Hoffnung Macbeths ist, daß die Toten nicht auferstehen.

> LADY MACBETH
> But in them nature's copy's not eterne.
> MACBETH
> There's comfort yet; they are assailable;
> Then be thou jocund.* MACBETH, III, 2

Aber die Toten stehen auf. Das Erscheinen des Geistes des ermordeten Banquo während des Gelages gehört zu den erstaunlichsten Szenen in MACBETH. Nur Macbeth erblickt Banquos Geist. Niemand außer ihm. Die Interpreten haben in dieser Szene die Verkörperung der Angst und des Grauens von Macbeth gesehen. Der Geist existiere nicht, der Geist sei nur Einbildung. Aber Shakspeares MACBETH ist kein psychologisches Drama aus der zweiten Hälfte des 19. Jahrhunderts. Macbeth sehnt sich nach der allerletzten, endgültigen Mordtat, nach dem Mord, der dem Morden ein Ende setzen würde. Jetzt weiß er, daß es einen solchen Mord nicht gibt. Das ist die dritte und letzte Erfahrung Macbeths. Die Toten kehren wieder.

> If charnel-houses and our graves must send
> Those that we bury back, our monuments
> Shall be the maws of kites.** MACBETH, III, 4

*LADY MACBETH
Doch schuf Natur sie nicht für ew'ge Dauer.
MACBETH
Ja, das ist Trost; man kann noch an sie kommen;
Drum sei du fröhlich.

**Wenn Grab und Beingewölb uns wieder schickt,,
Die wir begruben, sei der Schlund der Geier
Uns Totengruft!

Macbeth, der mehrfache Mörder, Macbeth, der mit Blut Besudelte und im Blut Watende, wollte die Welt, in der es den Mord gibt, nicht akzeptieren. Vielleicht liegt darin die düstere Größe dieser Gestalt und die wahrhafte Tragik seiner Geschichte.
Macbeth wollte die Wirklichkeit und die Perseveranz des Alptraums lange Zeit nicht anerkennen. Und er konnte sich mit der eigenen Rolle darin nicht abfinden. Er sah sie als fremde Rolle an. Jetzt weiß er alles. Er weiß, daß es aus dem Alptraum kein Entrinnen gibt, er weiß, daß der Alptraum dem Menschen Schicksal und Los ist oder – in unserer Sprache –, daß er die *Situation* des Menschen ist. Eine andere gibt es nicht.

> They have tied me to a stake; I cannot fly,
> But bear-like I must fight the course.* MACBETH, V, 7

Der Macbeth vor dem ersten Verbrechen, der Macbeth vor dem Mord an Duncan, glaubte noch, daß der Tod zu zeitig oder zu spät kommen könnte.

> Had I but died an hour before this chance
> I had liv'd a blessed time.** MACBETH, II, 3

Nunmehr weiß Macbeth, daß der Tod nichts ändert, daß er nichts zu ändern vermag und daß er ebenso absurd ist wie das Leben. Nicht mehr und nicht weniger. Macbeth ist zum ersten Mal frei von Angst:

> I have almost forgot the taste of fears.*** MACBETH, V, 5

Es gibt nichts mehr, wovor er Angst haben könnte. Er kann sich und seine Rolle endlich akzeptieren, denn er hat begriffen, daß jede Wahl absurd ist – mehr noch –, daß es gar keine Wahl gibt.

> Out, out, brief candle!
> Life's but a walking shadow; a poor player,

*Sie banden mich an den Pfahl; fliehn kann ich nicht,
Muß wie der Bär der Hatz entgegenkämpfen.

**Wär ich gestorben, eine Stunde nur,
Eh dies geschah, gesegnet war mein Dasein!

***Verloren hab ich fast den Sinn der Furcht.

That struts and frets his hour upon the stage,
And then is heard no more: It is a tale
Told by an idiot, full of sound and fury,
Signifying nothing.* MACBETH, V, 5

In den ersten Szenen der Tragödie ist vom Than von Cawdor die Rede, der Duncan verraten hat und auf die Seite des norwegischen Königs übergetreten ist. Nach der Niederringung der Revolte wird er gefangengenommen und zum Tode verurteilt.

Nothing in his life
Became him like the leaving it; he died
As one that had been studied in his death
To throw away the dearest thing he ow'd
As 'twere a careless trifle.** MACBETH, I, 4

Der Than von Cawdor tritt in MACBETH nicht auf. Wir wissen über ihn lediglich, daß er zum Verräter wurde und seine Strafe fand. Warum aber wurde sein Tod so heftig akzentuiert, so genau beschrieben? Wozu brauchte Shakespeare diesen Tod? Shakespeare irrt sich nie in seinen Expositionen. Der Tod des Than von Cawdor, der das Drama eröffnet, ist notwendig. Er wird mit dem Tode Macbeths verglichen werden. Der Than von Cawdor stirbt senecahaft und stoisch, gleichgültig und kühl. Angesichts des Zusammenbruchs rettet Cawdor dasjenige, was man noch retten kann: die stolze Gebärde, die Würde. Für Macbeth sind stolze Gebärden bedeutungslos und leer, und er glaubt nicht an die menschliche Würde. Macbeth hat alle Erfahrungen bis zum Ende durchgemacht. Es blieb

* Aus! – kleines Licht –
Leben ist nur ein wandelnd Schattenbild;
Ein armer Komödiant, der spreizt und knirscht
Sein Stündchen auf der Bühn und dann nicht mehr
Vernommen wird; ein Märchen ist's, erzählt
Von einem Dummkopf, voller Klang und Wildheit,
Das nichts bedeutet.

**Nichts stand in seinem Leben ihm so gut,
Als wie er es verlassen hat; er starb
Wie einer, der sich auf den Tod geübt,
Und warf das Liebste, was er hatte, von sich,
Als wär's unnützer Tand.

ihm nur noch die Verachtung. Das Wort Mensch ist zerstoben, und nichts ist übriggeblieben.

Der Schluß des MACBETH bringt keine Katharsis, ähnlich wie der Schluß von TROILUS UND CRESSIDA und von KÖNIG LEAR. Selbstmord bedeutet Protest oder Schuldbekenntnis, aber Macbeth fühlt sich nicht schuldig und hat nichts, wogegen er protestieren könnte. Vor seinem Tode kann er nur noch so viel Lebende wie möglich mit sich ins Nichts ziehen. Das ist der letzte Schluß aus der Absurdität der Welt. Macbeth ist noch nicht in der Lage, die ganze Welt in die Luft zu sprengen. Aber er kann bis zum Schluß morden.

> Why should I play the Roman fool and die
> On mine own sword? whiles I see lives, the gashes
> Do better upon them.* MACBETH, V, 7

*Weshalb sollt ich den röm'schen Narren spielen,
Sterbend durchs eigne Schwert? Solange Leben
Noch vor mir sind, stehn denen Wunden besser.

IAGO
He, in good time, must his lieutenant be,
And I, God bless the mark, his worship's ancient.
RODERIGO
By heaven I rather would have been his hangman.* OTHELLO, I, 1

GRATIANO
Torments will ope your lips.** OTHELLO, V, 2

OTHELLO
That's he that was Othello; here I am.*** OTHELLO, V, 2

I

Im OTHELLO stößt uns vieles zurück. Vor allem das, was noch vor kurzem als das Wertvollste galt. »Das beste, wenn auch nicht das größte« Drama Shakespeares , schreibt M. R. Ridley, der Kommentator und letzte Herausgeber von OTHELLO in THE ARDEN SHAKESPEARE.[4] Und er fügt hinzu: »Jedenfalls das beste Stück von Shakespeare im theatralischen Sinn.« Mag sein, nur für welches Theater?
Thomas Rymer, der einen klassischen Geschmack hatte, und dies mehr im französischen Wortsinn, schrieb gegen Ende des 17. Jahrhunderts: »Die Moral dieser Geschichte ist sehr lehrreich. Erstens: Es mag als Warnung für alle Mädchen aus gutem Hause gelten, sich nicht ohne Erlaubnis ihrer Eltern von Schwarzen entführen zu lassen. Zweitens: Es mag als Warnung für alle braven Ehefrauen gelten, gut auf ihre Wäsche aufzupassen. Drittens: Es mag eine Lektion für Ehemänner sein, sich um mathematisch exakte Beweise der Untreue zu bemühen, bevor ihre Ei-

*JAGO
Der, wohl bekomm's ihm, muß sein Leutnant sein,
Und ich, behüte: seiner Ehren Fähnrich.
RODRIGO
Bei Gott! sein Henker würd' ich lieber sein!

**GRATIANO
Folter wird dich's lehren.

***OTHELLO
Hier steht, der einst Othello war: hier bin ich.

fersucht zu tragischen Folgen führt... Der tragische Teil ähnelt einer blutigen Farce, chaotisch und verworren, sinnlos und geschmacklos.«[5] Sehr ähnlich mußte Ducis OTHELLO interpretiert haben, dessen Adaptation 1792 in Paris aufgeführt wurde. Es war das erste Jahr der Republik, aber Ducis war der Ansicht, Shakespeare sei für die Franzosen trotz Revolution zu gewalttätig und grausam. Im Gegensatz zur englischen Bühnentradition war Othello kein Schwarzer. Ducis' Othello war gelb, um, wie er schrieb, die Augen der Frauen nicht zu entsetzen. Desdemona verlor kein Taschentuch; das Taschentuch gehörte zur Damenwäsche, dieses Wort durfte auf der Bühne nicht fallen. Die Desdemonen des Konvents durften nur Diademe verlieren. Othello erstickt Desdemona nicht. Das wäre zu vulgär gewesen. Ducis ersetzt das Kopfkissen durch einen Dolch. Dann blieb noch der Schluß. Ein Revolutionspublikum schätzt keine blutigen Szenen. Im Augenblick, da Othello Desdemona den Todesstoß versetzen will, kommt ein Venezianer ins Schlafgemach gelaufen und ruft: »Barbare, que fais-tu?« Ducis gab dem Stück zwei Schlüsse, er stellte eine gute und eine böse Lösung zur Wahl. Zum zweitenmal wurde OTHELLO 1829 in Frankreich aufgeführt, in der Übersetzung von Alfred de Vigny; der MOHR VON VENEDIG bahnte HERNANI den Weg. Von nun an erwies sich OTHELLO als dasjenige Stück von Shakespeare, das dem Geist des 19. Jahrhunderts am nächsten stand. OTHELLO wurde jeder Art von Theater im 19. Jahrhundert gerecht. Es war das am besten zugeschnittene Stück, Oper und Melodrama, es besaß Lokalkolorit, zeigte große Charaktere und große Leidenschaften, es war sowohl ein psychologisches wie ein historisches wie ein realistisches Stück. Eben das »beste Theaterstück« Shakespeares. Am 28. August 1820 trug Karol Sienkiewicz folgende Notiz in sein ENGLISCHES TAGEBUCH ein: »Ich war im Theater: OTHELLO. Das ist eine der besten Tragödien Shakespeares, und Kean spielt darin am besten... Im fünften Akt – eine entsetzliche Szene. Der Vorhang geht auf, im Hintergrund steht ein Bett mit der schlafenden Desdemona, alles, wie es sein muß: sie trägt eine Nachthaube, ist mit einem Federbett zugedeckt. Über dem Bett ist ein Vorhang, daneben steht ein kleiner Schemel und ein Toilettentischchen, es hieß sogar, daß unter dem Bett ein Nachttopf zu sehen gewesen sei. Dann erscheint Othello mit einer Lampe in der Hand. Er stellt die Lampe auf den Toilettentisch. Desdemona schläft. Othello hat ein entblößtes Schwert in der Hand. Er ist gekommen, um Desdemona zu töten, nach der erlittenen Qual der Eifersucht...«

Die Tragödie der Eifersucht paßte vorzüglich sowohl zur englischen Haustragödie mit der bürgerlichen Desdemona in der Nachthaube, die ein

Erbe des 18. Jahrhunderts war, wie zum romantischen Melodrama, in dem der Titelheld bald ein urwüchsiger und leidenschaftlicher Neger, bald ein edler und erhabener Nachfahre arabischer Könige war. Ein so interpretierter OTHELLO war eigentlich schon die fertige ›orientalische‹ Oper, die nur noch auf ihren Komponisten wartete. Verdi schrieb sie im Jahr 1887, und es dürfte kein Zufall sein, daß sein OTHELLO zu einem der wenigen echten Erfolge in der Geschichte der Veroperungen Shakespeares wurde.

Der Unterschied zwischen der Opern- und der Dramenaufführung von OTHELLO war im Grunde gering. Im zweiten Akt der Oper singt der Chor der Zyprioten zu Ehren der eintreffenden Desdemona, der dritte Akt endet mit einem gemeinsamen Finale von Chor und Ballett. Von allen Stücken Shakespeares eignete sich OTHELLO am meisten für eine große und prunkvolle Ausstattung. Die Oper vom eifersüchtigen Mann aus dem Orient verwandelte sich allmählich in ein historisches Spektakel, in dem das ›leibhaftige‹ Venedig zu Schau gestellt wurde. Diese Tendenzen gipfelten im russischen Theater. Die Tragödie der Eifersucht wude nun zur Tragödie des mißbrauchten Vertrauens, in der Othello nicht nur den Intrigen Jagos zum Opfer fiel, sondern auch dem Neid des Dogen und des gesamten venezianischen Senats. Zu diesem Zweck mußte man das ›ganze‹ Venedig und das ›ganze‹ Zypern zeigen; der soziale und historische Hintergrund war wichtiger als die Protagonisten der Tragödie. Stanislavskij führte OTHELLO zum erstenmal in seiner Jugend auf, in die Theatergeschichte eingegangen sind die Regiepläne, die er 1930 dem Moskauer Künstlertheater aus Nizza sandte.

Er verwandelte den Orchestergraben in einen Gondelkanal. Im ersten Bild finden Gondeln gleich zweimal Verwendung. Rodrigo und Jago treffen in einer Gondel ein, dann begibt sich Brabantio mit seinem Gefolge in einer Gondel auf die Suche nach Othello. Stanislavskij empfahl, das Gondelruder aus Metall anzufertigen und das Blatt mit Wasser zu füllen, damit bei der Bewegung das charakteristische Plätschergeräusch entstehe. Im zweiten Akt führt er schweigende Gestalten türkischer Zyprioten auf die Bühne, die unruhig auf das Erscheinen der türkischen Schiffe warten und angesichts der venezianischen Flotte panisch die Flucht ergreifen. In den Anmerkungen für die Schauspieler beschrieb Stanislavskij ausführlich die erfolglose Werbung Rodrigos um Desdemona und ihre Begegnung mit Othello an einem Sonntagmorgen, als sie in ihrer Gondel aus der Kirche heimkehrte. Er wußte sogar, was für Blumen ihr Othello in den Kahn warf und wie die vergebliche Serenade endete, die Rodrigo vor Desdemonas Haus veranstaltete. Er wußte überhaupt so ziemlich alles über Desdemona und Othello, von ihrer Geburt bis zum Beginn der Tragödie.

Nach der Oper kam dann ein Roman, nach Verdis OTHELLO der OTHELLO von Dumas. Doch gerade in der Roman-Version zeigten sich plötzlich alle Willkürlichkeiten, Unklarheiten und Widersprüche der Fabel. Die Shakespeare-Forscher kannten sie längst; Granville-Barker und Stoll haben gerade am Beispiel OTHELLOs die Simultaneität beider Shakespearescher Uhren gezeigt. Die Nacht der Eifersucht dauert nur für Othello von Mitternacht bis zum Morgengrauen; Jago, Rodrigo und Desdemona brauchen Wochen, um die Handlung sich entwickeln zu lassen. Erst muß Desdemona die physische Möglichkeit des Ehebruchs gegeben werden; das aus Zypern kommende Schiff mit der Nachricht vom Sieg muß Venedig, das zweite, aus Venedig mit der Ernennung des neuen Gouverneurs, muß Zypern erreichen können.

Stanislavskij trieb die Tendenz eines veristischen Shakespeare in den Kostümen der »Epoche« zur letzten Konsequenz – jene Tendenz, die das europäische Theater bis in die neunziger Jahre des 19. Jahrhunderts beherrschte.

Das Theater von gestern wiederholt stets die Interpretationen von vorgestern. Die Tragödie der Eifersucht und die Tragödie des mißbrauchten Vertrauens, der Opern-OTHELLO und der OTHELLO des historischen Romans, lasten bis heute auf uns.

II

In was für einer Landschaft spielt sich die Tragödie ab? Die Frage scheint unsinnig. Der erste Akt spielt in Venedig, die vier weiteren auf Zypern. Venedig und Zypern zeigte bereits das romantische Theater mit Hilfe der offenen Bühnenverwandlung, später hatte es den Anschein, als könne die Drehbühne die letzten Schwierigkeiten aus dem Wege räumen. Jeder Aufzug konnte sein eigenes Bühnenbild haben. Das englische Theater des beginnenden 19. Jahrhunderts spielte OTHELLO mit Vorliebe in bürgerlichen Innenräumen, erst später wurde OTHELLO zu einem historischen Kostümstück. Das naturalistische Theater baute einen ganzen Markus-Platz auf der Bühne auf. OTHELLO ist mit der Szenographie des 19. Jahrhunderts so verwachsen, daß man sich das Stück von allen Stükken Shakespeares wohl am schwersten auf einer leeren Bühne vorstellen kann. Doch Venedig und Zypern sind hier genauso unverbindlich wie die Städte und Länder in allen anderen Tragödien und Komödien Shakespeares. Zypern und Venedig sind nicht mehr und nicht weniger real als Elsinor, als Böhmen und Illyrien, als der Wald von Dunsinan in MACBETH oder die Dover-Felsen, von denen sich der blinde Gloster stürzen wollte.

> Excellent wretch, perdition catch my soul,
> But I do love thee, and when I love thee not,
> Chaos is come again.* OTHELLO, III, 3

In Wirklichkeit spielt OTHELLO genauso wie alle anderen großen Tragödien Shakespeares ausschließlich auf der elisabethanischen Bühne, die das *theatrum mundi* ist. Auf eben dieser Bühne gerät die Welt wie in HAMLET und in KÖNIG LEAR aus den Fugen, bricht das Chaos ein, und gefährdet ist selbst die Ordnung der Natur.

> If she be false, O, then heaven mocks itself,
> I'll not believe it.** OTHELLO, III, 3

> On horror's head horrors accumulate;
> Do deeds to make heaven weep, all earth amazed.***
> OTHELLO, III, 3

Selbst das Firmament ist erschüttert. Die Himmelssphären sind aus dem Gleichgewicht. Es ist, wie wenn der Wahnsinn von den Sternen auf die Menschen niederkäme.

> It is the very error of the moon,
> She comes more near the earth than she was wont,
> And makes men mad.† OTHELLO, V, 2

*Holdselig Ding! Verdammnis meiner Seele,
Lieb' ich dich nicht! und wenn ich dich nicht liebe,
Dann kehrt das Chaos wieder.

**Ist diese falsch, so spottet sein der Himmel! –
Ich will's nicht glauben!

***Auf höchsten Greuel häufe neuen Greu'l;
Mach', daß der Himmel weint, die Erde bebt.

†Das hat wahrhaftig nur der Mond verschuldet;
Er kommt der Erde näher, als er pflegt,
Und macht die Menschen rasend.

Desdemona ist bereits erstickt. Über Othellos Welt bricht die apokalyptische Nacht herein.

> Methinks it should be now a huge eclipse
> Of sun and moon, and that the affrighted globe
> Should yawn at alteration.* OTHELLO, V, 2

Die gleichzeitige Sonnen- und Mondfinsternis ist die Vision des Weltuntergangs in der barocken Malerei. Über Othello bricht die Nacht herein. Eine Nacht, die nicht nur ohne Sonne und ohne Mond ist. In ihr ist wie in KÖNIG LEAR und in MACBETH der Himmel leer.

> Are there no stones in heaven
> But what serves for the thunder?** OTHELLO, V, 2

Ähnlich wie KÖNIG LEAR und wie MACBETH ist OTHELLO die Tragödie eines Menschen unter leerem Himmel. Im Finale wird Jago auf die Folterbank geführt. Aber in Wirklichkeit ist Othello der Gefolterte, vom zweiten Akt an bis zum Schluß. Wie Lear, wie Macbeth, wie Gloster steigt er immer tiefer hinab. Das ist jenes »Ende einer Reise«, »journey's end«. Wie Lear, wie Gloster, wie Macbeth wird Othello in eine Endsituation gebracht. Er kostet eine der menschlichen Erfahrungen bis zur Neige aus.

OTHELLO ist wie KÖNIG LEAR und MACBETH ein Lot, eine Sonde bis auf den Boden der Finsternis. Die elementaren Fragen nach Sinn oder Sinnlosigkeit der Welt können nur auf dem äußersten Boden entschieden werden, dort unten, am Ende der Wanderschaft.

G. Wilson Knight war der erste, der die Musik von OTHELLO zeigte.[6] Aber er sprach dem Stück die Universalität ab. Verglichen mit KÖNIG LEAR und MACBETH war OTHELLO für ihn ein Drama, das keinen Symbolrang erreicht und in seiner Wörtlichkeit eingeschlossen bleibt.

Für Knight war OTHELLO keine kosmische Tragödie. Trotz der unerträglichen romantischen Diktion ziehe ich das Urteil von Victor Hugo vor:

*Nun, dächt' ich, müßt' ein groß Verfinstern sein
An Sonn' und Mond' und die erschreckte Erde
Sich auftun vor Entsetzen.

** Gibt's keinen Keil im Himmel
Als nur zum Donner?

»Was ist Othello? Das ist die Nacht. Eine gewaltige fatale Gestalt. Die Nacht ist verliebt in den Tag. Die Finsternis liebt die Morgenröte, der Afrikaner betet die Weiße an. Desdemona ist für Othello die Klarheit und der Wahnsinn. Deshalb verfällt er der Eifersucht so rasch. Er ist groß, ist erhaben, ist majestätisch, er überragt alle, in seinem Gefolge schreiten Bravour, die Schlacht, die Fanfare, das Banner, der Ruhm; ihn umgibt die Glorie von zwanzig Siegen, er ist voller Orden, dieser Othello, er ist schwarz. Die Eifersucht verwandelt den Helden jäh in ein Ungeheuer, der Schwarze wird zum Neger. Es ist, als ob die Nacht dem Tod ein rasches Zeichen gegeben hätte.«

Dieses Fragment hat etwas Visionäres an sich. Victor Hugos Vorstellung deckt sich fast völlig mit der letzten Gestaltung der Othello-Rolle von L. Olivier.

»Neben Othello ist Jago der Abgrund neben dem Erdrutsch. Hierher, flüstert er. Die Hinterlist ist der Ratgeber der Blindheit. Die Finsternis geleitet den Schwarzen. Der Betrug bietet sich der Nacht als Leuchte an. Die Eifersucht wählt die Lüge zu ihrem Blindenhund. Was könnte schrecklicher sein für die Weiße und die Unschuld als Othello, der Neger und Jago, der Verräter? Die Grausamkeiten des Schattens sind sich einig. Die beiden Verkörperungen der Sonnenfinsternis hecken das tragische Verlöschen des Lichtes aus, der eine heulend, der andere grinsend.

Othello ist die Nacht... Wenn er die Nacht ist und entschlossen ist zu töten, womit kann er es tun? Mit Gift, Beil, Axt, Messer? Nein, mit dem Kissen. Töten heißt einschläfern. Vielleicht war sich Shakespeare dessen selbst nicht bewußt. Der Schöpfer gehorcht manchmal fast unbewußt seinem Typus, bis zu diesem Grad ist dieser Typus eine Macht. Und deshalb stirbt die der Nacht angetraute Desdemona vom Kissen erstickt, das ihren ersten Kuß empfangen hatte und ihren letzten Seufzer empfängt.«[7]

Oliviers Othello kommt tänzelnd auf die Bühne; er hat ein weißes Gewand an, eine Rose zwischen den Lippen. Oliviers Othello erstickt Desdemona unter Küssen.

III

Jago bereitete den Shakespeare-Interpreten stets die größten Schwierigkeiten. Für die Romantiker war er ganz einfach der Genius des Bösen. Aber selbst Mephistopheles muß seine Beweggründe haben. Zumal auf dem Theater. Jago haßt Othello, so wie er alle haßt. Die Kommentatoren haben längst bemerkt, daß dieser Haß eigenartig selbstlos ist. Jago haßt zuerst, die Gründe dafür scheint er später zu finden. Coleridges Formulierung trifft ins Schwarze: »the motive-hunting of a motiveless malignity«, das Böse, das ohne Grund den Gründen des Bösen nachjagt. Verletzter Ehrgeiz, Eifersucht wegen der eigenen Frau, Eifersucht wegen Desdemona, wegen allen Frauen, Eifersucht auf alle Männer, diese unausgesetzte Eifersucht sucht sich immer neue Nahrung und ist nie gesättigt. Aber wenn der Haß eine Begründung für sich sucht, welches sind dann die Gründe des Hasses?

Es gibt noch zwei vorzügliche Bezeichnungen für Jago. Carlyle nannte ihn »an inarticulate poet«, Hazlitt: »an amateur of tragedy in real life«. Jago begnügt sich nicht mit dem Entwurf der Tragödie, er will sie auch noch selbst durchführen, verteilt rundum die Rollen und tritt selber darin auf.

Jago ist ein teuflischer Regisseur, oder besser: ein machiavellistischer. Seine Beweggründe sind vieldeutig und liegen im Dunkel, seine intellektuellen Argumente sind klar und genau. Er formuliert sie von den ersten Szenen ab. Er monologisiert laut:

> Our bodies are gardens, to the which our wills are gardeners.*
>
> OTHELLO, I, 3

Der dämonische Jago ist eine Erfindung der Romantiker. Jago ist kein Dämon. Er ist ein zeitgenössischer Karrierist, wie Richard III. Nur in einer anderen Größenordnung. Auch er will einen wirklichen Mechanismus ins Rollen bringen, wirkliche Leidenschaften ausnutzen. Er will nicht der Betrogene sein.

> We cannot all be masters, nor all masters
> Cannot be truly follow'd.** OTHELLO, I, 1

Das ist keine dämonische Feststellung. In ihrer Selbstverständlichkeit ist sie eher vulgär.

*Unser Körper ist ein Garten, und unser Wille der
Gärtner.

Wir können
**Nicht alle Herrn sein, nicht kann jeder Herr
Getreue Diener haben.

> Preferment goes by letter and affection.* OTHELLO, I, 1

Auch das ist keine dämonische Feststellung. Jago ist Praktiker, er schenkt Ideologen keinen Glauben, er hat keine Illusionen.

> Reputation is an idle and most false imposition, oft got without merit, and lost without deserving.** OTHELLO, II, 3

Jago ist selbstverständlich ein Machiavellist, aber sein Machiavellismus ist für ihn nur die Verallgemeinerung persönlicher Erfahrungen. Die Dummen glauben an Ehre und Liebe. In Wirklichkeit gibt es nur den Egoismus und die Begierde. Die Starken verstehen es, die Leidenschaften ihrem Ehrgeiz unterzuordnen. Auch der eigene Körper kann zum Werkzeug werden. Daher Jagos Verachtung für alles, was lähmt, für die moralischen Verbote ebenso wie für die Liebe:

> I never found a man that knew how to love himself: ere I would say I would drown myself, for the love of a guineahen, I would change my humanity with a baboon.*** OTHELLO, I, 3

Jago ist ein Voluntarist. Man kann aus sich und aus den anderen alles machen. Auch die anderen sind nur ein Werkzeug. Sie lassen sich kneten wie Lehm. Jago verachtet ähnlich wie Richard III. die Menschen mehr noch, als er sie haßt. Jago sagt: Die Welt besteht aus Schuften und Dummköpfen, aus denen, die fressen, und denen, die gefressen werden. Die Menschen sind wie Tiere, sie paaren sich und fressen sich gegenseitig auf. Die Schwachen verdienen kein Mitleid, sie sind genauso widerlich wie die Starken, nur dümmer als jene. Die Welt ist gemein. Othello sagt: Die Welt ist schön und die Menschen edel. Es gibt Liebe und Treue auf der Welt.

Wenn man OTHELLO vom romantischen Firnis befreit, von allem, was

*Beförderung geht Euch nach Empfehl' und Gunst.

**Der gute Name ist eine nichtige und höchst trügliche Einbildung, oft ohne Verdienst erlangt und ohne Schuld verloren.

***Ich bin noch keinem begegnet, der's verstanden hätte, sich selbst zu lieben. Eh' ich sagte, ich wollte mich einem Puthühnchen zuliebe ersäufen, eh' tauscht ich meine Menschheit mit einem Pavian.

darin Melodrama und Oper ist, wird aus der Tragödie der Eifersucht und des mißbrauchten Vertrauens ein Streit zwischen Othello und Jago werden, ein Streit um die Natur der Welt. Wie ist die Welt: gut oder böse? welches sind die Grenzen des Leidens? welches ist der endgültige Sinn jener wenigen Augenblicke zwischen Geburt und Tod?
Jago setzt den Mechanismus der Gemeinheit, des Neides und der Dummheit in Bewegung. Wie Richard III. Und er wird genauso wie jener zermalmt. Die Welt, in der Othello an Desdemonas Betrug glauben kann, in der Betrug möglich ist, in der Othello Desdemona ermordet, in der es weder Freundschaft noch Treue noch Loyalität gibt, in der Othello Jago mit einem Meuchelmord beauftragt, eine solche Welt ist böse. Jago ist ein nur zu guter Regisseur der Tragödie.

Thou has set me on the rack.* OTHELLO, III, 3

Jago hat den Beweis erbracht, daß die Welt aus Dummköpfen und aus Schuften besteht. Er hat alle ringsherum vernichtet. Und sich selbst. Er wird auf die Folterbank in seiner eigenen Tragödie geschleppt. Er hat bewiesen, daß er kein Mitleid verdient. Weder er noch die Welt. Richards Niederlage ist die Bestätigung der Wirksamkeit des Großen Mechanismus. Ähnlich die Niederlage Jagos. Die Welt ist gemein. Er hatte recht. Gerade das wird ihm zum Verhängnis. Das ist das erste Paradox.

IV

In der letzten Szene schweigt Jago. Wozu sollte er sprechen? Alles hat sich geklärt. Die Welt ist zusammengebrochen. Aber nur für Othello, nicht für ihn. Man wird ihm die Knochen brechen, aber er wird triumphieren können. Seine Folterung und sein Tod sind keine Wiederherstellung der Gerechtigkeit. Im Grunde erfüllen sie keinen Zweck mehr. Sie stehen außerhalb des Stückes, sogar im wörtlichen Sinn. Aber Jago siegt nicht nur auf dem intellektuellen Plan der Tragödie. Er siegt auch in ihrem inneren Gewebe, in der Materie und in der Sprache.
Im dritten Akt kriecht Othello zu Jagos Füßen, ihm steht Schaum vor dem Munde, er hat einen Anfall. Shakespeare schreckt nie vor Grausamkeit zurück. Gloster werden die Augen ausgestochen, Lear verliert den Verstand.

*Du warfst mich auf die Folter.

Der herrliche Othello, der stolze Othello, der schöne Othello muß erniedrigt werden. Und zwar in seiner Physis. Alles wird hier zersetzt wie von einer Säure.[8] Othellos Welt und er selbst.

O now for ever
Farewell the tranquil mind, farewell content:
Farewell the plumed troop, and the big wars,
That makes ambition virtue: O farewell,
Farewell the neighing steed, and the shrill trump,
The spirit-stirring drum, the ear-piercing fife;
The royal banner, and all quality,
Pride, pomp, and circumstance of glorious war!
And, O ye mortal engines, whose wide throats
The immortal Jove's great clamour counterfeit;
Farewell, Othello's occupation's gone!* OTHELLO, III, 3

Othello wird von Shakespeare mit dem ganzen heroischen Fundus des feudalen Romans und der feudalen Epik ausgerüstet. Da gibt es berauschende Dichtung und gleichzeitig eine sterbende Welt der Werte. Zuallererst königliches Blut:

I fetch my life and being
From men of royal siege.** OTHELLO, I, 2

Weiter alle heroischen Stereotypen, ein Erbe römischer Rhetorik:

* O nun, auf immer
Fahr wohl, des Herzens Ruh'! Fahr' wohl, mein Friede!
Fahr wohl, du wallender Helmbusch, stolzer Krieg,
Der Ehrgeiz macht zur Tugend! O, fahr' wohl!
Fahr wohl, mein wiehernd Roß und schmetternd Erz,
Mutschwellende Trommel, muntrer Pfeifenklang,
Du königlich Panier und aller Glanz,
Pracht, Pomp und Rüstung des glorreichen Kriegs!
Und o du Mordgeschoß, des rauher Schlund
Des ew'gen Jovis Donner widerhallt,
Fahr wohl! Othellos Tagwerk ist getan!

** Ich entsproß
aus königlichem Stamm.

The tyrant custom, most grave senators,
Hath made the flinty and steel couch of war
My thrice-driven bed of down.* OTHELLO, I, 3

Und schließlich alles, was Märchen, Sage und Legende ist. Jago dagegen ist ganz aus Realität gemacht, aus Alltäglichkeit, aus der Materie selbst. Othello stammt aus einer anderen Welt, aus einem exotischen Sammelsurium von den Abenteuern des Odysseus bis zu den Expeditionen der Seefahrer der Renaissance. Er erzählt Desdemona von:

... the Cannibals, that each other eat,
The Anthropophagi, and men whose heads
Do grow beneath their shoulders ...** OTHELLO, I, 3

Mit Othello kam die Landschaft aller Ozeane auf die nackte elisabethanische Bühne:

Like to the Pontic sea,
Whose icy current, and compulsive course,
Ne'er feels retiring ebb, but keeps due on
To the Propontic, and the Hellespont:
Even so my bloody thoughts, with violent pace
Shall ne'er look back, ne'er ebb to humble love,
Till that a capable and wide revenge
Swallow them up.*** OTHELLO, III, 3

*Die eiserne Gewohnheit, edle Herrn,
Schuf mir des Krieges Stahl- und Felsenbett
Zum allerweichsten Flaum.

**... Kannibalen, die einander schlachten,
Anthropophagen, Völkern, deren Kopf
Wächst unter ihrer Schulter ...

*** So wie des Pontus Meer,
Des eis'ger Strom und fortgewälzte Flut
Nie rückwärts ebben mag, nein, unaufhaltsam
In den Propontis rollt und Hellespont:
So soll mein blut'ger Sinn in wüt'gem Gang
Nie umschaun, noch zur sanften Liebe ebben,
Bis eine vollgenügend weite Rache
Ihn ganz verschlang.

Die Welt der Othelloschen Werte wird zerstört mitsamt ihrer Poesie und ihrer Sprache. Denn in dieser Tragödie gibt es noch eine andere Sprache, eine andere Rhetorik. Jago macht davon Gebrauch. In Jagos semantischem Feld zeichnen sich als Wortparolen, als Schlüsselwörter die Namen von Dingen und Tieren aus, die Ekel, Angst, Abscheu hervorrufen. Jago spricht von Fliegenleimen, Fallen, Lockmitteln, von Giften, Arzneien, Klistieren, von Schwefel und Pech, Pest und Plagen.

> So will I turn her virtue into pitch,
> And out of her own goodness make the net
> That shall enmesh' em all.* OTHELLO, II, 3

Noch charakteristischer ist das Bestiarium, das Jago beschwört: Hilflose und schlappe Tiere sind hier versammelt (»drown thyself? drown cats and blind puppies«, I, 3)** Symbole und Allegorien der Dummheit und der Häßlichkeit (Perlhühner und Paviane), der Begierde und der Lust (»as prime as goats, as hot as monkey, As salt as wolves in pride«. III, 3).***

Othellos Sprache mündet in Stammeln. Das Pathos und die feudale Heldenpoesie werden in Sprache und Bildern zerstört.

Darüber schrieb Knight bereits. Othello kriecht nicht nur zu Jagos Füßen. Er wird auch mit seiner Stimme reden. Diese gebrochenen Sätze sind einer der ersten inneren Monologe im modernen Wortsinn, denen wir im Drama begegnen:

> Lie with her, lie on her? – We say lie on her, when they belie her, – lie with her, zounds, that's fulsome! Handkerchief – confessions – handkerchief! To confess, and be hanged for his labour. First, to be hanged, and then to confess; I tremble at it. Nature would not invest herself in such shadowing passion without some instruction. It is not words that shake me thus. Pish! Noses, ears and lips. Is't

*So wandl' ich ihre Tugend selbst zum Laster,
Und strick' ein Netz aus ihrer eignen Güte,
Das alle soll umgarnen.

**Dich ersäufen? Ersäufe Katzen und junge Hunde!

***Wie Geiß' und Affen wild, hitzig wie brünst'ge Wölfe . . .

possible? – Confess? – Handkerchief? – O devil!*

OTHELLO, IV, 1

Othello wird jetzt unausgesetzt von Brunft und Begattung, von Feuer und Schwefel, Schnüren, Messern und Gift schreien. Er wird dasselbe Bestiarium beschwören. Jago sprach von Dohlen, die Futter suchten, das Bild der Raben über dem verpesteten Haus wird Othello verfolgen (IV, 1). Er wird alle Obsessionen Jagos übernehmen. Es ist, als könnte er sich überhaupt nicht mehr von den Bildern der Affen und der Böcke, der Köter und der geilen Hündinnen befreien (»Exchange me for a goat!« III, 3).** Nicht einmal während des feierlichen Besuches von Lodovico kann er sich beherrschen: »You are welcome, sir, to Cyprus ... Goats and monkeys.« (IV, 1)***

Caroline Spurgeon hat in ihrem Katalog Shakespearescher Bilder[9] das Bestiarium von OTHELLO neben das von KÖNIG LEAR gestellt. In beiden Tragödien treten die Tiere im semantischen Feld von Schmerz, Grausamkeit und Leiden auf, die man durchmachen muß, von Qualen, die einem bereitet werden.

In KÖNIG LEAR sind es herrliche und gefährliche Raubtiere: Tiger, Falke, Wildschwein. In OTHELLO Reptile und Insekten. Die Tragödie spielt sich im Laufe zweier langer Nächte ab, zumindest auf der Uhr der Leidenschaften. Die innere Landschaft von OTHELLO, in die die Protagonisten der Tragödie immer tiefer geraten, die Landschaft ihrer Träume, ihrer erotischen Obsessionen, ihrer Ängste, ist Dunkelheit. Erde ohne Sonne, Sterne und Mond, ein Verlies voller Spinnen, Blindschleichen und Frösche.

I had rather be a toad,
And live upon the vapour in a dungeon.† OTHELLO, III, 3

*Bei ihr gelegen! auf ihr! Das Tuch – diese Geständnisse – das Tuch – eingestehn und dann für die Mühe gehängt werden; zuerst gehängt, dann eingestehn. – Ich zittre davor! – Natur würde sich nicht in so verfinsternde Qualen verhüllen, wäre es nicht Vorbedeutung. Nicht Wahnbilder, die mich so erschüttern! – Hu, Nasen, Ohren und Lippen: ist es möglich? Eingestehn – Tuch – – o Teufel! –

**Vertausch' mich mit 'ner Geiß.

***Willkommen hier in Zypern. – Ziegen und Affen!

† Lieber Kröte sein
Und von den Dünsten eines Kellers leben.

Und erneut:

The fountain, from the which my current runs,
Or else dries up, to be discarded thence,
Or keep it as a cistern, for foul toads
To knot and gender in!* OTHELLO, IV, 2

Der Unterschied zwischen den tierischen Bereichen in OTHELLO und KÖNIG LEAR besteht nur im Maßstab. Die animalische Symbolik von OTHELLO dient der Degradierung der menschlichen Welt. Der Mensch ist ein Tier. Ja, aber was für eins? »Beschreibung des Menschen sowie der Arten, die ihm ähnlich sind, wie z. B. der Pavian, der Affe und andre mehr.« Das ist eine Aufzeichnung von Leonardo. Sehr ähnlich in der Tendenz und in der Wahl der Vergleiche. Der Mensch kann als Tier beschrieben werden. Er wird zu einem blutrünstigen und feigen, hinterhältigen und grausamen Tier. Der als Tier gesehene Mensch muß Ekel erregen.

As little a web as this will ensnare as great a fly as Cassio.**
OTHELLO, II, 1

Das ist eines der bedeutungsvollsten Bilder der Tragödie. Fliegen und Spinnen, Spinnen und Fliegen. Cassio, Rodrigo, Othello – für Jago sind sie alle nur Fliegen. Kleine Fliegen und große Fliegen. Auch die weiße Desdemona wird sich in eine schwarze Fliege verwandeln.

DESDEMONA
I hope my noble lord esteems me honest.
OTHELLO
O, ay, as summer's flies are in the shambles,
That quicken even with blowing.*** OTHELLO, IV, 2

*Der Quell, aus dem mein Leben strömen muß,
Sonst ganz versiegen: – da vertrieben sein,
Oder ihn schaun als Sumpf für ekler Kröten
Begehn und Brüten!

**Mit solchem kleinen Gewebe will ich eine so große
Fliege umgarnen, als Cassio.

***DESDEMONA
Ich hoffe, mein Gemahl hält mich für treu.

Das Bild von der Fliege wird in König Lear wiederkehren. In dem Satz, der eine der Enderfahrungen einschließt:

As flies to wanton boys, are we to the gods;
They kill us for their sport.* König Lear, IV, 1

An wen kann eine Fliege appellieren? Was kann das Leiden einer Fliege rechtfertigen? Was für einen Sinn hat das Leben einer Fliege? Verdient eine Fliege Mitleid? Kann eine Fliege von den Menschen Erbarmen verlangen? Und die Menschen von den Göttern?

Thou, nature, art my goddess; to thy law
My services are bound.** König Lear, I, 2

Das sagt Edmund in König Lear. In den großen Tragödien Shakespeares werden wir Zeugen eines Erdbebens; beide Ordnungen sind zusammengebrochen: die feudale Wertordnung und der Naturalismus der Renaissance. Die Weltgeschichte ist die Geschichte von Spinnen und Fliegen.

Die Spinne (Jago):
This in ourselves, that we are thus, or thus. (I, 3)***
Die Spinne (Jago):
Heaven is my judge, not I for love and duty,
But seeming so, for my peculiar end. (I, 1)†
Die Spinne (Jago):
I follow him to serve my turn upon him. (I, 1)††

Othello
O ja, wie Sommerfliegen auf der Fleischbank,
Die im Entstehen schon buhlen.

* Was Fliegen sind
Den müß'gen Knaben, das sind wir den Göttern;
Sie töten uns zum Spaß.

**Natur, du meine Göttin! Deiner Satzung
Gehorch' ich einzig.

***In uns selber liegt's, ob wir so sind oder anders.

†Der Himmel weiß es! nicht aus Lieb' und Pflicht,
Nein, nur zum Schein für meinen eignen Zweck.

††Ich dien' ihm, um mir's einzubringen.

Die Fliege (Othello)
My parts, my title, and my perfect soul,
Shall manifest me rightly. (I, 2)*
Die Fliege (Desdemona)
Good night, good night: God me such usage send,
Not to pick bad from bad, but by bad mend! (IV, 3)**

Othello ist nicht nur in Jagos semantischen Bereich geraten. Bradley nannte Othello: »a close-shut murderous room«, die Vorkammer der Folter. Othello wird wie König Lear Torturen ausgesetzt und bis in den Wahnsinn getrieben.

> And let her rot, and perish, and be damned to-night, for she shall not live; no, my heart is turn'd to stone; I strike it, and it hurts my hand: O, the world has not a sweeter creature, she might lie by an emperor's side, and command him tasks ... Hang her, I do but say what she is: so delicate with her needle, an admirable musician. ... I will chop her into messes.*** Othello, IV, 1

Othello spricht die Sprache des wahnsinnigen Lear. Von allen Rhetoriken sind nur noch Scherben übriggeblieben. Von den Rhetoriken wie von den Menschen. Othello ist genauso wie König Lear und wie Macbeth in der letzten Szene auf das Feld des Absurden geraten.

V

Schon vor ihrem Auftreten wird von ihr gesprochen. Schon schreien sie, sie sei mit einem Schwarzen durchgebrannt. Schon erscheint ihr Bild im Bereich der tierischen Erotik.

*Mein Stand und Rang und meine feste Seele,
Laut soll'n sie für zeugen!

**Gut' Nacht! – Und laß mich, Herr, in fremden Sünden
Nicht eigne Sünde, laß mich Bess'rung finden!

***Und mag sie verfaulen und verderben und zur Hölle fahren zu Nacht; denn sie soll nicht leben. Nein, mein Herz ist zu Stein geworden; ich schlage daran, und die Hand schmerzt mich. Oh, die Welt besitzt kein süßeres Geschöpf; sie hätte an eines Kaisers Seite ruhen und ihm Sklavendienste gebieten können.

> ... an old black ram
> Is tupping your white ewe.* OTHELLO, I, 1

Der Prolog von OTHELLO ist brutal. Jago und Rodrigo wollen Brabantio zur Weißglut bringen. Aber das erklärt noch nicht die Hartnäckigkeit der tierischen Vergleiche. Diese sind beabsichtigt. Die Verbindung Othello-Desdemona wird von Anfang an als eine Paarung von Tieren gezeigt.

> ... you'll have your daughter cover'd with a Barbary horse; you'll have your nephews neigh to you; you'ill have coursers for cousins, and gennets for germans.** OTHELLO, I, 1

Othello ist schwarz, Desdemona ist weiß. Über die Symbolik von Schwarz und Weiß, von Nacht und Tag hat Victor Hugo bereits in dem zitierten Fragment gesprochen. Aber Shakespeare ist konkreter als die Romantiker. Materieller und körperlicher. In OTHELLO wie in KÖNIG LEAR sind die Körper nicht nur Qualen ausgesetzt; sie ziehen sich auch gegenseitig an.

> ... your daughter, and the Moor, are now making the beast with two backs.*** OTHELLO, I, 1

Das Bild von dem Tier mit den zwei Rücken, dem weißen und dem schwarzen, ist eine der grellsten Vorstellungen des sexuellen Aktes. Das Bild enthält sowohl das Klima der zeitgenössischen Erotik mit ihren Träumen von reiner Körperlichkeit, dem Bruch des sexuellen Tabus und der Faszination für jede Apartheit. Deshalb findet es sich so oft im schwarzweißen Feld wieder. Othello ist fasziniert von Desdemona, aber stärker noch ist Desdemona fasziniert von Othello.

* ... bespringt ein alter, schwarzer
Schafbock Eu'r weißes Lämmchen.

**Ihr wollt einen Berberhengst über Eure Tochter kommen lassen; Ihr wollt Enkel, die Euch anwiehern, wollt Rennpferde zu Vettern und Zelter zu Neffen haben.

***Eure Tochter und der Mohr sind jetzt dabei, das
Tier mit zwei Rücken zu machen.

> ... and she, in spite of nature,
> Of years, of country, credit, everything,
> To fall in love with what she fear'd to look on?* OTHELLO, I, 3

Sie hat alles aufgegeben. Sie will nicht länger warten. Sie will keine einzige leere Nacht mehr. Sie wird Othello nach Zypern begleiten.

> That I did love the Moor, to live with him,
> My downright violence, and scorn of fortunes,
> May trumpet to the world.** OTHELLO, I, 3

Die Desdemona aus Keats' Epoche ging in der Nachthaube ins Bett. Die Desdemonen der zeitgenössischen Bühne tragen leider immer noch häufig diese viktorianische Kopfbedeckung. Schon Heine entwarf ein anderes Desdemona-Bild. Er schrieb: »Eine düstre Trauer erfaßt mich manchmal, wenn ich dem Gedanken Raum gebe, daß vielleicht der ehrliche Jago mit seinen bösen Glossen über die Liebe Desdemonas zu dem Mohren nicht ganz Unrecht haben mag.« Und dann noch: »Am allerwiderwärtigsten aber berühren mich Othellos Bemerkungen über die feuchten Hände seiner Gattin.«[10] Heine las Shakespeare viel ätzender als Schlegel, Tieck und deren Schüler. Er verglich OTHELLO mit TITUS ANDRONICUS: »Dort wie hier ist die Leidenschaft einer schönen Frau zu einem häßlichen Mohren mit Vorliebe behandelt.«
Desdemona ist zwei oder vier Jahre älter als Julia, sie könnte eine Altersgefährtin Ophelias sein. Aber sie ist mehr Frau als diese beiden. Heine hatte recht. Desdemona ist zugleich gehorsam und hartnäckig. Gehorsam bis zu der Grenze, wo die Leidenschaft beginnt. Sie ist die leidenschaftlichste aller Frauengestalten Shakespeares. Viel verschwiegener als Julia und Ophelia, wie in sich selbst versunken. Sie erwacht erst in der Nacht.

> Nature would not invest herself in such shadowing passion without some instruction.*** OTHELLO, IV, 1

*... die sollte, trotz Natur
Und Jugend, Vaterland und Stand und allem,
Das lieben, was ihr Grauen schuf zu sehn?

**Daß ich den Mohren liebt', um ihm zu leben,
Mag meines Glücks gewaltsam jäher Sturm
Der Welt zurufen.

***Natur würde sich nicht in so verfinsternde Qualen
verhüllen, wäre es nicht Vorbedeutung.

Sie weiß nicht einmal, daß sie durch ihre bloße Anwesenheit beunruhigt, daß ihre bloße Anwesenheit ein Versprechen ist. Othello wird es erst erfahren, Jago weiß es von Anfang an. Desdemona ist treu, aber sie muß etwas von einer Dirne an sich haben. Nicht *in actu*, aber *in potentia*. Sonst kommt das Drama nicht zum Tragen. Othello wäre andernfalls lächerlich. Aber Othello darf nicht lächerlich sein. Desdemona ist besessen von Othello, aber alle Männer: Jago, Cassio, Rodrigo sind besessen von Desdemona. Sie befinden sich in ihrem erotischen Klima.

> The wine she drinks is made of grapes; if she had been blest, she would never have lov'd the Moor. Didst thou not see her paddle with the palm of his hand? ... They met so near with their lips, that their breaths embrac'd together.*
>
> OTHELLO, II, 1

In der Beziehung Othellos zu Desdemona wird jetzt eine jähe Wendung eintreten, die Jagos Intrigen nicht bis zuletzt aufklären können. Es ist, wie wenn Othello plötzlich vor Desdemona zurückschrecken würde. Robert Speaight hat sich Gedanken darüber gemacht, wo diese Ehe vollzogen wurde. In Venedig oder erst auf Zypern, in jener Nacht, in der Jago Cassio betrunken machte?[11] Eine derartige Frage ist scheinbar unsinnig in der Shakespeareschen Tragödie mit der doppelten Uhr der Geschehnisse und der synthetischen Motivierung. Aber vielleicht zielt sie gerade deshalb, weil bei Shakespeare immer alle Motivierungen zugleich relevant sind, in die dunkle Sphäre zwischen Othello und Desdemona. Othello verhält sich so, als hätte er eine andere Desdemona vorgefunden als die erwartete.

> She that so young could give out such a seeming ...**
>
> OTHELLO, III, 3

Es ist, als ob ihn die Explosion der Sinne bei dem Mädchen verblüfft und schockiert hätte, das noch vor kurzem mit niedergeschlagenen Augen seinen Erzählungen lauschte. Desdemona fühlt sich von der ersten Nacht als Geliebte und Frau.

*Der Wein, den sie trinkt, ist aus Trauben gepreßt; wäre sie so sittsam, dann hätte sie nie den Mohren lieben können. Sahst du nicht, wie sie mit seiner flachen Hand tätschelte? ... Sie kamen sich so nah mit ihren Lippen, daß ihr Hauch sich liebkoste.

**Sie, die so jung sich so verstellen konnte ...

His bed shall seem a school, his board a shrift...*

OTHELLO, III, 3

Die Erotik ist ihre Bestimmung und Freude; die Erotik und die Liebe, die Erotik und Othello sind ein und dasselbe. Ihr Eros ist hell, für Othello ist der Eros eine Falle. Es ist, als ob sich Othello in dieser ersten Liebesnacht in jener Finsternis verloren hätte, in der Liebe und Eifersucht, Begierde und Abscheu nicht mehr voneinander zu trennen sind.
Je heftiger Desdemona sich in der Liebe vergißt, desto mehr wird sie in Othellos Augen zur Dirne, einer vergangenen, gegenwärtigen oder zukünftigen Dirne. Je stärker er sie begehrt, je besser er sie liebt, desto leichter fällt es ihm zu glauben, daß sie ihn betrügen könnte.
Jago setzt den ganzen Zorn der Welt in Bewegung und fällt ihm am Ende zum Opfer. Desdemona ist das Opfer ihrer eigenen Leidenschaft. Ihre Liebe zeugt gegen sie, nicht für sie. Die Liebe führt sie ins Verderben. Das ist das zweite Paradox.
In keinem der großen Dramen Shakespeares, außer vielleicht in KÖNIG LEAR, fällt das Wort ›Natur‹ so häufig wie in OTHELLO:

It is a judgement maim'd, and most imperfect,
That will confess perfection so would err
Against all rules of nature...** OTHELLO, I, 3

Dieselbe Idee wiederholt sich noch mehrmals, fast mit denselben Worten:

And yet how nature erring from itself –*** OTHELLO, III, 3

Was heißt Natur? Was ist wider die Natur? Desdemona hat ihren Vater hinters Licht geführt. In KÖNIG LEAR sehen wir die Töchter mit den Augen des vertriebenen Greises. Wir hören seine Flüche. In OTHELLO ist die Perspektive umgekehrt. Auf der Vorderbühne stehen Othello und Desdemona. Brabantio erweckt kein Mitleid. Denn seine Worte wird Othello wiederholen:

*Sein Tisch und Bett soll Beicht' und Schule sein...

**Ein krankes Urteil wär's, ein unvollkommenes,
Das wähnt, es irre so Vollkommenheit,
Ganz der Natur entgegen ...

***Und dennoch – ob Natur, wenn sie verirrt –

Look to her, Moor, have a quick eye to see:
She has deceiv'd her father, may do thee.* OTHELLO, I, 3

Die Achtung vor dem Vater und dem Ehemann, vor dem Geschlecht, dem Stand und dem Eigentum ist das Natürliche. Die soziale Ordnung ist natürlich. Alles, was sie zerstört, ist gegen die Natur. Aber die Natur kann gut oder böse sein. Die Erotik ist entartete Natur. Das Thema von OTHELLO ist der Zerfall, ähnlich wie in MACBETH und KÖNIG LEAR. Die Renaissance-Novelle von dem durchtriebenen Halunken und dem eifersüchtigen Ehemann verwandelt sich in eine mittelalterliche Moritat.

OTHELLO
Why, what art thou?
DESDEMONA
Your wife, my lord, your true and loyal wife.
OTHELLO
Come, swear it, damn thyself,
Lest, being like one of heaven, the devils themselves
Should fear to seize thee, therefore be double-damn'd,
Swear thou art honest.
DESDEMONA
Heaven doth truly know it.
OTHELLO
Heaven truly knows, that thou art false as hell.** OTHELLO, IV, 2

*Sei wachsam, Mohr! Hast Augen du zu sehn,
Den Vater trog sie, so mag's dir geschehn.

**OTHELLO
Ha, was bist du?
DESDEMONA
Dein Weib, mein Gatte,
Dein pflichtgetreues Weib.
OTHELLO
Komm, schwör's, verdamm' dich selbst, daß nicht die Teufel,
Geschreckt von deiner Engelbildung, zittern,
Dich zu ergreifen: drum verdamm' dich doppelt.
Schwör', du seist treu.
DESDEMONA
Der Himmel weiß, ich bin's.
OTHELLO
Der Himmel weiß, falsch bist du, wie die Hölle.

Der Engel wird zum Teufel. Nach der tierischen Symbolik, die der Erotik zugeordnet wurde, ist das das zweite semantische Feld der Tragödie. Othellos Landschaft war eine Erde ohne Sterne und ohne Mond, dann die Welt der Reptile und Insekten. Jetzt besteht das Bühnenbild aus zwei Toren: dem Himmels- und dem Höllentor, wie im mittelalterlichen Theater. Selbst Emilia, die nüchterne und diesseitige Emilia, verwandelt sich in eine Torhüterin der Hölle.

> ... you, mistress,
> That have the office opposite to Saint Peter,
> And keeps the gates in hell ...* OTHELLO, IV, 2

Vor diesen beiden Toren hält Othello seine letzten großen Monologe vor dem Selbstmord:

> ... when we shall meet at count,
> This look of thine will hurl my soul from heaven,
> And fiends will snatch at it.** OTHELLO, V, 2

Aber in Wirklichkeit ist OTHELLO weder eine Moritat noch ein Mysterienspiel, ebensowenig wie er eine Oper oder ein Melodrama ist. Die Natur ist entartet, und man kann sich ihr nicht anvertrauen. Der Eros ist die Natur, und auch ihm kann man nicht vertrauen. Es gibt keine Berufung gegen die Natur, gegen ihre Gesetze. Die Natur ist böse, nicht nur für Othello. Die Natur ist böse für Shakespeare. Genauso verfinstert und genauso grausam wie die Geschichte. Die Natur ist vergiftet wie in einer mittelalterlichen Moritat, aber sie ist nicht erlöst. Es gibt hier keine Erlösung. Die Engel verwandeln sich in Teufel. Allesamt.

> Turn thy complexion there;
> Patience, thy young and rose-lipp'd cherubin,
> I here look grim as hell!*** OTHELLO, IV, 2

*Und du Weib,
Die von Sankt Peter just das Gegenteil,
Der Hölle Pforten sperrt.

**... wenn wir am Thron erscheinen,
Wird dies dein Bild mich fort vom Himmel schleudern,
Wo Furien mich ergreifen.

*** Da verfinstre dich,
Geduld, du junger, rosenwangiger Cherub!
Ja, schau so grimmig als die Hölle!

Die Fortsetzung spricht der wahnsinnige Lear:

Behold yond simpering dame,
Whose face between her forks presages snow,
That minces virtue, and does shake the head
To hear of pleasure's name;
The fitchew nor the soiled horse goes to't
With a more riotous appetite.
Down from the waist they are Centaurs,
Though women all above:
But to the girdle do the gods inherit,
Beneath is all the fiends';
There's hell, there's darkness, there's the sulphurous pit,
Burning, scalding, strench, consumption.* KÖNIG LEAR, IV, 6

Othello und Lear befinden sich im nämlichen Feld des Wahns. Der Natur wurde der Prozeß gemacht. Noch einmal nimmt Shakespeares Anti-Physis die von Swift vorweg. Die Natur ist entartet, vor allem in ihrer Fortpflanzungsfunktion. Die Liebesgeschichten, die Geschichte der Liebespaare und der Ehepaare sind genauso erbarmungslos und grausam wie die Geschichte der Könige, der Prinzen und der Usurpatoren. Hier wie dort werden Leichen von der leeren Bühne getragen.

VI

In OTHELLO gehören die Landschaften und Gebärden, die Rhetorik und ihre Brüche in die barocke Poetik. Ich stelle mir Othello, Desdemona und Jago in Schwarz und in Gold vor, das Licht fällt ihnen ins Gesicht. Sie

*Sieh dort die ziere Dame,
Ihr Antlitz weissagt Schnee in ihrem Schoß;
Sie spreizt sich tugendlich und dreht sich weg,
Hört sie die Lust nur nennen:
Und doch sind Iltis nicht und hitz'ge Stute
So ungestüm in ihrer Brunst.
Vom Gürtel nieder sind's Centauren,
Wenn auch von oben Weib; nur bis zum Gürtel
Sind sie den Göttern eigen: jenseits alles
Gehört den Teufeln, dort ist Hölle, Nacht,
Dort ist der Schwefelpfuhl, Brennen, Sieden, Pestgeruch,
Verwesung.

sind eingehüllt in Finsternis, wie auf den Porträts von Rembrandt. Die erste Gruppenszene, Brabantio mit seinem Gefolge auf der Suche nach Othello, erinnert mich immer an die NACHTWACHE.

Keep up your bright swords, for the dew will rust 'em.*

OTHELLO, I, 2

Othello ist eine Tragödie großer Gebärden. Auch darin liegt Barock. Aber die Gebärden bleiben in der Schwebe. Ich stelle mir vor, daß auch die letzten Gebärden Othellos wie in der Luft hängen bleiben. Mag er sich Desdemonas Bett nähern – und zurückweichen. Er weiß bereits, daß Jago letztlich recht hat, auch dann, wenn Desdemona unschuldig wäre. Die Welt ist gemein genug, wenn sie zum Betrug fähig war, wenn er daran geglaubt hat, wenn er daran glauben konnte.

... to be once in doubt,
Is once to be resolv'd.** OTHELLO, III, 3

Othello braucht Desdemona nicht zu töten. Wenn er in diesem letzten und entscheidenden Augenblick wegginge, wäre das Stück grausamer. Cressida stirbt nicht nach ihrem Betrug, und Troilus bringt sich nicht um. Das Stück endet sarkastisch. Othello tötet Desdemona, um die moralische Ordnung zu retten. Damit Liebe und Treue wiederkehren. Er tötet Desdemona, um ihr verzeihen zu können. Damit die Rechnungen sich ausgleichen und die Welt zur Norm zurückfindet. Othello stammelt nicht mehr. Verzweifelt will er den Sinn des Lebens, den Sinn seines Lebens retten, vielleicht gar den Sinn der Welt.

And say besides, that in Aleppo once,
Where a malignant and a turban'd Turk
Beat a Venetian, and traduc'd the state,
I took by the throat the circumcised dog,
And smote him thus.*** OTHELLO, V, 2

*Die blanken Schwerter fort! Sie möchten rosten.

** ... einmal zweifeln macht
mit eins entschlossen.

***Und fügt hinzu: daß in Aleppo, wo
Ein giftger Türk' in hohem Turban einst
'nen Venetianer schlug und schalt den Staat, –
Ich den beschnittnen Hund am Hals ergriff
Und traf ihn so.

Othellos Tod vermag nichts mehr zu retten. Desdemona ist tot, und die Welt der feudalen Treue ist tot. Die *Condottieri* sind ein Anachronismus geworden. Mitsamt ihrer berauschenden Poesie, ihrer Rhetorik, ihrem Pathos und allen ihren Gebärden. Zu diesen Gebärden gehört auch Othellos Selbstmord. Desdemona lebt nicht mehr, auch der dumme Narr Rodrigo ist tot, auch Emilia ist tot. Gleich wird Othello sterben. Alle kommen um: die Edlen und die Gemeinen, die Nüchternen und die Wahnsinnigen, die Empiriker und die Idealisten. Alle Wahlen sind falsch.

DESDEMONA
Would'st thou do such a deed, for all the world?
EMILIA
Why, would not you?
DESDEMONA
No, by this heavenly light!
EMILIA
Nor I neither, by this heavenly light,
I might do it as well in the dark.
DESDEMONA
Would'st thou do such a thing for all the world?
EMILIA
The world is a huge thing, it is a great price,
For a small vice.* OTHELLO, IV, 3

*DESDEMONA
Tätst du dergleichen um die ganze Welt?
EMILIA
Nun, tätet Ihr's nicht?
DESDEMONA
Nein, beim Lichte des Himmels!
EMILIA
Ich tät' es auch nicht bei des Himmels Licht,
Ich könnt' es ja im Dunkeln.
DESDEMONA
Tätst du dergleichen um die ganze Welt?
EMILIA
Die Welt ist mächtig weit; der Lohn' wär' groß,
Klein der Verstoß.

Jago schweigt. Nicht einmal auf der Folterbank wird er ein Wort von sich geben. Alle Argumente gehören ihm. Aber nur die intellektuellen. Die moralische und die intellektuelle Ordnung sind in allen großen Dramen Shakespeares miteinander zerstritten, von HAMLET bis TROILUS UND CRESSIDA. Und sie bleiben es bis zum WINTERMÄRCHEN und STURM. Die Welt ist, wie sie Jago sieht, aber Jago ist ein Schuft. Shakespeares Welt ist nach dem Erdbeben nicht wieder zusammengewachsen. Sie blieb zerbrochen. Wie unsere. Letztlich sind in Shakespeares OTHELLO *alle* die Verlierer.

KÖNIG LEAR ODER DAS ENDSPIEL

King Lear
Dost thou call me fool, boy?
Fool
All thy other titles thou hast given
Away; that thou wast born with.*
König Lear, I, 4

Wir werden alle verrückt geboren.
Einige bleiben es.
Beckett, Warten auf Godot, II

I

Das Verhältnis der modernen Kritik zu König Lear ist zweideutig und gewissermaßen verschämt. Zweifellos wird König Lear auch heute noch als Meisterwerk anerkannt, als ein Gipfel, angesichts dessen selbst Macbeth oder Hamlet harmlos und flach erscheinen. Man vergleicht König Lear mit Bachs Messe in h-moll, mit der Fünften und Neunten von Beethoven, mit Wagners Parsifal, Michelangelos Letztem Gericht, Dantes Fegefeuer und Hölle. Aber zugleich wirkt König Lear wie ein riesiger Berg, der zwar von allen bewundert, seltener aber bestiegen wird. Es scheint, als habe König Lear die Fähigkeit verloren, literarisch und theatralisch anzustecken. Als passe er nicht in die Gegenwart und vor allem nicht ins zeitgenössische Theater.
Aber um welches zeitgenössische Theater geht es? Das ist die eigentliche Frage.
Der Höhepunkt in der Theaterkarriere König Lears liegt zweifellos in der Epoche der Romantik. In das romantische Theater paßte König Lear vortrefflich; selbstverständlich als Melodrama voller Grausamkeiten und Schauder angesichts des tragischen, seiner Krone beraubten Königs, gegen den sich Himmel und Erde, Natur und Menschheit verschworen haben. Mochte Charles Lamb zu Beginn des 19. Jahrhunderts noch so viel über die Inszenierungen spotten, in denen ein ausgemergelter Greis

*Lear
Nennst du mich Narr, Junge?
Narr
Alle deine andern Titel hast du weggeschenkt, mit diesem bist du geboren.

barhäuptig und mit einem Stock in der Hand inmitten des Theaterdonners und Theaterregens auf der Bühne umherirrte. Kurz darauf erreichte die Illusionskraft des Theaters ihren Höhepunkt.
Der Bühnenrahmen, die offene Verwandlung, die heruntergelassenen Versatzstücke ermöglichten die prompte, nahezu mirakulöse Umwandlung einer gotischen Kathedrale in eine Gebirgslandschaft und eines flammenden Sonnenunterganges in ein nächtliches Gewitter. Blitz und Donner, Regen und Wind unterschieden sich kaum noch von den Naturerscheinungen. Die romantische Phantasie fand in König Lear mit Leichtigkeit ihre bevorzugte Landschaft wieder: düstere Gebäude, eine Lehmhütte, eine Einöde, geheimnisvolle und schreckliche Orte, gespenstische weiße Felsen im Mondschein. König Lear paßte auch vorzüglich zum romantischen Stil der Schauspielkunst, er erlaubte große Gesten, Szenen des Grauens und heftig geschrieene Monologe, die Kean und seine ganze Schule so mochten. Der Schauspieler hatte hier die Möglichkeit, die schwärzesten Seiten der menschlichen Seele aufzudecken. Das Schicksal Lears und Glosters sollte Entsetzen und Mitleid erwecken. Das tat es. Es sollte den Zuschauer erschüttern. Auch das tat es. Das Unglück läuterte Lear und verlieh ihm tragische Größe. Der Shakespearesche König Lear war das ›schwarze Theater‹ der Romantik.
Danach kam die Zeit des historischen, musealen und realistischen Shakespeare. Man entsandte die Bühnenbildner nach Rom, damit sie die Szenerie zu Julius Caesar aus der Natur auf dem Forum Romanum abmalten. Statistenschwärme in historisch treuen Kostümen füllten die Bühne. Man kopierte mittelalterliche Gewänder, Ohrenkappen aus der Renaissance, elisabethanische Möbel. Die Dekorationen wurden immer massiver und prunkvoller; die Bühne verwandelte sich in einen großen Ausstellungsraum historischer Requisiten. Ein Balkon war ein wirklicher Balkon, ein Palast war ein wirklicher Palast, eine Straße – eine Straße. Ein wirklicher Wald ersetzte das schlichte »freie Feld«. Damals versuchte man auch, König Lear historisch zu fixieren. Unter der Mitwirkung von Archäologen errichtete man auf der Bühne steinerne Friedhöfe aus Menhiren und Dolmen. Lear selbst wurde zu einem greisen Druiden. Die Theatermaschine arbeitete immer perfektionierter; Gewitter, Regen und Sturm überdröhnten den Schauspieler immer wirksamer.
In dieser seltsamen Vermischung von neuer, sich vervollkommnender Theatertechnik und archäologischer Rekonstruktion à la keltische Gruft blieb von König Lear nur noch die Fabel übrig. In ein solches Theater paßte Shakespeare wirklich nicht hinein; er war in der Tat unszenisch geworden.

Der Anfang des 20. Jahrhunderts brachte in der Shakespearologie eine Wende. Zum ersten Mal wurde Shakespeare durch sein eigenes Theater gesehen. Eine ganze Forschergeneration ergründete geduldig die elisabethanische Bühne, ihre Spielweisen und Theatertraditionen. Granville-Barker zeigte in seinem berühmten Vorwort[12] – oder versuchte es zumindest –, wie eine Aufführung König Lears im Globetheater aussah. Der Sturm sollte von nun an nicht auf der Bühne, sondern in den Herzen Lears und Glosters toben. Aber dieser umnachtete Greis, der sich die Haare aus dem langen weißen Bart riß, wirkte plötzlich komisch. Er sollte tragisch sein, aber es wollte ihm nicht mehr gelingen. Er war nicht mehr tragisch.

Fast alle Expositionen Shakespeares verblüffen durch ihre Direktheit, ihren Konfliktentwurf und ihre Tongebung. Die Exposition König Lears muß widersinnig erscheinen, wenn man darin wenigstens ein einziges Körnchen von psychologischer Glaubwürdigkeit finden will; der große, mächtige und gefährliche Herrscher eröffnet einen rhetorischen Wettbewerb zwischen seinen drei Töchtern und macht die Teilung seines Reiches von dem Ergebnis des Wettbewerbs abhängig. Er sieht nichts, er versteht nichts, obwohl die Heuchelei Regans und Gonerils offensichtlich ist. Lear ist lächerlich, naiv und dumm, wenn man ihn als Person, als Charakter betrachtet. Seine spätere Raserei vermag nur Mitleid zu erregen, niemals Erbarmen und Schrecken.

Naiv und lächerlich ist auch Gloster. In den ersten Szenen wirkt er wie eine Figur aus einer Sittenkomödie. Robert Speaight vergleicht ihn mit einem Gentleman ziemlich altmodischer Gesinnung, der mit einer Melone auf dem Kopf und einem Schirm in der Hand sonntags die Saint James' Street entlangspaziert.[13]

Nichts kündet den tragischen Greis an, dem die Augen ausgestochen werden. Polonius aus Hamlet ist zwar ebenfalls eine Komödienfigur, die erdolcht wird. Aber sein Tod ist grotesk, während vor Lear und Gloster ein Leidensweg steht.

Mit dem Ausgangspunkt der Fabel wußte sich das Theater keinen Rat. Behandelte man Lear und Gloster realistisch, so waren sie als tragische Helden zu lächerlich. Sah man in der Exposition ein Märchen oder eine Legende, so wurde auch die Grausamkeit der Shakespeareschen Welt märchenhaft und legendär. Aber diese Grausamkeit entsprach derjenigen der Elisabethanischen Zeit, in der das Stück entstanden war, und mußte zeitnah bleiben.

Es ist eine philosophische Grausamkeit, die weder vom romantischen noch vom naturalistischen Theater bewältigt werden konnte. Nur ein neues Theater vermag das. In diesem neuen Theater gibt es keine Charaktere mehr, und die Tragik wird von der Groteske verdrängt. Letztere erweist sich als grausamer.

Die Exposition des König Lear ist genauso unsinnig, aber auch genauso notwendig wie die Ankunft der Multimillionärin Claire Zachanassian mit ihrer Suite, ihrem neuen Mann, den Eunuchen, dem Prunksarg und dem Tiger im Käfig in Güllen. Die Exposition des König Lear zeigt eine Welt, die zugrunde gehen wird.

Seit dem Ende des 18. Jahrhunderts hat niemand die europäische Dramaturgie so stark beeinflußt wie Shakespeare. Diese hat ihrerseits auf die einzelnen Theater eingewirkt, die Shakespeare spielten. Shakespeare war immer lebendig, wenn die Dramaturgie, die seine Lesart bestimmte, lebendig war. Wenn Shakespeare im Theater tot und langweilig ist, dann ist nicht nur das Theater tot, sondern auch die Dramaturgie der Epoche. Darin bestehen unter anderem die Übergeschichtlichkeit und die Universalität Shakespeares.

Das Buch ›Shakespeare und die neue Dramaturgie‹ ist noch nicht geschrieben worden. Vielleicht wäre ein solches Buch verfrüht. Aber es ist auffällig, wie häufig die Bezeichnung ›shakespearisch‹ fällt, wenn man vom Theater Brechts, Dürrenmatts oder Becketts spricht. Natürlich bedeutet diese Bezeichnung in bezug auf diese drei Dramaturgien, die zugleich drei Arten von Theater sind, jeweils etwas anderes: bei Dürrenmatt das Vitale, Ätzende, Inkohärente und die Vermischung der Gattungen, bei Brecht das Epische, bei Beckett das neue *theatrum mundi.* Aber diese drei verschiedenen Dramaturgien und drei verschiedenen Theater ähneln Shakespeare und der mittelalterlichen Moralität mehr als dem romantischen und auch naturalistischen Theater des 19. Jahrhunderts. In diesem und nur in diesem Sinn kann man vom neuen Theater als von einem Anti-Theater sprechen.

Das bestechendste Merkmal dieses neuen Theaters ist das Groteske in ihm. Allem Anschein zuwider trat diese neue Groteske keineswegs an die Stelle des ihr vorausgegangenen Sittendramas oder der Sittenkomödie. Sie greift die Problematik, die Konflikte und die Themen der Tragödie auf: Schicksal des Menschen, Sinn des Daseins, Freiheit und Notwendigkeit, Widerspruch zwischen dem Absoluten und der zerbrechlichen menschlichen Ordnung.

Die Groteske ist die alte Tragödie, die neu und auf eine neue Weise geschrieben wurde. Das Paradoxon von Maurice Regnault, nach dem das Fehlen der Tragödie in einer tragischen Welt die Komik gebiert, ist nur ein scheinbares. Die Groteske hat ihren Spielplatz in der tragischen Welt.

Die tragische und die groteske Welt sind gleichsam aus denselben Steinen gefügt. Sowohl in der tragischen wie in der grotesken Welt sind die Situationen auferlegt und geschehen zwangsläufig. Die Entscheidungsfreiheit und die Freiheit der Wahl sind in die Zwangssituation verstrickt. Das Aufgezwungene und Zwangsläufige der Situation bringt es mit sich, daß sowohl der tragische Held als auch der Akteur der Groteske ihren Kampf mit dem Absoluten verlieren. Die Niederlage des Helden in der Tragödie bedeutet Bestätigung und Anerkennung des Absoluten, die Niederlage des grotesken Helden die Verhöhnung und Entweihung des Absoluten, die Umwandlung des Absoluten in einen blinden Mechanismus, in ein automatisches Werkzeug. Verhöhnt wird dabei nicht nur der Henker, dasselbe widerfährt dem Opfer, das an die Gerechtigkeit des Henkers geglaubt, den Henker zum *absolutum* gemacht, den Henker erfunden hat, weil es sich selbst als Opfer anerkannt hat.

Die Tragödie ist in ihrer letzten Instanz das Urteil über das menschliche Schicksal, das Maß des Absoluten; die Groteske ist die Kritik am Absoluten im Namen der schwachen menschlichen Erfahrung. Deshalb ist es die Tragödie, die die Katharsis bringt; die Groteske vermag nicht zu trösten.

»Die Tragödie«, schrieb Georgias aus Leontinoi, »ist ein Betrug, in dem der Betrügende gerechter ist als der Betrogene und der Betrogene klüger als der Betrüger.« Man könnte diesen Satz travestieren: »Die Groteske ist ein Betrug, in dem der Betrogene gerechter ist als der Betrügende und der Betrüger klüger als der Betrogene.«

Im Besuch der alten Dame ist Claire Zachanassian klüger als Ill, aber Ill ist gerechter als Claire. Ills Tod ist grotesk wie der Tod des Polonius in Hamlet. Ill ist kein tragischer Held, und auch die Bewohner von Güllen sind keine tragischen Helden. Die alte Dame ist kein Gott, sie hat einen künstlichen Busen, ein künstliches Gebiß und trägt Prothesen; kaum daß sie existiert. Sie ist nahezu erfunden. Ill und die Güllener befinden sich in einer Situation, in der es keinen Platz für Tragik gibt, nur für die Groteske. »Das Komische, unmittelbarer Einblick in das Absurde, enthält für mich mehr Verzweiflung als das Tragische. Das Komische ist ausweglos«, schrieb Ionesco.[14]

Die tragische ist wie die groteske Welt geschlossen und ausweglos. In der tragischen Welt waren es der Reihe nach die Götter, das Fatum, der Gott der Christen, die Natur, die mit Vernunft ausgestattete und notwendig sich vollziehende Geschichte gewesen, die die Zwangssituationen auferlegten. Auf der anderen Seite dieser Kräfte hat sich stets der Mensch befunden. Wenn die Natur das *absolutum* war, so war der Mensch widernatürlich; wenn der Mensch natürlich war, so war das *absolutum* die Gnade, ohne die es kein Heil gab. In der grotesken Welt gibt es kein *absolutum*, das man für das Scheitern verantwortlich machen könnte, auf keinerlei *absolutum* läßt sich die Verantwortung für das verlorene Spiel abwälzen. Das Absolute ist mit keinen letzten Gründen begabt. Es ist lediglich stärker. Das Absolute ist absurd.

Vielleicht ist das der Grund, weshalb sich die Groteske so oft des Bildes eines in Bewegung gesetzten Mechanismus bedient, den man nicht bremsen kann. Unpersönliche und feindliche Mechanismen verschiedenster Art treten an die Stelle Gottes, der Natur und der Geschichte aus der früheren Tragödie. Dieser absurde Mechanismus ist wahrscheinlich die letzte metaphysische Konzeption, die in der modernen Groteske übriggeblieben ist. Aber er ist für den Menschen, jedenfalls für die menschliche Gattung als solche, keine Transzendenz mehr. Er ist eine Falle, die sich der Mensch selbst gestellt hat, und in die er gefallen ist.

Die Tragödie spielte sich vorwiegend in der Landschaft ab. Die entfesselte Natur wurde zum Zeugen der Niederlage des Menschen oder nahm wie in KÖNIG LEAR selbst an der Handlung teil. Die moderne Groteske spielt sich vorzugsweise in der reinen Zivilisation ab; die Natur ist fast ganz daraus verschwunden. Der Mensch ist in ein Zimmer eingeschlossen, von Dingen und Gegenständen umzingelt. Aber die Dinge spielen jetzt dieselbe Rolle von Symbolen des menschlichen Schicksals oder der menschlichen Situation wie bei Shakespeare der Wald, der Sturm oder die Sonnenfinsternis. Bei Sartre ist selbst die Hölle ein riesiges Hotel, in dem es nur Zimmer und Gänge gibt und am Ende der Gänge wiederum Gänge und weitere Zimmer. Diese Hölle »bei geschlossenen Türen« bedarf keiner metaphysischen Bedienung.

Ähnlich ist die Hölle bei Ionesco eingerichtet. Der neue Mieter bezieht eine leere Wohnung. Dann folgen die Möbel. Es werden ihrer immer mehr. Möbel von allen Seiten umzingeln den Mieter. Schon steht er zwischen vier Schränken. Der neue Mieter wird von den Möbeln eingeschlossen. Man kann ihn nicht mehr sehen. Er wird den Möbeln gleichgestellt. Er ist ein Ding geworden.

In Becketts ENDSPIEL stehen ein Sessel auf Röllchen und zwei Mülleimer im Zimmer. An der Wand hängt ein mit der Rückseite nach vorn gekehrtes Bild. Dann gibt es noch eine Leiter, ein Fernrohr und eine Trillerpfeife. Von der Natur blieb nur noch der Sand in den Mülleimern sowie ein Floh übrig und das, was die Natur des Menschen ist: sein Körper.

HAMM
Die Natur hat uns vergessen.
CLOV
Es gibt keine Natur mehr.
HAMM
Keine Natur mehr! Du übertreibst.
CLOV
Ringsherum.
HAMM
Wir atmen doch, wir ändern uns! Wir verlieren unsere Haare, unsere Zähne! Unsere Freiheit! Unsere Ideale!
CLOV
Dann hat sie uns nicht vergessen. ENDSPIEL

Man kann leicht zeigen, wie die tragischen Situationen im neuen Theater sich ins Groteske umkehren.
Eine klassische tragische Situation ist die Notwendigkeit der Wahl zwischen gegensätzlichen Werten. Antigone steht vor der Wahl zwischen irdischer und göttlicher Ordnung, zwischen Kreons Befehl und den Forderungen des Absoluten. Tragisch ist das Prinzip der Wahl an sich, bei der der eine Wert aufgegeben werden muß. Die Grausamkeit des Absoluten ist die Forderung nach einer solchen Wahl, das Aufzwingen der Situation, in der ein Kompromiß unmöglich ist, in der eine der Alternativen der Tod ist. Das Absolute ist gefräßig, es will alles; der Tod des Helden ist die Bestätigung des Absoluten.
Die tragische Situation wandelt sich in eine groteske, wenn beide Alternativen der notwendigen Wahl gleicherweise absurd, widersinnig und kompromittierend sind. Der Held muß spielen, obwohl es gar kein Spiel gibt. Jedes Ausspielen ist schlecht, aber er kann die Karten nicht hinschmeißen, auch das wäre ein schlechtes Ausspielen.
In dieser Lage befindet sich Dürrenmatts Romulus. Er ist der letzte Kaiser des zerfallenden Imperiums. Er kann die Geschichte nicht ändern. Die Geschichte hat ihn zum Narren gehalten. Er kann auf eine imposante Weise sterben oder auch im Bett liegenbleiben und warten, bis man ihn umbringt; er kann sich ergeben, kann Reden konzipieren oder Selbstmord begehen. In der Situation des letzten römischen Kaisers ist jede dieser Lösungen genauso kompromittierend wie lächerlich. Die Geschichte hat Romulus gefoppt, aber sie verlangt von ihm, ernst genommen zu werden. Romulus bleibt nur *ein* gutes Ausspielen: er kann die Rolle des Narren bewußt annehmen und sie bis zu Ende führen. Er kann

Hühner züchten; in diesem Fall wird die historische Notwendigkeit lächerlich erscheinen. Das Absolute wird verhöhnt werden.
ANTIGONE ist eine Tragödie der Wahl, ÖDIPUS ist eine Tragödie »der nicht verschuldeten Schuld« und des Fatums. Die Götter sagen dem Helden fair voraus, daß ihm das Fatum die Rolle eines Vatermörders und Gatten seiner eigenen Mutter zugedacht habe. Der Held besitzt volle Freiheit, Freiheit des Handelns und der Entscheidung. Die Götter mischen sich nicht ein, sie schauen nur zu. Sie warten, bis er den Fehler begeht. Erst dann strafen sie ihn. Die Götter sind gerecht, sie strafen den Helden für ein Verbrechen, das er tatsächlich begangen hat. Sie strafen ihn erst dann, nachdem er das Verbrechen begangen hat. Aber der Held *mußte* das Verbrechen begehen. Ödipus wollte das Schicksal hintergehen. Aber er konnte dem Fatum nicht entkommen. Er konnte nicht fliehen. Er geriet in eine Falle, beging den Fehler, tötete seinen Vater und heiratete seine Mutter. Was geschehen soll, muß geschehen. Die Tragödie des Ödipus ließe sich wahrscheinlich wie ein Problem aus der Theorie des Spiels behandeln.
Das Spiel ist gerecht, das heißt: im Augenblick des Beginns müssen beide Partner die gleichen Chancen aus Gewinn und Verlust haben, und beide müssen nach denselben Regeln spielen. Das Fatum bedient sich im Spiel mit Ödipus keineswegs der Mithilfe der Götter, es ändert nicht die Gesetze der Natur. Das Fatum gewinnt gegen Ödipus, ohne Wunder zu wirken. Das Spiel muß gerecht sein. Aber es muß gleichzeitig so konstruiert sein, daß darin immer ein und dieselbe Seite gewinnt. Daß Ödipus immer Verlierer bleibt. Stellen wir uns ein Elektronengehirn vor, mit dem man Schach spielen kann, und das eine beliebige Anzahl von Zügen oder gar sämtliche Züge im voraus berechnet. Derjenige, der mit dem Elektronengehirn spielt und der das Spiel nicht von vornherein aufgeben darf, muß dieses Spiel verlieren. Er verliert gerecht, seine Niederlage entspricht den Spielregeln, er verliert, weil er einen Fehler begangen hat, aber er *konnte* nicht gewinnen.
Ein Mensch, der im Schachspiel mit einem Elektronengehirn verliert, das er selbst zuvor mit Kombinationen und Regeln, mit dem ganzen Spiel gefüttert hat, ist kein tragischer Held mehr. Wenn er nun dieses Spiel von Geburt an bis zu seinem Tode spielt und verliert, so wird er höchstens Held einer Tragigroteske sein. Aus der Welt der Tragödie ist nur noch die Situation der nicht verschuldeten Schuld übriggeblieben, die Situation des notwendigen Verspielens und des notwendig eintretenden Fehlers. Aber das Absolute gibt es nicht mehr. Es wurde durch das Absurde der menschlichen Situation ersetzt.

Die Absurdität besteht nicht darin, daß die vom Menschen geschaffenen Mechanismen unter gewissen Bedingungen stärker oder klüger als der Mensch selbst sind. Sie besteht vielmehr darin, daß jene eine Zwangssituation schaffen, daß sie das Spiel aufzwingen, in dem der Wahrscheinlichkeitsgrad des völligen Verspielens ständig wächst. Das christliche Weltende mit dem Letzten Gericht und der Dichotomie in Gerechte und Ungerechte ist pathetisch. Das Weltende durch eine Superbombe mag zwar glanzvoll sein, ist aber grotesk. Ein solches Weltende ist sowohl für Christen als auch für Marxisten intellektuell nicht akzeptabel. Es wäre ein närrisches Weltende.
Der Vergleich zwischen dem Spiel, das das Fatum mit Ödipus treibt, und der Schachpartie mit einem Elektronengehirn ist nicht präzis genug. Ein Schachspielautomat braucht gar nicht zu gewinnen, selbst wenn er eine beliebige Anzahl von Zügen im voraus berechnen kann. Er wird nur *häufiger* gewinnen als verlieren. Aber unter den vorhandenen Automaten gibt es einen, der ein besseres Beispiel liefert. Einen Spielautomaten, der eine Art Münzenwerfen ausführt. Ich lege eine Münze auf den Tisch, Zahl oder Kopf nach oben, wie es mir beliebt. Der Automat kann die Münze nicht sehen. Seine Aufgabe ist es zu raten, welche Seite der Münze nach oben gekehrt ist. Wenn der Automat richtig rät, hat er gewonnen. Ich informiere den Automaten, ob er richtig geraten hat oder nicht. Ich lege die Münze zum zweiten Mal hin. Und so weiter. Nach einer gewissen Zeit beginnt der Automat zu gewinnen. Immer häufiger rät er richtig. Er hat sich mein System gemerkt, er hat es erlernt, er hat mich durchschaut. Er weiß im voraus, daß ich nach drei Köpfen zweimal die Zahl nach oben kehren werde. Ich wechsele das System, spiele mit einer anderen Methode: der blinde Automat durchschaut mich wiederum und beginnt wieder zu gewinnen. Ich habe einen freien Willen und volle Entscheidungsfreiheit. Ich kann Kopf oder Zahl legen. Und am Ende verliere ich dennoch. Wie Ödipus.
Es gibt einen Ausweg, eine Möglichkeit, bei der man nicht verliert. Ich lege die Münze nicht mehr auf den Tisch, ich wähle nicht mehr. Ich werfe sie ganz einfach. Ich gebe das System auf. Ich überlasse mich dem Zufall. Wir haben dieselben Chancen, der Automat und ich.
Die Wahrscheinlichkeit, zu verlieren und zu gewinnen, die Wahrscheinlichkeit, daß Zahl oder Kopf oben liegen, ist nunmehr gleich. Sie beträgt genau eins zu eins. Der Automat wollte, daß ich ihn ernst nehme, der Automat wollte, daß ich mit ihm vernünftig, methodisch spiele. Aber ich will nicht. Jetzt bin ich es, der das Prinzip des Automaten durchschaut.
Der Automat ist das Fatum, das nach dem Prinzip der Wahrscheinlich-

keitsrechnung funktioniert. Um meine Chancen denen des Fatums gleichzusetzen, muß ich selbst zu einer Art Fatum werden, mich dem Schicksal, dem Zufall überlassen. Ich muß mit der Wahrscheinlichkeit eins zu eins rechnen. Der Mensch, der beim Spiel mit dem Automaten seinen freien Willen und seine freie Entscheidung aufgibt, nimmt dem Schicksal gegenüber eine ähnliche Haltung ein wie Dürrenmatts Romulus gegenüber der historischen Notwendigkeit. Anstatt die Münze hundertmal hintereinander mit Zahl oder Kopf nach oben zu kehren, um nach zehn Zahlen zweimal den Kopf zu wählen, zieht er es vor, die Münze ganz einfach hochzuwerfen. Ein solcher Mensch ist ganz gewiß kein tragischer Held. Eher ein Narr. Wie Romulus.
In der modernen Tragödie hat die Geschichte Schicksal, Götter und Natur ersetzt. Die Geschichte ist das einzige Bezugssystem, die letzte Instanz, die dem menschlichen Handeln recht gibt oder ihm das Recht abspricht. Sie ist unabwendbar und realisiert ihre finalen Aufgaben, sie ist die objektive ›Vernunft‹ und der objektive ›Fortschritt‹. Die Geschichte ist, so verstanden, ein Theater ohne Zuschauer, in dem es nur Schauspieler gibt; niemand betrachtet das Spektakel von außen; alle nehmen daran teil.
Das Szenarium dieses großen Schauspiels ist von vornherein festgelegt und enthält einen notwendigen Epilog, der alles erklärt. Aber dieses Szenarium ist wie die *commedia dell'arte* schriftlich nicht fixiert, die Schauspieler improvisieren, und nur ein Teil von ihnen sieht die Handlung richtig voraus, weiß, wie die nächsten Akte aussehen werden. In diesem besonderen Theater ändert sich die Bühne gemeinsam mit den Schauspielern; jene bauen und zerstören sie immer wieder von neuem. Die Schauspieler irren sich, aber ihre Irrtümer sind von vornherein im Szenarium vorgesehen. Man kann sogar sagen, daß sie im Prinzip dieses Szenariums mitenthalten sind und daß die Handlung ihren Verlauf den Irrtümern verdankt. Die Geschichte trägt Vergangenheit und Zukunft in sich. In die Haupthandlung mischen sich immerzu Schauspieler aus den vorangegangenen Szenen, die alte Konflikte wiederholen und längst gespielte Rollen noch einmal aufgreifen wollen. Sie verlängern unnötig die Vorstellung; sie müssen von der Bühne gewiesen werden. Sie sind zu spät gekommen. Dagegen kamen andere Schauspieler zu zeitig. Sie sprechen bereits die Dialoge des nächsten Aktes, merken dabei nicht, daß die Bühne noch gar nicht für sie gerichtet ist. Sie wollen das Spektakel beschleunigen, aber es läßt sich nicht beschleunigen; alle Akte müssen der Reihe nach gespielt werden. So werden auch diejenigen, die zu zeitig kamen, von der Bühne gewiesen.

Eben diese Rollen wurden von der Philosophie und Literatur des 19. Jahrhunderts als tragisch angesehen. Für Hegel waren diejenigen, die zu spät kamen, die tragischen Helden der Geschichte. Ihre Ideen sind edel, aber einseitig. Sie besaßen während der vorangegangenen Etappe, im vorigen Akt, Gültigkeit. Beharren sie darauf, dann müssen sie von der Geschichte zermalmt werden. Für Hegel war die Vendée ein Beispiel des historisch Tragischen. Im Hegelschen Sinn ist Graf Henryk aus Z. Krasińskis UNGÖTTLICHER KOMÖDIE ein tragischer Held.

Auch diejenigen, die zu früh kamen, die die Geschichte vergeblich zu beschleunigen trachteten, sind tragische Helden. Auch ihre Argumente sind einseitig; sie werden während der nächsten Etappe, im nächsten Akt, Gültigkeit erlangen, ihre Richtigkeit haben. Sie haben nicht verstanden, daß die Freiheit nur Bewußtwerden der Notwendigkeit bedeutet. Und sie werden durch eben jene historische Notwendigkeit, die nur die Aufgaben löst, die gelöst werden können, zermalmt. Ein Beispiel für eine solche historische Tragik ist die Pariser Kommune. Pankracy aus der UNGÖTTLICHEN KOMÖDIE ist der tragische Held einer so verstandenen Geschichte.

Die Groteske verhöhnt die Geschichte als *absolutum*, ebenso wie sie das *absolutum* der Götter, der Natur und des Fatums verhöhnt hatte. Sie bedient sich dabei der Art und Weise eines Lachfasses, eines Rotors. Ein Lachfaß gehört zu den beliebtesten Vergnügungsgegenständen auf jedem Jahrmarkt. In seinem Inneren hat ein gutes Dutzend Menschen Platz. Das Faß liegt quer und dreht sich um seine Längsachse. Man kann das Gleichgewicht darin nur dann halten, wenn man auf dem Boden des Fasses entgegen seiner Bewegung und mit derselben Geschwindigkeit sich bewegt. Das ist gar nicht so einfach. Diejenigen, die zu schnell oder zu langsam sind, müssen umfallen. Das Faß trägt sie nach oben, dann rollen sie hinunter, verzweifelt versucht, auf dem beweglichen Boden Fuß zu fassen. Ihre Gesten sind um so heftiger, je krampfhafter sie sich an den Wänden festhalten. Je schwerer es ihnen fällt aufzustehen, desto lächerlicher sind sie.

Das Faß wird von einem Motor bewegt. Dieser Motor ist im Verhältnis zum Faß transzendent. Man kann sich aber leicht ein Faß vorstellen, das von den im Faß befindlichen vergnügten Kunden selbst betätigt wird, von denen also, die im Faß ihr Gleichgewicht behalten haben, und von denen, die umfallen. Ein solches Faß bedürfte keines transzendenten Antriebs, es wäre ein immanentes Lachfaß. Natürlich würde seine Bewegung wechselhaft sein. Es würde sich einmal in diese, einmal in jene Richtung bewegen. In einem solchen Faß wäre es viel schwerer, das

Gleichgewicht zu bewahren; man müßte immerfort den Schritt wechseln, einmal vorwärts, einmal rückwärts, einmal schneller, einmal langsamer treten. Im immanenten Faß würden viel mehr Personen zu Fall kommen. Aber sowohl jene, die umgefallen sind, weil sie zu schnell liefen, als auch jene, denen dasselbe aus dem entgegengesetzten Grund widerfahren war, werden keine tragischen Helden sein. Sie werden nur grotesk sein. Selbst dann, wenn man aus dem immanenten Faß gar nicht herauskönnte.

Der soziale Mechanismus, der in den meisten Stücken von Adamov dargestellt wird, erinnert stark an ein solches Lachfaß.

Die Welt der Tragödie und die der Groteske besitzen eine ähnliche Struktur. Die Groteske übernimmt die dramatischen Schemata der Tragödie und wirft dieselben Grundfragen auf. Nur daß sie andere Antworten darauf gibt. In diesem Streit um die tragische oder groteske Deutung der menschlichen Verfassung spiegelt sich der permanente und immer offene Streit zweier Philosophien und zweier Denkweisen, der Antagonismus zwischen zwei Grundhaltungen, den Leszek Kołakowski den unheilbaren Antagonismus zwischen den Priestern und den Narren genannt hat.[15] Zwischen der Tragödie und der Groteske wird derselbe Streit ausgetragen, der Streit für oder wider die Eschatologie, für oder wider den Glauben an das Absolute, für oder wider die Hoffnung auf die Lösung des Widerspruchs zwischen der moralischen Ordnung und der des Tuns. Die Tragödie ist das Theater der Priester, die Groteske – das Theater der Narren.

Dieser Streit zweier Philosophien und zweier Theater gewinnt besonders in Zeiten großer Erschütterungen an Heftigkeit. Wenn die Werteordnung ein Trümmerhaufen ist, und wenn man angesichts der »Foltern der rohen Welt« nicht mehr an Gott, die Natur und die Geschichte appellieren kann, dann wird der Narr zur Hauptfigur des Theaters. Er wird zum ständigen Begleiter des vertriebenen Herrschers, des vertriebenen Würdenträgers und des vertriebenen Sohnes auf ihrer grausamen Wanderung durch die kalte Nacht, die die Erde bedeckt und die endlos ist. Durch jene »kalte Nacht«, die in Shakespeares König Lear »alle zu Narren und Irren macht«.

II

Als Gloster die Augen ausgestochen werden, will er sich von den Felsen bei Dover ins Meer stürzen. Geführt wird er vom eigenen Sohn, der einen Geistesgestörten mimt. Die beiden befinden sich auf dem Grunde menschlicher Not, auf dem Gipfel jener »Pyramide des Unglücks«, wie Juliusz Słowacki den KÖNIG LEAR nennt. Aber die Menschen auf der Bühne sind nur zwei Schauspieler. Der eine spielt einen Blinden, der andere einen Menschen, der verrückt spielt. Sie gehen zusammen.

GLOUCESTER
When shall I come to the top of that same hill?
EDGAR
You do climb up it now; look how we labour.
GLOUCESTER
Methinks the ground is even.
EDGAR
Horrible steep:
Hark! do you hear the sea?
GLOUCESTER
No, truly.* KÖNIG LEAR, IV, 6

Diese Szene kann man sich leicht vorstellen. Der Text gleicht hier Didaskalien. Edgar stützt Gloster; er hebt den Fuß, gibt vor, einen Berg zu besteigen. Gloster hebt ebenfalls den Fuß, als erwarte er, daß die nächste Stufe höher liege, aber unter dem Fuß stößt er nur auf Luft. Diese Szene ist für ein bestimmtes Theater geschrieben. Sie ist eine Pantomime. Als solche hat sie nur dann Sinn, wenn sie auf flachem und ebenem Boden gespielt wird.
Edgar spielt einen Geistesgestörten und muß dessen Gesten übernehmen. In ihrem theatralischen Ausdruck ist das eine Szene, in der ein Verrückter einen Blinden geleitet und ihm einen nicht existenten Berg einzureden versucht. Die Landschaft ist im Nu umrissen. Shakespeare hat sei-

*GLOSTER
Wann kommen wir zum Gipfel dieses Berges?
EDGAR
Ihr klimmt hinan; seht nur, wie schwer es geht!
GLOSTER
Mich dünkt, der Grund ist eben.
EDGAR
Furchtbar steil!
Horcht! Hört Ihr nicht die See?
GLOSTER
Nein, wahrlich nicht!

ne Landschaften oft auf leerer Bühne errichtet; das diffuse milde Licht eines Nachmittags im Globetheater wußte er mit drei Worten in Nacht, Abend oder Morgen zu verwandeln. Aber nirgends war die Shakespearesche Landschaft so exakt und stimmig wie hier. Sie ist wie auf den Bildern von Bruegel mit Menschen, Geschehnissen und Dingen angefüllt. Ein kleines Menschlein, das an einer hohen Wand hängt, sammelt Kräuter, am Ufer schreiten die Fischer entlang, klein wie Mäuse, das Schiff ist klein wie ein Boot, das Boot liegt auf dem Meer wie eine bunte Boje. Schauen wir in diesen realistischen Abgrund der Shakespeareschen Phantasie:

Come on, Sir; here's the place: stand still. How fearful
And dizzy'tis to cast one's eyes so low!
The crows and choughs that wing the midway air
Show scarce so gross as beetles; half way down
Hangs one that gathers samphire, dreadful trade!
Methinks he seems no bigger than his head.
The fishermen that walk upon the beach
Appear like mice ...* KÖNIG LEAR, IV, 6

Diese veristische und perspektivische Landschaft, die auf leerer Bühne erschaffen wurde, ist aber keine Dekoration, noch ersetzt sie nicht vorhandene Dekorationen. Słowacki hat die Dramaturgie dieser Szene hervorragend begriffen:

Szekspirze! duchu! zbudowałeś górę
Większą od góry, którą Bóg postawił.
Boś ty ślepemu o przepaści prawił ...** KORDIAN, II

*Kommt, Herr, hier ist der Ort: steht still! wie grauenvoll
Und schwindelnd ist's, so tief hinabzuschaun!
Die Krähn und Dohlen, die die Mitt' umflattern,
Sehn kaum wie Käfer aus – halbwegs hinab
Hängt einer, Fenchel sammelnd, – schrecklich Handwerk!
Mich dünkt, er scheint nicht größer als sein Kopf.
Die Fischer, die am Strande gehn entlang,
Sind Mäusen gleich ...

**O Shakespeare! Geist! Du bautest einen Berg,
Der größer ist als der, den Gott erschuf.
Über den Abgrund sprachst du mit dem Blinden. (Lachmann)

Die Landschaft ist weiterhin nur die Partitur einer Pantomime. Gloster und Edgar haben den Gipfel bereits erklommen. Die Landschaft liegt unter ihnen, in der Tiefe:

> Give me your hand; you are now within a foot
> Of the extreme verge: for all beneath the moon
> Would I not leap upright.* KÖNIG LEAR, IV, 6

Shakespeares Schauspieler haben sich höchstwahrscheinlich über das niedrige Geländer einer vorstehenden Plattform gebeugt, genau über den Köpfen des Publikums im Parkett. Aber es geht hier nicht um die geschichtlich treue Rekonstruktion der elisabethanischen Bühne. Es geht um das Wesentliche, um die Pantomime, mehr noch, um ihre Notwendigkeit. Shakespeare ist hartnäckig. Gloster ist bereits in den Abgrund gesprungen. Beide Schauspieler befinden sich am Fuße des nichtvorhandenen Felsens. Die Landschaft ist über ihnen, es ist dieselbe Landschaft, nur daß sie jetzt oben liegt. Die Pantomime geht weiter.

> GLOUCESTER
> But have I fallen or no?
> EDGAR
> From the dread summit of this chalky bourn.
> Look up a-height; the shrill-gorg'd lark so far
> Cannot be seen or heard: do but look up.** KÖNIG LEAR, IV, 6

Die Pantomime schafft sich einen eigenen Bühnenraum: ein Oben, ein Unten, einen Berg, einen Abgrund. Um eine maximal realistische und konkrete Landschaft zu bauen, bedient sich Shakespeare aller Mittel des antiillusionistischen Theaters. Es ist eine Landschaft, die nur die Illusion eines Blinden ist. Es gibt darin sowohl Perspektive als auch Licht, Men-

*Gebt mir die Hand: Ihr seid nur einen Fuß
Vom letzten Rand. Für alles unterm Mond
Tät ich hier keinen Sprung.

**GLOSTER
Doch fiel ich oder nicht?
EDGAR
Vom furchtbar'n Gipfel dieser kreid'gen Klippe.
Sieh nur hinaus, man kann die schrill'nde Lerche
So hoch nicht sehn noch hören; sieh hinauf!

schen und Gegenstände, ja selbst ausgeblendete Geräusche. Von oben kann man das Meer nicht hören, aber es ist die Rede von seinem Rauschen; unten hört man den Gesang der Lerche nicht, aber man redet davon. In dieser Landschaft sind die Geräusche durch ihre Abwesenheit anwesend. Die Stille ist mit ihnen ausgefüllt. So wie die leere Bühne mit dem Berg.

Die Szene des selbstmörderischen Sprunges ist ebenfalls Pantomime. Gloster kniet zum letzten Gebet nieder, dann stürzt er, der Tradition des englischen Theaters gemäß, hin. Schon ist er unten. Aber ein Oben hat es nicht gegeben. Es gab gar keinen Berg. Der Berg war eine Illusion. Gloster kniete auf der leeren Bühne nieder, fiel und stand auf. In diesem Moment erfolgt die Desillusionierung.[16]

Dieser nichtvorhandene Berg ist nicht nur eine Irreführung des Blinden. Einen Augenblick lang haben auch wir an diese Landschaft und diese Pantomime geglaubt. Sie ist eine Parabel, deren Sinn allem Schein zum Trotz nicht eindeutig ist. Aber gerade dieser Typ von Parabel ist außerhalb des Theaters, oder besser, außerhalb einer gewissen Art von Theater, nicht denkbar. In einer Prosaerzählung könnte Edgar den blinden Gloster ohne weiteres eine Tagereise weit vom Schloß wegführen, ihn von einem Stein zwei Fuß tief springen lassen und ihm einreden, daß er in einen Abgrund gesprungen sei. In Film und Prosa besteht die Wahl nur zwischen einem wirklichen Stein im Sande und einem ebenso wirklichen Sprung von einem Kreidegipfel ins Meer. Man kann den Shakespeareschen Selbstmord Glosters nicht auf den Film übertragen, es sei denn, der Film zeigte das Schauspiel. Im naturalistischen Theater sowie in einer stilisierten Szenerie mit einem aufgemalten oder nur auf eine Leinwand projizierten Abgrund wird die Parabel Shakespeares erdrückt. Die Bühne muß leer sein. Auf leerer Bühne wird der Selbstmord oder dessen Zeichen gespielt. Die Pantomime ist ein Zeichenspiel.

Im Mörder ohne Bezahlung von Ionesco führt der Architekt, der gleichzeitig Polizeikommissar ist, Behringer in der Sonnenstadt umher. Behringer riecht die nichtvorhandenen Blumen auf leerer Bühne und pocht mit dem Finger an nichtvorhandene Gebäude. Die Sonnenstadt existiert und existiert nicht, oder auch: sie existiert immer und überall. Deshalb ist sie schrecklich. Sie ähnelt dem Abgrund bei Dover: auch er existiert und existiert nicht. Er ist ein immer lauernder Abgrund. Überall gibt es einen Abgrund, in den man sich werfen kann.

Shakespeare hat die vorgeschobene Plattform, die Innenbühne oder den Bühnenbalkon oft mit wenigen Worten des Dialogs in eine Straße von London, einen Wald, einen Palast, ein Schiff oder eine Schloßterrasse verwandelt. Aber das waren immer tatsächliche Orte der Handlung. Die

Bürger versammelten sich unter dem Tower, die Liebenden irrten und lustwandelten im Wald, Brutus ermordete Caesar auf dem Forum. Die weiße Schlucht bei Dover erfüllt eine andere Funktion. Gloster springt weder von einer Felsenspitze noch von einem Stein. Shakespeare zeigt nur einmal und nur in König Lear das Paradoxon des reinen Theaters. Desselben Paradoxons bedient sich Ionesco im Mörder ohne Bezahlung. Im naturalistischen Theater kann man eine Tötungs- und Abschrekkungsszene spielen. Der Schuß kann aus einem Revolver oder aus einer Schreckpistole fallen. In der Pantomime gibt es weder Revolver noch Schreckpistole. Der Tod ist nur Theater, nur Parabel, nur Zeichen.

Gloster, der auf den glatten, ebenen Brettern hinstürzt, spielt eine Szene aus einer großen Moralität. Er ist kein Würdenträger der Krone mehr, dem man die Augen ausgestochen hat, als Strafe für das Mitleid, das er dem vertriebenen König bezeugt hat. Die Handlung spielt weder im elisabethanischen noch im keltischen England. Gloster ist der *Everyman*.

Die Bühne wird zum mittelalterlichen *theatrum mundi*, in dem das biblische Gleichnis vom Reichen, der zum Bettler wurde, und vom Menschen, der sehend wurde, als er erblindete, gezeigt wird. Der *Everyman* beginnt seine Wanderung durch die Welt. Im mittelalterlichen Mysterienspiel war die Bühne ebenfalls leer. Aber im Hintergrund standen vier Bauten, vier Tore, die Erde, Fegefeuer, Himmel und Hölle darstellten. In Shakespeares König Lear ist die Bühne von Anfang bis zum Ende leer, es gibt nur die erbarmungslose Erde. Darauf geht der Mensch seinen Weg von der Wiege bis zum Grabe. Das Thema des König Lear ist die Frage nach dem Sinn dieser Wanderung, nach Existenz oder Nichtexistenz von Himmel und Hölle.

Von der Mitte des zweiten Aufzuges bis zum Ende des vierten greift Shakespeare in König Lear die biblische Thematik auf. Aber dieses neue Buch Hiob und neue Dantesche Inferno entstand am Ende der Renaissance. In König Lear gibt es nicht nur keinen christlichen Himmel, sondern auch jenen nicht, den die Humanisten verkündeten und an den sie glaubten. König Lear ist ein tragischer Spott über jegliche Eschatologie, über den Himmel, der auf Erden verheißen wird, und über den Himmel, der nach dem Tode anheben soll. Sowohl über die christliche als auch über die laizistische Theodizee, über die Kosmogonie und die vernünftige Geschichte, über die Götter, die gute Natur und den nach dem ›Ebenbild‹ geschaffenen Menschen. In König Lear zerbrechen beide Werteordnungen, die des Mittelalters und die der Renaissance. Am Schluß dieser gewaltigen Pantomime bleibt nur die blutige und leere Erde zurück. Auf dieser Erde, über die ein Sturm gegangen ist, der nichts als Steine hinterlassen hat, führen ein König, ein Narr, ein Blinder und ein Verrückter ihren rasenden Dialog.

Der blinde Gloster stürzt auf leerer Bühne. Sein selbstmörderischer Sprung ist tragisch. Gloster befindet sich am Abgrund menschlicher Not. An demselben Abgrund steht auch sein Sohn, der verrückt spielt, um seinen Vater zu retten. Aber die Pantomime, die die Schauspieler auf der Bühne zeigen, ist grotesk. Sie hat etwas Zirkushaftes an sich. Der blinde Gloster, der auf den nichtvorhandenen Berg gestiegen und auf den geraden Brettern hingestürzt ist, ist ein Clown.

Hier wurde ein philosophisches Narrenspiel ausgetragen. Es ist dasselbe Narrenspiel, dem wir im modernen Theater begegnen.

> Pfiff von links.
> Er rührt sich nicht.
> Er betrachtet seine Hände, schaut sich nach der Schere um, erblickt sie, geht, um sie aufzuheben, beginnt sich die Nägel zu schneiden, hört auf, überlegt, streicht mit dem Finger über die Schneide der Schere, wischt sie mit seinem Taschentuch ab, geht, um Schere und Taschentuch auf den kleinen Würfel zu legen, wendet sich ab, öffnet seinen Kragen, macht seinen Hals frei und betastet ihn.
> Der kleine Würfel steigt in die Höhe und verschwindet mit Lasso, Schere und Taschentuch auf den Schnürboden.
> Er dreht sich um, um die Schere wieder zu ergreifen, merkt, was geschehen ist, und setzt sich auf den großen Würfel.
> Der große Würfel schwankt,
> wirft ihn auf den Boden, steigt wieder in die Höhe und verschwindet auf den Schnürboden.
> Er bleibt auf der Seite ausgestreckt liegen, das Gesicht zum Saal gewandt, mit starrem Blick. SPIEL OHNE WORTE I

SPIEL OHNE WORTE beschließt das ENDSPIEL Becketts und ist dessen letzte Deutung. Die Überbleibsel von Charakteren, Handlung und Situation werden weiterhin reduziert. Es bleibt lediglich eine Situation, die eine universelle Parabel des menschlichen Schicksals ist, die totale Situation.

Der Mensch wurde auf die leere Bühne geworfen. Er versucht, sich hinter die Kulissen zu flüchten, wird aber von dort wieder auf die Bühne getreten. Von oben kommen an einem Seil ein Baum mit einem Blätterzweig, eine Wasserkaraffe, eine Schneiderschere und Würfel herunter. Der Mensch versucht, sich im Schatten des Laubes zu verbergen, der

Baum entwischt ihm, er versucht, die Karaffe zu ergreifen, sie entschwebt nach oben. Es folgt ein Selbstmordversuch, aber auch der Selbstmord erweist sich als unausführbar: »la branche se rabat le long du tronc«. Der Mensch setzt sich und überlegt. Wieder erscheinen Karaffe und Baum. Der Mensch rührt sich nicht mehr. In diesem Endspiel eines Endspiels verhält sich das ›Etwas‹, das außerhalb des Menschen ist: die Götter, das Schicksal, die Welt, nicht gleichgültig. Es ist voller Spott und Bosheit. Es lockt. Es führt immerfort in Versuchung. Das außerhalb des Menschen stehende ›Etwas‹ ist mächtiger als der Mensch. Der Mensch muß verlieren und kann der ihm aufgezwungenen Situation nicht entfliehen. Er kann nur eins: resignieren, auf das weitere Blindekuhspiel verzichten. Nur durch die Möglichkeit des Verzichts ist er stärker als das, was außerhalb seiner liegt. Man kann den biblischen Gehalt dieser Parabel schwer übersehen. Biblisch ist selbst die Metaphorik: Palme, Schatten und Wasser. Das, was hier außerhalb des Menschen und über ihm steht, erinnert am stärksten an den Gott des Alten Testamentes. Auch das ist ein BUCH HIOB, aber sein Schluß ist nicht optimistisch.

Dieser neue HIOB wurde in einem Buffostil gezeigt, in einer Zirkuspantomime. SPIEL OHNE WORTE wird von einem Clown gemimt. Die philosophische Parabel mag tragisch oder grotesk gelesen werden, ihr künstlerischer Ausdruck ist ausschließlich grotesk. Der Selbstmord des blinden Gloster ist ebenfalls ein auf leerer Bühne ausgeführter Zirkuspurzelbaum. Die Situation Glosters und Edgars ist tragisch, aber sie wird in einer Pantomime gezeigt, die eine regelrechte Narretei ist. Oft persiflieren bei Shakespeare die Narren die Gesten der Könige und Helden, aber nur in KÖNIG LEAR werden große tragische Szenen direkt als Narrenspiel ausgetragen.

Nicht nur die Pantomime des Selbstmordes allein ist grotesk. Grausam und voller Hohn ist auch der diese Szene begleitende Dialog. Der blinde Gloster kniet nieder und betet:

> O you mighty gods!
> This world I do renounce, and, in your sights,
> Shake patiently my great affliction off;
> If I could bear it longer, and not fall
> To quarrel with your great opposeless wills,
> My snuff and loathed part of nature should
> Burn itself out. If Edgar live, o, bless him!* KÖNIG LEAR, IV, 6

*O ihr mächt'gen Götter!
Der Welt entsag ich, und vor eurem Blick

Der Selbstmord Glosters hat nur dann einen Sinn, wenn es die Götter gibt. Er ist ein Protest gegen unverdientes Leid und die Ungerechtigkeit der Welt. Ein Protest, der deutlich gegen jemanden gerichtet ist. Er appelliert an die Eschatologie. Wenn die Götter auch grausam sind, so müssen sie diesen Selbstmord dennoch in Betracht ziehen. Er wird bei der Schlußabrechnung zwischen Göttern und Menschen mitzählen. Nur in Hinblick auf das Absolute besitzt er einen Wert. Aber wenn es keine Götter und keine moralische Ordnung der Welt gibt, dann ändert der Selbstmord Glosters gar nichts, und nichts wird dadurch gelöst. Er bleibt ein Purzelbaum auf leerer Bühne. Er ist nicht nur in seinem faktischen Verlauf scheinbar und mißglückt. Auch auf der metaphysischen Ebene ist er scheinbar und mißraten. Nicht nur die Pantomime ist in diesem Fall grotesk, sondern die ganze Situation von Anfang bis Ende. Sie ist ein vergebliches Warten auf Godot.

Estragon
Und wenn wir uns aufhängen würden?
Wladimir
Womit?
Estragon
Hast du kein Stück Kordel?
Wladimir
Nein.
Estragon
Dann können wir ja gehen.
Wladimir
Komm, wir gehen.
Estragon
Wart mal, hier ist mein Gürtel.
Wladimir
Der ist zu kurz.
Estragon
Du ziehst dann an meinen Beinen.

Schüttl ich geduldig ab mein großes Leid.
Könnt ich es länger tragen ohne Hader
Mit eurem unabwendbar ew'gen Rat,
So möchte wohl mein müder Lebensdocht
Von selbst verglimmen. Wenn mein Edgar lebt –
Oh, segnet ihn!

WLADIMIR
Und wer zieht an meinen?
ESTRAGON
Ach ja.
WLADIMIR
Laß mal sehen.
Estragon löst den Knoten der Kordel, die seine Hose hält. Die viel zu weite Hose rutscht bis auf die Fußknöchel. Sie schauen sich die Kordel an.
Zur Not könnte es gehen. Ist sie denn stark genug?
ESTRAGON
Das werden wir sehen. Nimm.
Sie nehmen jeder ein Ende der Kordel und ziehen. Die Kordel reißt. Sie fallen beinahe hin.
WLADIMIR
Sie taugt gar nichts. WARTEN AUF GODOT, II

Gloster ist ebenfalls hingefallen und wieder aufgestanden. Er hat den Selbstmordversuch erlebt. Er hat die Welt nicht erschüttert. Alles ist genauso geblieben. Edgars Kommentar ist ironisch:

... had he been where he thought
By this had thought been past ...* KÖNIG LEAR, IV, 6

Wenn es die Götter nicht gibt, dann ist der Selbstmord unmöglich. Es gibt nur den Tod. Der Selbstmord ändert das menschliche Schicksal nicht. Er würde nur dessen Beschleunigung bedeuten. Er ist kein Protest mehr, wird zur Billigung der größten Grausamkeit der Welt: des Todes. Bedeutet, sich ergeben. Gloster hat endlich begriffen.

... henceforth I'll bear
Affliction till it do cry out itself
»Enough, enough«, and die.** KÖNIG LEAR, IV, 6

* Wär er, wo er dachte,
Jetzt dächt er nicht mehr.

** Ich will hinfort
Mein Elend tragen, bis es ruft von selbst:
Genug, genug, und stirb!

Und dann noch einmal im letzten Aufzug:

> No further, sir; a man may rot even here.* König Lear, V, 2

Der augenlose Gloster spricht nach seinem grotesken Selbstmord mit dem irren Lear. Estragon und Wladimir führen ein ähnliches Gespräch, das von den verzweifelten Rufen des blinden Pozzo unterbrochen wird, der gefallen ist und sich nicht erheben kann. Pozzo würde sich am schnellsten mit Gloster verständigen können:

> Irgendeines Tages bin ich blind geworden, eines Tages werden wir taub, eines Tages werden wir geboren, eines Tages sterben wir... Sie gebären rittlings über dem Grabe, der Tag erglänzt einen Augenblick und dann von neuem die Nacht...
>
> Warten auf Godot, II

Shakespeare hat dasselbe kürzer gesagt:

> ... Men must endure
> Their going hence, even as their coming hither.
> Ripeness is all.** König Lear, V, 2

Aber am kürzesten hat es Ionesco im Mörder ohne Bezahlung gesagt: »Wir alle werden sterben, das ist die einzig ernsthafte Entfremdung.« »Ripeness is all.« Dieses Shakespearesche so schwer übersetzbare »ripeness« ist zugleich Reifsein und Resignation. Man muß reifen für den Tod. Das ist alles.

III

Das Thema des König Lear ist der Zerfall und der Fall der Welt. König Lear beginnt wie ein Königsdrama: mit der Teilung des Reiches und der Abdankung des Herrschers, und endet wie ein Königsdrama: mit der Ernennung eines neuen Königs. Zwischen Prolog und Epilog findet ein Bürgerkrieg statt. Aber im Gegensatz zu den historischen Dramen und

*Nicht weiter, Freund! Man kann auch hier verfaulen.

** Dulden muß der Mensch
Sein Scheiden aus der Welt, wie seine Ankunft:
Reifsein ist alles.

Tragödien wächst die Welt hier nicht wieder zusammen. In König Lear gibt es keinen jungen, unkomplizierten Fortinbras, der den dänischen Thron übernimmt, keinen kühlen Oktavian, der Augustus Caesar wird, keinen edelmütigen Malcolm, der nach dem Verbrechen Macbeths »den Tafeln die Speise und den Nächten den Schlaf« wiedergibt. In den Epilogen der Königsdramen und Tragödien lud der neue Herrscher zur Krönungsfeier ein. In König Lear wird es keine neue Krönungsfeier geben. Es ist niemand geblieben, den Edgar einladen könnte. Alle sind ermordet worden oder sind gestorben. Die Worte Glosters vom »großen Weltall«, das sich »einst zu nichts abnutzen« werde, haben sich erfüllt. Diejenigen, die am Leben geblieben sind: Edgar, der Herzog von Albanien, und Graf von Kent sind wie Lear »zertrümmerte Meisterstücke der Schöpfung«. Von dem Dutzend Hauptpersonen ist die Hälfte gerecht, die Hälfte ungerecht. Die eine Hälfte ist gut, die andere böse. Diese Zweiteilung ist so wie in einer Moralität konsequent und abstrakt durchgehalten, aber in dieser Moralität werden alle vernichtet: die Edlen und die Unedlen, die Verfolgten und die Verfolger, die Gequälten und die Quäler. Die Vivisektion wird so lange dauern, bis die Bühne leer ist. Der Zerfall und Fall der Welt wird gleichsam auf zwei Ebenen ausgetragen, auf zwei verschiedenen Bühnen. Die eine könnte man die Bühne Macbeths nennen, die andere die Bühne Hiobs. Die ›Macbeth-Bühne‹ ist die Bühne des Verbrechens. Das Spiel beginnt mit dem Kindermärchen von den zwei bösen Töchtern und der einen guten. Die gute Tochter stirbt, wird im Gefängnis erhängt. Auch die bösen Töchter kommen um, aber bevor das eintritt, werden sie zu Buhlerinnen, und eine von ihnen zur Gatten- und Giftmörderin. Alle Bindungen zerreißen, alles, was man göttliches Gesetz, Natur- oder Menschengesetz nennen könnte, geht in die Brüche. Die ganze Gesellschaftsordnung zerbröckelt, das Königtum und die Familie. Es gibt keinen König und keine Untertanen mehr. Keine Väter und Kinder, keine Gatten und Gattinnen. Es gibt nur noch große Renaissancebestien, die sich gegenseitig zerfleischen »wie die Ungeheuer der Tiefen«. Hier ist alles verdichtet, mit dicken Strichen gezeichnet, Charaktere werden lediglich angedeutet. Die Geschichte der Welt bedarf weder der Psychologie noch der Rhetorik. Sie ist reine Handlung. Die heftigen Szenen dienen nur der Illustration und dem Exempel, erfüllen die Funktion eines Trennungsstrichs oder einer schwarzen realistischen Kopie der ›Hiobs-Bühne‹.

Denn jene ist die Hauptbühne. Darauf wird die sarkastische und närrische Moralität über das menschliche Schicksal gespielt. Aber zuvor müssen alle Personen aus ihrem angestammten Platz entwurzelt, aus ihrer sozialen Situation herausgerissen und in die Tiefe gestoßen werden, bis zur letzten Erniedrigung. Sie müssen den Abgrund erfahren. Der Fall ist nicht nur eine philosophische Parabel – wie der Sprung des geblendeten Gloster in den ›Abgrund‹. Das Thema des Falls ist von Shakespeare beharrlich und konsequent verfolgt und mindestens viermal wiederholt worden. Der Fall ist zugleich ein physischer und ein geistiger, ein körperlicher und ein sozialer.

Zu Beginn gab es einen König, einen Hof und Minister, am Ende gibt es nur noch vier Bettler, die in Sturm und Regen über Wege irren. Der Fall vollzieht sich langsam oder schlagartig. Lear besitzt am Anfang ein Gefolge, das aus hundert Mann besteht, später sind es nur noch fünfzig, zum Schluß nur einer. Kent wird mit *einer* wütenden Geste in die Verbannung geschickt. Alles Auszeichnende fällt weg: die Würden, die gesellschaftliche Position, sogar der Name. Auch Namen sind eitel. Jeder ist nur der Schatten seiner selbst. Nur Mensch.

King Lear
Doth any here know me? – Why, this is not Lear:
Doth Lear walk thus? speak thus?...
Who is it that can tell me who I am?
Fool
Lear's shadow.* König Lear, I, 4

Und noch einmal dieselbe Frage und dieselbe Antwort. Der verbannte Kent kehrt verkleidet zu seinem König zurück.

King Lear
What art thou?
Kent
A man, Sir.** König Lear, I, 4

*Lear
Kennt mich hier jemand? – Nein, das ist nicht Lear!
Geht Lear so? Spricht so?...
Wer kann mir sagen, wer ich bin?
Narr
Lears Schatten.

**Lear
Wer bist du?
Kent
Ein Mann, Herr!

Der nackte Mensch ist namenlos. Bevor die Moralität beginnt, müssen alle nackt wie Würmer sein.

> Da erhob sich Hiob, zerriß sein Gewand, schor sein Haupt, fiel zur Erde nieder, beugte sich anbetend und sprach:
> »Nackt kam ich hervor aus dem Schoß meiner Mutter und nackt kehre ich dorthin zurück.« HIOB, 1, 20–21

Die biblische Bildersprache ist in diesem neuen BUCH HIOB kein Zufall. Edgar sagt:

> And with presented nakedness outface
> The winds and persecutions of the sky.* KÖNIG LEAR, II, 3

Dieses Motiv kehrt hartnäckig mit derselben Konsequenz wieder:

> I'the last night's storm I such a fellow saw,
> Which made me think a man a worm.** KÖNIG LEAR, IV, 1

Der Fall bedeutet Leiden und Tortur. Die Tortur kann eine physische oder eine geistige sein, sie kann aber auch physisch und geistig zugleich sein. Lear verliert die Sinne, Kent wird in Fesseln gelegt, Gloster wird geblendet und erlebt seinen eigenen Selbstmord. Um den Menschen zu entblößen, um ihn zum nackten Menschen zu machen, genügt es nicht, ihm Namen, Gesellschaftsposition und Charakter zu nehmen. Man muß ihn obendrein verschandeln, physisch und moralisch massakrieren. Ihn wie König Lear in ein Trümmerwerk der Schöpfung verwandeln und erst dann danach fragen, wer er sei. Der neue Hiob der Renaissance soll schließlich das Urteil über die ›Macbeth-Bühne‹ sprechen.
Andrzej Falkiewicz hat auf diesen Prozeß der Massakrierung und Verschandelung des Menschen im zeitgenössischen Theater und in der zeitgenössischen Literatur aufmerksam gemacht.[17] Er hat diesen Prozeß mit dem Schälen einer Zwiebel verglichen. Erst enthäutet man die Zwiebel, dann löst man nacheinander die einzelnen Schichten. Wo hört die Zwiebel auf, und was ist darin? Ein Blinder ist ein Mensch, ein Verrückter ist ein Mensch, ein irrer Greis ist ein Mensch. Nur ein Mensch. Ein

*... mit entschloßner Nacktheit trotz ich
Dem Sturm und den Verfolgungen der Luft.

**Im letzten Nachtsturm sah ich solchen Wicht,
Und für 'nen Wurm mußt ich den Menschen halten.

Nichts, das leidet, das seinem Leiden Sinn und Würde zu geben versucht, das sich zur Wehr setzt, sich über sein Leid empört oder sich damit abfindet, ein Nichts, das sterben muß.

> O gods! Who is't can say »I am at the worst«?
> I am worse than e'er I was...
> And worse I may be yet; the worst is not,
> So long as we can say »This is the worst«.* KÖNIG LEAR, IV, 1

Ähnlich reden Wladimir und Estragon miteinander. Sie stammeln, aber in diesem Gestammel sind Spuren der gleichen Eschatologie zu finden:

> WLADIMIR
> Kann uns nicht mehr passieren, daß wir denken.
> ESTRAGON
> Worüber beklagen wir uns dann?
> WLADIMIR
> Denken ist nicht das Schlimmste.
> ESTRAGON
> Gewiß, gewiß, aber das ist doch schon etwas.
> WLADIMIR
> Wieso, das ist doch schon etwas?
> ESTRAGON
> Das ist es, wir wollen uns Fragen stellen.
> WLADIMIR
> Was willst du damit sagen: das ist doch schon etwas?
> ESTRAGON
> Das ist doch schon etwas weniger.
> WLADIMIR
> Eben.
> ESTRAGON
> Also? Wie wär's, wenn wir uns freuten?
> WLADIMIR
> Es ist eben schrecklich, gedacht zu haben.
>
> WARTEN AUF GODOT, II

*Gott, wer darf sagen: schlimmer kann's nicht werden?
's ist schlimmer nun als je...
Und kann noch schlimmer gehn; 's ist nicht das Schlimmste,
Solang man sagen kann: dies ist das Schlimmste.

Pozzo ist herrlich und prachtvoll, wenn er im ersten Teil von WARTEN AUF GODOT den ausgehungerten Lucky an einem Strick hinter sich herzieht. Noch sind sie Herr und Diener, Ausbeuter und Ausgebeuteter. Dann erscheinen sie abermals: Pozzo als Blinder, Lucky als Stummer. Weiterhin verbindet sie derselbe Strick. Aber sie sind nur noch Menschen.

> 'Tis the times' plague, when madmen lead the blind.*
>
> KÖNIG LEAR, IV, 1

Fast wie auf dem berühmten Bruegel-Bild führt Edgar den geblendeten Gloster zum Abgrund bei Dover. Eben das ist das Thema des ENDSPIELS, das Beckett als erster aus dem KÖNIG LEAR herausgelesen hat und das er von aller Äußerlichkeit, von allen Handlungsschnörkeln befreit und in seiner ganzen Nacktheit wiederholt hat.

Clov kann sich nicht setzen, der blinde Hamm kann sich nicht erheben und bewegt sich nur auf seinem Röllchensessel, uriniert mit Hilfe eines Katheters. Nell und Nagg haben die ›Haxen‹ verloren. Aber Hamm ist weiterhin der Herr, und sein Rollstuhl gleicht einem Thron. In der Londoner Inszenierung war er in ausgeblichenen Purpur gekleidet und wischte sein Gesicht mit einem blutbefleckten Taschentuch. Er war wie König Lear ein degradierter und machtloser Tyrann, eine Ruine von Mensch. Er war der König Lear des vierten Aufzuges, der auf den geblendeten Gloster trifft und der nach dem großen rasenden Monolog sich den drückenden Schuh ausziehen läßt. Denselben drückenden Schuh, den einer der Clowns in WARTEN AUF GODOT zu Beginn der ersten Szene auszieht.

Das ist eben jenes Zwiebelhäuten, shakespearisch und modern, grausam und sarkastisch. Ein Enthäuten bis zum Ende, bis zu jenem leidenden Nichts. Es ist das Thema des Verfalls. Die Reduktion des Begriffes Mensch ist vollzogen worden, und alle Situationen sind zu dem einen und letzten, totalen und allgemeinen menschlichen Schicksal zurückgeführt worden. Auf die Frage Wladimirs: »Was ist denn in dem Koffer?« antwortet der blinde Pozzo: »Sand«. Im ENDSPIEL hebt Clov den Deckel des einen Mülleimers, um zu sehen, was mit Nagg los sei.

»Er weint«, sagt er. Hamm entgegnet darauf: »Also lebt er.«

Er weint, also lebt er. Die englischen Kritiker sahen darin die Entgegnung Becketts auf die Cartesianische Formel des Menschen. Beckett spricht sie jedoch lediglich Shakespeare nach:

*'s ist Fluch der Zeit, daß Tolle Blinde führen!

we came crying hither...
When we are born, we cry that we are come
To this great stage of fools.* KÖNIG LEAR, IV, 6

Die Welt ist wirklich, und der Schuh drückt wirklich. Auch das Leiden ist wirklich. Aber die Gebärde, mit der das menschliche Überbleibsel, nachdem es die ganze Welt angeklagt hat, verlangt, daß man ihm den Schuh ausziehe, ist eine lächerliche Gebärde. Genauso lächerlich wie der Purzelbaum, den der blinde Gloster auf der leeren und ebenen Bühne schlägt. Der biblische Hiob ist ebenfalls ein menschliches Überbleibsel. Aber dieser Rest-Mensch spricht immerzu mit Gott. Er flucht, er klagt, er lästert. Schließlich gibt er Gott recht, weil er eine Erklärung für seine Leiden gefunden hat, die er nunmehr mit Würde bedecken kann. Er bezieht sie in die metaphysische und absolute Ordnung mit ein. Das BUCH HIOB ist ein Theater der Priester. In beiden Endspielen – dem Shakespeareschen und dem Beckettschen – wird das BUCH HIOB von Narren gespielt. Aber auch darin werden Götter angerufen. Durch alle geschieht das, durch Lear, Gloster, Kent, selbst durch den Herzog von Albanien. Von Anfang an, von den ersten Szenen an.

KING LEAR
By Jupiter, I swear, no.
KENT
By Juno, I swear, ay.** KÖNIG LEAR, II, 4

Die Götter tragen anfangs griechische Namen, dann sind sie nur noch die Götter, die großen und schrecklichen Richter in der Höhe, die sich eher oder später einmischen werden. Aber die Götter lassen davon ab. Sie schweigen. Der Ton wird immer sarkastischer. Jenes Überbleibsel von Mensch, das Gott anruft, wirkt immer lächerlicher. Die Szenen werden immer grausamer, aber zugleich immer närrischer:

* wir kamen weinend an...
Wir Neugebornen weinen, zu betreten
Die große Narrenbühne.

**LEAR
Bei Jupiter schwör ich, nein.
KENT
Bei Juno schwör ich, ja.

> By the kind gods, 'tis most ignobly done
> To pluck me by the beard.* KÖNIG LEAR, III, 7

Die Niederlagen, Leiden und Grausamkeiten haben selbst dann einen Sinn, wenn die Götter grausam sind. Auch dann noch. Das ist die letzte theologische Chance, das Leid zu rechtfertigen. Der biblische Hiob wußte das sehr gut. Er rief zu Gott:

> Wenn die Geißel plötzlich tötet, spottet er über der Schuldlosen Angst. HIOB, 9, 23

Wenn man vom gerechten Gott nicht erhört wird, kann man immer noch an den ungerechten Gott appellieren. Gloster sagt nach der Blendung:

> As flies to wanton boys, are we to the gods, –
> They kill us for their sport.** KÖNIG LEAR, IV, 1

Solange es noch Götter gibt, läßt sich alles retten.

> Dieses höre dir doch an, o Hiob! Steh still und achte auf die Wundertaten Gottes! HIOB, 37, 14

Das sind Reden aus dem ENDSPIEL:

> CLOV
> Man sagte mir: Da, bleib stehen, Kopf hoch, schau dir diese Herrlichkeit an. Diese Ordnung! Man sagte mir: Nur zu, du bist doch kein Tier, bedenke diese Dinge und du wirst schon sehen, wie klar alles wird. Wie einfach!
> Man sagte mir: Sieh doch, mit welcher Kunst all diese tödlich Verletzten gepflegt werden.
> HAMM
> Genug!

*Beim güt'gen Himmel, das ist höchst unedel,
Zu raufen meinen Bart!

** Was Fliegen sind
Den müß'gen Knaben, das sind wir den Göttern;
Sie töten uns zum Spaß.

CLOV
Ich sage mir ... manchmal, Clov, du mußt noch besser leiden lernen, wenn du willst, daß man es satt kriegt, dich zu strafen ... eines Tages. Ich sage mir ... manchmal, Clov, du mußt noch besser da sein, wenn du willst, daß man dich gehen läßt ... eines Tages.

Clov ist ein Clown, aber er ist unglücklicher als Hamm. Das Gestammel Clovs ist immer noch eschatologisch, so wie das Gestammel Luckys in WARTEN AUF GODOT. In diesem Dialog zwischen menschlichen Überbleibseln hat nur Hamm das Närrische jeglichen Leids verstanden. Auf die Eschatologie kennt er nur eine Antwort: »Pas plus haut que le cul«. Beide Paare: Pozzo, der Erblindete, und Lucky, der Verstummte; Hamm, der sich nicht erheben kann, und Clov, der sich nicht setzen kann – stammen aus dem Endspiel KÖNIG LEAR:

KING LEAR
Read.
GLOUCESTER
What! with the case of eyes? ...
KING LEAR
What? art mad? A man may see how this world goes with no eyes,
Look with thine ears.* KÖNIG LEAR, IV, 6

Die Parabeln sind biblisch. Die Blinden sehen klar, die Irren kennen die Wahrheit. Am Ende sind alle irre. »Nicht weniger als vier Narren – einer aus Beruf, einer aus Neigung, die beiden anderen aus Qual: vier verwirrte Körper, vier unaussprechliche Gesichter ein und desselben Zustandes«, schrieb Camus.[18]

Der Narr begleitet Lear durch die kalte Nacht des Wahnsinns, Edgar führt den blinden Gloster durch den grotesken Selbstmord. Den Anrufungen der Götter durch König Lear antworten die skatologischen Witze des Narren, den Gebeten Glosters die närrische Dämonologie Edgars:

*LEAR
Lies!
GLOSTER
Was? Mit den Höhlen der Augen?
LEAR
Was, bist du toll? – Kann man doch sehn, wie es in der Welt hergeht, ohne Augen. Schau mit dem Ohr.

> Frateretto calls me, and tells me Nero is an angler in the lake of darkness. Pray, innocent, and beware the foul fiend. ... The foul fiend bites my back ... Purr! the cat is gray!* KÖNIG LEAR, III, 6

Aber die Dämonologie Edgars ist nur eine Parodie, eine Travestie der damaligen ägyptischen Traum- und Hexenbücher, eine große und brutale Verhöhnung. Eine Verhöhnung seiner selbst, eine Verhöhnung der ›Hiobs-Bühne‹ und des mit Gott redenden Hiob. Denn über der Bühne Hiobs erhebt sich in KÖNIG LEAR nur die ›Macbeth-Bühne‹. Darauf mordet, schlachtet und foltert man einander, dort paart man sich und wälzt sich in den Betten, teilt Königreiche auf. Aus der Perspektive Hiobs, der aufgehört hat, mit Gott zu reden, ist das eine Narrenbühne. Die Bühne jener Narren, die noch nicht wissen, daß sie Narren sind.

> KING LEAR
> ... come, come; I am king,
> My masters, know you that?
> GENTLEMAN
> You are a royal one, and we obey you.
> KING LEAR
> Then there's life in't. Nay, and you
> Get it, you shall get it by running. Sa, sa, sa, sa.**
> KÖNIG LEAR, IV, 6

Die Stunde Null hat begonnen. Lear hat endlich begriffen. So wie der blinde, an seinen Röllchenthron gefesselte Hamm alles begriffen hat. Und so wie Pozzo alles begriffen hat, nachdem er blind geworden war und über seinen eigenen, mit Sand gefüllten Koffer stolperte.

*Frateretto ruft mir und sagt, Nero fische im Pfuhl der Finsternis. Bete, du Unschuldiger, und hüte dich vor dem bösen Feind ... Der böse Feind beißt mich im Rücken ... Purr! Die Katz ist grau!

**LEAR
... kommt, kommt, ich bin ein König,
Ihr Herren, wißt ihr das?
EDELMANN
Ein hoher König, und wir folgen Euch.
LEAR
So ist noch nichts verloren. Kommt! Wenn ihr's
Haschen wollt, so müßt ihr's durch Laufen haschen.
Sa, sa, sa, sa!

POZZO
Eines schönen Tages wurde ich wach und war blind wie das Schicksal...
WLADIMIR
Wann war es?
POZZO
Ich weiß nicht... Hören Sie doch endlich auf, mich mit Ihrer verdammten Zeit verrückt zu machen! Es ist irrsinnig! Wann! Wann!

WARTEN AUF GODOT, II

König Lear endet seine letzte wahnsinnige Tirade mit den Worten:

> No rescue? What! a prisoner? I am even
> The natural fool of fortune.* KÖNIG LEAR, IV, 6

Dann läuft er hüpfend von der Bühne. Aber vorher noch läßt er sich den drückenden Schuh ausziehen. Er ist bereits zum Narren geworden, er kann sich das erlauben. Auf der Bühne Hiobs wurde von vier Narren die mittelalterliche Sottie über den Fall und Verfall der Welt gespielt. Aber in beiden Endspielen, in dem Shakespeares und in dem Becketts, ist eine Gegenwart zusammengebrochen: die der Renaissance und die unsrige. Die Abrechnung ist sehr ähnlich.

IV

Der erste Narr war Harlekin. Er hat etwas von einem Tier, einem Faun und einem Teufel an sich; aus diesem Grund trägt er eine lederne Maske. Er verdoppelt und verdreifacht sich in einem Nu, er ist ein Transformist. Er scheint den üblichen Gesetzen von Raum und Zeit nicht zu unterliegen. Blitzschnell ändert er seine Gestalt, kann gleichzeitig an mehreren Orten weilen; er ist ein Geist der Bewegung. In Goldonis DIENER ZWEIER HERREN, in der Inszenierung des Mailänder Piccolo Teatro, setzte sich der Harlekin an den Rand eines Bretterpodiums, riß sich ein Haar vom Kopf, verlängerte und verkürzte es, zog es sich durch die Ohren oder stellte es sich auf der Nase auf und hielt es steif in der Luft. Harlekin ist ein Zauberkünstler, ein Taschenspieler. Dieser Diener dient in Wirklich-

*Wie, kein Entsatz? Gefangen? Bin ich doch
Der wahre Narr des Glücks.

keit niemandem und führt alle hinters Licht. Er verspottet die Kaufleute und die Liebenden, die Marquis und die Soldaten. Er macht sich über die Liebe und den Ehrgeiz, die Macht und das Geld lustig. Er ist klüger als seine Herren, obgleich er nur gerissener zu sein scheint. Er ist unabhängig, weil er verstanden hat, daß die Welt ein Narrenspiel ist.

Der Puck aus dem SOMMERNACHTSTRAUM ist ein englischer volkstümlicher Schrat. Aber er ist auch der Harlekin aus der renaissancehaften *commedia dell'arte*. Er ist ein Verwandlungskünstler, Zauberer und Regisseur einer Komödie der Irrungen. Er bringt die Liebespaare durcheinander und verursacht, daß die schöne Titania den Kopf eines Esels liebkost. Im Grunde genommen macht er sie alle lächerlich: Titania und Oberon, Hermia und Lysander, Helena und Demetrius. Er zeigt das Narrenspiel der Liebe. Er ist Fügung, Schicksal und Zufall. Der Zufall kann unbewußt ironisch sein. Puck treibt Schabernack. Aber er weiß nicht, was er dabei anrichtet. Deshalb kann er auf der Bühne kobolzschießen. So wie Harlekin. Das Narrentum ist zugleich Philosophie und Beruf. Probstein und Feste sind bereits Berufsnarren. Sie treten in Narrenkleidern auf, stehen im Dienste ihres Herzogs. Sie haben nicht aufgehört, Harlekin zu sein und verachten die Pantomime nicht. Aber die Regie der Vorführung liegt nicht mehr in ihren Händen, sie nehmen nicht einmal mehr daran teil, kommentieren sie lediglich. Deshalb sind sie voll bitteren Hohns.

Die Situation des Narren ist zweideutig und voll inneren Widerspruchs. Es ist der Widerspruch zwischen Profession und Philosophie. Der Beruf des Narren beruht ähnlich wie der des Intellektuellen auf dem Unterhalten. Seine Philosophie besteht darin, daß er die Wahrheit sagt, daß er entmystifiziert. Der Narr in KÖNIG LEAR besitzt nicht einmal einen Namen, er ist nur Narr, der reine Narr. Aber er ist der erste Narr, der sich seiner Narrensituation bewußt ist.

FOOL
Prithee, nuncle, keep a schoolmaster that can teach thy
fool to lie: I would fain learn to lie.
KING LEAR
An you lie, sirrah, we'll have you whipped.
FOOL
I marvel what kin thou and thy daughters are: they'll have me whipped for speaking true, thou'lt have me whipped for lying; and sometimes I am whipped for holding my peace. I had rather be any kind o'thing than a fool; and yet I would not be thee, nuncle;

thou hast pared thy wit o'both sides, and left nothing i'the middle.*

KÖNIG LEAR, I, 4

Ein Narr, der sich selbst als Narren anerkannt und sich damit einverstanden erklärt hat, nur ein Narr in des Herzogs Diensten zu sein, hört auf, Narr zu sein. Er muß demzufolge anerkennen, daß die Welt aus Narren und Nichtnarren besteht und daß der Herzog kein Narr ist. Aber die Philosophie des Narren gründet in der These, daß alle Narren sind, daß der größte Narr derjenige ist, der nicht weiß, daß er ein Narr ist, und jener ist der Herzog selber. Deshalb muß der Narr alle zu Narren machen. Andernfalls wäre er kein Narr. Der Narr unterliegt Entfremdungen, weil er ein Narr ist, aber gleichzeitig will er seine Entfremdung nicht akzeptieren, er wird sich ihrer bewußt und verwirft sie. Der Narr ist in der sozialen Situation eines Bastards, so wie sie des öfteren von Sartre beschrieben wurde. Ein Bastard ist solange ein Bastard, als er sich mit seinem Bastardschicksal einig erklärt, als er darin seine Notwendigkeit sieht. Ein Bastard hört auf, Bastard zu sein, wenn er sich selbst nicht mehr als Bastard anerkennt, aber in diesem Fall muß der Bastard die Teilung in Bastarde und rechtmäßige Kinder umwerfen. Er wendet sich in diesem Fall gegen die Grundsätze der sozialen Ordnung oder entmystifiziert sie zumindest. Den Narren will man auf seine Narrenrolle beschränken, ihm eine Narren-›Fresse‹ aufdrücken, aber er weist sie zurück, er verpaßt diese ›Fresse‹ immerfort anderen.[19]

KÖNIG LEAR
Dost thou call me fool, boy?
FOOL
All thy other titles thou hast given away; that thou wast born with.

*NARR
Bitt dich, Gevatter, nimm einen Schulmeister an, der deinen
Narren lügen lehre; ich möchte gern lügen lernen.
LEAR
Wenn du lügst, Bursch, so werden wir dich peitschen lassen.
NARR
Mich wundert, wie du mit deinen Töchtern verwandt sein magst; sie wollen mich peitschen lassen, wenn ich die Wahrheit sage; du willst mich peitschen lassen, wenn ich lüge, und zuweilen werde ich gepeitscht, weil ich's Maul halte. Lieber wollt ich alles in der Welt sein, als ein Narr: und doch möchte ich nicht du sein, Gevatter. Du hast deinen Witz von beiden Seiten abgestutzt und nichts in der Mitte gelassen.

KENT
This is not altogether fool, my lord.
FOOL
No, faith, lord and great men will not let me; if I had a monopoly out, they would have part on't, and ladies too: they will not let me have all fool to myself; they'll be snatching.* KÖNIG LEAR, I, 4

So beginnt das Theater der Narren auf der Hiobsbühne. Der Narr schenkt Lear in der ersten Szene seine Narrenkappe; das Narrenspiel ist nicht nur Philosophie, es ist gleichfalls Theater. Eben jenes Theater, das in KÖNIG LEAR so ausgesprochen modern erscheint. Man muß es nur sehen und wahrhaben wollen, man muß KÖNIG LEAR von der ganzen romantischen und naturalistischen Staffage befreien, aufhören, ihn als Oper oder als ein Melodrama über einen von seinen Töchtern vertriebenen Greis zu sehen, der barhaupt in Sturm und Wind über die Bühne rast und der infolge von Schicksalsschlägen buchstäblich die Sinne verliert. Auch in diesem Wahnsinn ist Methode. Der Wahnsinn in KÖNIG LEAR ist eine Philosophie, ist der Übertritt zur Position der Narren.
»Der Narr ist derjenige«, schreibt Leszek Kołakowski, »der zwar in der guten Gesellschaft verkehrt, ihr aber nicht angehört und ihr Frechheiten ins Gesicht sagt; jener, der alles anzweifelt, was als selbstverständlich gilt; gehörte er selbst zur guten Gesellschaft, so könnte er das nicht tun – in diesem Fall wäre er höchstens ein Salonärgernis: der Narr muß außerhalb der guten Gesellschaft stehen, sie von der Seite betrachten können, um die Nicht-Selbstverständlichkeit ihrer Selbstverständlichkeiten und die Nicht-Endgültigkeit ihrer Endgültigkeiten zu entdecken; andererseits muß er in der guten Gesellschaft verkehren, um ihre Tabus zu kennen und Gelegenheit zu haben, ihr Frechheiten ins Gesicht zu sagen... Die Philosophie des Narren ist eben jene, die in jeder Epoche dasjenige

*LEAR
Du nennst mich Narr, Junge?
NARR
Alle deine andern Titel hast du weggeschenkt, mit diesem bist du geboren.
KENT
Darin ist er nicht so ganz Narr, Mylord.
NARR
Nein, mein Seel, Lords und andere große Herren würden's mir auch nicht ganz lassen; hätt ich ein Monopol darauf, sie würden ihr Teil daran haben, und die Damen ebenso, die würden mir auch den Narren nicht allein lassen; sie würden was abhaben wollen.

als zweifelhaft entlarvt, was als Unerschütterlichstes gilt, die die Widersprüchlichkeit dessen aufdeckt, was offenkundig und unbestreitbar scheint, die die Selbstverständlichkeiten des gesunden Verstandes der Lächerlichkeit preisgibt, und Absurditäten recht gibt...«[20]
Kehren wir zu König Lear zurück:

> Fool
> Nuncle, give me an egg, and I'll give thee two crowns.
> King Lear
> What two crowns shall they be?
> Fool
> Why, after I have cut the egg i'the middle and eat up the meat, the two crowns of the egg. When you clovest thy crown i'the middle, and gavest away both parts, thou borest thine ass on thy back o'er the dirt... now thou art an O without a figure. I am better than thou art now; I am a fool, thou art nothing.* König Lear, I, 4

Als man Richard II. die Krone vom Haupt riß, verlangte er nach einem Spiegel; er schaute hinein und zerschlug ihn. Er hat im Spiegel einen zittrigen Greis erblickt. Und es war doch sein eigenes Gesicht. Dasselbe wie zur Zeit, da er König war. In König Lear geht die Herabsetzung des Herrschers schrittweise vonstatten. Lear hat das Königreich aufgeteilt und die Macht abgelegt, aber König wollte er weiterhin bleiben. Er hat geglaubt, ein König könne nicht aufhören, König zu sein, so wie die Sonne nicht aufhören kann zu leuchten. Er glaubte an die reine Majestät, an die reine Idee des Königs. In den Königsdramen findet die Entweihung der Majestät durch einen Dolchstoß oder durch das brutale Herunterreißen der Krone vom Haupt des noch lebenden Herrschers statt. In König Lear wird dasselbe vom Narren erledigt. Lear und Gloster sind Eschatologen. Sie klammern sich krampfhaft an die Existenz des Abso-

*Narr
Gib mir ein Ei, Gevatter, ich will dir zwei Kronen geben.
Lear
Was für zwei Kronen werden das sein?
Narr
Nun, nachdem ich das Ei durchgeschnitten und das Inwendige herausgegessen habe, die beiden Kronen des Eies. Als du deine Krone mitten durchspaltetest und beide Hälften weggabst, da trugst du deinen Esel auf dem Rücken durch den Dreck... nun bist du eine Null ohne Ziffern: ich bin jetzt mehr als du: ich bin ein Narr, du bist nichts. –

luten. Sie rufen die Götter an, glauben an die Gerechtigkeit, appellieren an die Naturgesetze. Sie sind von der ›Macbeth-Bühne‹ heruntergefallen, aber sie sind weiterhin Gefangene dieser Bühne. Nur der Narr ist auf dieselbe Weise außerhalb der ›Macbeth-Bühne‹, wie er außerhalb der ›Hiobs-Bühne‹ ist. Er blickt von außen und ist kein Ideologe. Er verwirft jeglichen Schein: den des Gesetzes, den der Gerechtigkeit und den der moralischen Ordnung. Er sieht die nackte Gewalt, die nackte Grausamkeit und die nackte Begierde. Er hat keine Illusionen und sucht keinen Trost in der Existenz einer natürlichen oder übernatürlichen Ordnung, in der das Böse bestraft und das Gute belohnt wird. König Lear, der sich an die Fiktion der Majestät klammert, ist für ihn eine Spottfigur, die um so lächerlicher wirkt, als sich der Ex-König seiner Lächerlichkeit nicht bewußt ist. Und dennoch verläßt der Narr seinen lächerlichen, degradierten König nicht und begleitet ihn auf dem Weg in den Wahnsinn. Der Narr weiß, daß der einzig wahre Wahnsinn die Anerkennung dieser Welt als eine vernünftige ist. Die feudale Ordnung ist absurd und läßt sich nur in den Kategorien des Absurden erfassen. Die Welt steht kopf.

> When usurers tell their gold i'the field;
> And bawds and whores do churches build;
> Then shall the realm of Albion
> Come to great confusion:
> Then comes the time, who lives to see't,
> That going shall be us'd with feet.* König Lear, III, 2

Hamlet ist nicht nur deshalb in den Wahn entflohen, um die Spitzel zu täuschen und Claudius irrezuführen. Der Wahnsinn war für ihn zugleich eine Philosophie, eine Kritik der reinen Vernunft, eine große sarkastische Abrechnung mit einer aus den Fugen geratenen Welt. Der Narr bedient sich der Sprache Hamlets aus den Szenen, in denen der dänische Prinz Wahn vortäuschte. Von der griechischen und römischen Rhetorik, deren sich die Renaissance so gern bediente, von dem kalten und noblen Gleichmut Senecas angesichts des unabwendbaren Schicksals, ist nichts übrig-

*Wenn die Wuchrer ihr Gold im Felde beschaun,
Und Huren und Kuppler Kirchen baun,
Dann kommt das Reich von Albion
In große Verwirrung und Konfusion:
Dann kommt die Zeit, wer's lebt zu sehn,
Daß man mit Füßen pflegt zu gehn.

geblieben. Lear, Gloster, Kent, Albanien, selbst Edmund sind noch Rhetoren. Die Sprache des Narren ist eine andere. Sie ist angefüllt mit biblischen Travestien und umgestülpten mittelalterlichen Parabeln. Es gibt darin wunderbare barocke Surrealismen, plötzliche Phantasiesprünge, Abbreviationen und Ellipsen, Brutalitäten, Vulgarismen und skatologische Metaphern. Seine Verse ähneln Limericks. Der Narr bedient sich absurder Witze, der Dialektik und des Paradoxons. Die Sprache des Narren ist die der modernen Groteske. Derjenigen Groteske, die die Absurdität der Selbstverständlichkeiten und die Absurdität des Absoluten durch eine große und allgemeine *reductio ad absurdum* sichtbar werden läßt.

> KING LEAR
> O, me! my heart, my rising heart! but, down!
> FOOL
> Cry to it, nuncle, as the cockney did to the eels when she put'em i'the paste alive; she knapped 'em o'the coxcombs with a stick, and cried: »Down, wantons, down!« 'Twas her brother that, in pure kindness to his horse, buttered his hay.* KÖNIG LEAR, II, 4

Der Narr erscheint in dem Augenblick, in dem der Fall Lears beginnt. Er verschwindet am Ende des dritten Aktes. »... und ich will am Mittag zu Bett gehn« (III, 6) sind seine letzten Worte. Darauf erscheint er nicht mehr. Der Narr ist nunmehr entbehrlich. König Lear hat die Schule der Narrenphilosophie absolviert. Als er zum letzten Mal mit Gloster zusammentrifft, redet er die Sprache des Narren. Und blickt mit denselben Augen auf die ›Macbeth-Bühne‹, mit denen sie der Narr gesehen hat: »Sie sagten mir, ich sei *alles*: das ist eine Lüge, ich bin nicht fieberfest« (IV, 6).

*LEAR
Weh mir, mein Herz! Mein schwellend Herz! Hinunter!
NARR
Ruf ihm zu, Gevatter, wie die alberne Köchin den Aalen, als sie sie lebendig in die Pastete tat; sie schlug ihnen mit einem Stecken auf die Köpfe und rief: hinunter, ihr Gesindel, hinunter! Ihr Bruder war's, der aus lauter Güte für sein Pferd ihm das Heu mit Butter bestrich.

LET ROME IN TIBER MELT!

Saucy lictors
Will catch at us, like strumpets, and scald rimers
Ballad us out o'tune; the quick comedians
Extemporally will stage us, and present
Our Alexandrian revels.*

ANTONIUS UND CLEOPATRA, V, 2

Die Exposition von ANTONIUS UND CLEOPATRA ist eine der herrlichsten Expositionen bei Shakespeare überhaupt. Sie vollzieht sich blitzschnell und enthält von Anfang an alles Kommende: das Thema, die Gestalten und die Welt, in der sie leben, so wie das Maß der Tragödie. Die großen Liebenden selbst sind noch nicht aufgetreten. Auf der Bühne befinden sich nur die Freunde von Antonius; sie unterhalten sich:

You shall see in him
The triple pillar of the world transform'd
Into a strumpet's fool; behold and see.**

ANTONIUS UND CLEOPATRA, I, 1

Antonius und Cleopatra erscheinen. Sofort beginnt jener ungebändigte Dialog, der keine leere Stelle hat:

CLEOPATRA
If it be love indeed, tell me how much.
ANTONY
There's beggary in the love that can be reckon'd.
CLEOPATRA
I'll set a bourn far to be belov'd.

* Freche Liktorn
Packen uns an wie Huren; schreiend singt uns
Der Bänkelsänger; aus dem Stegreif spielen
Uns selbst und Alexandriens Gelage
Die witz'gen Histrionen.

** Ihr werdet sehn in ihm
Des Weltalls dritte Säule umgewandelt
Zum Narren einer Buhlerin: schaut hin und seht!

Antony
Then must thou needs find out new heaven, new earth.*
Antonius und Cleopatra, I, 1

Und gleich darauf im selben Augenblick, ohne daß die Spannung um das geringste abnähme, erscheint der Bote. Er sagt einen Satz, nur drei Worte: »Botschaft aus Rom«. Noch ein paar heftige Sätze, noch ein paar Dutzend Verse, und Antonius wird explodieren. Er schleudert der Welt eine Herausforderung entgegen:

Let Rome in Tiber melt, and the wide arch
Of the rang'd empire fall! Here is my space.
Kingdoms are clay; our dungy earth alike
Feeds beast as man; the nobleness of life
Is to do thus.** Antonius und Cleopatra, I, 1

So könnte eine Tragödie von Racine beginnen. Aber hier wird die Rhetorik verstümmelt. Sie erlaubt keine Atempause. Thema und Klima der Tragödie erinnern an Racine. Ein königliches Liebespaar, die Erde und der Himmel. Die Erde, auf der sie keinen Platz finden, und der Himmel, den sie nicht verändern können. Die Welt ist feindselig. Himmel und Erde müssen zusammenstürzen, damit die Liebe siegt. Aber Erde und Himmel sind stärker als Antonius und Cleopatra. Die königlichen Liebenden müssen sich ergeben oder den Tod wählen.
Diese eine Situation hätte Racine für eine ganze Tragödie ausgereicht. Er wäre auch mit dem einen Saal in Cleopatras Palast ausgekommen. Dort hätte die Handlung von der ersten bis zur letzten Szene stattfinden

*Cleopatra
Ist's wirklich Liebe, sag mir denn, wie viel?
Antonius
Armselige Liebe, die sich zählen ließe!
Cleopatra
Ich will den Grenzstein setzen deiner Liebe!
Antonius
So mußt du neue Erd und Himmel schaffen.

**Schmilz in die Tiber, Rom! Der weite Bogen
Des festen Reichs, zerbrich! Hier ist die Welt,
Throne sind Staub: – die kot'ge Erde nährt
Wie Mensch so Tier: der Adel nur des Lebens
Ist, so zu tun ...

können. Racine hätten die Boten aus Rom und die Getreuen von Antonius und Cleopatra genügt. Die Welt wäre hier in diesem einen Gemach über sie hergefallen. Darüber hätte es nur den grausamen, leeren, unveränderlichen und schweigenden Himmel gegeben. Im Verlaufe von fünf Akten wären alle Möglichkeiten der Flucht und des Widerstandes erläutert und erschöpft worden. Der Bote hätte mehrere Male aus Rom zurückkehren müssen. Jedesmal hätte er die Rückkehr des Antonius gefordert. Die Welt wäre ebenso rücksichtslos gewesen wie der Himmel und wie der Himmel ohne Erbarmen. Die Tragödie hätte im Laufe von zwölf, sechs oder innerhalb einer einzigen Stunde stattfinden können. Sie wäre im Grunde genommen außer der Zeit geblieben. *Hic et nunc.* Die ganze Geschichte, alles Vorausgegangene, alles, was für die Tragödie selbst nur Äußerlichkeit gewesen wäre, hätten die Getreuen erzählt. Für Racine wären nur Antonius und Cleopatra bedeutsam gewesen, ja, wer weiß, vielleicht sogar nur Cleopatra allein. Die ganze Tragödie wäre zu der letzten Stunde der Wahl verdichtet worden, zu der einen Stunde, in der Antonius und Cleopatra den Tod wählen. Zeit, Raum und Geschichte sind für Racine nur Begriffe, nur abstrakte Zeichen gewesen. Wie bei Kant: der gestirnte Himmel über mir und das moralische Gesetz in mir. Mit dem Unterschied, daß Racines Helden sich gegen das Gesetz auflehnen, und daß dieses Gesetz sie tötet. Shakespeares Tragödie von Antonius und Cleopatra umfaßt zehn Jahre und die gesamte geschichtliche Welt ist Ort der Handlung. Die Zeit ist darin wahr, sie besitzt Eigengewicht. Der Raum ist hier noch materieller als in den anderen Dramen Shakespeares. Die Shakespearesche Bühne ist immer die Welt. Aber hier ist die Welt keine Metapher, hier ist sie konkret und differenziert, historisch und geographisch festgelegt. Ort der Handlung sind nacheinander Alexandria, Rom, Sizilien, das Schlachtfeld bei Actium, Syrien, später Athen, dann wieder Rom und Ägypten. Das sind nicht nur Ortsnamen. Diese Welt ist voll von Menschen, Dingen und Geschehnissen, und wie auf den großen Bildern von Rubens ist hier kein leerer Fleck zu finden. In der Mitte die großen Liebenden in Zorn, Liebe und Verzweiflung, die Liebenden, die einander Flüche entgegenschleudern oder sich in der Umarmung verzehren. Aber gleich daneben, in ihrer unmittelbaren Nähe: Feldherren, Thronfolger, Soldaten, Boten, Eunuchen, Dienerinnen, Sklavenzüge und Militärparaden, Tafeln, die unter Fleisch und Wein sich biegen, Schiffe und Galeeren, Gelage und Märsche, Beratungen und große Schlachten, Meere, Wüsten, die Straßen von Rom, Landschaften und Architekturen, Gegröle und Musik.

Diese Welt ist historisch, aber sie ist es nicht nur deshalb, weil Shakespeare den Fakten und Daten in groben Zügen treu bleibt. Die Geschichte in ANTONIUS UND CLEOPATRA ist nicht nur Anekdote; die Namen der Feldherren und die geographischen Bezeichnungen stammen aus Plutarch. Aber die Welt Plutarchs ist flach im Vergleich mit der Shakespeares. Bei ihm gibt es die Helden einerseits und die Geschichte andererseits. In einem Nebeneinander. Bei Shakespeare ist die Geschichte das Drama selbst. Caesar hat Pompejus geschlagen, Brutus hat Caesar ermordet, Antonius hat Brutus bezwungen. Drei Männer haben die Welt untereinander aufgeteilt. Antonius, Oktavius, der sich Caesar nannte, und Aemilius Lepidus. Gegen sie ist Sextus Pompejus aufgestanden, des großen Pompejus Sohn. Antonius befahl seinen Legaten, Pompejus zu ermorden. Caesar, der jüngere, verhaftete Lepidus und ließ ihn umbringen. Es blieben nur noch zwei übrig:

> Then, world, thou hast a pair of chaps, no more;
> And throw between them all the food thou hast,
> They'll grind the one the other.* ANTONIUS UND CLEOPATRA, III, 5

Das ist Shakespeare. Die Welt ist vielseitig und vielgestaltig, aber die Welt ist klein. Zu klein für drei Herrscher. Zu klein sogar für zwei. Einer muß sterben: Antonius oder Caesar.

ANTONIUS UND CLEOPATRA ist die Tragödie von der Winzigkeit der Welt. Das gab es bei Plutarch nicht. Die Welt des Plutarch ist nicht tragisch. Die Feldherren und die Herrscher sind böse oder gut, dumm oder klug, toll oder bedächtig. Antonius war toll und verlor. Der junge Caesar war bedächtig und siegte. Die Geschichte ist grausam, weil die Tyrannen grausam sind. Aber die Welt ist auf Vernunft aufgebaut, am Schluß siegten die Tugend und der Verstand. Die Welt ist groß. So Plutarch.

In ANTONIUS UND CLEOPATRA ist die Welt klein. Sie scheint bedeutend kleiner als bei Plutarch zu sein, sie ist beengend, und alles ist näher zusammengerückt. Der Bote sagt:

> Thy biddings have been done, and every hour,
> Most noble Caesar, shalt thou have report
> How 'tis abroad.** ANTONIUS UND CLEOPATRA, I, 4

*So hast du nur ein Paar Kinnladen, Welt!
Wirf alle deine Nahrung zwischen sie,
Doch malmen sie einand.

**Erfüllt ist dein Gebot: zu jeder Stunde,
Erhabner Caesar, sollst du Nachricht hören,
Wie's auswärts steht.

Auch diesen Satz gibt es bei Plutarch nicht. Shakespeare hat sich nicht damit begnügt, die VITEN in der zeitgenössischen Übersetzung von North zu lesen. Er blickte auf die Welt durch die Erfahrungen der späten Renaissance. In ANTONIUS UND CLEOPATRA kreist die Sonne zwar noch um die Erde, aber die Erde ist nur noch ein winziges Kügelchen, ein im Weltall verlorenes Nichts:

> His face was as the heavens, and therein stuck
> A sun and moon, which kept their course, and lighted
> The little O, the earth.* ANTONIUS UND CLEOPATRA, V, 2

Die Welt ist deshalb klein, weil man sie nicht verlassen kann. Die Welt ist deshalb klein, weil man sie erobern kann. Die Welt ist deshalb klein, weil ein Zufall genügt, eine diensteifrige Hand, ein geschickter Stoß, um Herr der Welt zu werden. Es sind ihrer drei, die die Welt untereinander aufgeteilt haben, der vierte, der sich gegen die drei auflehnen wollte, hat sich bereits gebeugt. Er gibt ein Gastmahl, lädt die drei Triumvirn auf sein Schiff. Sie trinken. Als erster fällt Lepidus um. Er läßt sich auf das Deck gleiten. Ein Sklave wirft ihn sich über die Schulter und trägt den Pfeiler der Welt hinaus. Die Offiziere schauen ihren Führern zu:

> ENOBARBUS
> A' bears the third part of the world man; see'st not?
> MENAS
> The third part then is drunk; would is were all.
> That it might go on wheels!** ANTONIUS UND CLEOPATRA, II, 7

Das ist die erste Konfrontation. Aber auf demselben Schiff soll noch eine zweite, grausamere und heftigere Konfrontation stattfinden. Nachdem die drei Triumvirn bereits betrunken sind, wird Pompejus von seinem

*Sein Antlitz war der Himmel: darin standen
Sonne und Mond, kreisten und gaben Licht
Dem kleinen O, der Erde.

**ENOBARUS
Den dritten Teil der Welt er trägt;
Mann, siehst du's nicht?
MENAS
Dies Dritteil also trunken. Wär's die ganze,
Dann rollt' sie ohne Ruh.

Vertrauensmann auf die Seite gerufen. Jener schlägt ihm vor, das Tau zu kappen und den drei Herrschern der Welt die Kehle durchzuschneiden. Das ist eine der größten Szenen in ANTONIUS UND CLEOPATRA. Auch sie kommt nicht von Plutarch, sie stammt direkt aus den Erfahrungen der Renaissance. Sie besticht durch ihre Modernität. Pompejus nimmt den Vorschlag nicht an. Er lehnt ab. Aber wie er das tut? Er wirft Menas vor, es nicht von sich aus bereits getan zu haben, ihn *vor* und nicht *nach* der Tat um Zustimmung gefragt zu haben.

> Ah! this thou shouldst have done,
> And not have spoke on't. In me 'tis villany;
> In thee't had been good service.* ANTONIUS UND CLEOPATRA, II, 7

Die Helden Racines besitzen volle Entscheidungsfreiheit; der Himmel schweigt immer, die Welt existiert nicht für sie. Sie sind allein. Sie werden von der Leidenschaft verbrannt, aber sie sind für sich selbst durchsichtig. Die Tat steht hinter oder vor ihnen, sie gehört zu den Antezedenzien der Tragödie oder wird in der letzten Szene verübt. Sie tragen die Tat durch fünf Akte hindurch in sich. Sie bereiten sich darauf vor wie auf den Sprung in den Abgrund. Sie durchlöchern die Tat von allen Seiten in fließenden Alexandrinern. Und diese Alexandriner werden niemals gebrochen. Die Helden sind würdevoll und durchsichtig wie ein Alexandriner. Die Gestalten Shakespeares sind – Hamlet vielleicht ausgenommen – ein Rätsel und eine Überraschung für sich selbst. Die Helden sind von Leidenschaften zerrissen, aber das ist eine andere Zerrissenheit als bei Racine. Die Welt ist präsent, sie drückt den Menschen an die Wand, immerzu, ohne Unterlaß, von der ersten bis zur letzten Szene. Auch sie haben eine Wahl zu treffen, aber sie tun es durch die Tat. Sie sind gänzlich im Konkreten verankert. Das Thema von ANTONIUS UND CLEOPATRA ist racinehaft; Würde und Liebe lassen sich mit dem Machtkampf, der die Materie der Geschichte ist, nicht vereinbaren. Aber weder die Welt noch der Machtkampf sind hier abstrakt. Die Helden gebärden sich wie große Tiere im Käfig. Der Käfig wird immer enger, und die Tiere gebärden sich immer wilder.

Antonius trennt sich gewaltsam von Cleopatra, kehrt nach Rom zurück und schließt dort eine Vernunftehe; er kämpft, aber nicht mit sich; er kämpft um die Weltherrschaft. Dann kehrt er wieder nach Ägypten zu-

*Ah! Hättst du's getan
Und nichts gesagt! In mir ist's Büberei,
Von dir getreuer Dienst.

rück, wo er eine wirkliche Niederlage erleidet, wo er wahrhaftig geschlagen wird. Cleopatra will Antonius und auch Ägypten für sich behalten. Sie erwägt alle Chancen, erprobt alle Möglichkeiten, ist zugleich mutig und feige, treu und bereit, Verrat zu üben, wenn sie sich dadurch an den neuen Caesar verkaufen kann, verkaufen muß – um das Königreich zu retten. In Shakespeares Welt haben nicht einmal die Herrscher freie Wahl; die Geschichte ist kein abstrakter Begriff, sondern Praxis, ein Mechanismus. Cleopatra verliert, sie verliert genauso wie Antonius; sie verliert nicht im Kampfe wider die eigene Leidenschaft, sondern als Königin. Sie kann lediglich zur Buhlerin des neuen Caesar und zur Hauptattraktion seines Triumphzugs werden.

Cleopatra könnte mit Antonius zusammenbleiben, aber Cleopatra liebt *den* Antonius, der einer der Pfeiler der Welt ist, den unbesiegten Feldherrn. Ein Antonius, der gescheitert ist, der eine Niederlage hinnehmen mußte, ist nicht Antonius. Antonius könnte mit Cleopatra zusammenbleiben, aber er liebt die Cleopatra, die die Königin des Nils ist; eine Cleopatra, die zur Buhle des Caesar wird, auf die man in den Straßen Roms mit dem Finger zeigen wird, ist nicht mehr Cleopatra.

Antonius und Cleopatra treffen die letzte Wahl erst nach der Niederlage. Eben jene Wahl, die bei Racine zum selbständigen Thema einer fünfaktigen Tragödie geworden wäre. Bei Shakespeare wird diese Wahl zwangsläufig getroffen. Aber diese zwangsläufige Wahl nimmt den Helden nicht ihre Größe. Antonius und Cleopatra werden erst im vierten und fünften Akt zu großen Liebenden. Und nicht nur zu großen Liebenden. Sie richten über die Welt. Am Schluß kehrt das Thema der Exposition wieder. Die Welt und der Himmel sind zu klein für die Liebe. Cleopatra wird vor ihrem Tode die Worte von Antonius wiederholen:

'tis paltry to be Caesar;
... and it is great
To do that thing that ends all other deeds,
Which shackles accidents, and blots up change,
Which sleeps, and never palates more the dug,
The beggar's nurse and Caesar's.* ANTONIUS UND CLEOPATRA, V, 2

*Armselig ist es, Caesar sein ...
... Größe ist's,
Das tun, was alle andern Taten endigt,
Zufall in Ketten schlägt, verrammt den Wechsel,
Fest schläft, und nicht mehr kostet jenen Kot,
Des Bettlers Amm und Caesars.

In RICHARD III. galt ein ganzes Königreich weniger als ein Pferd. Ein flinkes Pferd kann das Leben retten. Antonius und Cleopatra wollen nicht fliehen und kennen keinen Fluchtweg. »Königreiche sind Lehm«. In beiden großen Dramen wurden Urteile über die Macht und die Machthaber gefällt. Bis zum endgültigen Schluß. Wenn der Held bei Racine sich das Leben nimmt, ist die Tragödie zu Ende und mit ihr Welt und Geschichte. Im Grunde existierten Welt und Geschichte von Anfang an nicht. Wenn Antonius und Cleopatra sich töten, ist die Tragödie nicht zu Ende. Geschichte und Welt gehen weiter. Die Trauerreden auf die Leichname von Antonius und Cleopatra spricht der Sieger des tödlichen Triumvirats – Oktavius, der zukünftige Caesar Augustus. Eine ähnliche Rede hat Fortinbras auf Hamlets Leiche gehalten. Er spricht noch, aber die Bühne ist leer. Alle Großen sind dahin. Und die Welt ist flach geworden.

CORIOLAN ODER VON SHAKESPEARES WIDERSPRÜCHEN

> You have deserved nobly of your country, and you have not deserved nobly ...
> You have been a scourge to her enemies, you have been a rod to her friends; you have not indeed loved the common people.*
>
> CORIOLAN, II, 3

I

CORIOLAN hat immer zu den großen Shakespeare-Stücken gehört, die am seltensten gespielt wurden. Er hat nur wenige Enthusiasten und Anbeter gefunden. Allerdings befanden sich unter diesen Coleridge und Swinburne, Brecht[21] und Leon Schiller. Aber meistens stieß er auf Unwillen, Empörung oder wurde kühl aufgenommen. Weder zu Shakespeares Zeiten noch danach, fast vier Jahrhunderte lang bis in unsere Tage, hatte er besondere Erfolge zu verzeichnen. Man nannte ihn bisweilen eine nackte Tragödie oder ein Monodrama. In CORIOLAN gibt es keine berauschende Poesie, keine Sphärenmusik. Auch keine großen Liebenden und prächtigen Narren, entfesselte Elemente und Phantasiegebilde, die die Erfahrung durch Wahrhaftigkeit übertrumpften. Er wirkt wie eine ausgewrungene geschichtliche Chronik, die gewaltsam dramatisiert wurde. Der monumentalisierte Held mag alle Gefühle erwecken, außer Sympathie. CORIOLAN ist aber nur scheinbar ein Monodrama. Im Grunde besitzt die Tragödie zwei Helden, aber der zweite ist vielköpfig und hat viele Namen. Ich will ihn nicht sofort nennen. Ich möchte erst einmal darauf hinweisen, daß Coriolan niemals allein ist. Jedenfalls nicht im physischen und dramatischen Sinne. An 25 von 29 Szenen des Dramas nehmen die Massen teil. Zwölf Szenen spielen in den Straßen von Rom, auf dem Forum und dem Kapitol; zwei in Corioli, zehn auf Schlachtfeldern und in Heerlagern. Die Menge ist nicht nur vielnamig, sie ist zumeist anonym: der erste Bürger, der zweite Bürger, der dritte Bürger; der erste Senator, der zweite Senator, der dritte Senator; erster Soldat, zweiter Soldat, dritter Soldat; der erste Senatsdiener, der zweite Senatsdiener; der erste Ratsherr, der zweite Ratsherr ...

*Ihr habt Euch edel um Euer Vaterland verdient gemacht und habt Euch auch nicht edel verdient gemacht ...
Ihr wart eine Geißel für seine Feinde; Ihr wart eine Rute für seine Freunde. Ihr habt, die Wahrheit zu sagen, das gemeine Volk nicht geliebt.

Die Charakterzüge der Feldherren und der politischen Führer sind mit wenigen Strichen gezeichnet. Sie tauchen für einen Moment aus der Menge auf, um dann wieder in ihr zu versinken. Dann sind noch Mutter, Frau und Sohn des Coriolan da. Aber auch sie weisen kein Eigenleben auf. Auch sie bilden nur den Hintergrund und fundieren die Situation, in der sich die Tragödie abwickelt.

Die Trockenheit CORIOLANS mußte zweifellos Leser und Zuschauer abschrecken. Das Drama ist in der Tat roh und unsympathisch. Aber die Roheit der dramatischen Materie scheint noch kein ausreichender Grund für die Befremdung zu sein, die man so lange Zeit und nahezu allgemein für eines der tiefsten Werke Shakespeares empfunden hat. Ich glaube, daß die wahren Gründe für die Befremdung woanders lagen, daß sie das Resultat der Zwei-, ja Vieldeutigkeit des CORIOLAN sind, das Resultat seiner politischen, moralischen und letzten Endes philosophischen Vieldeutigkeit. Diese war nicht so leicht zu verdauen. Mit einem CORIOLAN, wie ihn Shakespeare wollte, konnten weder die Aristokraten noch die Republikaner sich gänzlich einverstanden erklären. Weder die Freunde noch die Feinde des Volkes. Der CORIOLAN mißfiel sowohl jenen, die an die Massen glaubten, als jenen, die sie verachteten. Denen, die der Geschichte Sinn und didaktische Aufgaben zusprachen, und denen, die über diese Aufgaben lästerten. Der CORIOLAN schmeckte weder denen, die in der Menschheit einen Termitenhaufen sahen, noch denen, für die die Menschen nur als einsame Termiten existieren, die die Tragik ihres Daseins unter Qualen erdulden. CORIOLAN paßte in keine der festgetretenen historischen und historiosophischen Konzeptionen des 18. und 19. Jahrhunderts. CORIOLAN konnte weder den Klassikern noch den Romantikern gefallen. Für die Klassiker war er zu inkohärent, zu vulgär und brutal. Für die Romantiker zu bitter, flach und trocken. Im Falle CORIOLAN wiederholte sich die Geschichte von TROILUS UND CRESSIDA, des zweiten unverstandenen oder gänzlich mißverstandenen Stückes Shakespeares, dessen philosophische Essenz allen scheinbaren Unterschieden zum Trotz der des CORIOLAN sehr nahesteht. In beiden Dramen wird eine heftige und sarkastische Konfrontation von Idee und Praxis durchgeführt, aber aus dieser Konfrontation geht keineswegs die Anerkennung der Praxis als alleiniges und letztes Wertkriterium hervor.

CORIOLAN ist nur scheinbar ein Monodrama und ebenso scheinbar eine Tragödie aus der Antike. Die Polis oder die Urbs, die Stadt, die zugleich Vaterland ist, ein Held und das Fatum. Der Held bricht das Sittengesetz, der Stadt droht der Untergang. Der Held muß zwischen seinem Leben und der Stadt wählen. Er wählt. Fällt. Die Stadt wird gerettet. Man errichtet Fortuna einen Tempel. Die Stadt ist Rom, der Held heißt Coriolan. Auch so kann man den Inhalt der Tragödie schildern.

Aber das Fatum, dessen sich Shakespeare bedient, hat ein modernes Gesicht, obschon es den Helden wie griechische Erinnyen verfolgt, ihn an die Wand drückt und entzweibricht. Dieses Fatum ist der Klassenkampf. Rom ist Stadt und Vaterland zugleich. Aber es ist ein Rom der Plebs und der Patrizier.

Die Geschichte des CORIOLAN spielt nach der Vertreibung der Könige in den halblegendären Zeiten der Entstehung der römischen Republik. Livius hat diese Zeit kurz beschrieben, Plutarch hat sie in seinen VITEN ausführlicher behandelt. Die englische Übersetzung des Plutarch erschien 1579. Ihr entnahm Shakespeare Fabel und Charaktere des Dramas.

Rom kämpft mit den Nachbarstämmen; in Rom selbst währt der Kampf zwischen den Armen und den Reichen.

Plutarch schreibt von »einem Zerwürfnis zwischen dem Senat, der sich auf die Seite der Besitzenden stellte, und dem Volk, das offenbar schwer unter dem Druck der Gläubiger litt. Wer wenig besaß, dem wurde das Wenige durch Pfändungen und Versteigerungen genommen. Wer nichts besaß, wurde fortgeführt und in den Kerker geworfen. (...) ... der Senat traf keine Anstalten, sich an sein Versprechen zu erinnern. Ohne einzuschreiten, sah er es mit an, wenn die Schuldner wieder in Schuldhaft fortgeschleppt wurden. Deshalb kam es in der Stadt zu gefährlichen Händeln und Aufläufen.«

An den Kriegen bereichern sich die Patrizier. Sie gewinnen Land und Sklaven, aber ohne die Plebs kann man keinen Krieg führen. Die Plebejer erhalten das Recht, eigene Tribunen zu wählen, und das Mitbestimmungsrecht in der Regierung. Der tapferste Krieger Roms ist Cajus Marcius, der aus einem alten Patrizierhaus stammt. Nach der Eroberung der Stadt Corioli, die von dem Gebirgsstamm der Volsker bewohnt wird, erhält er den Beinamen Coriolan. Er ist ein um Rom verdienter Mann, ein großer Feldherr, siebenundzwanzigmal ist er von Feinden verwundet worden. Die Patrizier schlagen die Kandidatur Coriolans für das Amt des Konsuls vor. Dazu bedarf es der Zustimmung des Volkes. Coriolan ist Aristokrat, er haßt das Volk und wird wieder gehaßt. In Rom herrscht Hungersnot. Coriolan widersetzt sich dem Verkauf von Korn. Er fordert, daß die Plebs erst einmal auf die Wahl der Tribunen verzichte. Das empörte Volk stimmt dem Konsulat Coriolans nicht zu. Die Tribunen verklagen ihn wegen Hochverrats und »diktatorischer Gelüste«. Coriolan wird vor Gericht gestellt. Das Volk erzwingt bei den Patriziern die Verurteilung Coriolans zu ewiger Verbannung aus Rom. Coriolan sinnt jetzt nur noch auf Rache. Er begibt sich zu den Volskern und schlägt den Feinden von gestern vor, gemeinsam gegen Rom zu ziehen. Er selbst tritt an die Spitze des Feldzuges.

Das ist das erste Kapitel der römischen Legende über Coriolan. Darin ist eine republikanische Moral enthalten. Ein Führer, der das Volk verachtet, verrät das Vaterland und geht auf die Seite des Feindes über. Ein ehrgeiziger General, der eine Diktatur anstrebt, ist eine tödliche Gefahr für die Republik. Das Volk hat recht, Coriolan vertrieben zu haben. Aber darauf folgt der zweite Akt der Geschichte. Coriolan nähert sich den Toren Roms an der Spitze der Volsker. Die Stadt ist ohne Führer, wehrlos und dem Untergang geweiht: die Plebejer und die Patrizier beschuldigen sich gegenseitig, Coriolan vertrieben zu haben, sie flehen ihn um Verzeihung an. Umsonst. Sie betteln um Gnade. Vergeblich. Die Römer entsenden die Frau und die Mutter Coriolans als Unterhändler. Erst da läßt Coriolan von Rom ab. Er schließt Frieden und zieht die feindliche Armee zurück.

Nun folgen zweierlei Schlüsse. Der eine, den Livius angibt, ist sentimental und idyllisch. Die dankbaren Römer errichten einen Tempel zu Ehren der Mutter und der Frau Coriolans, er selbst kehrt zu den Volskern zurück, wo er nach einem langen, friedlichen Leben in Seelenruhe stirbt. Die zweite Variante ist unvergleichlich dramatischer. Coriolan weiß, daß er sein eigenes Todesurteil fällt, wenn er von Rom abläßt. Es ist sein zweiter Verrat, er hat den Vertrag mit den Volskern gebrochen. Als Verräter wird er von den Volskern ermordet. Die zweite Fassung stammt von Plutarch. Aber der Autor der VITEN war sich dessen nicht bewußt, daß die Geschichte Coriolans zwei völlig gegensätzliche Urteile in sich trägt. Die Moral des zweiten Kapitels ist äußerst bitter. Die Stadt, die ihren Führer verbannte, wird wehrlos. Das Volk vermag nur zu hassen und zu beißen, ist aber nicht fähig, die eigene Stadt zu verteidigen. Die Volksmassen sind ein blindes und vernichtendes Element wie Feuer und Überschwemmung. In dieser vielköpfigen anonymen Menge war Coriolan der einzige große Mensch. Das Vaterland hat ihm seine Größe mit Undank gelohnt. Er paßte nicht hinein. Er wurde geboren, um zu herrschen. Die Geschichte ist grausam und voller Fallen. Die Großen sterben, die Kleinen bleiben.

Plutarch hat die Tragik der Gestalt Coriolans nicht bemerkt und auch nicht die der Geschichte selbst. In seinen VITEN hat er der römischen *virtus* das ethische Ideal der Griechen entgegengehalten. Die Moral, die er seiner Coriolan-Biographie gab, war psychologisch und empirisch: »Gaius Marcius bestätigte ... die Ansicht, daß in einem edlen guten Herzen,

dem keine Erziehung zuteil wird, Kraut und Unkraut emporsprießen, wie auf gutem Boden, den niemand beackert... Würde und Milde, die hinzukommen müssen, um den wahren Staatsmann zu machen, fehlten ihm. Er wußte nicht, daß ein Mann, der in der Öffentlichkeit eine Rolle spielen will, nichts so sehr scheuen muß wie Selbstgefälligkeit...«
Soweit der ehrwürdige Plutarch. Die Geschichte des CORIOLAN ist gallebitter. Aber erst Shakespeare hat das Bittere dieser Geschichte herausgeschmeckt. Es muß es ihm besonders angetan haben, wenn er daraus das Thema seines Dramas gemacht hat. In den Königsdramen und Tragödien, die verdichtete Chroniken sind, hat Shakespeare die Feudalgeschichte verabsolutiert. Er hat ihren nackten und unabänderlichen Mechanismus gezeigt. Die Geschichte spielte sich dort auf dem Gipfel der sozialen Hierarchie ab. Sie war persönlich, hatte einen Namen, und dieser Namen gab es nicht viele. Nur manchmal erscheinen in den Königsdramen verschreckte Bürger, um vom Tode des Herrschers, Kriegsausbruch oder Staatsstreich zu erfahren. Jeden Wechsel des Herrschenden betrachten sie wie eine Naturkatastrophe. Die Geschichte spielt sich über ihren Köpfen ab, aber sie müssen dafür zahlen.

Die Feudalgeschichte hat ihr Abbild und Muster in der Geschichte der römischen Imperatoren ohne Schwierigkeit wiedergefunden. Der Vergleich zwischen Caesar und Brutus war das Vorzugsthema der Renaissance-Moralistisk, die Geschichte der Tyrannen eine Lieblingsfabel der vorshakespeareschen und elisabethanischen Tragödie. Von den römischen Autoren wurden Tacitus und Sueton am häufigsten zitiert. Die Büsten der zwölf Caesaren zierten die Paläste aller christlichen Könige.[22] Das republikanische Rom war der Renaissance viel fremder und entfernter. Nur die Venezianische Republik konnte ausnahmsweise als Experiment der Zeit gelten, aber auch dort regierten der Doge und die Aristokratie. Die Menschen der Renaissance waren von dem Problem der absoluten Herrschaft sowie von dem Mechanismus fasziniert, der einen guten Herzog in einen Tyrannen verwandelt. Das war ihr tägliches Brot. Und das ist auch eines der großen Shakespeare-Themen. Aber nicht das einzige. Shakespeare war in JULIUS CAESAR und in CORIOLAN ein viel weiter gehender Neuerer als in ANTONIUS UND CLEOPATRA. Er hat das republikanische Rom in die Tragödie eingeführt. Zweifelsohne blickte er auf dieses Rom durch die Erfahrungen der späten Renaissance und suchte darin die Bestätigung seiner bitteren, äußerst pessimistischen und unerbittlichen Geschichtsphilosophie. Aber die Materie war eine andere und ließ sich nicht in jenen unabänderlichen Kreis zwingen, in dem Anfang und Ende jeglichen Herrschens in der Exekution des jeweiligen Herrschers be-

stand. Das Bild der großen Treppen, über die nacheinander alle Herrscher steigen und auf deren erster und letzter Stufe das Schafott steht, paßte in diese Geschichte nicht mehr hinein.
Coriolan besitzt zwar düstere Größe und wird von der Geschichte zerschmettert, aber die Geschichte, an der Coriolan zerbricht, ist keine Königsgeschichte mehr. Es ist die Geschichte der in Plebs und Patrizier geschiedenen Stadt. Die Geschichte eines Klassenkampfes. In den Königsdramen und in MACBETH war die Geschichte ein Großer Mechanismus, aber dieser Mechanismus hatte etwas Dämonisches an sich. In CORIOLAN hat die Geschichte nichts mit Dämonie gemein. Sie ist nur ironisch und tragisch. Und das ist das zweite zeitgenössische Gesicht des CORIOLAN.

II

Die erste Szene des CORIOLAN beginnt mit dem Auftritt der rebellierenden Plebejer. Darin offenbaren sich sogleich Thema, Konflikt und Helden.

> FIRST CITIZEN
> You are all resolved rather to die than to famish?
> ALL
> Resolved, resolved.
> FIRST CITIZEN
> First, you know Caius Marcius is chief enemy to the
> people.* CORIOLAN, I, 1

Das sind der dritte, vierte und fünfte Satz des Dramas. Shakespeare verschwendet seine Zeit nie. Die Situation ist umrissen. In Rom herrscht Hungersnot, die Plebejer verlangen die Herabsetzung des Kornpreises. Dem widersetzt sich Cajus Marcius. Die Plebejer beschließen, ihn zu töten. Die Handlung beginnt in der ersten Minute. Aber das Thema des Dramas ist noch nicht formuliert. Auch das wird sogleich erfolgen. Die

*ERSTER BÜRGER
Ihr seid alle entschlossen, lieber zu sterben als zu verhungern?
ALLE
Entschlossen! Entschlossen!
ERSTER BÜRGER
Erstlich wißt ihr: Cajus Marcius ist der Hauptfeind des Volkes.

Plebejer überschreien sich gegenseitig, und in den heftigen Repliken wird die Theorie der Klassenteilung ausgesprochen. Die Theorie ist perfekt und ausgebaut; sie umfaßt drei prinzipielle Gegensätze: die einen arbeiten, die andern sättigen sich an der Armut der Arbeitenden; die einen sind arm, die anderen sind reich; die einen sind unten und müssen gehorchen, die anderen sind oben und herrschen. Das ist alles in der ersten Szene enthalten. Auf Stimmen verteilt, im plebejischen Geschrei untergebracht:

> The leanness that afflicts us, the object of our misery is as an inventory to particularise their abundance; our sufferance is a gain to them.
> ... suffer us to famish, and their storehouses crammed with grain; make edicts for usury, to support usurers; repeal daily any wholesome act established against the rich, and provide more piercing statutes daily to chain up and restrain the poor. If the wars eat us not up, they will.* CORIOLAN, I, 1

Darauf erscheint der Patrizier Menenius Agrippa. Er wurde vom Senat entsandt, um die Rebellen zu besänftigen. Agrippa gibt zu, daß Hungersnot herrsche, daß es Reiche und Arme gebe. Nur daß er die Kausalität anders sieht. Die Armen hungern nicht etwa deshalb, weil die Reichen zuviel haben. Die Patrizier sorgen sich um das Volk. Die Armut sei ein Urteil der Götter. Die Welt sei so und nicht anders eingerichtet, und niemand könne die ewige Ordnung ändern:

> For your wants,
> Your suffering in this dearth, you may as well
> Strike at the heaven with your staves as lift them
> Against the Roman state...
> For the dearth,

*Der Hunger, der uns ausgemergelt, der Anblick unseres Elends ist gleichsam ein Verzeichnis, in welchem sie ihr Wohlleben lesen. Unser Jammer ist ihnen Genuß... Uns verhungern lassen, und ihre Vorratshäuser sind vollgestopft mit Korn. Verordnungen machen gegen den Wucher, um die Wucherer zu unterstützen. Täglich irgendein heilsames Gesetz gegen die Reichen widerrufen und täglich schärfere Verordnungen ersinnen, die Armen zu fesseln und einzuzwängen. Wenn der Krieg uns nicht auffrißt, tun sie's: das ist ihre ganze Liebe für uns.

The gods, not the patricians, make it, and
Your knees to them, not arms, must help.* CORIOLAN, I, 1

Agrippa spricht in Versen. Die Plebejer in Prosa. Die Klassenteilung ist auch für Shakespeares Helden verpflichtend. Aber es ist nicht nur ein Unterschied zwischen gebundener und ungebundener Rede. Agrippa hält dem plebejischen Bewußtsein der Klassenunterdrückung und seiner simpelsten Raummetapher: oben – unten, ein Gesellschaftsbild entgegen, das einem großen Organismus gleicht. Er erzählt den Plebejern das bekannte Märchen von den Gliedern, die sich gegen den Bauch auflehnten. Der römische Senat sei der Bauch, die Plebs – die sich auflehnenden Glieder. Agrippas Gleichnis ist schon bei Livius und bei Putarch zu finden. Aber Shakespeare verfährt hier wie immer: er verdichtet und dramatisiert das Gegebene.

Das Märchen Agrippas ist auch eine Theorie der Klassenteilung. Mit dem Unterschied, daß es sich um die Klassenteilung in den Augen der Patrizier handelt. Der brutalen plebejischen Dichotomie wird eine funktionelle und organische Theorie entgegengestellt. Beide Theorien sind durch Shakespeare in ihrer Klassenfunktion gezeigt. Sie sind sowohl Agitationsmittel als Handlungsmotivierung. Genau wie in der Geschichte. Schließlich haben die Argumente Agrippas eine große politische und wissenschaftliche Karriere gemacht. Sie werden von Theodoret aus Cyrus in den ersten christlichen Jahrhunderten wiederholt (»Die Diener haben ihre Herren zu Teilhabern an ihrer Mühe, aber nehmen keineswegs an den Sorgen ihrer Herren teil.«) und von den amerikanischen Plantagenbesitzern in der Zeit Franklin Roosevelts (»Wir müssen uns sorgen um das Getreide, um Pachtfinanzierung und alle solchen Dinge, während der Neger, der Landarbeiter, von uns erwartet, daß wir uns um ihn sorgen, und keine Sorgen hat, solange er von uns erhalten wird.«) Die Konzeption Agrippas von der gegenseitigen Abhängigkeit der Klassen vertreten die Physiokraten (nach denen eine gut eingerichtete Klassengesellschaft »eine vollkommene Einheit, die sich aus mannigfaltigen Teilen

* Eure Not betreffend,
Die jetz'ge Teurung, könntet ihr so gut
Dem Himmel dräun mit Knütteln, als sie schwingen
Gegen den Staat von Rom . . .
Diese Teurung,
Die Götter machen sie, nicht die Patrizier;
Gebeugte Knie, nicht Arme müssen helfen.

zusammensetzt, welche sich gegenseitig notwendig sind« bildet) ebenso wie die päpstlichen Enzykliken des 19. Jahrhunderts. Spencer und Durkheim bauen sie zu soziologischen Systemen aus.[23] Shakespeare genügt ein kurzer Dialog, alles ist in den ersten fünf Spielminuten enthalten.

Die erste Szene des CORIOLAN ist noch nicht zu Ende. Agrippa ist gerade mit seinem Märchen fertig, als Cajus Marcius erscheint. Vom ersten Satz an schmäht er die Plebejer.

> What's the matter, you dissentious rogues,
> That, rubbing the poor itch of your opinion,
> Make yourselves scabs?* CORIOLAN, I, 1

Agrippa ist ein Ideologe der Patrizier, ein Ideologe in dem abschätzigen Sinn, in dem das Wort von Marx gebraucht wurde. Agrippa ist ein Taktiker, ein Philosoph des Opportunismus. Marcius ist kein Ideologe, und er verwirft jegliche Taktik. Er akzeptiert eine scheinbar mit dem plebejischen Gesichtspunkt übereinstimmende Klassenteilung, die antagonistische, senkrechte Trennung in ein Oben und ein Unten, in zwei einander tödlich hassende Lager. Er sagt zu den Senatoren:

> You are plebeians
> If they be senators; and they are no less,
> When, both your voices blended, the great'st taste
> Most palates theirs. They choose their magistrate,
> And such a one as he, who puts his »shall«,
> His popular »shall«, against a graver bench
> Than ever frown'd in Greece.** CORIOLAN, III, 1

*Was gibt es hier? Rebell'sche Schurken,
Die ihr das Jucken eurer Einsicht kratzt,
Bis ihr zu Aussatz werdet.

** Ihr seid Plebejer,
Wenn Senatoren sie; sie sind nichts Mindres,
Wenn durch der Stimmen Mischung nur nach ihnen
Das Ganze schmeckt. Sie wählen sich Beamte –
Und diesen, der sein Soll entgegensetzt,
Sein pöbelhaftes Soll, weit würd'germ Rat,
Als Griechenland nur je verehrt.

Marcius akzeptiert die beiden klassischen Gegensätze der plebejischen Theorie: Reiche und Arme, Herrschende und Beherrschte. Aber zu den beiden Gegensätzen fügt er einen dritten und vierten hinzu: Echte und Gemeine, Kluge und Dumme. In seinen Augen ist das Volk Tieren gleich, die sich gegenseitig zerreißen, die den Stärkeren hassen und die sich heute dessen nicht mehr entsinnen können, was sie gestern wollten.

What would you have, you curs,
That like nor peace nor war? the one affrights you,
The other makes you proud...
Who deserves greatness deserves your hate...
Trust ye?
With every minute you do change a mind
And call him noble that was now your hate...
You cry against the noble senate, who,
Under the gods, keep you in awe, which else
Would feed on one another?* CORIOLAN, I, 1

Auch bei Plutarch haßt Marcius das Volk. Er haßt es vor allem deshalb, weil er von Stolz und Hochmut verzehrt wird, weil er ein Einzelgänger ist, der mit Menschen nicht umzugehen versteht. Plutarch stimmt im Grunde der praktischen Vernunft Agrippas zu. Shakespeare verhöhnt Agrippa. Jener spielt im CORIOLAN bestenfalls die Rolle des Polonius aus HAMLET. Von der ersten bis zur letzten Szene der Tragödie schwelt der Streit zwischen Coriolan und dem Volk. Und wie in allen großen Dramen Shakespeares ist es ein Streit um das Verständnis der Geschichte und um ihren moralischen Wert, ein Streit um die Gestalt der wirklichen Welt. Shakespeares Coriolan ist ebenfalls hemmungslos, stolz und hochmütig. Aber sein Vorgehen resultiert nicht aus seinen Charakterschwächen, jedenfalls nicht ausschließlich daraus. Es ist kein ›Erziehungsmangel‹ wie beim ehrbaren Plutarch. Die Tragödie des Coriolan von Shakespeare

*Was verlangt ihr, Hunde?
Den Krieg nicht wollt noch Frieden; jener schreckt euch,
Und dieser macht euch frech...
Wer Größe verdient, verdient auch euren Haß...
Euch traun?
Ein Augenblick, so ändert ihr den Sinn,
Und nennt den edel, den ihr eben haßtet...
Schreit gegen den Senat, der doch allein,
Zunächst den Göttern, euch in Furcht erhält;
Ihr fräß't einander sonst.

läßt sich weder beschreiben noch psychologisch festlegen. Und es ist auch nicht die Tragödie: große Persönlichkeit und Masse, wie die Mehrzahl der Kommentatoren es sehen will. In CORIOLAN gibt es keine ungestalte Masse; es gibt die Patrizier und die Plebs. Coriolan sieht die Klassengegensätze so, wie sie die Plebejer sehen, aber man bemerkt mit Leichtigkeit, daß er das Wesen dieser Gegensätze ändert, daß er sie einem Wertsystem zuführt. Die Plebejer behaupten nicht, daß sie edel seien und die Patrizier gemein; die Plebejer wissen lediglich, daß sie hungrig sind und daß sie es deshalb sind, weil jene anderen satt sind. Agrippa behauptet, daß es im Grunde weder Hungrige noch Gesättigte gebe, denn es lasse sich schwerlich sagen, daß die Hände hungrig seien, wenn der Bauch satt ist. Coriolan erkennt die Teilung in Satte und Hungrige an, aber nicht deshalb, weil das der Wille der Götter ist. Coriolan glaubt an keine Götter, er braucht sie nicht. Das Volk ist wie Tiere. Wenn man diese Tiere ermutigte und ihnen genug zu essen gäbe, dann würden sie sich auf die Menschen stürzen. Die Ratten würden die Stadt auffressen.

> ... thus we debase
> The nature of our seats, and make the rabble
> Call our cares, fears; which will in time break ope
> The locks o'the senate, and bring in the crows
> To peck the eagles.* CORIOLAN, III, 1

Drei Theorien der Klassenteilung wurden hier formuliert. Jede von ihnen enthält die Beschreibung der sozialen Wirklichkeit und ein eigenes Wertsystem, eine Sicht der Welt und ein Urteil, eine Antwort auf zwei Fragen: wie ist die Welt und wie sollte sie sein? Für diese drei Systeme lassen sich leicht drei universelle Begriffe finden: Egalitarismus, Solidarismus, Hierarchismus. Shakespeares CORIOLAN ist eine ungemein rücksichtslose Konfrontation dieser drei Systeme, und zwar eine antididaktische Konfrontation. CORIOLAN ist, wie immer bei Shakespeare, ein großes Spiegelsystem: das Volk spiegelt sich in Coriolans Augen, Coriolan und die Patrizier in den Augen des Volkes, der letzte Spiegel ist die Geschichte. Die Geschichte ist in dem Drama Handlung, Lauf der Geschehnisse, ihr gegenseitiges Verhältnis und ihre Konsequenzen. Die

* So erniedern
Wir unser hohes Amt, sind schuld, daß Pöbel
Furcht unsre Sorgfalt schilt. Dies bricht dereinst
Die Schranken des Senats und läßt die Krähen
Hinein, daß sie die Adler hacken.

Geschichte kann die einzelnen Wertsysteme entweder unterstützen oder sie verhöhnen. Wenn sie sie verhöhnt und umwirft, ist sie grotesk oder tragisch. Oder grotesk und tragisch zugleich.

III

Die erste große Konfrontation ist der Krieg. Die Volsker haben Rom angegriffen. Die Plebejer sind ratlos. Die Situation hat sich sofort geändert. Die Feldherren übernehmen die Macht. Die Rebellen ziehen sich zurück. Agrippas Argumente erscheinen als richtig, und das Gleichnis vom Bauch geht in Erfüllung. Cajus Marcius triumphiert:

> The Volsces have much corn; take these rats thither
> To gnaw their garners.* CORIOLAN, I, 1

Schon sind die Römer bei Corioli. Der erste Angriff auf die Stadt wird abgewehrt. Die Soldaten haben sich zerstreut. Marcius verflucht die Deserteure, versammelt die Mutigen um sich, greift erneut an. Er schlägt die Volsker bis zu den Toren der Stadt zurück und schreitet allein in die feindliche Stadt.

> FIRST SOLDIER
> Foolhardiness! not I.
> SECOND SOLDIER
> Nor I.
> THIRD SOLDIER
> See, they have shut him in.
> ALL
> To the pot, I warrant him.** CORIOLAN, I, 4

*Die Volsker haben Korn; dahin, ihr Ratten,
Die Scheuern freßt.

**ERSTER SOLDAT
Tolldreist! Ich nicht –
ZWEITER SOLDAT
Noch ich.
DRITTER SOLDAT
Da seht! Sie haben ihn eingesperrt.
ALLE
Nun geht er drauf, das glaubt nur.

Die Shakespeareschen Kriegsszenen werden von Trommeln und Trompeten begleitet. Aber es kommt darin weder zu einem rabiaten Schlachtengetümmel noch zu Getöse. Die Szenen spielen auf leerer Bühne. An den großen Schlachten sind nur wenige, höchstens ein Dutzend Soldaten beteiligt. Selbstverständlich haben die Globe-Leute viel rote Farbe vergossen, die Schwerter wurden im Gefecht laut und heftig gegeneinandergeschlagen. Aber es ist weder ein illusionistischer noch ein illustrativer Krieg. Die Dramatik dieser Szenen ist von anderer Art, es ist eine rein innerliche Dramatik. Die tödlichen Duelle werden von bitteren philosophischen Reflexionen unterbrochen oder gar von Spott. Der junge Heinrich ist ein Held, und er siegt über Percy. Aber Falstaff zieht es vor, sich tot zu stellen; er weiß, daß es vor allen Dingen gilt, am Leben zu bleiben. Der Krieg ist für die Könige und für die Feldherren bestimmt, nicht aber für die Soldaten. Nicht anders sieht der Krieg in CORIOLAN aus.
Corioli wurde erobert, Marcius ist wie ein Sturmwind über die Stadt gefahren. Das, was übrig blieb, ist der Leichnam der Stadt. Die Soldaten raufen sich um die kläglichen Überreste.

FIRST ROMAN
This will I carry to Rome.
SECOND ROMAN
And I this.
THIRD ROMAN
A murrain on't! I took this for silver.* CORIOLAN, I, 5

Da haben wir eine von Shakespeares Szenen der ewigen Geschichte. Sie wurden ein für allemal geschrieben. In ihnen liegt die breiteste Verallgemeinerung und eine ebenso absolute Konkretheit. Es genügt, sich diese Szene vor Augen zu halten, oder sie so zu lesen, wie sie dasteht, um die tieferen Gründe für Brechts CORIOLAN-Begeisterung zu begreifen. Verglichen mit den Königsdramen ist der CORIOLAN ein viel klareres, viel stärkeres und moderneres Muster für das Theater, das Brecht »episches Theater« nannte. Mutter Courage lebt vom Krieg und weiß bis zum Schluß

*ERSTER RÖMER
Das will ich mit nach Rom nehmen.
ZWEITER RÖMER
Und ich dies.
DRITTER RÖMER
Hol's der Henker! Ich hielt das für Silber.

nicht, daß der Krieg von ihr lebt, daß er ihr alles nimmt, was sie besitzt. Mutter Courage ist jenen Soldaten sehr ähnlich, die sich um einen Bleibecher schlagen, den sie für Silber halten. In der letzten Schaffensperiode hat Brecht sein episches Theater oft dialektisches Theater genannt. Die Vorbilder für dieses Theater suchte er bei Shakespeare. Denn schon betreten die siegreichen römischen Feldherren und Marcius die Straßen der toten Stadt, die leer sind wie die Shakespearesche Bühne.

See here these movers that do prize their hours
At a crack'd drachme! Cushions, leaden spoons,
Irons of a doit, doublets that hangmen would
Bury with those that wore them, these base slaves,
Ere yet the fight be done, pack up. Down with them!
And hark, what noise the general makes!* CORIOLAN, I, 5

Marcius ist von Shakespeare sichtbar und bewußt heroisiert worden. Wie Achill verfügt er über ungewöhnliche Kräfte, und seine Stimme ist mächtiger als die aller gewöhnlichen Menschen. Der Führer der Volsker nennt ihn den Hektor unter den prahlerischen Römern. Sogar die Art des Vergleiches der kriegerischen Vorzüge Marcius', sogar die Metaphorik ist homerisch:

Like to a harvestman that's task'd to mow
Or all or lose his hire.** CORIOLAN, I, 3

– so spricht Coriolans Mutter von ihm.

A carbuncle entire, as big as thou art,
Were not so rich a jewel. Thou wast a soldier ...
... not fierce and terrible
Only in strokes; but, with thy grim looks and

*Seht diese Trödler, die die Stunden schätzen
Nach rost'gen Drachmen. Kissen, bleierne Löffel,
Blechstückchen, Wämser, die der Henker selbst
Verscharrte mit dem Leichnam, stiehlt die Brut,
Eh noch die Schlacht zu Ende. – Haut sie nieder! –
Oh, hört des Feldherrn Schlachtruf!

** ... und schreitet
So wie ein Schnitter, der sich vorgesetzt,
Alles zu mähn, wo nicht, den Lohn zu missen.

The thunder-like percussion of thy sounds,
Thou mad'st thine enemies shake, as if the world.
Were feverous and did tremble.* CORIOLAN, I, 4

– so der oberste Feldherr.

I do not know what witchcraft's in him, but
Your soldiers use him as the grace 'fore meat.** CORIOLAN, IV, 7

– so ein Offizier der Volsker.

Marcius ist tapfer. Während seines letzten Kriegszuges hat er einen verwundeten Soldaten vor den Schlägen der Feinde geschützt und ihn vom Schlachtfeld getragen. Siebenundzwanzig Wunden hat er für Rom eingesteckt. Ganz allein hat er Corioli erobert. Marcius ist selbstlos. Er will den zehnten Teil der Beute nicht annehmen, der ihm für den Sieg zusteht, und er verlangt eine gerechte Teilung unter alle. Er will nicht über seine Kriegstaten sprechen und will auch nicht, daß es andere tun. Der Krieg hat die Klassenhierarchie bestätigt, die Marcius schon im Frieden festgestellt hat. Patrizier und Plebejer verhalten sich im Krieg unterschiedlich. Wie kläglich wirken die Plebejer im Vergleich zum tapferen, herrlichen und selbstlosen Marcius, die Plebejer, die vor der Schlacht zittern und beben und nach dem Sieg untereinander um Becher, Löffel und stinkige Lumpen kämpfen.

The common file – a plague! tribunes for them! –
The mouse ne'er shunn'd the cat as they did budge
From rascals worse than they.*** CORIOLAN, I, 6

*Der reinste Diamant, so groß wie du,
Wär nicht ein solch Juwel; du warst ein Krieger ...
nicht wild und fürchterlich
In Streichen nur; nein, deinem grimmen Blick
Und deiner Stimme donnergleichem Schmettern
Erbebten deine Feind', als ob die Welt
Im Fieber zitterte.

**Ich weiß nicht, welche Zauberkraft er hat;
Doch dient zum Tischgebet er euren Kriegern.

***Das niedre Volk (verdammt! für sie Tribunen!),
Die Maus läuft vor der Katze nicht, wie sie
Vor Schuften rannten, schlechter als sie selbst.

Marcius hat recht. Die Plebs benimmt sich im Krieg wie ein Rudel von Ratten. Das ist aber erst der erste Spiegel. So sieht der Krieg in den Augen der Patrizier aus. Aber schon in diesem Spiegel objektiviert sich der Krieg aufs heftigste wie in MUTTER COURAGE.

Shakespeare führt seine Konfrontation immer bis zum Schluß durch. Im Krieg gibt es nicht nur Sieger, sondern auch Besiegte. In der eroberten Stadt übernimmt Titus Lartius das Militärkommando.

> Condemming some to death, and some to exile;
> Ransoming him, or pitying, threat'ning the other;
> Holding Corioli in the name of Rome,
> Even like a fawning greyhound in the leash,
> To let him slip at will.* CORIOLAN, I, 6

Hier gibt es keine homerischen Vergleiche mehr, und dieses Bild wird man bei Plutarch vergeblich suchen. Das ist wiederum die ewige Szenerie jedweder Okkupation. Und wiederum muß man sie so lesen und sie sich so vorstellen, wie sie bei Shakespeare steht. Es ist eine Infragestelllung der ganzen Werteordnung, die Marcius verteidigt. Sie ist jene »objektive Dialektik«, die Brecht gemeint hat. Sie appelliert ans Urteil des Zuschauers. Diese Worte spricht in CORIOLAN Marcius selbst. Darin ist der ganze Shakespeare enthalten.

Es gibt noch eine verblüffende Aussage von Marcius. Er kehrt im Triumphzug nach Rom zurück, begrüßt Mutter und Gattin. Jene sagt während dieser Szene kein einziges Wort. Sie weint. Darauf Coriolan:

> Ah, my dear,
> Such eyes the widows in Corioli wear,
> And mothers that lack sons.** CORIOLAN, II, 1

*Wie einer, der geschäftig Urteil spricht,
Zum Tode den verdammt, den zur Verbannung,
Den frei läßt, den beklagt, dem andern droht.
Er hält Corioli im Namen Roms,
So wie ein schmeichelnd Windspiel, an der Leine,
Die er nach Willkür löst.

** Oh, Liebe!
So in Corioli sind der Witwen Augen,
Der Mütter, Söhne klagend.

Diese Worte lassen sich nur mit Mühe mit der psychologischen Zeichnung Coriolans vereinigen. Sie sind zu innig, zu weich. Sie sind eine Dissonanz in dieser freudigen Stunde. Sie erfüllen die Funktion der Songs in Brechts Dramaturgie. Sie sind wieder eine heftige Objektivierung, eine Erinnerung an die andere Seite, an die Besiegten. Im Grunde erübrigte sich der zweite Spiegel dadurch. Aber Shakespeare verzichtet auf nichts. Er zeigt auch den zweiten Spiegel; den Krieg in den Augen des besiegten Feldherrn.

AUFIDIUS
The town is ta'en!
FIRST SOLDIER
'Twill be deliver'd back on good condition.
AUFIDIUS
Condition!
I would I were a Roman; for I cannot,
Beeing a Volsce, be that I am. Condition!
What good condition can a treaty find
I'the part that is at mercy.* CORIOLAN, I, 10

IV

Die Mutter und die Gattin Coriolans sitzen auf niedrigen Schemeln, sie sind mit Handarbeiten beschäftigt und warten auf Nachrichten. Die niedrigen Schemel, auf denen die Frauen des Abends plauderten, kann man noch heute in Stratford sehen. Im Rom Shakespeares gibt es das Forum, das Kapitol, den Tarpejischen Felsen, Konsuln und Tribunen, Liktoren und den Senat. Alle Namen stammen aus Plutarch. Historische Unstimmigkeiten, die schon Ben Jonson mit Genugtuung herauslas, sind

*AUFIDIUS
Die Stadt ist eingenommen.
ERSTER KRIEGER
Sie geben auf Bedingung sie zurück.
AUFIDIUS
Bedingung!
Ich wollt, ich wär ein Römer, denn als Volsker
Kann ich nicht sein das, was ich bin. – Bedingung!
Was für Bedingung kann wohl der erwarten,
Der sich auf Gnad ergab?

im CORIOLAN eine Seltenheit. Eine der schönsten darunter ist das Bild des römischen Helden, der auf dem Forum vor der versammelten Menge verächtlich seinen großen Hut schwenkt. Ein Coriolan im Hut wirkt lächerlich auf uns, nicht aber auf das Publikum im Globetheater. Shakespeare hat für seine Bühne geschrieben. Erst die zweite Hälfte des 19. Jahrhunderts brachte die historisch korrekten Inszenierungen der römischen Dramen von Shakespeare. Aber dem Autor ging es um eine völlig andere ›historische Treue‹.

Die Bilder des täglichen Lebens hat er nicht bei Plutarch gefunden. Er entnahm sie der eigenen Erfahrung, der Londoner und der Stratforder. Er gab diesen Bildern Gegenwärtigkeit. Bewußt vermischte er den hohen mit dem niedrigen Stil. Ein solches Rom konnten weder Corneille noch Racine zeigen.

All tongues speak of him, and the bleared sights
Are spectacled to see him: your prattling nurse
Into a rapture lets her baby cry
While she chats him: the kitchen malkin pins
Her richest lockram 'bout her reechy neck,
Clambering the walls to eye him: stalls, bulks, windows
Are smother'd up, leads fill'd ...* CORIOLAN, II, 1

Zu der Mutter und der Gattin Coriolans kommt eine Nachbarin, die züchtige Frau Valeria, um Virgilia zum Plaudern aus dem Haus zu locken. Jene will das Haus nicht verlassen, bis ihr Gatte aus dem Krieg zurückkehrt. Sie stickt. Frau Valeria lacht sie aus:

You would be another Penelope; yet they say, all the yarn she spun in Ulysses' absence did but fill Ithaca full of moths.**

CORIOLAN, I, 3

*Von ihm spricht jeder Mund; das blöde Auge
Trägt Brillen, ihn zu sehen. Die Amme, schwatzend
In der Verzückung, läßt den Säugling schrein,
Von ihm herplappernd. Seht, die Küchenmagd
Knüpft um den rauch'gen Hals ihr bestes Leinen,
Die Wand erkletternd; Buden, Bänk und Fenster
Gefüllt ...

**Ihr wäret gern eine zweite Penelope; und doch sagt man, alles Garn, das sie in Ulysses' Abwesenheit spann, füllte Ithaka nur mit Motten.

So wie in TROILUS UND CRESSIDA wird hier der griechische Mythos ironisiert, in seiner Alltäglichkeit gesehen. Der Scherz klingt nahezu wie aus der SCHÖNEN HELENA. Nichts von Heroismus und pathetischem Warten auf die Rückkehr des Helden. Und eben in jener idyllischen und alltäglichen Atmosphäre eines milden Stratforder Abends wird Volumnia plötzlich und unerwartet zu einer römischen Mutter, oder besser: zu einer Sparta-Mutter, stilisiert. Sie hat nur einen Sohn, aber lieber würde sie ihn tot als feige sehen. Und wenn sie zwölf Söhne hätte, sie würde alle zwölf hergeben:

> I had rather had eleven die nobly for their country than one voluptuously surfeit out of action.* CORIOLAN, I, 3

Das ist wiederum der erste Spiegel. Und wie immer bei Shakespeare findet die Konfrontation auf der Stelle statt. An der Szene nehmen nicht nur die drei Frauen teil, die Sparta-Mutter, die besorgte Gattin und die geschwätzige Nachbarin, sondern auch noch der kleine Sohn des Coriolan. Er spricht kein Wort. Er braucht nichts zu sagen, denn die Frauen reden für ihn.

> VALERIA
> O' my word, the father's son: I'll swear 'tis a very pretty boy. O' my throth, I looked upon him o' Wednesday half an hour together: he has such a confirmed countenance. I saw him run after a gilded butterfly; and when he caught it, he let it go again; and after it again; and over and over he comes, and up again; catched it again: or whether his fall enraged him, or how'twas, he did so set his teeth and tear i; O! I warrant, how he mammocked it!
> VOLUMNIA
> One on's father's moods.
> VALERIA
> Indeed, la, 'tis a noble child.** CORIOLAN, I, 3

*Ich wollte lieber elf für ihr Vaterland edel sterben sehn,
als einen einzigen in wollüstigem Müßiggang schwelgen.

**VALERIA
Oh! Auf mein Wort, ganz der Vater. Ich kann's beschwören, er ist ein allerliebster Knabe. Nein wahrlich, ich beobachtete ihn am Mittwoch eine halbe Stunde ununterbrochen; er hat etwas so Entschlossenes in seinem Benehmen. Ich sah ihn einem glänzenden Schmetterling nachlaufen, und als er

»'tis a noble child«. Shakespeares Ironie begnügt sich mit diesen drei Worten. Diese Szene gibt es bei Plutarch nicht. Shakespeare hat der Sparta-Mutter einen Enkel beigesellt, der im Spiel einen goldenen Schmetterling zerpflückt. Das ist alles. In TITUS ANDRONICUS, der als grausamstes Stück Shakespeares gilt, tötet der junge Marcus eine Fliege auf dem Teller. Titus, der in der letzten Szene des Stückes der Königin eine Pastete aus den Herzen ihrer eigenen Söhne vorsetzt, kann den Anblick der sterbenden, unschuldigen Fliege nicht ertragen.

> But how if that fly had a father and a mother?
> How would he hang his slender gilded wings
> And buzz lamenting doings in the air!* TITUS ADRONICUS, III, 2

König Lear appellierte an die Götter, damit sie der Grausamkeit der Welt Einhalt gebieten. Die Götter schwiegen. Sie haben sich als nicht minder grausam erwiesen wie die Natur und die Geschichte. In CORIOLAN sind Natur und Geschichte frei von jeglicher Metaphysik. Die Grausamkeit ist die Schule des Feldherrn. Der Sohn Coriolans ist der Enkel der Sparta-Mutter. Coriolan kam zurück. Die Patrizier wollen ihm das Konsulat überlassen. Er hat nur dem Gesetz und dem Brauch gemäß auf dem Forum zu erscheinen, seine Wunden zu zeigen und die Plebejer um Zustimmung zu bitten. Coriolan weigert sich, das zu tun. Seine Verachtung für das Volk ist zu stark. Als Soldat will er nicht lügen. Er will sich selbst treu bleiben. Und sich selbst treu bleiben heißt seine Natur nicht verraten. Adler lassen sich nicht zu Ratten und Krähen nieder. Coriolan verlangt von der Welt, daß sie seine Größe anerkenne. Aber die Welt besteht aus Plebs und Patriziern. Coriolans Naturhierarchie paßt nicht

ihn gefangen hatte, ließ er ihn wieder fliegen, und nun wieder ihm nach und fiel der Länge nach hin und wieder aufgesprungen und wieder ihn gefangen. Hatte ihn sein Fall böse gemacht oder was ihm sonst sein mochte, aber er knirschte so mit den Zähnen und zerriß ihn. Oh; Ihr könnt nicht glauben, wie er ihn zerfetzte.
VOLUMNIA
Ganz seines Vaters Art.
VALERIA
Ei wahrhaftig! Er ist ein edles Kind.

*Wenn nun die Fliege Vater hatt und Mutter?
Wie senkt sie dann die zarten goldnen Schwingen,
Und summte Klag und Jammer durch die Luft!

in die wirkliche Welt. Die Ratten wollen nicht schlechter sein als die Adler.
Seine Mutter verlangte von ihm, daß er sich beuge, aufs Forum gehe und um die Stimmen bitte. List stehe mit Ehre nicht in Widerspruch, im Krieg sei List nichts Schändliches. Der Krieg sei noch nicht zu Ende. Der Krieg gehe weiter. Der Feind sei in der Stadt. Es sei die Plebs.

Because that now it lies you on to speak
To the people; not by your own instruction,
Nor by the matter which your heart prompts you,
But with such words that are but rooted in
Your tongue, though but bastards and syllables...
Now, this no more dishonours you at all
Than to take in a town with gentle words,
Which else would put you toy our fortune and
The hazard of much blood.* CORIOLAN, III, 2

Für Coriolans Mutter gibt es keinen Unterschied zwischen Krieg und Frieden, zwischen dem äußeren und inneren Feind. Sie sieht wie die Plebejer zwei einander hassende Klassen, zwischen denen der Krieg nie zu Ende sein wird. Nur daß für sie Rom die Patrizier sind:

Rome and her rats are at the point of battle;
The one side must have bale.** CORIOLAN, I, 1

Diese Worte spricht Agrippa. Derselbe, der den rebellierenden Plebejern soeben das Märchen von Bauch und Gliedern erzählt hat.
Auch er bittet Coriolan, zum Forum zu gehen. Und Coriolan geht dorthin

*Weil jetzt dir obliegt, zu dem Volk zu reden,
Nicht nach des eignen Sinnes Unterweisung,
Noch in der Art, wie dir dein Herz befiehlt;
Mit Worten nur, die auf der Zunge wachsen,
Bastardgeburten, Lauten nur und Silben...
Dies, wahrlich, kann so wenig dich entehren,
Als eine Stadt durch sanftes Wort erobern,
Wo sonst dein Glück entscheiden müßt und Wagnis
Von vielem Blutvergießen.

**Rom und sein Rattenvolk zieht aus zur Schlacht,
Der eine Teil muß tot sich fressen.

– wider sich selbst. In diesem Drama des Klassenhasses ist Coriolan so, wie ihn die Plebs sieht, und die Plebs ist so, wie Coriolan sie sieht. Shakespeare hat keine Illusionen. Das Urteil über die Welt hat auf die Welt keinen Einfluß. Ein Brand kann Entzücken oder Entsetzen wecken; er hört dadurch nicht auf, Brand zu sein.

> For the mutable, rank-scented many, let them
> Regard me as I do not flatter, and
> Therein behold themselves.* CORIOLAN, III, 1

»Dort steht das stille, schwarze und verdreckte Volk«, sagt der Großfürst Konstanty in Słowackis KORDIAN. »Ich mag dieses Volk nicht.« Das Volk in CORIOLAN ist ebenfalls schwarz und schmutzig, aber nicht still. Es kläfft wie eine Hundemeute, der man den Knochen wegnahm. In der ersten Szene will das Volk Coriolan töten; als es vom Kriegsausbruch erfährt, geht es auseinander.

Es drängt sich in den Straßen und wirft die Mützen hoch, um den nämlichen Coriolan nach seinem Sieg zu feiern. Es vergißt alles, willigt in Coriolans Wahl zum Konsul ein und bettelt nur noch um ein gutes Wort. Eine Stunde später verlangt es, aufgestachelt von den Tribunen, Coriolans Kopf und treibt den Konsul aus der Stadt hinaus. Und wiederum wirft es die Mütze hoch. Als Coriolan an der Spitze der Volsker bis zu den Toren Roms vordringt, stürzt sich die Plebs auf die eigenen Führer, will sie in Stücke reißen, schmeichelt sich bei den Patriziern ein, fleht um Gnade. Es ist bereit, auf alles einzugehen, wenn es nur seine armseligen Lumpen und das Leben retten kann.

> It hath been taught us from the primal state,
> That he which is was wish'd until he were;
> And the ebb'd man, ne'er lov'd till ne'er worth love,
> Comes dear'd by being lack'd. This common body,
> Like to a vagabond flag upon the stream,
> Goes to and back, lackeying the varying tide,
> To rot itself with motion.* ANTONIUS UND CLEOPATRA, I, 4

*Fest schau die schmutz'ge, wankelmüt'ge Menge
Mich an, der ich nicht schmeichle, und bespiegle
Sich selbst in mir.

**Vom ersten Anbeginn lehrt die Geschichte,
Daß, wer hoch steht, ersehnt wird, bis er stand.

Das Zitat stammt aus ANTONIUS UND CLEOPATRA, aber genausogut könnte es aus CORIOLAN, aus HEINRICH VI. oder aus JULIUS CAESAR sein. In der großen Szene des Staatsstreichs erhebt das Volk Rufe zu Ehren des Brutus, aber kaum hat Marcus Antonius seine Rede beendet, da bedauert die Plebs bereits Caesars Tod und will dessen Mörder hängen. Shakespeare konnte sehen, wie die Londoner Handwerker auf die Straße gingen, um Essex mit Fackeln zu begrüßen, und wie sie später zum Richtplatz strömten, um sich an seiner Enthauptung zu weiden. Für Shakespeare ist das Volk nur die Materie der Geschichte, nicht aber ihr Gestalter. Es kann lediglich Abscheu, Mitleid oder Entsetzen erwecken, ist selbst machtlos, ein Spielball in der Hand der Machthaber. Shakespeare hat Plutarch durch die Erfahrungen der Renaissance gesehen. Aber bei Plutarch hat das Volk seine Tribunen. Wer sind sie? Auf dem Forum stehen zwei Londoner Richter, erwählt aus der Mitte der Handwerker:

> You are ambitious for poor knaves' caps and legs: you wear out a good wholesome forenoon in hearing a cause between an orange-wife and a fosset-seller, and then rejourn the controversy of three-pence to a second day of audience. When you are hearing a matter between party and party, if you chance to be pinched with the colic, you make faces like mummers, set up the bloody flag against all patience, and, in roaring for a chamber-pot, dismiss the controversy bleeding, the more entangled by your hearing ...*
>
> CORIOLAN, II, 1

Wer strandet – nie zuvor der Liebe wert –
Teuer erscheint, wenn man ihn mißt: der Haufe,
Gleich einer Flagg umtreibend in der Strömung,
Schwimmt vor, zurück, die Wechselfluten geißelnd,
Und ihn zerstört die Reibung.

*Ihr seid nach armen Schelmen Mützen und Kratzfüßen ehrgeizig. Ihr bringt einen ganzen, ausgeschlagenen Vormittag damit zu, einen Zank zwischen einem Pomeranzenweib und einem Kneipschenken abzuhören, und vertagt dann die Streitfrage über drei Pfennig auf den nächsten Gerichtstag. – Wenn ihr das Verhör über irgendeine Angelegenheit zwischen zwei Parteien habt, und es trifft sich, daß ihr von der Kolik gezwickt werdet, so macht ihr Gesichter wie die Possenreißer; steckt die blutige Fahne gegen alle Geduld auf, und verlaßt, nach einem Nachttopf brüllend, den Prozeß blutend, nur noch verwickelter durch euer Verhör.

Diese beiden unfähigen Schwachköpfe, wie sie Menenius nennt, diese hoffärtigen, hitzigen und schnöden Männer repräsentieren in CORIOLAN das Volk. Sie sind »die Zungen im Maul des Pöbels« und stinken wie der Pöbel. Sie werden von Krätze zerfressen und jucken sich am ganzen Leib. Sie ähneln Kötern, aber als Köter verstehen sie sich auf die Verteidigung des Rudels. Diese beiden lächerlichen Tribunen, Brutus und Sicinius, klein und krumm, neidisch und mißtrauisch wie sie sind, besitzen Klasseninstinkt. Sie fragen nach Botschaften aus dem Krieg:

> BRUTUS
> Good or bad?
> MENENIUS
> Not according to the prayer of the people, for they love not Marcius.
> SICINIUS
> Nature teaches beasts to know their friends.* CORIOLAN, II, 1

Shakespeare faszinierte nicht nur die Verwandlung eines guten Herrschers in einen Tyrannen. Er war von der Geschichte fasziniert. Er fragte sich, wo und wann entscheidet sich die Geschichte und wer entscheidet sie? Besitzt sie ein menschliches Gesicht, trägt sie den Namen und die Leidenschaften des Herrschers, ist sie die Summe der Zufälle, ist sie ein in Bewegung gesetzter Mechanismus? In CORIOLAN spielt die Geschichte auf dem öffentlichen Platz. Die zwei kleinen lächerlichen Tribunen treiben sie voran.

> To the Capitol, come:
> We will be there before the stream o'the people;
> And this shall seem, as partly 'tis, their own,
> Which we have goaded onward.** CORIOLAN, II, 3

*BRUTUS
Gute oder schlimme?
MENENIUS
Nicht nach dem Wunsch des Volks, denn sie lieben den Marcius nicht.
SICINIUS
Natur lehrt die Tiere selbst ihre Freunde kennen.

** Zum Kapitol!
Kommt, laßt uns dort sein vor dem Strom des Volks;
Dies soll, wie's gleichsam ist, ihr Wille scheinen,
Was unser Treiben war.

In den Kampfszenen laufen die Soldaten emsig mit Schwertern über das Podium. Die Herrscher stellen sich der Reihe nach mit gewaltigen Standarten zu beiden Seiten der Bühne auf. Die Feldherren eilen auf den Balkon, um von dort aus das Schlachtfeld zu beobachten. Shakespeare schätzt das Spektakelhafte, aber niemals war das Schauspiel sein alleiniges Ziel. Er urteilte über den Krieg. Er zeigte den feudalen Schlachthof. Auf der Bühne stehen bereits die Statisten, die das Volk darstellen werden. In der Tiefe der Bühne oder auf dem Balkon stellen sich die herrlichen Senatoren auf. Vorn, ganz in der Nähe des Publikums, stehen Coriolan, Menenius und die beiden Tribunen. Jetzt wirken sie nicht mehr lächerlich.

> We charge you, that you have contriv'd to take
> From Rome all season'd office, and to wind
> Yourself into a power tyrannical;
> For which you are a traitor to the people.* CORIOLAN, III, 3

Die Straße von London aus dem 17. Jahrhundert geht plötzlich vor unsern Augen in die große Szene einer Volksrevolution über. Shakespeare war es, der die römische Toga eines Verteidigers der Freiheit und der Republik zum ersten Mal auf die Schultern zweier stinkender und geschwätziger Londoner Handwerker gelegt hat. Auch diese Szene kommt bei Plutarch nicht vor. In den Shakespeareschen Volkstribunen konnten sich die Jakobiner besser wiedererkennen als in den Gestalten der großen Bilder Davids.

> BRUTUS
> There's no more to be said, but he is banish'd,
> As enemy to the people and his country:
> It shall be so.
> CITIZENS
> It shall be so, – it shall be so.** CORIOLAN, III, 3

*Wir zeihen dich, daß du hast gestrebt, zur stürzen
Recht und Verfassung Roms, und so dich selbst
Tyrannisch aller Herrschaft anzumaßen,
Und darum stehst du hier als Volksverräter.

**BRUTUS
Zu sagen ist nichts mehr. Er ist verbannt
Als Feind des Volks und seines Vaterlands.
So soll's sein.
DIE BÜRGER
So soll's sein! So soll's sein!

In den Szenen der Schlachten und des Plünderns zeigte Shakespeare das ewige Antlitz des Krieges und der Okkupation. Das erschütterndste Merkmal seiner Tragödien ist ihre Übergeschichtlichkeit. Shakespeare braucht man weder zu aktualisieren noch zu modernisieren; die Geschichte füllt ihn immer wieder von neuem und findet sich in ihm wieder. In der ersten Szene des CORIOLAN wurde die plebejische Theorie der Klassenteilung herausgeschrien. Jetzt stehen einander gegenüber: die kalten, noblen Senatoren und die mit Fäusten und Knüppeln drohende Plebs. Das ist nur die Szenerie, die ebenso unwichtig ist wie die Anekdote Plutarchs. Auf dem Kapitol und dem Forum wurden die Gesetzmäßigkeiten der Revolution, die Haltungen und die Konflikte gezeigt, scharf wie Formeln und zu Dialogbrocken verdichtet. Die oberste und die unterste Schicht, die Jakobiner und die Girondisten, die Revolutionäre und die Liberalen stehen hier einander gegenüber. Man hält Gericht über Coriolan.
Es spricht Brutus – oder die Jakobiner:

Sir, those cold ways,
That seem like prudent helps, are very poisonous
Where the disease is violent. Lay hands upon him
And bear him to the rock.*

Es spricht Menenius – oder die Liberalen:

Do not cry havoc, where you should but hunt
With modest warrant...
And what is left, to lose it by his country,
Were to us all, that do't and suffer it,
A brand to th'end o'the world...
The service of the foot
Being once gangren'd, is not then respected
For what before it was...
Proceed by process.**

* Die kalten Mittel,
Sie scheinen kluge Hilf und sind nur Gift,
Wenn so die Krankheit rast. Legt Hand an ihn!
Und schleppt ihn auf den Fels.

**Schreit nicht Vertilgung, wo ein mäß'ges Jagen
Zum Ziel euch führen mag...

Es spricht der Senator – oder die Aristokraten:

Noble Tribunes,
It is the humane way: the other course
Will prove too bloody, and the end of it
Unknown to the beginning.*

Es spricht Sicinius – oder die Girondisten:

Noble Menenius,
Be you then as the people's officer.
Masters, lay down your weapons.**

Es spricht Brutus – oder die Jakobiner:

Go not home.*** CORIOLAN, III, 1

Das Volk in CORIOLAN ist dumm und lebt im Dunkel, es stinkt und sammelt die übelriechenden Lumpen vom Schlachtfeld. Die Tribunen sind klein, schief gewachsen und verschlagen. Coriolan ist tapfer, groß und edel. Aber das Volk ist die Stadt, und Coriolan ist ein Volksfeind.

SICINIUS
What is the city but the people?
CITIZENS
True,
The people are the city.

Wird, was ihm bleibt, vergossen durch sein Land,
Das wär uns allen, die es tun und dulden,
Ein ew'ges Brandmal ...
Hat uns der Fuß gedient
Und wird vom Krebs geschädigt, denken wir
Nicht mehr der vor'gen Dienste ...
Drum verfahrt nach Recht.

* Tribunen,
Die Weis ist menschlich; allzu blutig würde
Der andre Weg, und im Beginnen nicht
Der Ausgang zu erkennen.

** Edler Menenius,
So handelt Ihr denn als des Volks Beamter; –
Ihr Leute, legt die Waffen ab.

***Geht nicht nach Haus.

Brutus
By the consent of all, we were establish'd
The people's magistrates.
Citizens
You so remain.* Coriolan, III, 1

Jetzt erst beginnt der zweite, gallebittere Teil des Dramas. Die Plebs hat Coriolan aus Rom vertrieben. Die feigen Patrizier haben ihn verlassen. Rom hat seine Tapferkeit und seinen Edelmut nicht erkannt. Rom hat sich als niederträchtig erwiesen.

Despising,
For you, the city, thus I turn my back:
There ist a world elsewhere.** Coriolan, III, 3

»There is a world elsewhere.« Aber Shakespeares Welt ist dicht und ohne leere Stellen. Nur die Patrizier, Plebejer und die Feinde Roms sind darin enthalten. Coriolan kann seine Wahl nur in dieser entbrannten Welt treffen. Coriolan entschwindet nicht im Nirgendwo wie ein romantischer Held, er kann nicht in einem geheimnisvollen Niemandsland untertauchen. Die Situationen sind historisch bedingt, bestehen unabhängig von Coriolan, stehen über ihm. Coriolan geht zu den Volskern. Die Geschichte hat den Plebejern recht gegeben. Aus dem Volksfeind wird ein Verräter Roms.

In den drei Akten wurde ein nacktes Drama der Klassenhaltungen ausgetragen. Man könnte es auch ein Drama der historischen Notwendigkeit nennen. Es gab darin keine Lücke zwischen der sozialen Situation, dem Tun und der Psychologie. Coriolan könnte ebensogut keinen eige-

*Sicinius
Was ist die Stadt wohl, als das Volk?
Die Bürger Ganz recht!
Das Volk nur ist die Stadt.
Brutus
Durch aller Einstimmung sind wir erwählt
Als Obrigkeit des Volks.
Die Bürger
Und sollt es bleiben.

** So schmähend
Euch, eure Stadt – wend ich so meinen Rücken –
Noch anderswo gibt's eine Welt.

nen Namen besitzen, anonym sein wie der erste, zweite, dritte Bürger. Er war nur ein ehrgeiziger General, der das Volk haßte und zum Feind überlief, als ihm nicht gelang, Diktator zu werden. Und erst mit dem Augenblick, da Coriolan zum Verräter wird, verliert die Welt ihre Eindeutigkeit, hört auf, nach einem Prinzip geordnet zu sein. Die Geschichte ist nicht mehr die Lehrerin der weltlichen Moral, die Gegensätze der Welt wurden zum neuen Thema der Tragödie, und dieses Thema ist nicht minder shakespearehaft als das vorangegangene. Auch der Stil ändert sich: er ist abwechselnd grotesk, pathetisch und sarkastisch. Coriolan verhöhnt sich und die Welt wie Hamlet in den Gesprächen mit Polonius. Er erzählt sogar seine Träume. »The time is out of joint«, wie im Königreich Dänemark.

THIRD SERVINGMAN
Where dwell'st thou?
CORIOLANUS
Under the canopy!
THIRD SERVINGMAN
Under the canopy?
CORIOLANUS
Ay.
THIRD SERVINGMAN
Where's that?
CORIOLANUS
I'the city of kites and crows.
THIRD SERVINGMAN
I'the city of kites and crows?
What an ass it is! Then thou dwell'st with daws too?
CORIOLANUS
No; I serve not thy master.* CORIOLAN, IV, 5

*DRITTER DIENER
Wo wohnst du?
CORIOLAN
Unter dem Firmament.
DRITTER DIENER
Unter dem Firmament?
CORIOLAN
Ja.
DRITTER DIENER
Wo ist das?

Coriolan paßt nicht in die Verräterhaut, er ist dazu weder determiniert noch durch die Situation oder sein soziales Sein bestimmt. Er fällt aus seiner Rolle, er kann sie von innen her nicht ausfüllen. Die Geschichte hat der Plebs recht gegeben, aber Shakespeare gibt der Geschichte nicht recht – jedenfalls nicht endgültig. Die Geschichte war stärker als Coriolan, sie hat ihn übermannt und in die Sackgasse getrieben, ihn zum doppelten Verräter gemacht. Die Geschichte hat Coriolan verhöhnt, aber es ist ihr nicht gelungen, ihn zur Memme zu machen. Im vierten und fünften Akt wächst Coriolan über Rom und die Volsker, über die Plebs und die Patrizier hinaus. Seine Niederlage ist gleichzeitig ein Sieg. Jedenfalls im Conradschen Sinne.

»Sein Charakter ist zu edel für diese Welt«, sagt Menenius von Coriolan. Noch im dritten Akt hat der Volkstribun Coriolan ins Gesicht geschleudert: »Ihr sprecht von dem Volk, als wärt Ihr ein Gott, gesandt zu strafen, und nicht ein Mensch, so schwach wie sie.«

Diese beiden Sätze, diese beiden Urteile widersprechen einander nur scheinbar. Coriolan verachtet die Welt, weil die Welt niederträchtig ist. Er will die Welt und Rom vernichten, weil Rom und die Welt nicht wert sind, daß sie existieren.

I offer'd to awaken his regard
For's private friends: his answer to me was,
He could not stay to pick them in a pile
Of noisome musty chaff: he said 'twas folly,
For one poor grain or two, to leave unburnt,
And still to nose the offence.* Coriolan, V, 1

Coriolan
In der Stadt der Geier und Krähen.
Dritter Diener
In der Stadt der Geier und Krähen? Was das für ein Esel ist!
So wohnst du auch wohl bei den Dohlen?
Coriolan
Nein, ich diene nicht deinem Herrn.

*Ich suchte dann sein Mitleid zu erwecken
Für die besondern Freund'. Er gab zur Antwort:
Nicht lesen könn er sie aus einem Haufen
Verdorbner, schlechter Spreu; auch sei es Torheit,
Um ein, zwei arme Körner stinken lassen
Den Unrat unverbrannt.

Coriolan hält der Welt sein eigenes absurdes Wertsystem vor. Seine Niederlage beginnt mit dem Augenblick, als er einwilligt, zum Forum zu gehen, um seine Wunden zu zeigen und um Stimmen zu bitten. Nicht nur seine Mutter, Menenius Agrippa und die Patrizier haben das verlangt. Auch das Volk und seine Tribunen wollten es so. Darin liegt die Bitterkeit Shakespeares. Alle, die einander hassen und die miteinander im Zwist liegen, sie alle haben Coriolan einen Kompromiß, eine verbindliche Geste abverlangt. Bei jenem plötzlichen Umkehren der Werte, das der Schluß der Tragödie herbeiführt, ist Coriolan der einzige, der Kompromisse und Gesten verwirft oder es zumindest versucht:

Like a dull actor now,
I have forgot my part, and I am out ...* CORIOLAN, V, 3

Die Welt war stärker als Coriolan, Brutus hatte recht: Coriolan ist nur ein Mensch mit menschlichen Schwächen wie alle. Coriolan will die Welt vernichten, weil sie den Naturgesetzen widerspricht. Aber im Namen desselben Naturgesetzes wird er von seiner Mutter, seiner Gattin und seinem Sohn verurteilt. Er selbst muß sich verurteilen. Coriolan fühlt, daß er gefangen ist, daß er in eine Falle geraten ist, die ihm die grausame und wirkliche Welt gestellt hat. Er wird ein Opfer seiner eigenen Ideologie, der wahnwitzigen Dialektik des Naturgesetzes.[24]

But out, affection!
All bond and privilege of nature, break!
Let it be virtuous to be obstinate ...
I melt, and am not
Of stronger earth than other. My mother bows,
As if Olympus to a molehill should
In supplication nod; and my young boy
Hath an aspect of intercession, which
Great nature cries, »Deny not«.** CORIOLAN, V, 3

*Wie ein schlechter Spieler jetzt
Vergaß ich meine Roll' und bin verwirrt.

** Fort, Sympathie!
Brecht, all ihr Band und Rechte der Natur!
Sei's tugendhaft, in Starrsinn fest zu bleiben.
Ich zerschmelze
Und bin nicht festre Erd als andre Menschen.
Ha, meine Mutter beugt sich –

Coriolan hat nunmehr begriffen, daß er bei der Rollenverteilung betrogen wurde. Er wollte den Rachegott spielen, indes hatte ihm das Szenarium der Geschichte die Verräterrolle zugedacht. Ihm bleibt nur die Selbstvernichtung. Er rettet Rom, um seinen eigenen Edelmut zu bestätigen und der aufgezwungenen Rolle zu entfliehen. Aber indem er Rom rettet, muß er erneut Verrat üben. Als Treubrüchiger fällt er in die Hände der Volsker. Coriolans Tod ist tragisch und ironisch zugleich. Er ist tragisch in der Welt, die sich Coriolan erschaffen hat, in seinem eigenen wahnwitzig absoluten Wertsystem. Ironisch ist er dagegen in der wirklichen Welt. Der Anführer der Volsker, Aufidius, hält die Lobrede auf Coriolans Tapferkeit und Edelmut. Derjenige, der ihn getötet hat. Er erweist der Leiche Coriolans die letzte Ehre, so wie Augustus Caesar den Überresten des Antonius, wie Fortinbras denjenigen Hamlets. Rom jubelt und feiert den Tag des Friedens. In diesem düsteren Drama, das von Schwertklirren und geifernden Massen erfüllt war, erklingt zum ersten Mal Musik, und die Sonne geht auf.[25] Coriolan endet wie der BESUCH DER ALTEN DAME. Ill wurde ermordet, die Güllener schwelgen im Wohlstand und feiern das Fest der Gerechtigkeit.

> The trumpets, sackbuts, psalteries, and fifes,
> Tabors, and cymbals, and the shouting Romans,
> Make the sun dance. Hark you!* CORIOLAN, V, 4

Hier ist der Dorn, der im Drama steckt und der lange Zeit der Grund der Befremdung war, die es erweckte. Das Weltbild ist voller Sprünge und zusammenhanglos. Die Widersprüche wurden nicht aufgehoben, und es existiert kein gemeinsames Wertsystem für die Polis und den Einzelnen. »Er liebt ja Euer Volk; doch zwingt ihn nicht, ihr Schlafgesell zu sein«, sagt Menenius Agrippa zu Brutus über Coriolan. Das stimmt nicht. Coriolan liebte das Volk nicht. Aber das ist kein Werturteil über Coriolan. In diesem Satz offenbart sich das bittere Drama des Humanismus der Renaissance. Und nicht nur der Renaissance.

> Als wenn Olympus sich vor kleinem Hügel
> Mit Flehen neigte; und mein junger Sohn
> Hat einen Blick der Bitt, aus dem allmächtig
> Natur schreit: Weiger's nicht!

*Posaunen, Flöten, Trommeln und Drommeten,
Zimbeln und Pauken und der Römer Jauchzen,
Es macht die Sonne tanzen. Horcht!

II. DIE KOMÖDIEN

TITANIA UND DER ESELSKOPF

And, gentle Puck, take this transformed scalp
From off the head of this Athenian swain,
That he, awaking when the other do,
May all to Athens back again repair,
And think no more of this night's accidents
But as the fierce vexation of a dream.*

SOMMERNACHTSTRAUM, IV, 1

I

Die Philologen haben die teuflische Herkunft Pucks schon vor langer Zeit entdeckt. Puck war ganz einfach einer der Teufelsnamen; man schreckte damit wie mit Werwolf oder Inkubus Frauen und Kinder. Die Shakespeare-Kommentatoren haben zudem auf die Affinität Pucks zu Ariel hingewiesen, auf Wiederholungen in Situationen und sogar im Dialog. Sowohl Puck wie Ariel bringen die Wanderer vom Weg ab und werden zu Irrlichtern im Sumpf.

Mislead night-wanderers, laughing at their harm?**

SOMMERNACHTSTRAUM, II, 1

Das war seit eh und je die Lieblingsbeschäftigung aller volkstümlichen Teufel. Ariel widmet sich ihr mit der gleichen Hingabe wie Puck. Ariel verwandelt sich in eine Chimäre und Harpyie; er ist es ja auch, der Kaliban blutig beißt, ihn sticht, zwickt und durch Kitzeln zur Raserei bringt. George Lamming nennt Ariel den Archetyp des Spions: »Ariel ist Prosperos Nachrichtendienst, der Archetyp des Spions, und im Bedarfsfall: die perfekte und stumme Geheimpolizei.«

*Du, lieber Droll, nimm diese fremde Larve
Vom Kopfe des Gesellen aus Athen,
Auf daß er mit den andern hier, erwachend,
Sich wieder heim begebe nach Athen;
Und alle der Geschichten dieser Nacht
Wie Launen eines bösen Traums gedenken.

**Der oft bei Nacht den Wandrer irre leitet,
Dann schadenfroh mit Lachen ihn begleitet.

Nur in zwei Stücken hat Shakespeare Monstren auf die Bühne gebracht: im SOMMERNACHTSTRAUM und im STURM. Der SOMMERNACHTSTRAUM ist eine Komödie; auch der STURM war lange als Komödie angesehen worden. Der SOMMERNACHTSTRAUM ist die Vorankündigung des STURMS, in einer anderen Tonart geschrieben, in demselben Maße, in dem WIE ES EUCH GEFÄLLT – KÖNIG LEAR vorankündigte. Manchmal scheint es, als habe Shakespeare in Wirklichkeit nur drei oder vier Stücke geschrieben und als variiere er diese lediglich in allen Tonlagen und Tonarten, als behandle er dasselbe Thema einmal in Dur und einmal in Moll, bis zum Bruch mit jeglicher Harmonie in der konkreten Musik des KÖNIG LEAR. Lear wird in dem nämlichen Ardenner Wald vom Sturm erreicht und zum Wahnsinn getrieben, in dem noch vor so kurzer Zeit ein anderer vertriebener Bruder und irrende Liebende sich der Hoffnung hingaben, Freiheit, Sicherheit und Glück wiederzufinden. Die vertriebenen Herrscher befanden sich in Begleitung von Narren. Im Grunde war es ein und derselbe Narr, der sie begleitete. Probstein weiß wohl, daß die Idylle des Ardenner Waldes nur ein Trugbild ist und daß man der Grausamkeit der Welt nicht entkommen kann.

Die Verwandtschaft von Puck und Ariel ist nicht nur für die literarische Deutung von Belang; noch wichtiger scheint sie für die Rollengestaltung zu sein. Ist Ariel, jener *airy-spirit,* ein Teufel, so wird Prospero zu einer Verkörperung des Faust, beherrscht wie Faust die Naturgewalten und verliert schließlich wie Faust. Vielleicht verhilft das zur dramaturgischen Belebung der Person Prosperos, der auf der Bühne fast immer tot wirkt. Und vielleicht würde Ariel – Geist, Intelligenz und Teufel – niemals mehr eine Ballettänzerin im Trikot, mit Schwingen aus Tüll und Gaze sein, die an der Flugmaschine über die Bühne schwebt.

Aber auch Puck müßte sich ändern, wenn ein Teilchen des künftigen Ariel in ihm stecken soll. Er darf nicht mehr ausschließlich das drollige Heinzelmännchen aus einem deutschen Kindermärchen sein, nicht einmal mehr der poetische Kobold aus der romantischen Feerie. Vielleicht gelingt es dem Theater dann endlich, Pucks Zwienatur zu zeigen: den gutmütigen Robin Goodfellow und den zu fürchtenden Teufel Hobgoblin. (»Those that Hobgoblin call you and sweet Puck«, SOMMERNACHTSTRAUM II, 1.) Der kleine Elf hat Angst vor ihm, spricht ihn mit zärtlichen Worten an, will ihn zähmen. Puck, der Hausschrat, nimmt plötzlich die Gestalt des Bösen an:

> Sometime a horse I'll be, sometime a hound,
> A hog, a headless bear, sometime a fire;

And neigh, and bark, and grunt, and roar, and burn,
Like horse, hound, hog, bear, fire, at every turn.*

SOMMERNACHTSTRAUM, III, 1

Der Ariel der Stratforder STURM-Inszenierung von C. William – P. Brook (1963) war ein schweigender Junge mit gesammeltem Gesichtsausdruck. Niemals lächelte er. In der STURM-Inszenierung des Teatr Ludowy in Nowa Huta (1959) wurde Ariel verdoppelt. In Stratford wird er sogar von vier schweigenden Ebenbildern begleitet. Ein Teufel kann sich immer vervielfachen. Die Ebenbilder tragen Masken, die das Urbild wiederholen.

Their sense thus weak, lost with their fears thus strong,
Made senseless things begin to do them wrong;
For briers and thorns at their apparel snatch;
Some sleeves, some hats, from yielders all things catch.**

SOMMERNACHTSTRAUM, III, 2

Nicht Ariel ist es, der die gekrönten Mörder auf Prosperos Insel verfolgt, es ist der treuherzige Robin Goodfellow, der die Truppe des braven Herrn Quince verjagt, die niemandem etwas zuleide getan hat. Puck ist ein Teufel und vermag sich ebenfalls zu vervielfachen. Es ist ein leichtes, sich eine Vorführung vorzustellen, in der Puck von seinen teuflischen Ebenbildern wie von Spiegelbildern begleitet würde. Puck ist gleich Ariel schnell wie der Gedanke:

I'll put a girdle round about the earth
In forty minutes.*** SOMMERNACHTSTRAUM, II, 1

Für Puck existieren ähnlich wie für Ariel weder Zeit noch Raum. Puck ist ein Transformist und Taschenspieler wie Harlekin aus der *commedia*

*Bald bin ich Pferd, bald Eber, Hund und Bär,
Erschein als Werwolf und als Feuer bald,
Will grunzen, wiehern, bellen, brummen, flammen,
Wie Eber, Pferd, Hund, Bär und Feuer zusammen.

**Das Schrecken, das sie sinnlos machte, lieh
Sinnlosen Dingen Waffen gegen sie.
An Dorn und Busch bleibt Hut und Ärmel stecken.

***Rund um die Erde zieh ich einen Gürtel
In viermal zehn Minuten.

dell' arte. Wie jener Harlekin, den uns vor wenigen Jahren der unvergeßliche Marcello Moretti im Mailänder Piccolo Teatro gezeigt hat. Er hatte etwas von einem Tier und einem Faun an sich. Die dunkle lederne Maske, mit Öffnungen für Mund und Augen, verlieh seinem Gesicht einen katzen- und fuchsartigen Ausdruck. Aber er war vor allem ein Teufel. Ein Teufel wie Puck. Er vervielfachte, verdoppelte und verdreifachte sich, schien den gewöhnlichen Gesetzen der Schwerkraft nicht zu unterliegen, verwandelte und verpuppte sich, vermochte es, an mehreren Orten gleichzeitig zu sein. Alle Personen haben ein beschränktes Gestenrepertoire, Harlekin kennt alle Gesten. Er besitzt die Intelligenz des Teufels, ist der Dämon der Bewegung.

> What! a play toward; I'll be an auditor;
> An actor too perhaps, if I see cause.*
>
> SOMMERNACHTSTRAUM, III, 1

Puck ist kein Bajazzo. Ist nicht einmal nur Akteur. Er ist es, der wie Harlekin alle Personen am Faden hält. Er löst Instinkte aus und setzt den Mechanismus der Welt in Bewegung. Setzt ihn in Bewegung und verhöhnt ihn zugleich. Harlekin ist Inspizient und Regisseur, so wie Puck und Ariel das Schauspiel abwickeln, das Oberon und Prospero planten. Puck hat den Blumensaft auf die Augenlider der Liebenden gesprüht. Wann wird das Theater in Puck endlich den Bock, Teufel und Harlekin zeigen?

II

Nach der neuesten Shakespeare-Biographie von A. L. Rowse [26] soll die erste Aufführung des SOMMERNACHTSTRAUMS in dem alten Londoner Palast der Southamptons an der Ecke Chaucery Lane und Holborn stattgefunden haben. Es war dies ein spätgotisches Haus mit großen und kleinen Galerien, die, eine über der anderen verlaufend, einen offenen rechteckigen Hof bildeten, an den sich ein Garten anschloß, wo man lustwandeln konnte. Schwerlich kann man eine bessere Szenerie für die wirkliche Handlung des SOMMERNACHTSTRAUMS finden. Es ist bereits spät in der Nacht, und das Fest geht zu Ende. Alle Trinksprüche sind

*Wie? gibts ein Schauspiel? Ich will Hörer sein,
Mitspieler auch vielleicht, nachdem sich's fügt.

ausgebracht worden und die Tänze beendet. Im Hof stehen noch die Pagen mit den Laternen. Aber im anliegenden Garten ist es dunkel. Durch das Tor gleiten langsam verschlungene Paare. Der spanische Wein war schwer, die Liebenden sind eingeschlafen. Jemand ging vorbei, der Saft spritzte aus der Blume, der Knabe erwachte. Er sieht das Mädchen nicht, das bei ihm schläft; er hat alles vergessen, selbst, daß er das Fest mit ihr verlassen hat. In der Nähe befindet sich ein anderes Mädchen, es genügt, den Arm auszustrecken, schon hat er ihn ausgestreckt, schon eilt er ihr nach. Schon haßt er mit derselben Kraft, mit der er vor einer Stunde noch liebte:

Content with Hermia! No: I do repent
The tedious minutes I with her have spent.
Not Hermia, but Helena I love.* SOMMERNACHTSTRAUM, II, 2

Bei Shakespeare ist die Plötzlichkeit der Liebe immer überwältigend. Die Faszination auf den ersten Blick, die Vergiftung vom ersten Sichberühren der Hände. Die Liebe stürzt herab wie ein Habicht, die Welt versinkt, die Liebenden sehen nur sich. Bei Shakespeare erfüllt die Liebe das ganze Wesen, ist Verzückung und Begierde. Im SOMMERNACHTSTRAUM bleibt vom Liebeswahn nur die Plötzlichkeit der Begierde:

LYSANDER
I had no judgment when to her I swore.
HELENA
Nor none, in my mind, now you give her o'er.
LYSANDER
Demetrius loves her, and he loves not you.
DEMETRIUS
Awaking O Helen! goddess, nymph, perfect, divine!
To what, my love, shall I compare thine eyne?
Christal is muddy.** SOMMERNACHTSTRAUM, III, 2

* Oh nein! Wie reut
Mich die bei ihr verlebte träge Zeit!
Nicht Hermia, Helena ist jetzt mein Leben.

**LYSANDER
Verblendung war's, mein Herz ihr zu versprechen.
HELENA
Verblendung nenn ich's, jetzt den Schwur zu brechen.

Der Sommernachtstraum ist das erotischste von allen Shakespeare-Stücken. Und wohl in keiner Tragödie oder Komödie außer Troilus und Cressida ist die Erotik so brutal wie hier. Die Theatertradition des Sommernachtstraums ist ganz besonders unerträglich, und zwar sowohl in ihrer klassizistischen Vertretung mit den Liebenden in Tuniken und mit den Marmortreppen im Hintergrund als auch in der Opern-Tüll-Seiltänzervariante. Seit langem inszeniert das Theater den Sommernachtstraum am liebsten als Grimmsches Märchen, und vielleicht werden Schärfe und Brutalität der Situationen und Dialoge auf der Bühne deshalb so ganz und gar verwischt. Man sieht sie kaum, man hört sie kaum.

Lysander
Hang off, thou cat, thou burr! vile thing, let loose,
Or I will shake thee from me like a serpent.
Hermia
Why are you grown so rude? what change is this,
Sweet love, –
Lysander
Thy love! out, tawny Tartar, out!
Out, loathed medicine! hated potion, hence!*

Sommernachtstraum, III, 2

Die Kommentatoren haben seit langem bemerkt, daß die Partner dieses Liebesquartetts kaum voneinander unterschieden sind. Die Mädchen un-

Lysander
Demetrius liebt sie; dich liebt er nicht.
Demetrius
Erwachend Oh Huldin! Schönste! Göttin meiner Wahl!
Womit vergleich ich deiner Augen Strahl?
Kristall ist trübe.

*Lysander
Fort, Katze, Klette! Mißgeschöpf, laß los!
Sonst schleudr' ich dich wie eine Natter weg.
Hermia
Wie wurdet Ihr so wild? Wie so verwandelt,
Mein süßes Herz?
Lysander
Dein Herz? Fort! Fort! Hinweg!
Zigeunerin! Fort, widerwärt'ger Trank!

terscheiden sich eigentlich nur durch Wuchs und Haarfarbe. Hermia scheint als einzige mit einigen individuellen Zügen ausgestattet zu sein, die in ihr die frühere Rosaline aus VERGEBLICHE LIEBESMÜH oder die spätere Rosalinde aus WIE ES EUCH GEFÄLLT erkennen lassen. Die Jungen unterscheiden sich nur durch die Namen voneinander. Dem ganzen Quartett fehlt die Deutlichkeit und Unwiederholbarkeit, die Shakespeare schon mehrmals erreicht hatte. Die Liebenden sind auswechselbar. Aber vielleicht ging es gerade darum? Denn schließlich beruht die ganze Handlung dieser heißen Nacht, alles, was auf dieser trunkenen Party geschieht, auf der völligen Auswechselbarkeit der Liebespartner. Es scheint immer, daß es bei Shakespeare nichts Zufälliges gibt. Puck geht nächtens im Garten um und an den Paaren vorbei, die sich kreuzen und auswechseln. Puck ist es, der bemerkt:

This is the woman; but not this the man.*

SOMMERNACHTSTRAUM, III, 2

Helena liebt Demetrius, Demetrius Hermia, Hermia Lysander. Dann verfolgt Lysander Helena, Helena Demetrius, Demetrius Hermia. Diese mechanische Richtungsänderung der Begierden und die Auswechselbarkeit der Partner dient nicht nur der Intrigenknüpfung. Die Reduktion der Person zum Liebespartner scheint mir das charakteristischste Merkmal dieses grausamen Traums zu sein. Und vielleicht das modernste Merkmal. Der Partner trägt keinen Namen mehr, er besitzt nicht einmal mehr ein Gesicht. Er ist nur am nächsten. Wie in einigen Stücken Genets gibt es hier keine eindeutigen Personen, es gibt nur Situationen. Alles wird ambivalent.

HERMIA

... O me! what news, my love?
Am not I Hermia? Are not you Lysander?
I am as fair now as I was erewhile.**

SOMMERNACHTSTRAUM, III, 2

Hermia irrt. Denn in Wirklichkeit gibt es keine Hermia, so wie es keinen

*Das Mädchen ist es, aber nicht der Mann.

** ... Was geschah, Geliebter?
Bin ich nicht Hermia? Seid Ihr nicht Lysander?
Ich bin so schön noch, wie ich eben war.

Lysander gibt. Oder vielmehr: es gibt zwei verschiedene Hermias und zwei verschiedene Lysanders. Diejenige Hermia, die mit Lysander geschlafen hat, und diejenige Hermia, mit der Lysander nicht schlafen will. Den Lysander, der mit Hermia schläft, und den Lysander, der Hermia flieht.

Der SOMMERNACHTSTRAUM wurde erstmalig als Gelegenheitskomödie, nahezu als ›private‹ Komödie aus Anlaß einer Hochzeit gespielt. Es war dies wohl – wie Rowse völlig überzeugend argumentiert – die Hochzeit der famosen Mutter des Earl von Southampton. Wenn dem so war, wird der junge Earl an den Vorbereitungen zur Vorstellung teilgenommen und darin selbst in Gesellschaft seiner Liebhaber mitgespielt haben. Zur Hochzeit der Mutter werden alle seine männlichen und weiblichen Geliebten erschienen sein, Freunde und Freundinnen, dieser ganze glänzende Gesellschaftskreis, zu dem Shakespeare vor einigen Jahren zusammen mit Marlowe Zugang gefunden hatte. Ich wollte, unter den ersten Zuschauern des SOMMERNACHTSTRAUMS wäre auch die »schwarze Dame« aus den Sonetten gewesen.

> I do but beg a little changeling boy,
> To be my henchman.* SOMMERNACHTSTRAUM, II, 1

Wenn schon die VERGEBLICHE LIEBESMÜH, diese durchsichtige Komödie über junge Leute, die beschlossen haben, ohne Frauen auszukommen, berechtigterweise als Schlüsselstück angesehen wird, wieviel mehr von diesen großen und kleinen Schlüsseln mußte dann der SOMMERNACHTSTRAUM enthalten. Auf der Bühne und im Zuschauerraum waren lauter Bekannte, jede Anspielung wurde sofort verstanden, die schönen Damen platzten vor Lachen hinter ihren Fächern, die Männer stießen sich die Ellbogen in die Seiten, die Päderasten kicherten leise.

> Give me that boy, and I will go with thee.**
> SOMMERNACHTSTRAUM, II, 1

Den Knaben, den Titania Oberon zum Trotz dem indischen Fürsten geraubt hat, führt Shakespeare nicht auf die Bühne. Aber er erwähnt ihn

*Ich bitte nur ein kleines Wechselkind
Zum Edelknaben.

**Gib mir das Kind, so will ich mit dir gehn.

mehrmals, und zwar nachdrücklich. Für die Handlung des SOMMERNACHTSTRAUMS ist er ohne Belang, mühelos hätten sich hundert andere Gründe für den Streit der königlichen Gatten finden lassen. Doch offenbar benötigte Shakespeare die Einführung dieses Knaben für andere, undramatische Zwecke. Übrigens ist nicht allein dieser fernöstliche Page auffallend. Die Sitten aller Personen, nicht nur die der »sterblichen«, sondern auch die der königlichen und fürstlichen, sind äußerst frei.

> But that, forsooth, the bouncing Amazon,
> Your buskin'd mistress and your warrior love.*
>
> SOMMERNACHTSTRAUM, II, 1

Die griechische Königin der Amazonen war eben noch die Geliebte des Elfenkönigs, und Theseus schmiedete noch vor kurzem Liebesränke mit Titania. Diese Mitteilungen sind unwesentlich für den Handlungsablauf, aus ihnen geht nichts hervor, sie trüben sogar das sittsame und ein wenig pathetische Bild der Verlobten aus dem ersten und fünften Akt. Es sind zweifellos Anspielungen auf zeitgenössische Personen und Vorfälle.

Die Dechiffrierung der Anspielungen und das Auffinden aller kleinen und großen Schlüssel des SOMMERNACHTSTRAUMS ist wohl nicht möglich. Und es scheint auch gar nicht nötig zu sein, ebenso wie die einwandfreie Identifizierung der Hochzeit, für die Shakespeare den SOMMERNACHTSTRAUM so eilig fertigstellte und adaptierte. Für Schauspieler und Regisseur ist nur das Bewußtwerden dessen unumgänglich, daß der SOMMERNACHTSTRAUM ein Zeit- und Liebesstück war. Eben gerade ein Zeitstück und eben gerade ein Liebesstück. Und zwar ein äußerst offenes, sehr brutales und heftiges. Nach ROMEO UND JULIA war der SOMMERNACHTSTRAUM eine Art *nouvelle vague* im Theater.

Die Flügel der Elfen und die griechischen Tuniken sind nur Kostüm, und zwar nicht einmal poetisches, sondern Karnevalskostüm. Wie leicht kann man sich vorstellen, daß auf der Hochzeit der prächtigen Countess, der Mutter des Earl von Southampton, oder auch auf einer beliebigen anderen ähnlich prunkvollen Hochzeit ein großes Fest stattfindet. Man tanzt in Stil- und Phantasiekostümen. An italienischen Höfen und später in England bis zur puritanischen Reaktion war der Maskenball eine beliebte Vergnügung. Man nannte ihn hier »impromptu masking«.

*Die üppige, hochgeschürzte Amazone,
Dein Heldenliebchen ...

Aber die Säle haben sich bereits geleert. Der prächtige Kavalier, verkleidet als nordischer Oberon, begleitet von einem Zug von Knaben in Leder und Hirschgeweihkappen, ist schon fort. Kurz nach Mitternacht fuhr er mit seinem Gefolge in eine der Tavernen an der Themse, um dort weiterzuzechen. Zuvor noch sind die Jungen und Mädchen in griechischen Tuniken verschwunden. Als letzte verließ Titania das Fest, Titania, deren Ohrringe, erbsengroße rosarote Perlen, allgemeines Entzücken hervorgerufen hatten. Aber die Hellebardiere haben sich zerstreut, die Kienspäne sind heruntergebrannt. Am frühen Morgen begibt sich der Hausherr nach kurzem Schlaf in den Garten. Auf dem weichen Gras schlafen noch die verschlungenen Paare:

> Good morrow, friends. Saint Valentine is past:
> Begin these wood-birds but to couple now?*
>
> SOMMERNACHTSTRAUM, IV, 1

Hermia reißt sich als erste hoch, obwohl sie als letzte schlafen gegangen ist. Für sie war diese Nacht am wildesten. Zweimal hat sie die Geliebten gewechselt. Sie ist erschöpft, kann sich kaum auf den Beinen halten.

> Never so weary, never so in woe,
> Bedabbled with the daw and torn with briers,
> I can no further crawl, no further go;
> My legs can keep no pace with my desires.**
>
> SOMMERNACHTSTRAUM, III, 2

Sie ist beschämt. Nur unklar erkennt sie, daß es bereits Tag ist. Noch kann sie nicht zurück. Sie ist noch halbwegs in der Macht der Nacht. Sie hat zuviel getrunken.

> Methinks I see these things with parted eye,
> When everything seems double.*** SOMMERNACHTSTRAUM, IV, 1

*Ei, guten Tag! Sankt Velten ist vorbei,
Und paaren jetzt sich diese Vögel erst?

**Wie matt! wie krank! Zerzaust von Dornensträuchen,
Vom Tau beschmutzt und tausendfach in Not;
Ich kann nicht weiter gehn, nicht weiter schleichen,
Mein Fuß vernimmt nicht der Begier Gebot.

***Mir ist, ich säh dies mit geteiltem Auge,
Dem alles doppelt scheint.

Die ganze Szene des morgendlichen Weckens der Geliebten ist angefüllt mit jener brutalen und bitteren Poesie, die durch jegliche Theaterstilisierung zerstört wird.

III

Die Bildlichkeit der Liebe, der Erotik und des Sexus erfährt im SOMMERNACHTSTRAUM äußerst wesentliche Veränderungen. Zu Anfang ist sie noch völlig traditionell. Schwert und Wunde, Rose und Regen, Cupidos Bogen und goldener Pfeil. In Helenas Monolog, der die Koda der ersten Szene des ersten Aktes bildet, kommt es zu einem besonders auffälligen Zusammenstoß zweier Arten von Bildern. Dieser Monolog stammt eigentlich vom Autor selbst, ist eine Art Song, in dem zum ersten Mal das philosophische Thema des SOMMERNACHTSTRAUMS angesagt wird. Das Thema von Eros und Thanatos.

Things base and vile, holding no quantity,
Love can transpose to form and dignity.
Love looks not with the eyes, but with the mind,
And therefore is wing'd Cupid painted blind.*

SOMMERNACHTSTRAUM, I, 1

Die letzten zwei Zeilen sind am schwierigsten zu interpretieren und wirken in ihrer Vieldeutigkeit beunruhigend. Wir bemerken hier in den Bildern eine auffällige Verwandtschaft zu den Formeln der Florentiner Neuplatoniker, in erster Linie mit denen Marsilio Ficinos und Picos della Mirandola. Jene lehrten der orphischen Doktrin gemäß einen eigenartigen Mystizismus des Eros. Am berühmtesten war das Paradoxon Mirandolas in seinen OPERA: »Ideo amor ab Orpheo sine oculis dicitur, quia est supra intellectum.« Die Liebe sei blind, weil sie über dem Intellekt stehe. Die Blindheit gebe Erfüllung und Ekstase. Platons einmal mystischer, einmal konkreter verstandenes GASTMAHL war auch die Lieblingslektüre der elisabethanischen Neoplatoniker. Aber nach dem Florentiner Muster hatte dieser Neoplatonismus in Southamptons Kreis eine deutliche epikureische Färbung.

*Doch mag etwas auch schlecht und niedrig sein,
Die Liebe kann ihm Glanz und Würde leihn.
Denn Liebe braucht zum Sehen keine Augen, –
drum malt man ja den Gott der Liebe blind . . . (Rothe)

Mind scheint hier sowohl Phantasie als auch Begierde zu bedeuten. Bei Shakespeare werden immer stereotype Vorstellungen gebrochen. Der neoplatonischen Dialektik einer aus der Schönheit geborenen und in der Lust kulminierenden Liebe (»Amor igitur in voluptatem a pulchritudine desinit«) stellt Shakespeare den Eros der Häßlichkeit entgegen, der aus der Begierde geboren ist und im Wahnsinn kulminiert.[27] Amor, das Kind mit der Binde vor den Augen, das blindlings seine Pfeile verschießt, wird in diesem Monolog angerufen. Aber nur für einen kurzen Augenblick. Denn die Bilder sind hier viel abstrakter und nähern sich einem völlig anderen Bedeutungsbereich:

> Wings and no eyes figure unheedy haste.*
>
> SOMMERNACHTSTRAUM, I, 1

Der blinde Amor wird in Helenas Monolog in die blind treibende Nike des Instinkts verwandelt.

Eben dieses Bild hat Schopenhauer aus dem SOMMERNACHTSTRAUM entliehen. Doch die blinde Nike der Begierde ist zugleich etwas Animalisches, ein Nachtfalter, eine Motte. Hier, in diesem Monolog Helenas, ist der Ausgangspunkt für die später von Shakespeare immer direkter, konsequenter und beharrlicher eingeführte Tiersymbolik der Liebe zu sehen. Die Verwandlungen der Bilder sind hier nur äußerlicher Ausdruck der heftigen Abkehr von der petrarkistischen Idealisierung der Liebe.

Der Traum einer Sommernacht, zumindest aber jener Traum, der uns am modernsten und entdeckerischsten dünkt, ist ein Durchqueren des Tierischen. Das ist das Hauptthema, das die drei gesonderten Handlungsabläufe verbindet, die Shakespeare im SOMMERNACHTSTRAUM parallel durchführt. Diese animalische Erotik werden Titania und Zettel im wörtlichen, ja sogar im visuellen Sinn durchmachen. Die dunkle Zone dieser Erotik dringt aber auch in das Quartett der Liebenden:

> HELENA
> I am your spaniel; and, Demetrius,
> The more you beat me, I will fawn on you:
> Use me but as your spaniel, spurn me, strike me ...**
>
> SOMMERNACHTSTRAUM, II, 1

*Flügel ohne Augen bezeichnen besinnungslose Hast. (Lachmann)

**HELENA
Ich bin Eur Hündchen, und, Demetrius,

Und noch einmal:

> What worser place can I beg in your love,
> And yet a place of high respect with me,
> Than to be used as you use your dog?*
>
> SOMMERNACHTSTRAUM, II, 1

Spaniels, die ungeduldig an kurzen Leinen zerren oder vor ihren Herren schwänzeln, sind oft auf Jagdszenen flandrischer Gobelins zu sehen. Die Gobelins waren beliebte Wanddekorationen in königlichen und fürstlichen Palais. Aber hier ist es ein Mädchen, das sich selbst als einen Spaniel bezeichnet, der schwänzelnd um die Gunst seines Herrn wirbt. Die Metaphorik ist brutal, fast masochistisch.

Es lohnt sich übrigens, das ganze von Shakespeare im SOMMERNACHTSTRAUM beschworene Bestiarium näher zu besichtigen. Unter dem Einfluß der romantischen Tradition im Theater – die durch die Musik Mendelssohns leider bekräftigt wurde – scheint der Wald im SOMMERNACHTSTRAUM eine weitere Wiederholung der Arcadia zu sein. Indes ist es in Wirklichkeit viel eher ein Wald, der von Teufeln und Vampiren bewohnt ist, in dem Hexen und Zauberinnen mühelos alles finden könnten, was sie für ihr Gewerbe benötigen.

> You spotted snakes with double tongue,
> Thorny hedge-hogs, be not seen;
> Newts, and blind-worms, do no wrong;
> Come not near our fairy queen.** SOMMERNACHTSTRAUM, II, 2

Titania bettet sich auf einer Wiese inmitten wilder Rosen, Winden, Veilchen und Gänseblumen, aber das Wiegenlied, das ihr die Gefährtinnen vor dem Schlaf summen, ist nicht so ganz geheuer. Nach doppelzüngigen

> Wenn Ihr mich auch schlagt, ich muß Euch dennoch schmeicheln.
> Begegnet mir wie Eurem Hündchen nur,
> Stoßt, schlagt mich, achtet mich gering, verscherzt mich.

*Welchen schlechtern Platz
Kann ich mir wohl in Eurer Lieb' erbitten, –
Und doch ein Platz von hohem Wert für mich –
Als daß Ihr so wie Euren Hund mich haltet?

**Bunte Schlangen, zweigezüngt!
Igel, Molche, fort von hier!
Daß ihr euren Gift nicht bringt,
In der Königin Revier!

Nattern, Raupen, Igeln, Blindschleichen und Fledermäusen werden langbeinige Giftspinnen, schwarze Käfer und Schnecken aufgezählt. Ein solches Wiegenlied verspricht keine angenehmen Träume.

Das Bestiarium des SOMMERNACHTSTRAUMS kommt nicht von ungefähr. Getrocknete Schlangenhaut, zu Pulver zerriebene Spinnen, Fledermausknorpel finden in jeder Pharmakopöe aus dem Mittelalter oder der Renaissance Erwähnung. Alle diese Geschöpfe sind klebrig, glitschig und zottig, in der Berührung unangenehm, ekelerregend. Die Lehrbücher der Psychoanalyse kennen diese Ekelerscheinungen. Die in Titanias Wiegenlied genannten Tiere: Nattern, Schnecken, Kröten, Fledermäuse und Spinnen gehören ebenfalls zum bevorzugten Bestiarium des Freudschen Traumbuchs. In einen solchen Traum heißt Oberon die Liebenden versinken:

Till o'er their brows death-counterfeiting sleep
With leaden legs and batty wings doth creep.*

SOMMERNACHTSTRAUM, III, 2

Titanias Hof bilden die Elfen: Bohnenblüte, Spinnweb, Motte und Senfsamen. Im Theater wird diese Suite fast immer in Gestalt von hüpfenden und schwebenden kleinen Geistern oder als Ballett deutscher Heinzelmännchen gezeigt. Diese Suggestion ist so stark, daß sich selbst die Kommentatoren schwer davon lösen können. Es genügt jedoch, sich Zusammenstellung und Bedeutung der Namen vor Augen zu halten: Bohnenblüte und Senfsamen, Motte und Spinnweb, um sich davon zu überzeugen, daß sie zu eben jener Liebeshausapotheke der Zauberinnen und Hexen gehören.

Titanias Hof stelle ich mir als besabberte, zahnlose und zittrige Greise und alte Weiber vor, die ihre Herrin kichernd mit dem Ungetüm verkuppeln.

The next thing then she waking looks upon,
Be it on lion, bear, or wolf, or bull,
On meddling monkey, or on busy ape,
She shall pursue it with the soul of love.**

SOMMERNACHTSTRAUM, II, 1

*Bis ihre Stirnen Schlaf, der sie dem Tod vergleicht,
Mit dichter Schwing und bleirnem Tritt beschleicht.

**Was sie zunächst erblickt, wenn sie erwacht,
Sei's Löwe, sei es Bär, Wolf oder Stier,

Oberon hatte klar und deutlich vorausgesagt, daß Titania zur Strafe mit einem Tier schlafen werde. Die Zusammenstellung der in Frage kommenden Tiere ist wiederum sehr bezeichnend, besonders in der zweiten der einander folgenden Drohungen Oberons:

Be it ounce, or cat, or bear,
Pard, or boar with bristled hair ...* SOMMERNACHTSTRAUM, II, 2

Pavian, Stier, Kater, Luchs, Eber – alle diese Tiere stellen Geilheit dar, und einige davon spielen eine wichtige Rolle in der sexuellen Dämonologie. Zettel wird schließlich in einen Esel verwandelt. Aber im Alptraum dieser Sommernacht symbolisiert der Esel keineswegs die Dummheit. Von der Antike bis in die Renaissance wurde dem Esel die größte Potenz zugeschrieben, und von allen Vierbeinern soll der Esel mit dem längsten und härtesten Glied ausgestattet sein.

Ich stelle mir Titania als ein sehr großes, sehr flaches und sehr blondes, langarmiges und langbeiniges Mädchen vor, ähnlich den weißen Skandinavierinnen, die ich an Abenden auf der *Rue de la Harpe* und der *Rue Huchette* habe vorbeigehen sehen und die an Schwarzen klebten, deren Gesichter grau waren oder so schwarz, daß sie blau schienen.

Thou art as wise as thou art beautiful.**
SOMMERNACHTSTRAUM, III, 1

Die Szene zwischen Titania und dem in einen Esel verwandelten Zettel wird im Theater häufig humoristisch gespielt. Wenn hier überhaupt von Humor gesprochen werden kann, dann nur im englischen Sinne dieses Wortes. Ich glaube, daß es viel eher ein *humour noir* ist, grausam und skatologisch, wie man ihm oft bei Swift begegnet.

Die ranke und schlanke, zärtliche und lyrische Titania sehnt sich nach tierischer Liebe. Puck und Oberon nennen den verwandelten Zettel ein Ungeheuer. Die zerbrechliche und süße Titania zerrt dieses Ungeheuer ins Bett, nahezu mit Macht, nahezu mit Gewalt. Einen solchen Liebhaber wollte sie. Nach einem solchen Liebhaber hat sie sich gesehnt. Nur daß

Ein naseweiser Aff, ein Paviänchen,
Sie soll's verfolgen mit der stärksten Liebe.

*Sei es Brummbär, Kater, Luchs,
Borst'ger Eber oder Fuchs ...

**Du bist so weise, wie du reizend bist.

sie es niemals, nicht einmal vor sich selbst, hat eingestehen wollen. Der Traum hat sie von den Hemmungen befreit. Von der poetischen Titania, die nicht aufhört, über Blumen zu zwitschern, wird der monströse Esel vergewaltigt.

TITANIA
The moon methinks, looks with a watery eye;
And when she weeps, weeps every little flower,
Lamenting some enforced chastity.* SOMMERNACHTSTRAUM, III, 1

Titania ist es, die von allen Personen des Dramas am tiefsten und am weitesten in die dunkle Zone des Sexus vordringt, in der es weder Schönheit noch Häßlichkeit gibt, sondern nur Dunst und Befreiung. In der Koda der ersten Szene hatte Helena bereits vorausgesagt:

Things base and vile, holding no quantity,
Love can transpose to form and dignity.**
SOMMERNACHTSTRAUM, I, 1

Die Liebesszenen zwischen Titania und dem Esel müssen zugleich unreal und real, faszinierend und abstoßend scheinen, Entzücken und Abscheu, Entsetzen und Ekel erwecken. Sie müssen betörend wundersam und grauenhaft zugleich sein.

Come, sit thee down upon this flowery bed,
While I thy amiable cheeks do coy,
And stick musk-roses in thy sleek smooth head,
And kiss thy fair large ears, my gentle joy.***
SOMMERNACHTSTRAUM, IV, 1

*TITANIA
Mich dünkt, von Tränen blinke Lunas Glanz;
Und wenn sie weint, weint jede kleine Blume
Um einen wild zerrissenen Mädchenkranz.

**Dem schlechtsten Ding ohn' jeglichen Gehalt
Leiht Liebe Ansehn und Gestalt.

***Komm, laß uns hier auf Blumenbeeten kosen!
Beut, Holder, mir die zarte Wange dar;
Den glatten Kopf besteck ich dir mit Rosen
Und küsse dir dein schönes Ohrenpaar.

Eine Titania, die einen Esel liebkost, hat Chagall gemalt. Auf diesem Bild ist der Esel traurig, weiß und sehr zärtlich. Ich bin der Ansicht, daß Shakespeares Titania, die die Larve mit dem Eselskopf krault, anders aussehen muß, daß sie vielleicht auf Boschs Bildern oder auf denen der Surrealisten zu finden wäre. Und daß gerade das moderne Theater, jenes moderne Theater, das die Poetik des Surrealismus, des Absurden und der brutalen Poesie Genets erlebt hat, diese Szene zum ersten Mal zeigen kann. Besonders wichtig ist hier die Wahl der malerischen Inspiration. Von allen Malern ist Goya vielleicht der einzige, der in seiner Phantastik noch weiter als Shakespeare in die dunkle Zone der animalischen Erotik eingedrungen ist. Ich denke an die CAPRICHOS.

IV

Die Männer sind alle häßlich, maus- oder kaninchenartig, bucklig oder gnomenhaft: sie bedrängen, vielmehr, sie beschnüffeln die großen Mädchen in den schwarzen über die Schultern geworfenen Schals. Lange Kleider mit sehr hoher Taille wallen jenen bis zu den Knöcheln herab. Manchmal heben sie die Rocksäume, um das Strumpfband strammzuziehen, aber selbst in dieser vulgären Geste bleiben sie innerlich abwesend. Sie sitzen zumeist steif und aufrecht auf hohen Stühlen, blasiert und unwillig. Sie wirken wie in einem Schaukasten, stellen sich und das, was sie haben, zur Schau, knüpfen die Strumpfbänder über den schwarzen Strümpfen, strecken die Hintern heraus, aus den enggespannten Miedern treten die runden Brüste hervor. Täppische Männer mit üppigen breiten Nasen tummeln sich zwischen diesen Hinterteilen und Schenkeln. Die abweisenden, in sich versunkenen und stolzen Dirnen in schwarzen Mantillen. deren Frisuren kunstvoll aufgetürmt und mit Schildpattkämmen zusammengehalten sind, schauen über die schwarzen Fächer hinweg ins Weite. Neben ihnen sitzen oder stolzieren Greisinnen mit eben solchen Schildpattkämmen und schwarzen Schals. Vielleicht haben die alten Weiber nur deshalb den Mund in einem stummen Lächeln weit geöffnet, weil sie zahnlos sind. Dirnen und Greisinnen ähneln einander. Wenn man diese Zeichnungen genauer betrachtet, entdeckt man, daß die Ähnlichkeit keine zufällige ist, weil Goya absichtlich und gleichsam mit Genugtuung den prächtigen Dirnen und widerlichen Greisinnen ein und dasselbe Gesicht gegeben hat. Das, was in den aufgeworfenen Lippen dieser blasierten Mädchen abstoßend ist, wird erst durch die Wiederholung dieser Züge im Alter offenbar. Erst dann wirken sie tierisch, vulgär, häßlich. Alle Blätter sind mit demselben weißen Strich gezeichnet, der selbst die Schwärze warm, grau, mausartig wirken läßt. Nicht nur die Männer und die alten Weiber sind rattenähnlich, im Grunde sind es auch diese hochmütigen und steifen, königlichen und hurenhaften, fleischlichen und abwesenden Dirnen.

Die Frauen sind schlank und von hohem Wuchs, die Männer dagegen klein. Es scheint, als könnten sie nur unter die Röcke gucken, nur wie Hunde schnüffeln, als müßten sie sich auf Zehenspitzen stellen, um diesen Frauen in die Augen zu schauen. Goya muß es gewesen sein, der die Zeichnungen Bruno Schulz' inspiriert hat. Ich kenne sie. Kleine schwarze Männchen mit den großen Köpfen wassersüchtiger Kinder, den Blick in die Pantöffelchen oder winzigen Füße von Riesinnen versenkt, die wie bei Goya schwarzbestrumpfte Beine hochstrecken. Wie bei Goya weisen die Zeichnungen von Schulz den weichen Strich, das warme Mausgrau auf. Mausgrau sind diese Männer in schlotternden Jacketts, die großen Köpfe in Melonen. Sie sind tolpatschig, bucklig und verkrüppelt, heiß vor Erregung durch den Anblick des winzigen, herabfallenden Pantoffels der Riesin.

TODOS CAERAN. Ein kleines verdorrtes Bäumchen, darauf menschliche Hühner in schwarzen Dreispitzen. Die vogelhaften Hühnerhuren mit den kleinen Flügeln wölben die runden Brüste heraus, zucken und hüpfen auf ihren dünnen Hühnerbeinchen. Ungestalte Hähne mit aufgeplusterten Flügeln springen auf sie herauf, ihre ebenso dürren Beinchen zappeln lächerlich. Die Vogelhuren und die Hähnchen mit den abstoßenden Gesichtern von Greisen sitzen auf dem kleinen, verdorrten Baum. Darunter drei Frauen. Zwei junge, deren Brüste aus den Miedern herausquellen, in weiten rauschenden Röcken, und eine sehr alte Frau, die ihre Hände wie zum Gebet faltet und trotz des großen Rüssels, in den ihre Nase und ihr Kinn übergehen, an einen Vogel erinnert. Die jungen Frauen, aufgewühlt und bebend, stechen eine Ahle in den Hintern des einen Hähnchens, das einen greisen Kopf auf seinem dünnen Hals sitzen hat. Eine von den beiden hat es an den Flügeln gepackt, wie zum Schlachten, und die andere stichelt mit der Ahle an seinem Bürzel herum. Die Alte betet, die jungen Frauen lachen; dieses tierische und sexuelle Lachen entstellt ihre Gesichter und verleiht ihnen dieselbe vulgäre Grimasse, die wir bereits von den vorigen Zeichnungen kennen.

YA VAN DESPLUMADOS. Vier Frauen, zwei junge und zwei alte, schlagen und verscheuchen mit Besen kleine vogelhafte Menschlein auf Hühnerbeinen mit den traurigen Gesichtern von Buckligen. Wie bei den Huren in den Mantillen finden wir auch hier denselben bösen Schimmer in den

Augen, dasselbe boshafte Lächeln und eine Spur oder vielmehr, eine Vorwegnahme der künftigen Verzerrung durch das Alter im Öffnen der Lippen, im Aufblähen der Backen.

Esel. Immer wieder Esel. Ganze Herden von Eseln. In weißen Schlafmützen, häßlich und ohne jede Gutmütigkeit, aufgeblasen und eingebildet lehren sie einen jungen Esel, der mit menschlicher, nicht mit eselhafter Dummheit das Maul aufsperrt, das ABC. Ein großer nackter Esel, mit Haaren auf den Hufen, grenzenlos von sich eingenommen, von sich entzückt, sitzt hingefletzt in einem Sessel. Ein behaarter Affe, oder ist es ein Mensch mit Affenschnauze, spielt ihm mit einer Mandoline auf. Ein schöner Esel in einer weiten Jacke und langen Hosen, aus denen die Hufe herauskommen, liest ein Buch über Esel. Der Arzt-Esel, süß und kriecherisch, mißt den Puls eines Kranken. Ein wundersamer, riesengroßer weißer Esel von Milde und Nachsicht steht vor einer großen Tafel, auf die ein behaarter Affe etwas zeichnet. Gequälte und gekrümmte Bauern tragen die großen und weißen, die schweren und abscheulichen Esel auf ihren Rücken. Aber die Bauern sind ebenfalls widerlich. Wegen ihrer Häßlichkeit. Sie sind noch häßlicher als die auf ihren Nacken ruhenden weißen Esel. Auf einem schwarzen Esel, der ein Riesenmaul hat, sitzt gespreizt und, wie immer bei Goya, hoffärtig und abwesend eine große Dirne mit nackten Schenkeln und einem gewaltigen schwarzen Kamm im Haar.

Goya oder das Tierhafte der Erotik. All dieses Zottige entstammt derselben Nacht. Alles ist hier Tasten, Greifen, Saugen, Umklammern. Die Fledermäuse haben die Bäuche und Genitalien von Männern oder Frauen, manchmal die Hängebrüste von Greisinnen. Sie stürzen sich auf die Mädchen, die ihre Hintern herauswölben, sie umzingeln und puffen alte Hexen mit ausgefallenen Zähnen und von Syphilis zerfressenen Nasen. Fledermausweibchen mit aufgesperrten Fuchsschnauzen und behaarten weiblichen Genitalien schweben über den Kopf eines schlafenden Jünglings hinweg. Im zweiten Teil des Zyklus wird alles noch tierhafter, zottiger und alptraumhafter. Manchmal weiß man kaum mehr, ob man diese halb tier-, halb menschhaften Wesen katzen-, ratten- oder fuchsähnlich nennen kann. Auf den letzten Zeichnungen werden die Fledermäuse zu Obsessionen. Sie verwandeln sich in Sukkuben und Inkuben, fliegen, die Mäuler stets aufgesperrt, auf den Hälsen idiotische Köpfe – oder kriechen auf kleinen, dürren und behaarten Beinchen.

Zu Beginn des Zyklus sind die Tiere noch Symbole der Dummheit, Verschlagenheit, Gewalt oder Wollust wie im Apolog des Mittelalters oder der Renaissance. Aber allmählich befreien sie sich gleichsam von dieser summarischen Symbolik, bedeuten nicht mehr Menschen, sind nur noch tierhafte Mutationen der menschlichen Form. Goya entdeckt die dunkle Zone, in der alle Esels-, Kuh-, Hammel-, Ratten-, Fledermaus-, Katzen- und Mausformen, alle weiblichen und männlichen, jugendlichen und greisenhaften Merkmale einander durchdringen und das Zottige und Rüsselige durch ihre Schnauzen und Nasen, abstehenden Ohren, schwarzen Öffnungen der weiblichen Genitalien und zahnlosen Münder immer weiter aufeinander übertragen. Nur gelegentlich erscheinen zwischen diesen Fledermaus-Männchen und -Weibchen mit den steifen Schnurrbärten von Katern, den Schnauzen von Füchsen und den nackten Bäuchen wieder jene abwesend blickenden, blasierten und fleischigen Dirnen in schwarzen Mantillen, langen Röcken, das Haar hochgekämmt.

Da tanzt eine von ihnen. Sie hebt das schwarzbestrumpfte Bein hoch empor, hält die Hände über den Kopf erhoben. Hat die Augen geschlossen. Sieht die Fledermäuse nicht, die sie beschnuppern und umhüpfen. Eine davon, mit dem Kopf einer alten räudigen Katze, hat sich in ihrem Haar verkrallt. Eine zweite, die den tief herabhängenden plumpen Kopf eines Buckligen hat, lugt ihr schon unter den schwarzen Rock. Das Mädchen tanzt. Eine dritte Fledermaus, den Bauch nackt und die männlichen Genitalien entblößt, mit dem Kopf eines ausgehungerten aber brünstigen Katers hat sich ihm auf die Brust gesetzt. Das Mädchen wehrt sich nicht. Es sieht sie nicht. Aber es tanzt für sie.

Titania hat den Eselskopf umschlungen und fährt mit den Fingern über die behaarten Hufe. Sie ist sehr bleich, hat den Schal auf das Gras geworfen, den Schildpattkamm herausgenommen; ihre kunstvolle Frisur fällt zusammen. Die Eselshufe verklammern sich immer mehr. Er hat seinen Kopf auf ihre Brust gelegt. Der Eselskopf ist schwer, ist struppig.

> For she his hairy temples then had rounded
> With coronet of fresh and fragant flowers.*
>
> SOMMERNACHTSTRAUM, IV, 1

Titania hat die Augen geschlossen. Sie träumt von der reinen Tierhaftigkeit.

*Sie hatt ihm die behaarte Schläf umwunden
Mit einem frischen würz'gen Blumenkranz.

V

Die Nacht erlischt, und der Morgen zieht herauf. Die Liebenden haben die dunkle Zone der tierhaften Liebe durchquert. Zum Abschluß des dritten Aktes wird Puck ein ironisches Lied singen. Es ist zugleich Koda und Song, es faßt die Erfahrungen dieser Nacht zusammen:

Jack shall have Jill;
Nought shall go ill;
The man shall have his mare again,
And all shall be well.* SOMMERNACHTSTRAUM, III, 2

Titania erwacht und sieht den Rüpel mit dem Eselskopf über sich. In dieser Nacht hat sie mit ihm geschlafen, aber jetzt ist Tag. Sie entsinnt sich nicht mehr dessen, daß sie ihn begehrte. Sie erinnert sich an nichts mehr. Sie will sich an nichts mehr erinnern.

TITANIA
My Oberon! what visions have I seen!
Methought I was enamour'd of an ass.
OBERON
There lies your love.
TITANIA
How came these things to pass?
O! how mine eyes do loathe his visage now.**
SOMMERNACHTSTRAUM, IV, 1

*Hans nimmt sein Gretchen,
Jeder sein Mädchen;
Findt seinen Deckel jeder Topf,
Und allen geht's nach ihrem Kopf.

**TITANIA
Mein Oberon, was für Gesicht ich sah!
Mir schien, ein Esel hielt mein Herz gefangen.
OBERON
Da liegt dein Freund.
TITANIA
Wie ist dies zugegangen?
Oh, wie mir nun vor dieser Larve graut!

Am Morgen sind alle beschämt: Demetrius und Hermia, Lysander und Helena. Selbst Zettel. Auch er will sich nicht zu seinem Traum bekennen.

> I have had a dream, past the wit of man to say what dream it was...
> Methought I was – there is no man can tell what...*
>
> SOMMERNACHTSTRAUM, IV, 1

In dem heftigen Kontrast zwischen dem Liebeswahn, den die Nacht auslöst, und der Zäsur des Tages, die alles vergessen macht, wird Shakespeares Modernität und Vorläufertum am klarsten sichtbar.

> We are such stuff
> As dreams are made on...** STURM, IV, 1

Nicht nur ist Ariel ein abstrakter Puck mit traurigem und gesammeltem Gesichtsausdruck, sondern auch das gesamte philosophische Thema des SOMMERNACHTSTRAUMS wird im STURM wiederholt. Der STURM ist zweifellos reifer, aber die Antworten, die Shakespeare im SOMMERNACHTSTRAUM gibt, scheinen krasser und, vielleicht darf man sagen, materialistischer. Und weniger bitter.

> The lunatic, the lover, and the poet,
> Are of imagination all compact...***
>
> SOMMERNACHTSTRAUM, V, 1

Der Wahnsinn dauerte eine ganze Juninacht. Die Liebenden schämen sich dieser Nacht und wollen nicht mehr darüber sprechen, über »die Launen eines bösen Traums«.
Aber diese Nacht hat sie von sich selbst befreit. In ihren Träumen waren sie wahr.

*Ich hatte 'nen Traum – 's geht über Menschenwitz zu sagen, was es für ein Traum war ... Mir war, als wär ich – kein Menschenkind kann sagen, was ...

**Aus dem Stoffe sind wir Menschen
Aus dem man Träume macht ...

***Wahnwitzige, Poeten und Verliebte
Bestehn aus Einbildung ...

And sleep, that sometimes shuts up sorrow's eye,
Steal me awhile from mine own company.*

SOMMERNACHTSTRAUM, III, 2

Der Wald bedeutet wie immer bei Shakespeare die Natur. Die Flucht in den Ardenner Wald ist die Flucht vor der grausamen Welt, in der der Weg zur Krone durch Verbrechen führt, in der der Bruder den Bruder des Erbes beraubt und der Vater den Tod der Tochter verlangt, wenn sie einen Mann gegen seinen Willen wählt. Aber nicht nur der Wald ist Natur. Natur sind die Instinkte, die in uns selbst sind. Sie sind ebenso rasend wie die Welt.

Lovers and madmen have such seething brains ...**

SOMMERNACHTSTRAUM, V, 1

Das Thema der Liebe kehrt noch einmal in der alten Tragödie von Pyramus und Thisbe wieder, die am Ende des SOMMERNACHTSTRAUMS von der Truppe der Handwerker gespielt wird. Die Liebenden sind durch eine Mauer getrennt. Sie können einander nicht berühren, können sich nur durch einen Spalt sehen. Sie werden sich nie vereinen. Da erscheint ein hungriger Löwe. Thisbe flieht in Panik. Pyramus findet ihr blutiges Tuch und erdolcht sich. Thisbe kehrt zurück, findet den Leichnam von Pyramus und tötet sich mit demselben Dolch. Die Welt ist grausam für wahre Liebende.

Die Welt ist rasend und rasend ist die Liebe. In dieser großen Raserei der Natur und der Geschichte sind die Augenblicke des Glücks kurz bemessen.

Swift as a shadow, short as any dream,
Brief as the lightning in the collied night.***

SOMMERNACHTSTRAUM, I, 1

*Du, Schlaf, der oft dem Grame Lind'rung leiht,
Entziehe mich mir selbst auf kurze Zeit.

**Verliebte und Verrückte
Sind beide von so brausendem Gehirn.

***Wie Schatten wandelbar, wie Träume kurz,
Schnell wie der Blitz ... in geschwärzter Nacht.

BITTERES ARKADIEN

VIOLA
What country, friends, is this?
CAPTAIN
This is Illyria, lady.*
WAS IHR WOLLT, I, 2

I

Von allen Werken Shakespeares wurden die SONETTE und DER STURM stets als seine persönlichsten angesehen. Aber was heißt persönlich? Man kann darin ein verschlüsseltes Kalendarium, einen Schlüssel zur Biographie oder einen großen Prolog und großen Epilog sehen. Man identifizierte Prospero mit Shakespeare und meinte im STURM den allegorischen Abschied von der Bühne sehen zu können. DER STURM ist Abrechnung und Abschied, aber in einem viel differenzierteren Sinn. Im STURM kehren alle Shakespeareschen Themen wieder: auf Prosperos Insel treffen der vertriebene Herzog und der Usurpator aufeinander, ein Mädchen lernt einen jungen Mann kennen. Alles beginnt noch einmal von vorne, nur sind die Helden klüger um ihre Erfahrungen. Aber die Weisheit ist zerbrechlich. Wie alles. Im STURM ist die Hoffnung bitter. Und nur in diesem Sinn ist DER STURM Schlüssel zur Biographie. Oder vielmehr: einer ihrer Teile. DER STURM ist der Epilog. Die SONETTE sind in eben diesem Sinn ›autobiographisch‹. Sie sind der Prolog.

Man kann die SONETTE als Drama lesen. Sie besitzen eine Handlung und Helden. Die Handlung besteht aus lyrischen Sequenzen, aus denen langsam eine Tragödie erwächst. Und es gibt drei Helden: einen Mann, einen Knaben, eine Frau. Diese drei Personen erschöpfen alle Formen der Liebe und machen alle ihre Stufen durch. Sie erschöpfen alle Möglichkeiten des Betrugs und alle seine Formen. Sie erleben Himmel und Hölle. Die Poetik der SONETTE ist keine petrarkistische, und eine andere Bezeichnung scheint angemessener. Die Helden der SONETTE erleben Eden und Sodom.

Die vierte Person dieses Dramas ist die Zeit. Die Zeit, die alles verwüstet

*VIOLA
Welch Land ist dies, ihr Freunde?
SCHIFFSHAUPTMANN
Illyrien, Fräulein.

und lähmt. Die gefräßige, mit großen Kiefern verglichene Zeit. Sie verschlingt das Werk des Menschen und verschlingt diesen selbst.
»O Zeit, schnelle Erbeuterin alles Geschaffenen, wie viele Könige, wie viele Völker hast du schon vernichtet, und wie viele Wandlungen von Staaten und mannigfache Ereignisse sind gefolgt, seit die wunderbare Form dieses Fisches hier starb! ... Nun, von der Zeit zerstört, ruhst du geduldig in diesem geschlossenen Raum. Mit dem entblößten, des Fleisches beraubten nackten Gerippe hast du Gerüst und Stütze gebildet für den darüberliegenden Berg.«
Dieses shakespearehafte Zitat stammt aus den Jugendschriften von Leonardo da Vinci. »Die Zeit, Zerstörerin von allem« kehrt als ständiger Refrain der Dichtung der Spätrenaissance und des Barock wieder, aber für Leonardo ist die vernichtende Wirkung der Zeit ähnlich wie für Shakespeare weder Stiltrope noch Manie. Die Zeit ist der erste Akteur jeder Tragödie:

> When time is old and hath forgot itself,
> When waterdrops have worn the stones of Troy,
> And blind oblivion swallow'd cities up,
> And mighty states characterless are grated
> To dusty nothing.* TROILUS UND CRESSIDA, III, 2

Das sagt Cressida. Keines von Shakespeares Stücken ist den SONETTEN in den bitteren Bildern des unausweichlichen Endes der Liebe so nah wie dieses.[28]

> Injurious time now, with a robber's haste,
> Crams his rich thievery up, he knows not how.**
> TROILUS UND CRESSIDA, IV, 4

Das sagt Troilus. Die Zeit, jenes »gewaltige Scheusal der Undankbarkeit« (III, 3), *injurious Time,* ist in TROILUS UND CRESSIDA ebenso wie in

*Wenn Zeit gealtert, und sich selbst vergaß,
Wenn Regen Trojas Mauern aufgelöst,
Blindes Vergessen Städte eingeschlungen,
Und mächt'ge Reiche spurlos sind zermalmt
Ins staub'ge Nichts.

**Der rohe Augenblick, mit Diebes Hast,
Zwängt ein den reichen Raub fast unbesehn.

den Sonetten gegen die Liebenden. Es verwüstet Städte und Königreiche genauso wie Jugend und Schönheit, bricht die Schwüre der Herrschenden und die Gelübde der Liebenden.

> ... Time, whose million'd accidents
> Creep in twixt vows, and change decrees of kings.*
>
> Sonett CXV

Lassen wir noch einmal Leonardo reden. Er sagt von derselben gefräßigen Zeit:
»O Zeit, Verzehrerin der Dinge, und du, mißgünstiges Alter, du zerstörst alles, und ihr verzehrt alle Dinge mit den harten Zähnen des Greisenalters nach und nach in langsamem Tode. Helena, wenn sie sich im Spiegel betrachtet und die welken Falten ihres Gesichtes gesehen hat, die das Alter grub, weint und denkt bei sich, wieso sie zweimal entführt wurde. O Zeit, Verzehrerin der Dinge! O mißgünstiges Alter, durch das alles verzehrt wird.«
In diesen Bildern Leonardos sind eigentlich drei verschiedene Zeiten enthalten. Die geologische Zeit, die Zeit der Erde, der Ozeane und der Gebirgserosion; die archäologische Zeit, denn jede Geschichte wird letzten Endes Archäologie: die Zeit der Pyramiden, der Städte, die untergingen, der Königreiche, die man nur noch dem Namen nach kennt; und schließlich die letzte, die menschliche Zeit, in der die Wiege dicht neben dem Grab steht und alle menschlichen Gesichter sterblich sind.

> Against my love shall be, as I am now,
> With Time's injurious hand crush'd and o'erworn;
> When hours have drain'd his blood und fill'd his brow
> With lines and wrinkles ...** Sonett LXIII

Diese drei leonardischen Zeiten kann man immer bei Shakespeare finden. Wenn die Erde blutübergossen ist, wird die menschliche Zeit erneut

* Zeit millionenfach
Einschleicht in schwüre · bricht der Könige wort. (George)

**Einst geht es meinem liebsten wie mir jezt.
Ihn drückt und schwächt die Zeit mit rohem schlag.
Wenn sie sein blut verdünnt · die stirn verlezt
Mit strich und runzel. (George)

zur unmenschlichen Zeit der Natur. Der blinde Gloster nimmt dann Abschied vom irren Lear:

O ruin'd piece of nature! This great world
Shall so wear out to nought.* KÖNIG LEAR, IV, 6

Diese drei ständig ineinander verwobenen Zeiten werden in den SONETTEN immer wieder beschworen. Die SONETTE sind der Prolog zu allen Tragödien.

... where, alack,
Shall Time's best jewel from Time's chest lie hid?
Or what strong hand can hold his swift foot back?
Or who his spoil of beauty can forbid? ** SONETT LXV

Das erste Thema der SONETTE ist der Versuch, Schönheit und Liebe vor der vernichtenden Wirkung der Zeit zu retten. Ein Sohn ist nicht nur Nachfolger, nicht nur Kontinuator, sondern auch die Wiederholung desselben Gesichtes, derselben Züge, ein buchständliches Stillstehen der Zeit:

Now is the time that face should form another.*** SONETT III

Die Liebe geschieht in der Zeit, wendet sich aber gegen die Zeit. Sie will um jeden Preis etwas hinüberretten, bewahren, eine Spur hinterlassen.

And nothing gainst Time's scythe can make defence
Save breed, to brave him when he takes thee hence.†
SONETT XII

*O du zertrümmert Meisterstück der Schöpfung! –
So nutzt das große Weltall einst sich ab
Zu nichts.

** Wie soll ich behüten
Der Zeiten lieblichst Kleinod vor der Zeit?
Wer hemmt den schnellen Fuß, des Alters Wüten?
Wer schützt die Schönheit vor Vergänglichkeit? (Robinson)

***Nun ist es Zeit, das Antlitz neu zu schaffen. (nach Robinson)

†Nichts schützt dich vor der Zeiten Sensenhieb,
Wenn dir nicht, ihr zum Trotz, ein Erbe blieb. (Robinson)

In den Shakespeareschen SONETTEN ist die Liebe ein tödliches Spiel, deren einziger Gegner der Zerfall ist:

When I perhaps compounded am with clay,
Do not so much as my poor name rehearse,
But let your love even with my life decay.* SONETT LXXI

Die Verneinung des körperlichen Todes ist die Verlängerung des Lebens in der Nachkommenschaft. Die Verneinung von Zerfall und Vergessenwerden ist der aus der Antike übernommene Begriff des Ruhms. Das Gedicht wird bleiben. Shakespeare schreibt mit den SONETTEN sein *monumentum aere perennius*:

And thou in this shalt find thy monument,
When tyrants' crests and tombs of brass are spent.**
SONETT CVII

Diese Verschmelzung von Bronze und Tyrannei in einem Vers ist sehr renaissancehaft. Die schwarzen Rabatten des Gedichtes, die zarten Zeichen auf dem Papier und die zerbrechliche Strophe sollen gegen die Macht der Herrschenden und der Zeit antreten. Sie sollen Unsterblichkeit gewährleisten.

Against confounding age's cruel knife.*** SONETT LXIII

Shakespeares *exegi monumentum* entstand aller Wahrscheinlichkeit nach für einen jungen Mann mit leicht schrägstehenden Augen und hellen, fein frisierten Locken, die auf die linke Schulter herabfielen. Sein Gesicht war nicht nur von vollendeter weiblicher Schönheit, es trug auch den Ausdruck von Grausamkeit in der Zeichnung der Lippen und im verächtlichen, wie abwesenden Blick.

*Wenn ich vielleicht verschüttet bin mit staub:
Dann nenn auch meinen armen namen nicht ·
Dein lieben schwinde mit des lebens raub. (George)

**Und in dem Lied wirst du dein Denkmal finden,
Wenn Herrscherkronen, eh'rne Gräber schwinden. (Robinson)

***Daß sie des Alters grimmem Messer wehrt. (Robinson)

And tongues to be your being shall rehearse.* SONETT LXXXI

Die SONETTE waren mit großer Sicherheit an den Earl of Southampton gerichtet, der fast zehn Jahre jünger war als Shakespeare. Wie die Porträts bezeugen, war sein Gesicht die fast fehlerlose Wiederholung der Züge seiner Mutter.[29] Shakespeare durfte mit Recht schreiben:

Thou art thy mother's glass, and she in thee
Calls back the lovely April of her prime.** SONETT III

Was bei Shakespeare immer am meisten verblüfft, ist die Verknotung von Zufall und Regel, von Konkretem und Universellem. Ein Mann, ein Knabe und eine Frau. Doch in den SONETTEN sind es keine abstrakten Schachfiguren, die Liebe spielen. Shakespeares *aere perennius* wurde für einen jungen Mann geschrieben, der Erbe eines der großen Geschlechter war, das zu den wohlhabendsten seiner Zeit gehörte. Die Relationen von Liebe und Freundschaft sind in einem Netz von Abhängigkeiten des debütierenden Dichters und Komödianten vom reichen aristokratischen Mäzen verwoben.

...men as plants increase
Cheered and check'd even by the self-same sky.*** SONETT XV

Die SONETTE besitzen zwei Bezugssysteme, ganz wie bei den englischen metaphysischen Dichtern, Donne und Herbert; sie sind ein existentielles Drama in Reinkultur und sind zugleich von historisch Konkretem erfüllt. Es gibt darin einen stummen Himmel, Jahreszeiten, die vier Elemente und ein langsam trabendes Pferd, auf dem sich der ältere Mann von seinem treulosen Geliebten entfernt.

Shakespeares *monumentum* soll nicht nur die Schönheit des weibischen jungen Mannes vor dem Vergessen bewahren. Eine Handvoll Reime soll zugleich Protektion und Ewigkeit gewährleisten. Die Ewigkeit war freilich leichter zu erreichen als die Protektion. Die Gestalt des Dichter-Riva-

*In späteren zungen dann dein wesen spricht. (George)

**Du bist der mutter spiegel und er stellt
Ihr lieblichen april der jugend dar. (George)

***Seh ich den Menschen aufblühn wie die Pflanze,
Vom selben Himmelshauch gelabt, entlaubt. (Flatter)

len, vielleicht die von Marlowe, durchkreuzt die Verse. Viele bemühten sich um die Gunst des glanzvollen Herrn.
Diese Vermengung von Großem mit Geringem, von einer Epoche mit allen Epochen, ist in den SONETTEN zum Greifen nahe. Die Zeit auf der Shakespeareschen Uhr ist elisabethanisch, aber die Stunde schlägt allen Liebenden, nicht nur dem hellen Knaben und der Schwarzen Dame.

II

Die SONETTE haben ihre eigene Poetik, ihre eigene Rhetorik und ihre eigene Metaphysik. Die ersten einhundertsechsundzwanzig richten sich an den Knaben, die übrigen an die Schwarze Dame. Die dramatische Handlung besteht in dem doppelten Betrug, in dem des jungen Geliebten und dem der Frau. Die beiden sind zusammengekommen. Der Mann weiß nicht, wer ihn mehr betrogen hat, auf wen er eifersüchtiger sein soll, wer hier an wem Rache geübt hat. Er argumentiert, wirbt und verwünscht. Die letzten Zweizeiler eines jeden Sonetts sind direkt an den Empfänger gerichtet. Sie sind eine Bühnenreplik.
Und noch in einem Sinn sind die SONETTE ein Prolog. Ein Prolog zur Shakespeareschen Erotik, zumindest zur Erotik der frühen Komödien. Das wirkliche Thema der SONETTE ist die Wahl oder vielmehr die Unmöglichkeit der Wahl zwischen dem Knaben und der Frau, die brüchige Grenze zwischen Freundschaft und Liebe, die Faszination, die jede Schönheit ausstrahlt und die Universalität der Begierde, die sich in keiner Weise hemmen und auf kein besonderes Geschlecht beschränken läßt. Dasselbe Thema, vom ernsthaften Ton bis zum Buffo, von der zweideutigen und gebrochenen Idylle bis zum Hohn und Spott wird später in ZWEI HERREN AUS VERONA ebenso wie in VERGEBLICHE LIEBESMÜH, in WAS IHR WOLLT ebenso wie in WIE ES EUCH GEFÄLLT und in der untergründigen Strömung des KAUFMANNS VON VENEDIG und der erotischen Kameradschaft und brutalen Zurückweisung Falstaffs durch Heinrich V. wiederkehren.
Die Zweideutigkeit der SONETTE ist gleichzeitig ein Prinzip ihrer Poetik wie ihrer Erotik. Verglichen mit den Shakespeareschen erscheinen die Sonette Petrarcas transparenter, sie sind wie in Kristall geschnitten, aber nach den Shakespeareschen wirken sie kalt und ausgeklügelt. Schönheit und Güte sind darin konstante Werte, die nie angezweifelt werden; Körper und Geist sind die großen Gegner. In den SONETTEN von Shakespeare ist die starre Trennung in Physisches und Spirituelles durchbro-

chen, das Gute ist mit dem Bösen vermischt, das Schöne mit dem Häßlichen, die Begierde mit dem Ekel, die Leidenschaft mit der Scham. Die Polarisierungen sind hier anders, barocker und moderner zugleich. Die Leidenschaft betrachtet sich selbst, das Zögern ist eine Nahrung für die Lust, der Blick tötet die Leidenschaft nicht, er entzündet sie nur noch stärker. Die Erotik ist exakt und berechnend, durch Beobachtung geschärft, durch die Analyse aufgestachelt.

> . . . although to-day thou fill
> Thy hungry eyes even till they wink with fulness,
> To-morrow see again, and do not kill
> The spirit of love with a perpetual dulness.
> Let this sad interim like the ocean be
> Which parts the shore, where two contracted new
> Come daily to the banks . . .* Sonett LVI

Der Liebespartner ist hier zugleich wirklich und kreiert; das Auge liegt in Streit mit dem Herzen, der Tag mit der Nacht, der Blick mit dem Tastsinn. Der Partner ist körperlich, von der Phantasie geschaffen, von der Begierde verändert. Die Erotik ist Schülerin der Renaissance-Malerei und wird ihrerseits zur Schule einer neuen Sensibilität.

> Since I left you, mine eye is in my mind;
> And that which governs me to go about
> Doth part his function, and is partly blind,
> Seems seeing, but effectually is out;
> For it no form delivers to the heart
> Of bird, of flower, or shape, which it doth latch;
> Of his quick objects hath the mind no part,
> Nor his own vision holds what it doth catch;
> For if it see the rud'st or gentlest sight,
> The most sweet favour or deformed'st creature,

* Machst du auch heute voll
Dein hungrig auge bis es schwimmt vor sattheit:
Schau morgen wieder hin · nicht sterben soll
Der geist der liebe durch beständige mattheit.
Die trübe zwischenzeit sei wie das meer
Das küsten trennt wo neuverbundnes paar
Täglich am strand sich trifft. (George)

The mountain or the sea, the day or night,
The crown or dove, it shapes them to your feature.*

SONETT CXIII

Botticelli soll die Meinung geäußert haben, daß es schade sei um die Zeit, die man für das Nachahmen von Naturlandschaften verschwende, es genüge, einen farbgetränkten Schwamm an die Wand zu werfen, um in den solcherart entstandenen Flecken die schönsten Landschaften zu entdecken. Diese Methode wandte Leonardo bewußt als Mittel zur Anregung der malerischen Invention und Inspiration an. Er bedurfte dabei nicht einmal eines Schwammes. Leonardo schrieb: »Wenn du auf buntgefleckte Mauern oder auf buntgemischte Steine blickst, so kannst du dort, falls du irgendeine Gegend zu erfinden hast, Bilder von allerlei Landschaften sehen, die mit Bergen, Flüssen, Felsen, Bäumen, weiten Ebenen, Tälern und Hügeln in mannigfacher Weise ausgestattet sind. Du kannst dort auch allerlei Schlachten und Gestalten mit lebhaften Gebärden erblicken, ferner seltsame Gesichtszüge und Gewänder und unendlich viele Dinge, die du später in vollkommener und schöner Form wiedergeben kannst. Es ist mit solchen Mauern und Gemischen ähnlich wie mit dem Geläute der Glocken, denn in ihren Schlägen kannst du alle Namen und Worte hören, die du dir ausdenkst.«

Shakespeare hat eine ähnliche Schule der Einbildungskraft durchgemacht. Und er kannte beide Arten ihrer Verwendung: die lyrische und die sarkastische. Das Lyrische schlug sich in den SONETTEN nieder. In HAMLET verwandelte sich die nämliche Schule der Einbildungskraft in eine beißende Lektion des politischen Opportunismus.

*Seit ich euch ließ verbleibt mein aug im geist
Und was mein führer ist von ort zu ort
Teilt nunmehr seinen dienst · ist blind zumeist ·
Scheint sehend aber wirklich ist es fort.
Nie liefert es dem herzen die gestalt
Von vogel blume körper die es fängt ·
Der hurtige zug macht für den geist nicht halt
Noch bannt es selbst die schau die es empfängt.
Ob es das rauhste · zartste sehen mag ·
Die süsste stirn · den ungestalten wicht:
Es formt gebirg und see und nacht und tag
Und taub' und kräh nach eurem angesicht ... (George)

HAMLET
Do you see yonder cloud that's almost in shape of a camel?
POLONIUS
By th'mass, and 'tis like a camel, indeed.
HAMLET
Methinks it is like a weasel.
POLONIUS
It is back'd like a weasel.
HAMLET
Or like a whale?
POLONIUS
Very like a whale.* HAMLET, III, 2

Es ist dies nicht die erste der verblüffenden Begegnungen zwischen Leonardo und Shakespeare, die um so erregender sind, als sie auf keiner direkten Vermittlung basieren, abgesehen von der mächtigen Auswirkung der Kultur des italienischen Quattrocento auf das Elisabethanische England. Sowohl auf den Hof der Königin als auch noch stärker auf die mit humanistischen Wissenschaften beschäftigten Colleges in Cambridge und Oxford und die mit ihnen verbundenen Kreise junger Adliger. Aus Italien kam die Malerei, die Musik und die Architektur. Italien lieferte neue Sprach- und Stilmuster. Neue Theorien der Praxis, deren Maß die Wirksamkeit war, und ein neues Ideal der Persönlichkeit, deren Maß die Harmonie wurde. Eine neue Philosophie und neue Sitten. Marlowe sagte zu jedem, nur Dummköpfe seien unfähig, Knaben und Tabak zu schätzen. Im Kreise Southamptons und seiner Freunde glichen sich die Sitten immer stärker denen des Florenz der Medici an.

*HAMLET
Seht Ihr die Wolke dort, beinah in Gestalt eines Kamels?
POLONIUS
Beim Himmel, sie sieht auch wirklich aus wie ein Kamel.
HAMLET
Mich dünkt, sie sieht aus wie ein Wiesel.
POLONIUS
Sie hat einen Rücken wie ein Wiesel.
HAMLET
Oder wie ein Walfisch?
POLONIUS
Ganz wie ein Walfisch.

Die heftigen Schmähreden Savonarolas gegen die Sodomiten sind allgemein bekannt. Der Knabenliebe wurden Botticelli, Leonardo und Michelangelo bezichtigt. Die Aufzeichnungen von Leonardo über seine Schüler und Lehrlinge sind besonders zweideutig, namentlich die über den jungen Gian Giacomo, den er »Salai«, Teufelchen, nannte und dem gegenüber er erstaunlich großzügig und nachsichtig war: »Im ersten Jahr: Ein Mantel: zwei Lire; sechs Hemden: vier Lire; drei Wämse: sechs Lire; vier Hosen: sieben Lire acht Soldi; gefütterter Anzug: fünf Lire; vierundzwanzig Paar Schuhe: sechs Lire fünf Soldi; ein Barett: ein Lire; für Gürtel, Schnürsenkel: ein Lire.«

Leonardos Neigungen für Knaben waren höchstwahrscheinlich gezügelt. Wir finden unter seinen Aufzeichnungen die Sentenz: »Wer die Wollust nicht bändigt, geselle sich den Tieren zu«; und: »Die Leidenschaft des Geistes verjagt die Wollust.« Leonardo verstand sehr viel von Erotik. Er schrieb: »Unser Körper untersteht dem Himmel, der Himmel wiederum dem Geist.« Aber auch: »Wenn dein Körper nach der Tugend ginge, wärest du nicht auf dieser Erde.« Wie eine Manie wirken die Zeichnungen Leonardos, auf denen ein Greis oder Mann im mittleren Alter einen Knaben mit Lockenkopf und griechischem Profil anschaut.

Der *Eros socraticus* war nicht nur eine mehr oder weniger tolerierte Sitte, er war vor allem eine Philosophie der Liebe, eine ästhetische und metaphysische Rechtfertigung der sehr unterschiedlichen Formen der Freundschaft zwischen einem Erwachsenem und einem Knaben. Die Humanistische Akademie von Florenz erkannte die Knabenliebe als höchste Form von Seelenverwandtschaft an. Pico della Mirandola und Ficino verfaßten Traktate über Seelenpäderastie, in denen die Kommunion der Seelen nur mit Mühe von der der Körper auseinanderzuhalten war. Der jugendliche Freund Mirandolas wurde in derselben Krypta bestattet, in der sein Meister ruhte. Ficino identifizierte in seinen hintergründigen Kommentaren zu Platos GASTMAHL Phaidros mit seinem eigenen Freund, dessen jugendliche Schönheit die Gäste priesen. Die Apologien reiner Knabenliebe waren verschieden: geheuchelt oder gutgläubig. Ihre Metaphysik war stets die gleiche.

»Jeder von uns ist demnach nur eine Halbmarke von einem Menschen, weil wir zerschnitten, wie die Schollen, *zwei* aus *einem* geworden sind. Daher sucht denn jeder beständig seine andere Hälfte. Soviele nun unter den Männern ein Schnittstück von jener gemischten Gattung sind, welche damals mannweiblich hieß, die richten ihre Liebe auf die Weiber, und die meisten Ehebrecher sind von dieser Art, und ebenso wiederum die Weiber, welche mannsüchtig und zum Ehebruch geneigt sind. Soviele aber von den Weibern ein Schnittstück von einem Weibe sind, die richten ihren Sinn nur wenig auf Männer, sondern wenden sich weit mehr den Frauen zu, und die mit Weibern buhlenden Weiber stammen von dieser Art. Die Männer endlich, welche ein Stück von einem Mann sind, die gehen dem Männlichen nach, und solange sie noch Knaben sind, lieben sie, als Schnittlinge der männlichen Gattung, die Männer und haben Freude daran, neben den Männern zu ruhen und von Männern umschlungen zu werden... Manche nennen sie freilich schamlos, aber mit Unrecht: denn nicht aus Schamlosigkeit tun sie dies, sondern aus mutigem, kühnem und mannhaftem Geistestriebe, mit welchem sie dem ihnen Ähnlichen in Liebe entgegenkommen...

Auf Ehe und Kindererzeugung dagegen ist ihr Sinn von Natur nicht gerichtet, sondern sie werden nur vom Gesetze dazu gezwungen; vielmehr würde es ihnen genügen, ehelos mit einander das Leben zuzubringen. Kurz, ein solcher wird jedenfalls ein Knabenliebhaber, sowie ein Freund seines Liebhabers, indem er immer dem ihm Verwandten anhängt.«

Das philosophische Fundament der sokratischen Erotik war Platos GASTMAHL, genauer, der darin entwickelte alte Mythos von den ersten Menschen, die androgyn waren, vier Arme und vier Beine, zwei Gesichter und zwei Geschlechter besaßen. Sie waren Frevler. Zur Strafe trennte sie Zeus, zerschnitt sie in zwei Hälften. Von nun an suchen sich die voneinander getrennten Hälften. Das SONETT XXXIX endet mit der verblüffenden platonischen Koda:

And that thou teachest how to make one twain,
By praising him here who doth hence remain.*

Ficino schrieb, daß man die philosophische Familie der Platoniker an der »leidenschaftlichen Liebe zur physischen und geistigen Schönheit des menschlichen Wesens« erkennen könne.[30]

Leonardo verbrachte seine letzten Lebensjahre auf dem Schlößchen Coux bei Amboise. Die Tradition berichtet, François I. habe ihn dort besucht. Der junge König, der von der Jagd kam, habe das Rudel im Hof gelassen und sich selbst zu Leonardo begeben, um mit ihm über Plato zu diskutieren. Ficinos Schriften erreichten das zeitgenössische Frankreich, man setzte sich mit ihnen an der Sorbonne auseinander. In Oxford und Cambridge entstehen gegen Ende des 16. Jahrhunderts neue

*Und lernt ich nicht wie zwei aus ein entsteht ·
Wenn ich hier preise den der fern dort geht. (George)

platonische Schulen. Die adligen Freunde von Shakespeare mochten Ficino nicht gekannt haben, Platos GASTMAHL hatten sie bestimmt gelesen: »Wenn nun dabei einmal der liebende Teil, der Knabenliebhaber sowie alle andern, auf seine wirkliche andere Hälfte trifft, dann werden sie von wunderbarer Freundschaft, Vertraulichkeit und Liebe ergriffen und wollen, um es kurz zu sagen, auch keinen Augenblick voneinander lassen. Und diese, welche ihr ganzes Leben miteinander zubringen, sind es, welche doch nicht einmal zu sagen wüßten, was sie voneinander wollen. Denn dies kann doch wohl nicht die Gemeinschaft des Liebesgenusses sein, um dessentwillen der eine mit dem anderen so eifrig zusammenzusein wünscht: sondern nach etwas anderem trachtet offenbar die Seele von beiden, was sie nicht zu sagen vermag, sondern nur ahnend zu empfinden und in Rätseln anzudeuten...«

Shakespeares SONETTE wurden oft mit der Lyrik Michelangelos verglichen, die sich ebenfalls um zwei Personen konzentriert: einen Knaben und eine Frau. Das Drama der Wahl war ein ähnliches, nur das Kolorit der Gedichte von Michelangelo war viel düsterer, die Sprünge von reiner Körperlichkeit zur Mystik, vom Entzücken über die strahlende, die göttliche widerspiegelnde Schönheit des Knaben zur völligen Askese und Entsagung um vieles heftiger. Auch Michelangelo versuchte Christentum mit Platonismus in Einklang zu bringen.

Die Gefühle, die der Knabe erweckt, sind frei von aller Erbsünde; Sehnsucht nach der verlorenen Reinheit ist darin enthalten. Das Sonett »Non è sempre di colpa...« schließt mit den Terzinen:

L'amor di quel ch'i'parlo in alto aspira;
Donna, è dissimil troppo; e mal conviensi
Arder di quella al cor saggio e virile.

L'un tira al cielo, e l'altro in terra tira;
Nell'alma l'un, l'altr'abita ne'sensi,
E l'arco tira a cose basse e vile.*

*Und solche Liebe ist kein roh Gelüste,
Empor zum Himmel hebt die wahre Minne.
Doch niedre Liebe weist so tief zur Erde,

Daß sie des Mannes Klugheit schänden müßte
Sein Lieben ist des Geistes, nicht der Sinne,
Die Sinnlichkeit zielt auf gemeine Werte.[31]

Shakespeare war viel irdischer, aber die Wahl zwischen dem Engelhaften und dem Teuflischen, zwischen der Zone des Lichtes und der Zone des Schattens ist dieselbe wie bei Michelangelo:

Two loves I have of comfort and despair,
Which like two spirits do suggest me still:
The better angel is a man right fair,
The worser spirit a woman colourd ill.
To win me soon to hell, my female evil
Tempteth my better angel from my side,
And would corrupt my saint to be a devil,
Wooing his purity with her foul pride.* SONETT CXLIV

Den Sitten und der erotischen Maskerade entspricht die eigentümlich interpretierte platonische Metaphysik. Der *Eros socraticus* brachte den Schönheitskanon und den Akt mit sich. Natürlich den Knabenakt, für den das Florenz der Medici berühmt war. Verrocchio schuf das Muster des ›Mädchen-Knaben‹, der zur Darstellung von Engeln dienen sollte. Die Engel hatten kein Geschlecht, obwohl sie von sophistischeren Philosophen für androgyn gehalten wurden. Verrocchios ›Mädchen-Knabe‹, ein trauriger Ephebe von beunruhigend zweideutigem Reiz, vereinigte die Schönheit beider Geschlechter. Wie in Shakespeares SONETT XX:

A woman's face, with Nature's own hand painted,
Hast thou, the master-mistress of my passion.**

Andrerseits glichen die Mädchen sich den Knaben an. Botticellis weibliche Engel, die um die Madonna schwirren, oder die Nymphen im Zug der Primavera haben schmale Hüften, eine hohe Taille und winzige Brü-

*Zwei lieben habe ich von trost und pein.
Gleich zweien geistern lenken sie mich ganz:
Der bessere engel ist ein mann hell fein ·
Der schlimmere geist ein weib von düstrem glanz.
Zur hölle will mich ziehn das weiblich böse ·
Kirrt mir den bessern engel von der seit.
Wünscht zum verderb · mein Heiliger sei der Böse ·
Lockt schnöder gierde seine lauterkeit. (George)

**Ein Mädchenantlitz schuf dir die Natur
Mit eigner Hand, Herr-Herrin meiner Liebe. (Flatter)

ste. Flora sieht aus wie ein großer blonder Knabe, der sich zum Karneval verkleidet hat: Er trägt einen durchsichtigen Schleier mit Blumen, hat lange Locken. Sein Gesicht ist traurig, dreieckig, fast noch gotisch, er scheint beschämt über seine Teilnahme an diesem Mummenschanz. Beim Anblick der Mädchen wendet er den Kopf weg, verführerisch und verführbar, anwesend und abwesend zugleich. In seinem Mundwinkel liegt ein Lächeln, aber es ist mehr eine Grimasse.

Auf Signorellis Fresko in Orvieto, das die Auferstehung der Toten zeigt, lassen sich die Knaben von den Mädchen nicht mehr unterscheiden. Sie tragen dasselbe aufgelöste Haar, haben dieselben schlanken Körperlinien, Gesichtszüge, die noch nicht erstarrt, die noch Verheißung sind, schlanke Beine hochgeschossener Knaben, abgerundete Arme und zarte Frauenhände. Die ›Mädchen-Knaben‹ sind traurig und umarmen sich zärtlich.

Die drei Florentiner Davids, von Donatello, Verrocchio und Michelangelo, zeigen die Wandlung des männlichen Aktes und die Wiederkehr des Kanons des Epheben. Die Gestalten sind zunehmend kleinwüchsiger, nervöser, mädchenhafter, schmächtiger. Der letzte in der Reihe, der David Michelangelos, ist nach hinten gebeugt, stützt die Hand in den Nakken, hebt den rechten Fuß leicht an. Sein linker Arm ist im Ellbogen gebeugt. Er ordnet sein Haar. Diese Geste ist voller Koketterie und Abwehr. Keine einzige dieser Gesten ist die eines Mannes. Seine Augen sind halbgeschlossen, die Lippen halbgeöffnet, wie wenn er aus einem Traum erwachte, wie wenn die Welt für ihn erst zu existieren begänne. Betrachtet man ihn von der Seite oder von hinten, so erscheint er wie ein junges Mädchen mit ein wenig zu klobigen Beinen, das sich noch nicht in eine Frau verwandelt hat. Aus dem biblischen David ist ein Apoll geworden.[32] Shakespeare zeigt in seinen Sonetten denselben Kanon des Epheben:

> That I might see what the old world could say
> To this composed wonder of your frame;
> Whether we are mended, or whe'r better they,
> Or whether revolution be the same.
> O, sure I am, the wits of Former days
> To subjects worse have given admiring praise.* SONETT LIX

*So säh ich was die welt der Alten sprach
Von deines wunders aufgestelltem bau –
Sind wir verbessert? stehn wir jenen nach?

Selbst in den Gestalten der Titanen und Giganten sind bei Michelangelo stets die gegensätzlichen Elemente vermischt. In den athletischen Körpern schwirrt der Schmetterling der Feminität. Die Titanen haben kleine Köpfe mit raffinierten Zügen, den mächtigen Leibern entwachsen schmale Frauenarme oder lange schmächtige Beine. Es hat den Anschein, als wäre die Materie des menschlichen Körpers nicht endgültig organisiert, als könnte sie sich nach Belieben mit dem Weiblichen oder Männlichen verbinden. Der David-Apoll aus Florenz ist ein Mädchen-Knabe, aber wir begegnen bei Michelangelo auch der Durchdringung von blühender Weiblichkeit mit reifer Männlichkeit. Die Körper der Knaben und der Mädchen, der Männer und der Frauen vermischen sich. Die ›Morgendämmerung‹ und die ›Nacht‹ aus der Medici-Kapelle haben weit auseinanderliegende Brüste. Aber es genügt, wenn man etwas zurücktritt, nur den Kopf und die Beine mit dem Blick umfaßt, Rumpf und Unterleib verdeckend, und sofort verwandeln sich ›Morgendämmerung‹ und ›Nacht‹ in Skulpturen trauriger Männlichkeit, mit demselben schmerzverzogenen Gesicht, demselben griechischen Profil und derselben geraden Nase. Die sterbenden Sklaven haben sanfte und fließende Frauenkörper, die Fesseln sind Binden über den fast entwickelten Brüsten. Männlichkeit und Weiblichkeit, Schmerz und Lust, Tod und Orgasmus sind hier vereint.

In den Skulpturen der Medici-Kapelle sind die gegensätzlichen Elemente durch die Qual vereint. In der Sixtinischen Kapelle haben sich die Körper und Geschlechter in Begeisterung, Erhebung und Freude vermischt. Die *putti* und *ignudi* umgeben die mächtigen Patriarchen-Figuren. Sie haben dieselben mandelförmigen Augen, frisierten Locken und Stirnbänder. Sie umarmen und schmiegen sich aneinander, spielen. Sie treten immer paarweise auf, aber der ihnen zugeteilte Sexus, ob männlich oder weiblich, scheint nur von einer Laune abzuhängen. Die muskulösen Cherubinen Michelangelos sind kleine Faune, bei denen alles Rundung und Verheißung ist. Die neuen Gegensätze wurden vereint: Scham und Lust, Unschuld und Bewußtsein. Diese Kinder sind reif und lustbewußt.

Noch ambivalenter, blühender und mit seiner androgynen Schönheit prahlend, noch sinnlicher und zur Lust auffordernd, sich entziehend und hingebend, ist der florentinische Bacchus von Michelangelo. Shakespeare

Gleichen die umwandlungen sich genau?
O ich weiß wohl: die kunst der früheren zeit
Hat schlechterm gegenstand ihr lob geweiht. (George)

stand unter dem Zauber derselben antiken Tradition. Auf sie beruft er sich in den SONETTEN, bewußt und wiederholt:

On Helen's cheek all art of beauty set,
And you in Grecian tires are painted new.* SONETT LIII

Manchmal scheint es, als habe Leonardo immer nur ein Gesichterpaar gezeichnet. Am häufigsten wiederholt sich sein eigenes Gesicht, das Gesicht seiner Jugend; er verlieh es dem Erzengel Michael. Die hl. Anna und Johannes der Täufer, Leda und Bacchus haben dieselben Lippen mit den emporgezogenen Mundwinkeln, dieselbe hohe Stirn, die schweren Lider und die lange gerade Nase. Denselben ernsten, traurigen Gesichtsausdruck, selbst das Lächeln ist dasselbe. Nur ist es bei der hl. Anna kaum wahrnehmbar, bei Leda ist es verächtlich, beim hl. Johannes zweideutig.

Pour que sourie encore une fois Jean-Baptiste
Sire je danserais mieux que les séraphins ...**

Apollinaire war von dem Lächeln des hl. Johannes stärker beunruhigt als von dem der Mona Lisa. Der hl. Johannes ist kein Ephebe, er hat kräftige Arme und einen klar gezeichneten Brustkorb. Leonardos hl. Johannes ist ein Mann, aber auf allen Kopien, im Palazzo Rosso in Genua, in Paris, in Basel verwandelt er sich unmerklich in eine Frau mit dem schlaffen Gesicht einer alten Kurtisane, die mit der linken Hand die Drapierung hochhält, um sich kokett die Brustwarze zu verdecken. Dieser hl. Johannes hat bereits Ähnlichkeit mit Leda. Er kündigt den Bacchus an, dessen aus der Antike übernommene Androgynie beabsichtigt und vollkommen ist.

What is your substance, whereof are you made,
That millions of strange shadows on you tend?
Since every one hath, every one, one shade,
And you, but one, can every shadow lend.*** SONETT LIII

*Helenens stirn leg alle reize bei ·
Und du bist neu gemalt in griechischer zier. (George)

**Auf daß ein Lächeln noch des Täufers Mund umschauer
Schöner als Seraphim hüb ich zu tanzen an ... (Henniger)

***Was war der stoff der dich gebildet hatte ·
Daß tausend fremde schatten dich umreihn?
Ist jedem dinge. jedem. nur Ein schatte:
Kannst du · der Eine · tausend schatten leihn? (George)

Die SONETTE sind in einem weiteren Sinn ein dramatischer Prolog. Die Schwarze Dame wird sich der Reihe nach in die Julia aus ZWEI HERREN VON VERONA und in Rosaline aus VERGEBLICHE LIEBESMÜH verwandeln und später als Modell für die herbe und sinnliche Hermia aus dem SOMMERNACHTSTRAUM dienen. Wir werden ihr wieder in TROILUS UND CRESSIDA begegnen, wo sie unschuldig und treulos, zärtlich und zynisch sein wird. Vielleicht hat Rosalinde aus WIE ES EUCH GEFÄLLT ihre Verwegenheit übernommen, vielleicht ist die Unbedingtheit des Liebesrausches der Viola in WAS IHR WOLLT die ihre? Julia, Rosalinde und Viola verkleiden sich als junge Männer. Viola als Cesario, Rosalinde als Ganymed. Die Schwarze Dame der SONETTE wird überraschend zum blonden Mädchen-Knaben. Ihr Reiz ist unwiderstehlich, sie verführt alle: Männer und Frauen; die Männer als Mädchen, die Frauen in Gestalt eines jungen Mannes. Sie ist nahezu ein idealer Zwitter. Viola sagt von sich:

> I am all the daughters of my father's house,
> And all the brothers too ...* WAS IHR WOLLT, II, 4

III

WAS IHR WOLLT beginnt mit einer lyrischen Fuge mit Orchesterbegleitung:

> If music be the food of love, play on;
> Give me excess of it, that, surfeiting,
> The appetite my sicken, and so die, –
> That strain again! – it had a dying fall.** WAS IHR WOLLT, I, 1

Die Exposition wirkt wie eine gesprungene Saite. Sie ähnelt einer Ouvertüre, in der die Instrumente nach den ersten Takten durcheinander geraten. Musik und Dichtung sind von der ersten Szene an dissonant. Das Orchester bricht ab, beginnt von neuem, vergeblich:

*Ich bin, was aus des Vaters Haus von Töchtern
Und auch von Brüdern blieb ...

**Wenn die Musik der Liebe Nahrung ist,
Spielt weiter! gebt mir volles Maß! daß so
Die übersatte Lust erkrank' und sterbe –
Die Weise noch einmal! – sie starb so hin.

Enough; no more;
'Tis not so sweet now as it was before.* WAS IHR WOLLT, I, 1

Die Begierden sind hungrig, aber sie ersticken am eigenen Appetit. Stil und Diktion des Monologs von Herzog Orsino sind uns aus den SONETTEN bekannt. Der Stil ist überfeinert, die Diktion authentisch. Sie enthält Spannung und Unruhe. Die Liebe ist das Betreten einer Gefahrenzone, sie ist Risiko und Unberechenbarkeit.

O spirit of love, how quick and fresh art thou!
... so full of shapes is fancy,
That it alone is high-fantastical.** WAS IHR WOLLT, I, 1

Das Hastige der Bilder kennen wir ebenfalls aus den SONETTEN. Die lyrische Fuge bricht genauso abrupt ab wie die Musik. Der Dialog fängt an, brutal und flink zu werden:

CURIO
Will you go hunt, my lord?
DUKE
What, Curio?
CURIO
The hart.*** WAS IHR WOLLT, I, 1

In WAS IHR WOLLT ist von den ersten Bildern an alles zweideutig. Die Jagd gilt Olivia. Aber der Jäger ist der Hirsch. Der Herzog selbst ist der Hirsch und Aktäon. Wieder folgt ein Passus wie aus den SONETTEN:

* Genug! nicht mehr!
Es ist mir nun so süß nicht, wie vorher.

**O Geist der Lieb', wie bist du reg und frisch!
... So voll von Phantasien
Ist Liebe, daß nur sie phantastisch ist.

***CURIO
Wollt Ihr nicht jagen, gnäd'ger Herr?
HERZOG
Was, Curio?
CURIO
Den Hirsch.

And my desires, like fell and cruel hounds,
E'er since pursue me.* WAS IHR WOLLT, I, 1

Sogleich wird Viola mit dem Kapitän an die Ufer desselben Illyriens geworfen. Mit der Fabel vom Zwillingspaar, in der die Schwester ihren Bruder bei einem Schiffbruch verliert, wird Shakespeare in wenigen Versen fertig. Die Intrige ist nur ein Vorwand; das Verkleidungsspiel ist das eigentliche Thema. Um dem Herzog dienen zu können, muß Viola einen Knaben spielen. In Märchen, Legenden, Sagen, in der Folklore aller Völker, in der lyrischen und epischen Dichtung von Homer bis in unsere Zeit, verkleiden sich die Mädchen als Knaben.[33] Sie verbargen ihr Geschlecht unter der Rüstung, um in den Krieg zu ziehen, unter der Kutte, um ins Kloster zu gehen, sie verkleideten sich als Studenten, um auf die Alma Mater zu gelangen. Das Mittelalter kennt die heroische und die hagiographische Verkleidung. Die Renaissance gefiel sich im erotischen Mummenschanz. Wir begegnen ihm in der italienischen Komödie, in den ersten Szenarien der *commedia dell' arte* und in den Novellensammlungen, denen Shakespeare die Motive seiner Komödien entlieh. Die Verkleidung bezog ihre Rechtfertigung aus den damaligen Sitten: Die Mädchen durften nicht allein reisen, es gehörte sich nicht, abends allein auf den Straßen italienischer Städte spazieren zu gehen. Das Verkleidungsspiel hatte auch auf der Bühne seine Rechtfertigung: es schuf auf der Stelle ein *qui pro quo*, begünstigte die Intrige.

I'll serve this duke:
Thou shalt present me as an eunuch to him.**
WAS IHR WOLLT, I, 2

Das Verkleidungsspiel war nichts Ungewöhnliches. Aber in der Szene mit Viola und dem Kapitän fällt sofort die Kraßheit der Formulierungen auf. Die Shakespeare-Kenner sind der Ansicht, daß Viola in der ersten Komödienfassung die Lieder gesungen habe, die später der Narr übernahm. Deshalb stellt der Kapitän Viola dem Herzog als einen italienischen Kastraten vor. Aber selbst nach dieser Korrektur hat der Vorschlag

*Und die Begierden, wie ergrimmte Hunde,
Verfolgen mich seitdem.

** Ich will dem Herzog dienen.
Du sollst als einen Hämmling mich empfehlen.

etwas Schockierendes an sich. Ein junges Mädchen soll sich in einen Eunuchen verwandeln. Plötzlich wird es unheimlich. Wie alles bei Shakespeare ist das Absicht. Dieselben Worte fallen noch einmal. Noch ausdrücklicher:

> Be you his eunuch, and your mute I'll be:
> When my tongue blabs, then let mine eyes not see.*
>
> WAS IHR WOLLT, I, 2

Das Verkleidungsspiel war etwas Übliches, aber hier, in WAS IHR WOLLT, hat es etwas Aufreizendes an sich. Ein Mädchen verkleidet sich als Knabe, doch zuvor hat sich ein Knabe als Mädchen verkleidet. Auf der elisabethanischen Bühne wurden die Frauenrollen von Knaben gespielt. Das war eine Beschränkung, die Theaterhistoriker sind sich darüber im klaren. Die Frauenrollen sind in den Shakespeare-Dramen deutlich kürzer als die Männerrollen. Shakespeare kannte die darstellerischen Möglichkeiten der Knaben. Sie konnten junge Mädchen spielen, mit einiger Mühe alte Frauen. Aber wie sollte ein Knabe eine reife Frau darstellen? Im gesamten Shakespeare-Theater, mehr noch, im gesamten elisabethanischen Drama, gibt es nur sehr wenige solcher Rollen. Lady Macbeth und Kleopatra sind sexuell reif. Doch ihre Rollen sind gleichsam beschnitten, den Möglichkeiten eines Knaben angepaßt. Das wissen alle Darstellerinnen von Kleopatra und Lady Macbeth. Diese Rollen geben wenig her, es ist, als wären ganze Seiten herausgerissen, sie sind voller Lücken und leerer Stellen. Shakespeare hat es nicht gewagt, Kleopatra in den Liebeszenen zu zeigen, er zog es vor, darüber zu berichten. Er erzählte von Kleopatras körperlichen Reizen, zeigen wollte er sie nicht.
Mindestens zweimal jedoch hat Shakespeare diese Beschränkung zum Thema und Theaterinstrument der Komödie gemacht. WAS IHR WOLLT und WIE ES EUCH GEFÄLLT wurden für eine Bühne geschrieben, auf der junge Männer die Mädchenrollen übernehmen. Hier ist die Verkleidung eine doppelte, sie spielt sich quasi auf zwei Ebenen ab: der Knabe verkleidet sich als Mädchen, das sich als Knabe verkleidet.

> 'Tis beauty truly blent, whose red and white
> Nature's own sweet and cunning hand laid on:

*Seid Ihr sein Hämmling, Euer Stummer ich:
Und plaudr' ich aus, so schlage Blindheit mich!

Lady, you are the cruell'st she alive,
If you will lead these graces to the grave,
And leave the world no copy.* WAS IHR WOLLT, I, 5

Diese Stelle wurde mit den SONETTEN verglichen. In WAS IHR WOLLT kehren noch einmal dieselbe Stilhaltung und Diktion wieder. Ähnlich ist selbst der Wortlaut:

She carv'd thee for her seal, and meant thereby
Thou should'st print more, not let that copy die.** SONETT XI

Dieser Appell war an einen jungen Mann gerichtet, der Geliebter und Protektor in einer Person war. In WAS IHR WOLLT wendet sich der Page des Herzogs an Gräfin Olivia, ein als Knabe verkleidetes Mädchen an einen als Mädchen verkleideten Knaben. Aber das als Knabe verkleidete Mädchen ist selbst ein als Mädchen verkleideter junger Schauspieler.

What country, friends, is this?
This is Illyria, lady.*** WAS IHR WOLLT, I, 2

Wir sind immer noch in Illyrien. Hier ist die Zweideutigkeit das Prinzip der Liebe wie des Lustspiels. In Wirklichkeit ist Viola weder ein Knabe noch ein Mädchen. Viola-Cesario ist der ›Mädchen-Knabe‹ der SONETTE. Für dieses Instrument wurde die Musik von WAS IHR WOLLT geschrieben. Viola ist zugleich Ephebe und Zwitter.

Dear lad, believe it;
For they shall yet belie thy happy years
That say thou art a man: Diana's lip

*'s ist reine Schönheit, deren Rot und Weiß
Natur mit zarter, kund'ger Hand verschmelzte.
Fräulein, Ihr seid die grausamste, die lebt,
Wenn Ihr zum Grabe diese Reize tragt,
Und laßt der Welt kein Abbild.

**Ein Siegel schuf sie sich in dir und wollte,
Daß es ihr mehr der Siegel prägen sollte. (Robinson)

***Welch Land ist dies, ihr Freunde?
Illyrien, Fräulein.

Is not more smooth and rubious; thy small pipe
It as the maiden's organ, shrill and sound;
And all is semblative a woman's part.* WAS IHR WOLLT, I, 4

Herzog Orsino, Viola und Olivia sind ohne Charakter, leer und nur von Liebe erfüllt. Sie lassen sich nicht voneinander trennen. Sie haben kein Eigenleben. Sie existieren ausschließlich in ihren Relationen und durch diese Relationen. Sie sind infiziert und infizieren mit Liebe. Der Herzog ist verliebt in Olivia. Olivia ist verliebt in Cesario. Cesario ist verliebt in den Herzog. So sieht es an der Oberfläche aus, auf der ersten Ebene des Shakespeareschen Verkleidungsspiels. Ein Mann, ein Knabe, eine Frau. Die Liebe hat drei Gesichter, wie in den SONETTEN. Das eben ist das Thema von Illyrien. Hier ist der Herzog die erste Person. Er verkörpert den *Eros socraticus*:

There is no woman's sides
Can bide the beating of so strong a passion
As love doth give my heart; no woman's heart
So big, to hold so much; they lack retention.
Alas, their love may be call'd appetite, –
No motion of the liver, but the palate.** WAS IHR WOLLT, II, 4

Und weiter, im selben Ausbruch:

...make no compare
Between that love a woman can bear me
And that I owe Olivia.*** WAS IHR WOLLT, II, 4

* Glaub's, lieber Junge!
Denn der verleumdet deine frohen Jahre,
Wer sagt, du seist ein Mann: Dianas Lippen
Sind weicher nicht und purpurner; dein Stimmchen
Ist wie des Mädchens Kehle hell und klar,
Und alles ist an dir nach Weibes Art.

**Nein, keines Weibes Brust
Erträgt der Liebe Andrang, wie sie klopft
In meinem Herzen; keines Weibes Herz
Umfaßt so viel; sie können nicht beharren.
Ach, ihre Liebe kann Gelust nur heißen,
Nicht Regung ihres Herzens, nur des Gaums.

*** Vergleiche nimmer
Die Liebe, so ein Weib zu mir kann hegen,
Mit meiner zu Olivien.

In Illyrien reden alle in Versen von der Liebe. In erhabenen, zuweilen steifen Versen. Das authentische Drama spielt sich unterhalb dieser höfischen Rhetorik ab. Bisweilen wird sie durchbrochen, und ein Schrei dringt an die Oberfläche. So schreit Olivia nach dem ersten Besuch Cesarios:

> Even so quickly may one catch the plague?*
>
> WAS IHR WOLLT, I, 5

Denselben Schrei könnten der Herzog oder Viola ausstoßen. Bis zu einem gewissen Grad sind alle Gestalten der blonde liebliche Knabe und die Schwarze Dame. Sie alle erben ein bitteres Wissen von der Liebe. In Illyrien ist die Liebe wirklich physisch, roh und ungestüm, sie läßt sich weder voll befriedigen noch voll erwidern.

> As I am man,
> My state is desperate for my master's love;
> As I am woman, – now, alas the day! –
> What thriftless sighs shall poor Olivia breathe!**
>
> WAS IHR WOLLT, II, 2

Wie in den SONETTEN sind es drei Personen, die alle Formen der Liebe durchmachen. Olivia liebt Cesario, Cesario liebt Orsino, Orsino liebt Olivia. Das Shakespearesche Dreieck ist modifiziert worden, es besteht jetzt aus einem Mann und zwei Frauen, oder vielmehr: aus einem Mann, einem Mädchen und einer Frau.

> How will this fadge? my master loves her dearly;
> And I, poor monster, fond as much on him;
> And she, mistaken, seems to dote on me.*** WAS IHR WOLLT, II, 2

*Weht Ansteckung so gar geschwind uns an?

** Wenn ich Mann bin, muß
ich an der Liebe meines Herrn verzweifeln;
Und wenn ich Weib bin: lieber Himmel, ach!
Wie fruchtlos wird Olivia seufzen müssen!

***Wie soll das gehn? Orsino liebt sie zärtlich;
Ich, armes Ding, bin gleich verliebt in ihn;
Und sie, Betrogne, scheint in mich vergafft.

Für Olivia ist Viola ein mädchenhafter Knabe und für den Herzog ein knabenhaftes Mädchen. Der Shakespearesche Androgyn spielt für Olivia den Knaben und für den Herzog das Mädchen. Zum dritten Mal wird dasselbe Dreieck modifiziert. Cesario-Viola, der Mädchen-Knabe, wird gleichzeitig von Olivia und dem Herzog geliebt. Illyrien ist ein Land des erotischen Deliriums. In allen Metamorphosen, auf allen Ebenen der Verkleidung, machen die drei, Olivia, Viola und der Herzog, aufeinander Jagd und können sich nicht verbinden. Sie wirken wie Holzpferde auf einem Karussell, wie es in Sartres HUIS CLOS einmal heißt. Viola-Cesario kreist ständig zwischen Olivia und dem Herzog. Sebastians Erscheinen ändert im Grunde gar nichts. Shakespeare übernahm ihn zusammen mit dem Inventar der italienischen Novelle, um die komödienhafte Lösung zu erreichen. Doch selbst in den Peripetien dieser Figur verzichtet er nicht auf Zweideutigkeit. Die Aura der Inversion umhüllt alle:

> I could not stay behind you: my desire,
> More sharp than filed steel, did spur me forth.*
>
> WAS IHR WOLLT, III, 3

Der zweite Kapitän des Schiffes, Antonio, ist verliebt in Sebastian. Er hat ihm das Leben gerettet und begleitet ihn jetzt bei allen Abenteuern, folgt ihm durch ganz Illyrien. Er ist treu und mutig, zugleich aber häßlich und gewöhnlich. Er müßte sehr groß und sehr dick sein, sehr häßlich und bärtig – und dem ersten Kapitän, der Viola begleitet, zum Verwechseln ähnlich sehen. Shakespeare nimmt oft dasselbe Thema in Buffo-Manier wieder auf, das er bereits ernst oder lyrisch abgehandelt hat. Sebastian ist Violas Zwillingsbruder oder Doppelgänger. War Viola knabenhaft, so muß Sebastian mädchenhaft erscheinen. Der bärtige Riese verfolgt den mädchenhaften Knaben durch ganz Illyrien. Dies ist die vorletzte Metamorphose in WAS IHR WOLLT.
Sebastians Erscheinen beseitigt die grundsätzliche Zweideutigkeit der Liebessituationen in Illyrien keineswegs, es vertieft sie eher. Wer wurde hier eigentlich irregeführt? Olivia oder der Herzog? Wer hat sich vom Schein täuschen lassen? Was soll diese ganze Komödie der »Irrungen«? Gehört die Begierde in die Ordnung der Natur oder in die Ordnung der Liebe? Die Liebe ist wahnsinnig. Und die Natur? Kann die Natur wahn-

*Ich konnt' Euch so nicht lassen: mein Verlangen,
Scharf wie geschliffner Stahl, hat mich gespornt.

sinnig und unvernünftig sein? Olivia hat sich in Cesario verliebt, Cesario hat sich als Viola entpuppt. Aber Viola verwandelt sich nunmehr in Sebastian:

> you have been mistook:
> But nature to her bias drew in that.* WAS IHR WOLLT, V, 1

Der Knabe hat sich in den Herzog verliebt, aber der Knabe war ein verkleidetes Mädchen. Der zweiten Ehe steht nichts im Weg:

> Your master quits you; and, for your service done him,
> So much against the mettle of your sex
> ... you shall from this time be
> Your master's mistress.** WAS IHR WOLLT, V, 1

Die Komödie ist aus, der DREIKÖNIGSABEND ODER WAS IHR WOLLT. Was wollt ihr: einen Knaben oder ein Mädchen? Die Schauspieler legen die Kostüme ab: der Herzog, dann Viola und Olivia. Jetzt hat sich eine weitere Metamorphose des Liebesdreiecks vollzogen. Übrig blieben ein Mann und zwei Knaben. Doch kehren wir noch einmal auf die Bühne zurück. »But nature to her bias drew in that.« Ein Knabe hat ein Mädchen gespielt, das einen Knaben spielte, dann ist der Knabe wieder zum Mädchen geworden, das sich wieder in einen Knaben verwandelte. Viola hat sich in Cesario verwandelt, dann wurde aus Cesario Viola, die sich in Sebastian verwandelte. Was war also letzten Endes Täuschung in dieser Komödie der Irrungen? Es gibt nur eine Antwort: das Geschlecht. Liebe und Begierde gehen vom Knaben auf das Mädchen über und vom Mädchen auf den Knaben. Cesario ist Viola und Viola ist Sebastian. Das höfische Modell der idealen Liebe ist bis auf den Grund ironisiert worden. Oder so realistisch gezeigt worden wie möglich.

* Ihr habt Euch geirrt,
Doch die Natur folgt' ihrem Zug hierin.

**Eu'r Herr entläßt Euch: für die getanen Dienste,
Ganz streitend mit der Schüchternheit des Weibes,
... und von jetzo an
Seid Euers Herren Herrin.

...So full of shapes is fancy
That it alone is high-fantastical.* WAS IHR WOLLT, I, 1

Genets ZOFEN beginnen mit einer Szene, in der eine Frau ihre Zofe straft, sie beschimpft und ins Gesicht schlägt. Erst nach mehreren Repliken werden wir uns klar darüber, daß auf der Bühne weder eine Frau noch deren Zofe zu sehen sind, sondern zwei Schwestern, von denen eine die Herrin spielt und die andere ihre eigene Schwester. Sie spielen die Komödie der Auflehnung und der Erniedrigung. In den ZOFEN gibt es drei Frauenrollen: die Frau und zwei Zofen, aber Genet fordert in den Anmerkungen, daß alle Rollen von Männern gespielt werden sollen. Die eine Leidenschaft hat drei Gesichter: das von Mann und Frau, das von Ekel und Anbetung, das von Haß und Begehren.
Es gab Inszenierungen von WAS IHR WOLLT, in denen Sebastian und Viola von ein und derselben Person gespielt wurde. Das scheint die einzig richtige Lösung, selbst wenn die konsequente Durchführung einen durchaus konventionellen Ablauf des Epilogs mit sich brächte. Es genügt aber nicht, daß Cesario–Viola–Sebastian von einer Person gespielt werden. Diese Person muß ein Mann sein. Nur in diesem Fall wird das wirkliche Thema von Illyrien zum Durchbruch kommen: das erotische Delirium oder die Metamorphosen des Geschlechts.

IV

Die Verkleidung ist eine Maskerade. Auch eine Maskerade hat ihre Erotik und Metaphysik. Am einfachsten läßt sich die Erotik nachweisen. Sie ist häufig genug bezeugt, in der Literatur wie in der Sittengeschichte. In Aretinos KURTISANENGESPRÄCHEN wird die Verkleidung als junger Mann wiederholt von den Lehrmeisterinnen des Gewerbes als Mittel zur Erweckung der Leidenschaften empfohlen. Männerkleider sollten das Mädchen auf Reisen vor Überfällen schützen, aber die Verkleidung machte es um so anziehender, für Männer wie für Frauen.

Commune il letto ebbon la notte insieme,
ma molto differente ebbon riposo;
che l'una dorme, e l'altra piange e geme

* So voll von Phantasien
Ist Liebe, daß nur sie phantastisch ist.

che sempre il suo desir sia più focoso.
E se 'l sonno talor gli occhi le preme,
quel breve sonno è tutto imaginoso:
le par veder che 'l ciel l'abbia concesso
Bradamante cangiata in miglior sesso.

Come l'infermo acceso di gran sete,
s'in quella ingorda voglia s'addormenta,
ne l'interrotta e turbida quïete,
d'ogn'acqua che mai vide si ramenta;
così a costei die far sue voglie liete
l'imagine del sonno rappresenta.
Si desta; e nel destar mette la mano,
e ritrova pur sempre il sogno vano.*

Das waren die Abenteuer der verwegenen Bradamante in Ariosts RASENDEM ROLAND, als sie in der Verkleidung eines Ritters die spanische Prinzessin täuschte. Nicht minder poetisch zeigte Shakespeares Zeitgenosse, John Donne, in seiner Elegie ON HIS MISTRESS die Gefahren des Transvestitentums. Er will die Angesprochene vor der Reise in männlicher Verkleidung zurückhalten:

*Dasselbe Bett empfängt die beiden Schönen,
Doch ihre Ruh ist drum nicht einerlei.
Die Eine schläft; die Andre klagt mit Tränen,
Daß ihre Glut nur immer heft'ger sei.
Und unterbricht der Schlummer auch ihr Stöhnen,
So ist er kurz, voll eitler Träumerei.
Ihr deucht, der Himmel habe zugegeben,
Zum Manne die Genossin zu erheben.

Wie einem Kranken, wenn ihn in den Wehen
Des glühnden Dursts der Schlummer überfällt,
Sich alles Wasser, das er je gesehen,
Im ruhelosen Schlaf vor Augen stellt:
So läßt bei ihr des Traums Betrug geschehen,
Daß sie ihr Sehnen für befriedigt hält.
Sie streckt die Hand erwachend aus und findet
Sich stets getäuscht, sobald der Traum verschwindet.

Dissemble nothing, not a boy, nor change
Thy body's habit, nor mind's; be not strange
To thyself only; all will spy in thy face
A blushing womanly discovering grace...
Th'indifferent Italian, as we pass
His warm land, well content to think thee Page,
Will hunt thee with such lust, and hideous rage,
As Lot's fair guests were vexed.*

Der Mummenschanz war ein beliebtes Gesellschaftsspiel, das der englische Hof und der Adel aus Italien übernahmen. Die Gestaltung und Ausrichtung hingen vom Geschmack des Hausherrn ab. Marlowe zeigt einen solchen Mummenschanz mit großem Wohlgefallen und exakt genug, um sich über den Charakter dieses Spiels klar werden zu können:

Therefore I'll have Italian masques by night,
Sweet speeches, comedies, and pleasing shows;
And in the day, when he shall walk abroad,
Like sylvan nymphs my pages shall be clad;
My men, like satyrs grazing on the lawns,
Shall with their goat-feet dance an antic hay.
Sometime a lovely boy in Dian's shape
With hair that gilds the water as it glides,
Crownets of pearl about his naked arms,
And in his sportful hands an olive-tree,
To hide those parts which men delight to see,
Shall bathe him in a spring; and there, hard by,
One like Actaeon peeping through the grove,
Shall by the angry goddess be transformed,

*Nein, heuchle gar nichts, keinen Knaben! Wechsle
Des Leibs, des Geists Gewohnheit nicht! Entfremde
Dich nicht allein dir selbst: denn jeder findet
Dir im Gesicht errötend-weiblich Zauber.
Gleichgültger Italiener – wenn wir kreuzen
Sein warmes Land – hält gern dich für den Pagen,
Und wird mit solcher wilden Lust dich jagen,
Daß selbst Lots Gäste staunen.

And running in the likeness of an hart
By yelping hounds pulled down shall seem to die.*

EDUARD II., I, 1

Mit einem solchen Mummenschanz könnte WAS IHR WOLLT beginnen. In der zitierten Marlowe-Passage erstaunt nicht nur die Ähnlichkeit der Poetik, sondern auch die fast bis zur Identität gehende Übereinstimmung der Tropen und Symbole. Wir haben Aktäon in Illyrien verlassen. Der Knabe mit dem goldenen Haar, der im Bach badet, ist der helle Mädchen-Knabe der SONETTE. Er spielt mit einem Olivenzweig, um seinen nackten Arm sind Perlen gewunden, mit der Hand verdeckt er sein Geschlecht. Wir befinden uns erneut im Umkreis der florentinischen Malerei und Skulptur. Dieser Knabe mit Dianas Figur erinnert an den Bacchus von Leonardo und von Michelangelo. Die anatomische Entsprechung der Verkleidung ist der Hermaphrodit; die metaphorische: der Androgyn. Der Androgyn ist ein Archetypus, Begriff und Vorstellung von der Vereinigung des Männlichen mit dem Weiblichen. In der Antike wurden Kinder mit Zwitter-Merkmalen von den eigenen Eltern getötet. Der anatomische Zwitter wurde für eine Verirrung der Natur oder für ein Zeichen göttlichen Zorns angesehen. Nur die Götter waren androgyn. Besonders die, von denen alles seinen Anfang nahm. In allen Theogonien geht die Geburt bisexueller Götter der Erschaffung der Welt voraus. Der germanische Gott Tuisto ist ein Hermaphrodit. Die Magna Mater der Antike galt wie fast alle Götter des Orients als bisexuelles Wesen,

*Drum sorg ich nachts für italienische Masken,
Komödien, holden Vortrag, anmutige Bilder.
Und tags, wenn er im Parke sich ergeht,
Sollen meine Pagen sich wie Nymphen kleiden,
Die Diener Satyrn gleich auf grünem Gras
Geißfüßig alten Erntereigen tanzen.
Dann soll ein hübscher Knabe, dianenhaft
Gebaut, mit Haar, das gülden scheint im Wasser,
Mit Perlennetzen um den nackten Arm,
Olivenzweige scherzend in den Händen,
Um zu verstecken, was man gerne sieht,
In einem Quell sich baden. Dicht dabei
Soll ein Aktäon, spähend durch den Hain,
Verwandelt werden durch den Zorn der Göttin,
Fortstürmend wie ein Hirsch, vor lauter Meute
Zusammenbrechend, zu verenden scheinen.

auch die hebräische Isis.[34] In der Theogonie des Hesiodes gebiert der androgyne Chaos den androgynen Erebus und die weibliche Nacht. Die Erde selbst gebar den Himmel mit den Sternen. In Karia fand man eine Zeus-Plastik mit sechs dreieckig angeordneten Brustwarzen. Auf Zypern herrschte der Kult der bärtigen Aphrodite, andernorts ehrte man die kahlköpfige Venus. Der altrömische Janus-Kopf wurde ursprünglich mit einem männlichen und einem weiblichen Gesicht dargestellt.

Dionysos war einer der ältesten bisexuellen Götter: er wurde mit den Merkmalen beider Geschlechter dargestellt. In dem Fragment einer unbekannten Äschylos-Tragödie ruft jemand beim Anblick des Dionysos: »Wo kommst du her, du Mannweib, und wo ist deine Heimat? Was bedeutet deine Kleidung?« Im Hellenismus wurde Dionysos als Jüngling mit Mädchenzügen dargestellt. Ovid und Seneca gaben ihm ein »jungfräuliches Gesicht«.[35] Die Renaissance übernahm diese Vorstellung. Mit dem Dionysosfest war die liturgische Verkleidung junger Männer als Mädchen und umgekehrt verbunden. Die Traditionen der Dionysien und Saturnalien blieben im italienischen Karneval besonders lebendig.

Der Niedergang der Renaissance, das ganze Cinquecento hindurch, die Zeit des Manierismus und Barock brachten in Kunst, Philosophie, religiöser Mystik eine Wiederbelebung antiker Mythen, die immer synkretistischer wurden. Sie waren Ausdruck sowohl für das Zerwürfnis zwischen Epikuräismus und Spiritualismus als auch für die neuen Verbindungen von orphischer Tradition und Platonismus mit dem Christentum. Sie drangen durch alle Spalten, die die Naturphilosophie offenließ, welche nicht mehr ausreichte, um die immer bitterer werdende Welt zu begreifen.

In dieser Zeit sind alle androgynen Mythen und die mit ihnen verbundenen Vorstellungen bisexueller Götter und Symbole aktiv und lebendig: Hermes, Bacchus-Dionysos, Venus-Aphrodite. Sie dienen allen möglichen Spekulationen und treten in zunehmend kompliziertere Beziehungen zu Metaphysik und Alchimie. Am häufigsten findet man sie jedoch in der Nähe der sokratischen Erotik. Diesem Umkreis gehört auch der Mythos des Aktäon an, des jungen Jägers, der für die heimliche Beobachtung der badenden Diana in einen Hirsch verwandelt und von seinen eigenen Hunden zerrissen wurde, sowie der Mythos von dem ins eigene Spiegelbild verliebten Narziß. Auch der Ganymed-Mythos gehört hierzu. Michelangelo schenkte seinem jugendlichen Freund, demselben, an den die Liebessonette adressiert waren, einen Zyklus von Zeichnungen, unter anderem die Darstellung des von Zeus in Gestalt eines Adlers entführten Ganymed. Im Florenz der Medici hatte dieser

Mythos natürlich eine zweifache Bedeutung. Er war das Symbol der mystischen Liebe, die in der Vereinigung mit Gott erreicht wird und Gott schauen läßt. Außerdem blieb Ganymed wie in der Antike das Symbol der Päderastie.

> For never doted Jove on Ganymede
> So much as he on cursed Gaveston.* Marlowe, EDUARD II., I, 4

Als Rosalinde in den Ardenner Wald floh, nahm sie den Namen Ganymed an. Shakespeare übernahm ihn aus Lodge's Novelle, der er den Stoff zu WIE ES EUCH GEFÄLLT entlieh. Die Wahl und Übernahme dieses Namens waren kein Zufall.

> I'll have no worse a name than Jove's own page;
> And therefore look you call me Ganymede.**
> WIE ES EUCH GEFÄLLT, I, 3

Im Ardenner Wald begegnet die als Knabe verkleidete Rosalinde dem Orlando. Orlando ist in sie verliebt, und sie liebt ihn. Aber Orlando erkennt Rosalinde nicht in der Gestalt des Ganymed. Rosalinde verführt ihn, und zwar heftig, aber sie verführt ihn wie ein Knabe, oder vielmehr wie ein Knabe, der in dieser Verbindung das Mädchen sein will. Rosalinde spielt einen Ganymed, der Rosalinde spielt.

> ORLANDO
> I would not be cured, youth.
> ROSALIND
> I would cure you, if you would but call me Rosalind, and come every day to my cote and woo me.
> ORLANDO
> With all my heart, good youth.
> ROSALIND
> Nay, you must call me Rosalind.*** WIE ES EUCH GEFÄLLT, III, 2

*Denn niemals liebte Zeus den Ganymed
So sehr wie er den Teufel Gaveston.

**Nicht schlechter als der Page Jupiters,
Denk also dran, mich Ganymed zu nennen.

***ORLANDO
Ihr würdet mich nicht heilen, junger Mensch.

So fängt es an. Diese Szenen gehören zu den kunstvollsten und hintergründigsten aller Liebesdialoge, die Shakespeare schrieb, und man könnte sie als kleines Meisterwerk des Manierismus bezeichnen. An der Oberfläche des Dialogs, auf der oberen Etage desselben Verkleidungsspiels wie in WAS IHR WOLLT, spielen zwei junge Männer Liebe: Ganymed und Orlando. Auf der mittleren Ebene haben wir die sich liebenden Rosalinde und Orlando. Aber Rosalinde ist in Wirklichkeit ein verkleideter Knabe.

Die Grenzen zwischen Illusion und Wirklichkeit, zwischen dem Gegenstand und seiner Spiegelung gehen allmählich verloren. Man muß hier nochmals an Genets Theaterästhetik erinnern. Das Theater enthält alle menschlichen Beziehungen, aber nicht deshalb, weil es deren mehr oder weniger gelungene Nachahmung ist. Das Theater ist das Bild aller menschlichen Beziehungen, weil sein Prinzip die Täuschung ist. Der Schauspieler spielt die Person, die er nicht ist. Er ist der, der er nicht ist. Er ist nicht der, der er ist. Man-selbst-sein heißt nur, das eigene Abbild in fremden Augen spielen.

Es gibt keine Schwarzen und Weißen ›für sich‹. Die Schwarzen sind schwarz nur für die Weißen, so wie die Weißen nur für die Schwarzen weiß sind. ›Echte‹ Schwarze sind Weiße, die Schwarze spielen; so wie ›echte‹ Weiße nur die Schwarzen sind, die Weiße spielen. Aber Schwarze und Weiße existieren nebeneinander, sie leben nicht ›für sich‹, also stekken sie sich mit ihren Bildern gegenseitig an, so wie ein Spiegel bei einem gewissen Winkel den Gegenstand unendliche Male wiederholt. Das ›echte‹ Mädchen ist ein verkleideter Knabe.

In den Liebesszenen im Ardenner Wald kommt es ähnlich wie in Illyrien zur gänzlichen Entsprechung und gegenseitigen Durchdringung von Theaterform und Theaterthema. Natürlich unter der Voraussetzung, daß die Mädchenrollen wie auf der elisabethanischen Bühne von Schauspielern übernommen werden. Ein als Mädchen verkleideter Schauspieler spielt ein als Knabe verkleidetes Mädchen. Alles ist zugleich real und

ROSALINDE
Ich würde Euch heilen, wolltet Ihr mich nur Rosalinde nennen, und alle Tage in meine Hütte kommen und um mich werben.
ORLANDO
Von ganzem Herzen, guter Junge.
ROSALINDE
Nein, Ihr müßt mich Rosalinde nennen.

irreal, wahr und unwahr. Und wir können nicht sagen, auf welcher Seite des Spiegels wir uns befinden. Es ist, als wäre alles Spiegelung.

> GANYMEDE
> And I am your Rosalind.
> CELIA
> It pleases him to call you so; but he hath a Rosalind of a better leer than you.
> GANYMEDE
> Come, woo me, woo me; for now I am in a holiday humour, and like enough to consent. – What would you say to me now, an I were your very very Rosalind?* WIE ES EUCH GEFÄLLT, IV, 1

Rosalinde spielt Ganymed, der Rosalinde spielt. Sie spielt sich selbst, indem sie Orlando heiratet. Bei dieser Trauung spielt Celia den Priester. Die erregende Poetik dieser Szenen wurde bisher noch nicht gezeigt. Als ob das moderne Theater kein entsprechendes Instrument besäße! Dabei passen diese Szenen im gleichen Maße in Genets Theater, wie KÖNIG LEAR in das Theater von Beckett paßt, mit dem Unterschied, daß es ein Über-Genet ist, so wie das Quartett der Irren und Irre Spielenden im dritten LEAR-Akt ein Über-Beckett war. In den Liebesszenen im Ardenner Wald herrscht die Logik des Traums; es gibt darin eine Vermischung der Pläne, der Personen und der Zeiten, ein Durcheinander von Vergangenheit, Gegenwart und Zukunft, von Parodie und Poesie.

> GANYMEDE
> Come, sister, you shall be the priest, and marry us. –
> Give me your hand, Orlando, – What do you say, sister?
> ORLANDO
> Pray thee, marry us.

*GANYMED
Und ich bin Eure Rosalinde.
CELIA
Es beliebt ihm, Euch so zu nennen: aber er hat eine Rosalinde von zarterer Farbe als Ihr.
GANYMED
Kommt, freit um mich, freit um mich, denn ich bin jetzt in einer Festtagslaune und könnte wohl einwilligen. – Was würdet Ihr zu mir sagen, wenn ich Eure rechte, rechte Rosalinde wäre?

CELIA
I cannot say the words.
GANYMEDE
You must begin, – 'Will you, Orlando,' –
CELIA
Go to. – Will you, Orlando, have to wife this Rosalind?
ORLANDO
I will.
GANYMEDE
Ay, but when?
ORLANDO
Why now; as fast as she can marry us.
GANYMEDE
Then you must say, – 'I take thee, Rosalind, for wife.'
ORLANDO
I take thee, Rosalind, for wife.
GANYMEDE
I might ask you for your commission; but, – I do take thee, Orlando, for my husband: – there's a girl goes before the priest.*

WIE ES EUCH GEFÄLLT, IV, 1

*GANYMED
Kommt, Schwester, Ihr sollt der Priester sein, um uns zu trauen. – Gebt mir Eure Hand, Orlando. – Was sagt Ihr, Schwester?
ORLANDO
Bitte, trau uns.
CELIA
Ich weiß die Worte nicht.
GANYMED
Ihr müßt anfangen: »Wollt Ihr, Orlando –«
CELIA
Schon gut. – Wollt Ihr, Orlando, gegenwärtige Rosalinde zum Weibe haben?
ORLANDO
Ja.
GANYMED
Gut, aber wann?
ORLANDO
Nun, gleich; so schnell sie uns trauen kann.
GANYMED
So müßt Ihr sagen: »Ich nehme dich, Rosalinde, zum Weibe.«

Die Maskerade ist ein gefährliches Spiel. Ein Spiel, in dem man die eigene Gestalt aufgibt und eine fremde annimmt oder zumindest ausleiht. Der Harlekin war ein Verwandlungskünstler, aber er stammte aus der Familie der Teufel. Der böse Geist führt irre, weil er stets neue Gestalten annimmt: eines Menschen, Tieres, selbst eines Tintenfasses.

> Disguise, I see, thou art a wickedness,
> Wherein the pregnant enemy does much.*
>
> WAS IHR WOLLT, II, 2

Die gefährlichste Maskerade ist der Wechsel des Geschlechts. Das Transvestitentum hat zwei Pole: einen sakralen und einen sexuellen, einen liturgischen und einen orgiastischen. Die Orgie kann auch Bestandteil des liturgischen Festes sein. Bei den Saturnalien tauschten die Knaben und Mädchen ihre Kleider. Die Verkleidung war eine Zeitspanne, in der Gesetze und Normen suspendiert waren. Die Mädchen verhielten sich wie Knaben, die Knaben wie Mädchen. Es kam zur Vermischung von Werten und Urteilen. Für die Dauer einer Nacht war alles erlaubt. Aber im liturgischen Verkleidungsspiel wurden die Gesetze und Normen nur zeitweise aufgehoben, niemals jedoch widerrufen. Das Verkleidungsspiel war gleichsam eine Rückkehr zum Chaos, aus dem das Gesetz geboren worden war und in dem es noch keine Trennung in Weibliches und Männliches gab.[36]

Jeder Mummenschanz enthält nicht nur eine Einladung nach Kythera, die Aufforderung zur Orgie. Die Verkleidung ist in einem weitaus tieferen Sinn eine teuflische Erfindung. Sie ist die Erfüllung des ewigen Traums vom Überschreiten der Grenze, die der eigene Körper, das eigene Geschlecht sind. Des Traums von einer erotischen Erfahrung, in der man sein eigener Partner ist, in dem die Lust wie von der anderen Seite gesehen und erlebt wird. Man ist es und ist zugleich ein anderer, man sieht sich selbst ähnlich und ist sich zugleich fremd.

Das Verkleidungsspiel hat auch einen metyphysischen Boden, der viel-

> ORLANDO
> Ich nehme dich, Rosalinde, zum Weibe.
> GANYMED
> Ich könnte nach Eurem Erlaubnisschein fragen, doch – Ich nehme dich, Orlando, zu meinem Manne. Da kommt ein Mädchen dem Priester zuvor.

*Verkleidung! Du bist eine Schalkheit, seh' ich,
Worin der list'ge Feind gar mächtig ist.

leicht ein Überbleibsel aus der Zeit ist, da es noch Liturgie war. Diesen schmalen metaphysischen Boden hatte die Verkleidung zumindest noch in der Zeit der Renaissance. Sie war nicht nur der Versuch einer Erotik, die frei wäre von den Schranken des eigenen Körpers. Sie war der Traum von einer Liebe, die frei wäre von den Schranken des Geschlechts, einer Liebe, die die Körper von Knaben und Mädchen, Männern und Frauen durchdringt wie der Lichtstrahl das Glas.

In den Schlußszenen von WIE ES EUCH GEFÄLLT ist dieser Doppelsinn der Verkleidung, die geistige und die physische, die intellektuelle und die sinnliche Bedeutung erkennbar. Die Körper der Knaben und Mädchen, Liebe und Begierde haben sich vermischt. Silvius liebt die Schäferin Phöbe, Phöbe liebt Ganymed, Ganymed liebt Orlando, Orlando liebt Rosalinde. Ganymed ist Rosalinde, doch Rosalinde ist Ganymed, weil Rosalinde ein Knabe ist, genauso wie Phöbe. Die Liebe ist ein absoluter Wert und der absoluteste aller Zufälle. Die Erotik geht durch den Körper wie Strom und versetzt ihn in Schwingung. Jede Rosalinde ist ein Ganymed, jeder Ganymed ist eine Rosalinde.

GANYMEDE
... Look, here comes a lover of mine, and a lover of hers.
PHEBE
Good shepherd, tell this youth what tis to love.
SILVIUS
It is to be all made of sighs and tears; –
And so am I for Phebe.
PHEBE
And I for Ganymede.
ORLANDO
And I for Rosalind.
GANYMEDE
And I for no woman.
SILVIUS
It is to be made all of faith and service; –
And so am I for Phebe.
PHEBE
And I for Ganymede.
ORLANDO
And I for Rosalind.
GANYMEDE
And I for no woman.

Silvius
It is to be all made of fantasy,
All made of passion, and all made of wishes;
All adoration, duty, and observance,
All humbleness, all patience, and impatience,
All purity, all trial, all deservings; –
And so am I for Phebe.
Phebe
And so am I for Ganymede.
Orlando
And so am I for Rosalind.
Ganymede
And so am I for no woman.* Wie es euch gefällt, V, 2

*Ganymed
Seht, da kommen Verliebte, die eine in mich und der andere in sie.
Phöbe
Sag, guter Schäfer, diesem jungen Mann,
Was lieben heißt.
Silvius
Es heißt, aus Seufzern ganz bestehn und Tränen,
Wie ich für Phöbe.
Phöbe
Und ich für Ganymed.
Orlando
Und ich für Rosalinde.
Ganymed
Und ich für keine Frau.
Silvius
Es heißt, aus Trauer ganz bestehn und Eifer,
Wie ich für Phöbe.
Phöbe
Und ich für Ganymed.
Orlando
Und ich für Rosalinde.
Ganymed
Und ich für keine Frau.
Silvius
Es heißt, aus nichts bestehn als Phantasie,
Aus nichts als Leidenschaft, aus nichts als Wünschen,
Ganz Anbetung, ganz Geduld und Ungeduld,
Ganz Reinheit, ganz Bewährung, ganz Hingebung.

Die Liebesszenen in WIE ES EUCH GEFÄLLT spielen im Ardenner Wald. Der Ardenner Wald gleicht allen Shakespeareschen Wäldern, er ist vielleicht noch verblüffender, so als ob er die übrigen mitenthielte, wiederholte oder vorwegnähme. Die Shakespeareschen Wälder sind real und verzaubert, in ihnen spielen sich tragische und groteske, pathetische und lyrische Szenen ab. Im Shakespeareschen Wald ist das Leben beschleunigt und intensiviert, es wird dadurch brutaler und zugleich transparenter. Alles kann doppelt gedeutet werden: wörtlich und metaphorisch. Jegliches existiert für sich allein und ist zugleich seine eigene Spiegelung und Verallgemeinerung, fast sein eigener Mythos.

Im Shakespeareschen Wald haben die Liebenden in einer Sommernacht die dunkle Zone animalischer Erotik passiert. Sie haben die Jäheit von Begierde und Besitz kennengelernt. Sie haben die Partner und Partnerinnen gewechselt. In einem anderen Shakespeareschen Wald werden vier Personen aus WIE ES EUCH GEFÄLLT einen Sturm und Hurrikan erleben: ein Herrscher, der auf seine Krone verzichtete, ein vertriebener Minister, ein vertriebener Bruder und ein Narr. Sie werden auf die nackte Existenz reduziert werden, die sich selbst genügen muß und ihre Begründung in sich findet, weil man weder an den leeren Himmel noch an die blutige Geschichte noch an die unvernünftige Natur appellieren kann. Im letzten der Shakespeareschen Wälder schließlich, auf Prosperos Insel, wird sich innerhalb von nur drei Stunden die ganze Weltgeschichte abspielen.

Der Ardenner Wald ist am Anfang eine Flucht, eine Flucht aus demselben grausamen Herzogtum, in dem sich wie immer bei Shakespeare zwei Themen manisch wiederholen: die Vertreibung des rechtmäßigen Herrschers und die Enterbung des jüngeren Bruders. Für Shakespeare ist das die knappste und rudimentärste Sozialgeschichte. In WIE ES EUCH GEFÄLLT wird auch die Tochter des entthronten Herzogs vertrieben. Der Prolog enthält nichts von jener Unbekümmertheit und Heiterkeit, die die Kritiker immer noch, nach dem Muster des 19. Jahrhunderts, in WIE ES EUCH GEFÄLLT zu sehen glauben. Dieser Prolog erscheint sogar in besonderem Maße verdunkelt:

> Und so bin ich für Phöbe.
> PHÖBE
> Und so bin ich für Ganymed.
> ORLANDO
> Und so bin ich für Rosalinde.
> GANYMED
> Und so bin ich für keine Frau.

O what a world is this, when what is comely
Envenoms him that bears it!* WIE ES EUCH GEFÄLLT, II, 3

Ein Tyrann hat den Thron besetzt, der Bruder unterdrückt den Bruder, Liebe und Freundschaft werden von Ehrgeiz vernichtet, nackte Gewalt und Geld beherrschen die Welt. Vom herzoglichen Ringplatz werden die Körper der Kämpfer mit gebrochenen Rippen herausgetragen. Der Prolog von WIE ES EUCH GEFÄLLT weist dieselbe Atmosphäre auf wie die Königsdramen, die Luft ist stickig, und alle haben Angst. Der neue Herzog ist allen und allem gegenüber mißtrauisch, seiner Macht nicht sicher. Für ihn ist jeder ein potentieller Feind. Die Flucht ist die einzige Rettung, wie in den Königsdramen. Die Flucht um jeden Preis und auf dem schnellsten Weg.

This is no place; this house is but a butchery.**
WIE ES EUCH GEFÄLLT, II, 3

Der Prolog ist gewaltsam und brutal, der Epilog naiv und idyllisch. Absichtlich unmotiviert. Er umfaßt nur wenige Verse. Der böse Herzog habe einen »heiligen Mann« getroffen und sich bekehrt. Er gebe dem Bruder das rechtmäßige Erbe wieder.

Thou offert'st fairly to thy brothers' wedding:
To one, his lands withheld; and to the other,
A land itself at large, a potent dukedom.***
WIE ES EUCH GEFÄLLT, V, 4

Zwischen dem schwarzen Prolog und dem Märchenepilog liegt der Ardenner Wald. Der englischste aller Shakespeareschen Wälder. Wie in Warwickshire bei Stratford. Mit hohen Eichen, einer Menge Lichtungen und Bächen, die über bemooste Steine fließen, voller Stacheln und

*O welche Welt ist dies, wenn das, was herrlich,
Den, der es hat, vergiftet!

**Kein Wohnort ist dies Haus, 'ne Mördergrube.

***Du steuerst kostbar zu der Brüder Hochzeit:
Dem einen vorenthaltne Ländereien,
Ein ganzes Land, ein Herzogtum, dem andern.

Weißdorn, Singvögel, Rehe, Hasen und Damhirsche (»poor dappled fools«). In diesen Wald flüchtete der vertriebene Herzog.

> They say he is already in the forest of Arden, and a many merry men with him; and there they live like the old Robin Hood of England: they say many young gentlemen flock to him every day, and fleet the tame carelessly, as they did in the golden world.*
>
> WIE ES EUCH GEFÄLLT, I, 1

In diesem Ardenner Wald spielen Edelleute freie Menschen und edle Räuber, ein Priester traut einen Narren mit einer Kuhmagd, die Schafe werden von lyrisch gestimmten Schäfern gehütet, Mädchen verkleiden sich als Knaben, ein melancholischer Höfling verspottet sich und alle anderen.

Im Ardenner Wald begegnen sich fast alle Gestalten der Shakespeareschen Welt. Diese ist real, ist eine feudale Utopie und eine Verspottung dieser Utopie. Was wunder, daß sich eine Löwin mit ihren Jungen in diesen englischen Wald verirrt, und daß Schlangen über das Moos kriechen.

> Now go we in content,
> To liberty, and not to banishment.** WIE ES EUCH GEFÄLLT, I, 3

Das ist die Koda des ersten Aktes. Die Worte spricht Celia zu Rosalinde vor der Flucht in den Ardenner Wald. Das Königreich der Freiheit ist zugleich ein Königreich der Natur. Einer idyllischen, einer poetisierten Natur, einer Natur aus dem Theokrit:

> And this our life, exempt from public haunt,
> Finds tongues in trees, books in the running brooks,
> Sermons in stones, and good in every thing:
> I would not change it.*** WIE ES EUCH GEFÄLLT, II, 1

*Sie sagen, er ist bereits im Ardenner Wald, und viele lustige Leute mit ihm, und da leben sie wie Robin Hood. Es heißt, viele junge Leute strömen ihm täglich zu, und versausen sorglos die Zeit wie im goldnen Alter.

** So ziehn wir denn in Frieden,
Denn Freiheit ist uns, nicht der Bann beschieden.

***Dies unser Leben, vom Getümmel frei,
Gibt Bäumen Zungen, findet Schrift im Bach,

Das Königreich der Freiheit und der Natur wird dem höfischen Leben entgegengestellt. Die Harmonie und Freiheit der geistigen Versklavung, der Repression der Gefühle, der Unsicherheit von Leben und Besitz:

Are not these woods
More free from peril than the envious court?*

WIE ES EUCH GEFÄLLT, II, 1

Wir befinden uns bereits im Ardenner Wald. Die Idylle war von der ersten Szene an getrübt. Die Instrumente sind verstimmt wie in WAS IHR WOLLT. Die Musik des Ardenner Waldes besteht aus lauter Dissonanzen.

And yet it irks me the poor dappled fools,
Being native burghers of this desert city,
Should in their own confines with forked heads
Have their round haunches gored.** WIE ES EUCH GEFÄLLT, II, 1

Wir befinden uns scheinbar weiterhin im Geltungsbereich derselben Poetik. Zu einer Jagdszene gehört die Klage über den armen Hirsch am Morgen, der von seinen Genossen aufgegeben wird. Doch die Tonart ist eine andere. Das Königreich der Natur ist genauso rücksichtslos und egoistisch wie die zivilisierte Welt. Eine Rückkehr zur Ur-Harmonie ist unmöglich. Die Enteigneten enteignen selber, diejenigen, die mit dem Leben davongekommen sind, töten selber.

... you do more usurp
Than doth your brother that hath banish'd you.***

WIE ES EUCH GEFÄLLT, II, 1

In Steinen Lehre, Gutes überall.
Ich tauscht' es selbst nicht.

* Sind diese Wälder
Nicht sorgenfreier als der falsche Hof?

**Doch reut mich, daß wir den gefleckten Narrn,
Die Bürger sind in dieser öden Stadt,
Auf eignem Grund mit hak'gen Spitzen blutig
Die runden Hüften reißen.

*** ... daß Ihr auf diesem Weg mehr Unrecht
Als Euer Bruder übt, der Euch verbannt.

In Arkadien sind alle gleich. Die Übermacht des Geldes und die Privilegiertheit der Geburt sind hier unbekannt. Das Recht weicht nicht vor der Gewalt, unglücklich sind nur die unerwidert Verliebten. Kaum traf Rosalinde im Ardenner Wald ein, schon belauscht sie das Gespräch zweier Schäfer; der junge klagt dem alten sein Liebesleid. Rosalinde ist hungrig und erschöpft. Die Shakespeareschen Helden sind wie die Homers ab und zu hungrig und erschöpft. Auch dann, wenn sie unglücklich verliebt sind, auch dann, wenn sie einen Staatsstreich planen. Rosalinde und Celia suchen ein Nachtlager und wollen essen. Natürlich für Geld. Die romanzenhafte Rosalinde ist nüchtern. Wie Shakespeare. In diesem Ardenner Wald, in dem das goldene Zeitalter der Menschheit neu entstehen sollte, herrschen kapitalistische Lohngesetze.

> But I am shepherd to another man
> And do not shear the fleeces that I gaze:
> My master is of churlish disposition.*
>
> WIE ES EUCH GEFÄLLT, II, 4

Und noch nachdrücklicher:

> Besides, his cote, his flocks, and bounds of feed,
> Are now on sale.** WIE ES EUCH GEFÄLLT, II, 4

Die Rosalinde aus Arkadien, die Rosalinde der Romanze, die Rosalinde aus der höfischen Schäferkomödie schafft sich für gutes Geld eine Meierei, Land und Schafe an.

> I pray thee, if it stand with honesty,
> Buy thou the cottage, pasture, and the flock,
> And thou shalt have to pay for it of us.***
>
> WIE ES EUCH GEFÄLLT, II, 4

*Doch ich bin Schäfer eines andern Manns
Und schere nicht die Wolle, die ich weide.
Von filziger Gemütsart ist mein Herr.

**Auch stehn ihm Hütt' und Herd' und seine Weiden
Jetzt zum Verkauf.

***Ich bitte dich, bestehts mit Redlichkeit,
Kauf du die Meierei, die Herd' und Weiden:
Wir geben dir das Geld, es zu bezahlen.

Arkadien hat sich in eine Liegenschaft, einen Besitz, einen Grundbesitz verwandelt. Der Schäfer sagt:

> ... if you like upon report,
> The soil, the profit and this kind of life,
> I will your very faithful feeder be,
> And buy it with your gold right suddenly.*
>
> Wie es euch gefällt, II, 4

Eine wunderbare Aufzählung und wunderbar die Reihenfolge: »the soil, the profit, and this kind of life«. Wunderbar und sehr englisch. Zudem sehr shakespearisch, denn von allem, was wir über Shakespeare wissen, scheint eins sicher: von Land und Häusern verstand er was und kaufte gut ein.

Die Literarhistoriker trennen gewissenhaft die Shakespeare-Kopierungen von der Ariost-Mode. Mit Recht; die Phantastik des Nordens ist eine andere als die des Südens, und auch die Arten des Spotts sind verschieden, wenngleich es Fälle gab, in denen ein und derselbe Autor, und zwar in ein und demselben Werk, dem Geiste Shakespeares gleicherweise huldigte wie dem Ariosts. Das war nicht nur bei Juliusz Słowacki, dem polnischen Romantiker, so, sondern wohl auch bei Musset. Interessanter noch als die stichhaltigste Komparatistik scheint die Sicht auf Shakespeare in der Sphäre Ariosts, in der »grünen Welt«, wie Northrop Frye die Zauberwälder Shakespeares nannte. In eben jener »grünen Zone« kämpfte der Rasende Roland mit den Heiden, begegnete er dem Flügelroß, hier gerät er in Wahnsinn aus Liebe und versucht den Zauberern die Geheimnisse eines Liebestranks zu entlocken. In eben jener »grünen Zone« findet die merkwürdige Abrechnung Ariosts mit dem feudalen Wahnsinn statt, den man verhöhnen und lächerlich machen muß, aber ohne den das Leben seinen Reiz und seine Poesie verliert. Später wird Cervantes dieselbe Abrechnung mit dem feudalen Wahn machen, nur auf eine viel bitterere Art.

Von allen Shakespeareschen Werken sind Wie es euch gefällt und Was ihr wollt am stärksten ariostisch. Hier ist dieselbe Vermischung von Pathos und Ironie, Sarkasmus und Lyrik wie bei Ariost. Diese Vermi-

* Gefällt euch auf Erkundigung
Der Boden, der Ertrag und dieses Leben,
So will ich euer treuer Pfleger sein,
Und kauf' es gleich mit eurem Golde ein.

schung literarischer Techniken und Gattungen ist sehr modern, und das Theater drückte sich zu Unrecht davor. Noch moderner, unserer Epoche noch verwandter ist das zweideutige Verhältnis zum Wahn. Oder besser: das Verhältnis zur Flucht in den Wahn, in Mythologie und Mummenschanz. Es ist nicht nur Rosalinde, die sich als Ganymed verkleidet. Die elisabethanischen Vertriebenen spielen edle Ritter aus der Zeit des Robin Hood, wie Don Quijote, der sich die alte, auf dem Dachboden gefundene Rüstung anlegt. Shakespeare hat keine Illusionen, nicht einmal die Illusion, daß man ohne Illusionen leben kann. Er führt uns in den Ardenner Wald, um zu zeigen, daß man fliehen muß, selbst dann, wenn alle Fluchtwege abgeschnitten sind, daß es gar keinen Ardenner Wald gibt, daß aber die, die nicht fliehen, niedergemetzelt werden. Ohne die Flucht in den nicht existenten Ardenner Wald wird Rosalinde Orlando nicht heiraten und Orlando das väterliche Erbe nicht zurückgewinnen. Die beiden Schäferpaare: das wirkliche und das angebliche, das von den englischen Weideplätzen und das aus Arkadien, sind ein Spiegelsystem, in dem der Reihe nach die höfische Liebe und der höfische Schwulst mit ihrem Ehrenkodex, alle Reize des ›Naturzustandes‹ und die Konventionen des Schäferromans verhöhnt und kompromittiert werden können:

> CORIN
> And would you have us kiss tar? The courtier's hands are perfumed with civet.
> TOUCHSTONE
> Most shallow man... civet is of a baser birth than tar – the very uncleanly flux of a cat.* WIE ES EUCH GEFÄLLT, III, 2

Nach Shakespeare wird Jonathan Swift ein sehr ähnliches Verfahren anwenden. Das Große und das Kleine ist ebenfalls ein System von Spiegeln. Man braucht einen Menschen nur hundertfach zu verkleinern, und auf der Stelle verwandeln sich die dynastischen Kriege und das Streben nach höfischen Würden zu Szenen aus einem Flohzirkus. Man braucht nur alles hundertfach zu vergrößern, und sofort wird ein Kuß zu etwas Gräßlichem. Probstein sagt zu Corinnus:

*CORINNUS
Wollt Ihr, daß wir Teer küssen sollen? Die Hände der Hofleute riechen nach Bisam.
PROBSTEIN
Höchst einfältiger Mensch ... Bisam ist von schlechterer Abkunft als Teer, der unsaubre Abgang einer Katze.

> That is another simple sin in you; to bring the ewes and the rams together, and to offer to get your living by the copulation of cattle; to be bawd to a bell-wether; and to betray a she-lamb of a twelvemonth to a crookedpated, old, cuckoldy ram, out of all reasonable match.*
>
> WIE ES EUCH GEFÄLLT, III, 2

An Swift erinnert hier nicht nur der Mechanismus der Bloßstellung. Eine Vorwegnahme Swifts ist das allmähliche, aber konsequente Ansteigen des Ekels vor der Natur. Diese shakespearische Anti-Physis, die vor allem den Bereich der Fortpflanzung und des Geschlechtstriebs umfaßt, findet in OTHELLO und KÖNIG LEAR ihren Höhepunkt. Doch bereits hier, in der heiteren Landschaft des Ardenner Waldes, gewinnt das Wort »natürlich« die Bedeutung, die gemeint ist, wenn man »natürliche Funktion« sagt.

> ...'tis such fools as you
> That makes the world full of ill-favour'd children...**
>
> WIE ES EUCH GEFÄLLT, III, 5

Das könnte der Narr in KÖNIG LEAR sagen. In WIE ES EUCH GEFÄLLT sagt es nicht etwa Probstein. Die süße, die zärtliche, die leidenschaftliche Rosalinde verspottet mit diesen Worten den in Phöbe verliebten Silvius. Rosalinde, Phöbe und Käthchen sind gleichfalls Spiegel, in denen sich die Liebe reflektiert. Die Schäfer der Idyllen waren immer schön. In WIE ES EUCH GEFÄLLT darf nur Ganymed–Rosalinde, der Mädchen–Knabe Anspruch auf Schönheit erheben. Im verspotteten Arkadien sind die Schäferinnen häßlich.

> I see no more in you than in the ordinary
> Of nature's sale-work...***
>
> WIE ES EUCH GEFÄLLT, III, 5

*Das ist wieder eine einfältige Sünde von Euch, daß Ihr die Schafe und Böcke zusammenbringt, und Euch nicht schämt, von der Begattung des Viehs Euren Unterhalt zu ziehn; daß Ihr den Kuppler für einen Leithammel macht, und so ein jähriges Lamm einem schiefbeinigen alten Hahnrei von Widder überantwortet, gegen alle Regeln des Ehestandes.

** Dergleichen Toren füllen
Die Welt mit so viel garstigen Kindern an.

***Ich seh nicht mehr an Euch, als die Natur
Auf Kauf zu machen pflegt.

So urteilt Rosalinde über Phöbe. Und weiter:

> He's fall'n in love with her foulness.*
>
> WIE ES EUCH GEFÄLLT, III, 5

Phöbe ist häßlich für Rosalinde und schön für Silvius. Phöbe ist nur in einem der Spiegel häßlich. Käthchen ist es in allen. Käthchen soll häßlich und soll dumm sein. Käthchen ist natürlich. Probstein will das häßliche und dumme Käthchen heiraten. Um alle Illusionen zu verlieren. Diese Ehe soll ein Priester segnen, dessen Pfarrei sich natürlich ebenfalls im Ardenner Wald befindet. Aber der Narr jagt den Priester weg. Die Ehe soll nach den Naturgesetzen geschlossen werden. In Übereinstimmung mit jener natürlichen Natur.
Phöbe ist poetisch und petrarkisiert. Phöbe hat das Kostüm einer Schäferin an. Aber bei Shakespeare gewinnen sogar die Schäferinnen eines fiktiven Arkadiens mit einemmal reale Gestalt. Phöbe hat sich nur als Schäferin verkleidet. Die roten Hände einer Schweinehirtin bleiben sichtbar. Shakespeare übernimmt nichts von der mit Zuckerguß bedeckten, überästhetisierten pastoralen Natur.

> Come, come, you are a fool,
> And turn'd into the extremity of love.
> I saw her hand: she has a leathern hand,
> A freestone-colour'd hand; I verily did think
> That her old gloves were on, but 'twas her hands:
> She has a housewife's hand.** WIE ES EUCH GEFÄLLT, IV, 3

WAS IHR WOLLT ist auf einem ähnlichen Kontrast zwischen der ausgesuchten Poetik der Liebeserklärungen und der brutalen Zeichnung der Genre-Szenen gebaut. Wie im Ardenner Wald entspricht die Vermischung von Gattungen und Stilen dem disparaten Weltbild. Diese Welt

*Er hat sich in ihre Häßlichkeit verliebt.

** Geht, geht! Ihr seid ein Narr,
Den Liebe bis aufs äußerste gebracht.
Ich sah wohl ihre Hand: sie ist wie Leder,
'ne sandsteinfarbne Hand; ich glaubte in der Tat,
Sie hätte ihre alten Handschuh' an,
Doch waren's ihre Hände – sie hat Hände
Wie eine Bäu'rin.

ist jedoch stets real und immer von derselben Bitternis, Grausamkeit und Betörungskraft bestimmt. Es ist eine Welt, die man nicht akzeptieren kann, aus der es aber keine Flucht gibt, eine Welt, deren einzige Rechtfertigung ihre Existenz ist.

Die Kritiker stellen in WAS IHR WOLLT zwei Flügel, zwei große Motive, zwei Fabeln einander gegenüber: das idealisierte Bild von der Liebe der blutigen Kumpanei der Junker Tobias und Andreas; der Illusion die Wirklichkeit.

WAS IHR WOLLT und WIE ES EUCH GEFÄLLT werden allgemein für die romantischsten der Shakespeare-Komödien gehalten. Aber von allen zeitgenössischen Interpretationen Shakespeares, von der Elisabethanischen Zeit bis zur unsrigen, war die romantische die falscheste und die, die die fatalste Theatertradition hinterließ. Man muß wirklich völlig taub sein für Shakespeare, wenn man in diesem unentwegten Pendeln Violas zwischen Olivia und Orsino nichts außer romantischen und sentimentalen Liebestönen heraushört.

WAS IHR WOLLT ist nur scheinbar ein Lustspiel in italienischen Kostümen, das im phantastischen Illyrien handelt. WAS IHR WOLLT ist genauso eine moderne Komödie wie EIN SOMMERNACHTSTRAUM, wie VERGEBLICHE LIEBESMÜH' und WIE ES EUCH GEFÄLLT.

Bei aller scheinbaren Unbekümmertheit ist das Stück eine sehr bittere Komödie über das elisabethanische *dolce vita*, zumindest über das *dolce vita* auf allen Etagen und in allen Flügeln des Schlosses der Southamptons. Auf dieses *dolce vita* wird Malvolio seinen Schatten werfen, der englische Tartuffe, vielleicht mehr Misanthrop als Puritaner. Er trägt eine Kette mit einem Silberlöffel um den Hals, hat lächerliche gelbe Strümpfe an und die Kniegürtel kreuzweise gebunden, aber der Schatten, den er wirft, ist schwarz.

Man hat ganz richtig bemerkt, daß die Figur des Narren die beiden Fabeln der Komödie verbindet. Der Narr hat als einziger Einblick in beide Palastflügel, er irrt durch alle Stockwerke, begleitet den Flötenspieler des Herzogs auf dem Tamburin, ist mit von der Partie beim ausgelassenen Trinkgelage von Junker Andreas und Junker Tobias. Er singt hier wie dort, hält sich in den herrschaftlichen Gemächern ebenso auf wie in der Gesellenstube. Sein melancholisches Lied, dessen Refrain der Narr in KÖNIG LEAR aufgreifen wird, beendet die heitere Komödie. Das ist die letzte Dissonanz der Musik von WAS IHR WOLLT.

Die Narren in WAS IHR WOLLT und WIE ES EUCH GEFÄLLT sind die originellsten Beiträge Shakespeares zu den übernommenen Fabeln. Wenn Weisheit Sache der Narren ist, hört die Narretei auf, weise zu sein. Wenn die Welt kopfsteht, kann man nur mit einem Purzelbaum die richtige Position beziehen. Das sind die Grundvoraussetzungen der Narren-Logik. Die Welt macht alle zu Narren. Außer den Narren. Sie sind vor der allgemeinen Narrheit unter die Narrenkappe geflüchtet. Feste und Probstein sind keine Clowns mehr, ihre Witze hören auf, komisch zu sein. Sie sind aufsässig. Desintegration ist ihre Funktion; sie leben in einer nackten, des Glaubens, der Liturgie und der Mythen beraubten Welt, reduziert auf ein illusionsloses Wissen.

Das Narrenecho im Ardenner Wald ist zwiefach. Nicht nur Probstein ist Echo der anderen Personen. Das zweite kritische Echo bildet Jaques:

> If he, compact of jars, grow musical,
> We shall have shortly discord in the spheres.*
>
> WIE ES EUCH GEFÄLLT, II, 7

Zwei Jahre nach WAS IHR WOLLT und WIE ES EUCH GEFÄLLT wird HAMLET entstehen. In Jaques haben die Shakespeare-Kenner schon lange die ersten Umrisse des dänischen Prinzen entdeckt. Mit Recht. Aber Jaques muß erst einmal die Schule der Narren absolvieren, bevor er sich in Hamlet verwandeln kann. Feste und Probstein sind bereits philosophische Narren. Aber sie sind nur Narren. Sobald sie die Narrenkappe ablegen, hören sie auf zu existieren. Der philosophische Narr muß, bevor er zum Hamlet wird, die persönlichen Gründe für seine Bitternis finden. Er muß zuerst Mensch sein:

> ... the sundry contemplation of my travels, which by often rumination, wraps me in a most humorous sadness.**
>
> WIE ES EUCH GEFÄLLT, IV, 1

Und davor, vielleicht noch hamletischer:

> Why, 'tis good to be sand and say nothing.***
>
> WIE ES EUCH GEFÄLLT, IV, 1

*Wenn er, ganz Mißlaut, musikalisch wird,
So gibts bald Dissonanzen in den Sphären.

**... die gesamte Betrachtung meiner Reisen, deren öftere Überlegung mich in eine höchst launische Betrübnis einhüllt.

***Ei, es ist doch hübsch, traurig zu sein und nichts zu sagen.

Jaques ist am Anfang ein reumütiger »wüster Mann«. So zumindest bezeichnet ihn der Herzog. Er ist der reinste Melancholiker, die Essenz der Melancholie. Er scheint randvoll mit Galle gefüllt, wenn man der elisabethanischen Klassifikation des Humors folgt. Zuerst faszinieren ihn die Narren. Er möchte selbst ein Narr sein:

O noble fool!
A worthy fool! Motley's the only wear.*

WIE ES EUCH GEFÄLLT, II, 7

Jaques nimmt ähnlich wie König Lear in seiner Wanderschaft bis ans Ende der kalten Nacht eine Lektion in Narretei. Er beneidet den Narren um seine Freiheit:

I must have liberty
Withal, as large a charter as the wind,
To blow on whom I please; for so fools have.**

WIE ES EUCH GEFÄLLT, II, 7

Der Ardenner Wald ist die Wiederkehr des Goldenen Zeitalters, die Wiederkehr zum einzigen Ort in der feudalen Welt, wo die Entfremdung aufgehoben ist. Und in eben diesem Ardenner Wald ist Jaques das Wesen, das seine eigene Fremdheit am empfindlichsten spürt, ist Jaques die am stärksten ›frustierte‹ Person.

Invest me in my motley; give me leave
To speak my mind, and I will through and through
Cleanse the foul body of th'infected world
If they will patiently receive my medicine.***

WIE ES EUCH GEFÄLLT, II, 7

* O wackrer Narr!
Ein würd'ger Narr! Die Jacke lob' ich mir.

** Dann muß ich Freiheit haben,
So ausgedehnte wie der Wind, –
So ziemt es Narrn, – auf wen ich will, zu blasen.

***Steckt mich in meine Jacke, gebt mir frei
Zu reden, wie mirs dünkt: und durch und durch
Will ich die angesteckte Welt schon säubern,
Wenn sie geduldig nur mein Mittel nehmen.

Jaques hat vom Narren nicht nur dessen Philosophie erlernt. Er versucht sich auch in seiner Sprache. In jener Sprache, die Hamlet so perfekt beherrschen wird. Im Epilog verlassen alle Personen den Ardenner Wald. Nur Jaques bleibt. Er als einziger hat keinen Grund, den Wald zu verlassen. Er hat von Anfang an nicht an ihn geglaubt. Er ist nie in Arkadien gewesen.

Den ersten modernen Schäferroman schrieb Sannazaro. Der Roman hieß ARCADIA. Sannazaro war Neapolitaner, er belebte Vergilsche Muster. Das echte und das poetische, das bukolische und das philosophische Arkadien fand er in Griechenland. Lorenzo der Prächtige dichtete in freien Stunden, schrieb Liebessonette und Eklogen; die Dichter, deren Mäzen er war, der süße Angelo Poliziano und seine zahlreichen Nachahmer, besangen die Schönheit der toskanischen Landschaft, die Sanftheit der abgeflachten Hügel und die Stille der Olivenhaine. Die Philosophen Ficino und Mirandola lobten das dörfliche *otium*, die Ruhe und Reinigung, die es der Seele bringe. Im Florentiner Kreis fand der arkadische Mythos die glanzvollste Spiegelung in der Malerei. In dem großen Gemälde von Signorelli, PAN-KONZERT, das 1490 für Lorenzo den Prächtigen entstanden war, sehen die Historiker den vollsten Ausdruck des intellektuellen Klimas des Hauses Medici und der mit ihm verbundenen Kultur-Mythologie. Chastel schreibt in seinem ausgezeichneten Buch über die florentinische Kunst: »Das, was der Szene ihre bedeutsame Note gibt, ist die am linken Ufer sitzende Nymphe, sie liefert gewissermaßen den psychologischen Schlüssel zur Komposition, in der der träumerische Gott in einer Verstrickung von Verlangen und Illusionen zur Geltung kommt, deren Prinzipien und Künste ständig in Lorenzos Dichtungen analysiert wurden. Pan ist der saturnische Gott der Natur, der Lust und ihrer unendlichen Zyklen. Der flötenspielende Jüngling und der Weise, der auf dem Thronsockel steht, stellen zwei geistige Mächte dar, die für die Definition dieses Kosmos bestimmend waren: Musik und Philosophie. Sie stellen die Teile eines kompletten ›pastoralen‹ Werkes dar, und die Bedeutung, die den Gefährten des Gottes verliehen wurde, erweitert den Umfang der Komposition zu den Dimensionen eines Arkadiens, das einen Besuch lohnt (...) Signorelli zog die Summe aus all dem, was Lorenzo selbst mit der mediceischen Göttlichkeit verbunden hatte. Die dumpfe Trauer dieser Szene, ihre melancholische Atmosphäre werden durch die rötlichen Färbungen der Abenddämmerung gesteigert, die lang fallenden Schatten, die die Starrheit der Personen unterstreichen, geben dieser literarischen Evokation einen durchdringenden Akzent. Die Poesie dieses Meisterwerks beschränkt sich nicht nur auf Lorenzo selbst und drückt erstmalig den sentimentalen Boden der humanistischen Pastorale aus, die ihren vollen Ausdruck und ihre Entwicklung in Sannazaros ARCADIA finden wird.«[37]

Es muß auffallen, wie stark diese Beschreibung mit der inneren Atmosphäre von WIE ES EUCH GEFÄLLT koinzidiert. Der heutige Kritiker findet bei Signorelli dieselbe Zerstrittenheit zwischen dem Bedürfnis nach Harmonie und ihrer unausweichlichen Zerstörung.

Mit Sannazaro begann die literarische Karriere des Schäferthemas, das im 16. und 17. Jahrhundert zu den populärsten Themen gehörte. Es gab Schäferromane, -epen, -komödien; es gab sie in Italien, Frankreich, Spanien. Zu diesem Genre zählen Tassos AMINTA und Honoré d'Urfés ASTRÉE, Montemayors DIANA und Cervantes' GALATEA. Auch Lope de Vega schrie eine ARCADIA. Sidney brachte Arkadien ins Elisabethanische England.

Jedes Arkadien ist anders, schäferlich oder ritterlich, philosophisch oder voll von wunderbarem Geschehen. Aber durch alle Arkadien irren ephebenhafte Schäfer und Schäferinnen. Mädchen verkleiden sich oft als Knaben, besonders bei den Italienern. Im 1579 erschienenen THE SHEPHEARD'S CALENDAR, mit dem die Schäfermode in England begann, lobt Spenser die gegenseitige Liebe junger Schäfer, die philosophisch und innig, rein und treu sein sollte. Liebe nach griechischem Muster.

Der arkadische und der androgyne Mythos gehen immer Hand in Hand. Was bedeuten sie, welchem Zweck dienen sie? Arkadien ist die Vorstellung vom verlorenen Paradies. Dieses Paradies stammt gleicherweise aus der Antike wie aus der Bibel. Es ist das goldene Zeitalter der Menschheit und der Paradiesgarten, aus dem die ersten Menschen vertrieben wurden.

> Here feel we but the penalty of Adam,
> The seasons' difference.* WIE ES EUCH GEFÄLLT, II, 1

Shakespeares Vorstellungskraft ist immer wunderbar realistisch. Die ersten Szenen im Ardenner Wald könnten damit beginnen, daß die Schauspieler die Arme über Rücken und Brust zusammenschlagen, mit den Füßen stampfen; die frierenden Gefährten des vertriebenen Herzogs könnten sich gegenseitig mit den Fäusten gegen den Rücken trommeln.

*Wir fühlen hier die Buße Adams nur,
Der Jahrszeit Wechsel.

... the icy fang
And churlish chiding of the winter's wind,
... bites and blows upon my body,
Even till I shrink with cold ...* WIE ES EUCH GEFÄLLT, II, 1

Durch dieses eisige Arkadien irrt der Mädchenknabe. Der Mythos vom Androgyn ist auch die Beschwörung des Bildes vom verlorenen Paradies, in dem die vorgesetzliche Harmonie oder das Chaos herrschten, denn Harmonie und Chaos sind nur verschiedene Bezeichnungen für einen Zustand, in dem alle Gegensätze endlich überwunden sind. (Es gibt noch eine dritte, moderne Bezeichnung desselben Mythos der überwundenen Gegensätze, sie klingt sehr wissenschaftlich: Entropie. Das ist die Eschatologie der Physiker und Kybernetiker, die letzte aller Eschatologien.)

Der Logos war für die Gnostiker die Vereinigung aller Gegensätze. Eben diesen Terminus: *coincidentia oppositorum* hat Nicolaus Cusanus für die am wenigsten unvollkommene Definition der göttlichen Natur gehalten. Der Mensch wurde nach dem Ebenbild Gottes geschaffen, aber der erste Mensch war weder Mann noch Frau, er war androgyn. Die menschliche Gattung nimmt ihren Anfang von einem bisexuellen Wesen.[38]

Auf Michelangelos Fresken in der Sixtinischen Kapelle hat Adam den traurigen Kopf einer Frau. Leo Hebraeus hat in seinen DIALOGHI D'AMORE den platonischen Mythos von den getrennten Hälften mit der biblischen Tradition verbunden. Adam sei androgyn gewesen; erst nach der Vertreibung aus dem Paradies habe Gott die Geschlechter getrennt. Die Vorstellungen von Hebraeus waren in den Kreisen der Humanisten weit verbreitet. Sie drangen sogar bis nach Polen. Jan Kochanowski (1530–1584), der polnische Renaissancedichter, schrieb in seinem VORBILD FÜR EHEFRAUEN, einer Plutarch-Nachdichtung: »Eva, aller Kinder Mutter, nimmt in allen diesen Geschichten mit Recht den ersten Platz ein. Und dies nicht wegen ihres Alters oder des Vorurteils aller anderen Menschen, sondern dank ihres verwunderlichen Anfangs und ihrer ungewöhnlichen Erschaffung. Das, was das schwache Geschlecht dem männlichen voraus hat und wessen es sich rühmen kann, ist, daß es nicht wie der Adam aus Lehm geknetet wurde, sondern, wie es bei Moses steht,

* ... so den eis'gen Zahn
Und böses Schelten von des Winters Sturm.
... er beißt und bläst mir auf den Leib,
Bis ich vor Kälte schaudre ...

aus reinem Knochen gemacht wurde, der Adams Seite entnommen. Wer über die Erschaffung unserer Ureltern mehr erfahren möchte, der möge unter anderem den zweiten Dialog über die Liebe des gelehrten Juden Leo lesen, wo ausgeführt wird, daß Plato seinen Androgynen dieser Mosesstelle verdanke …«[39]

Leo Hebraeus war nur der Kodifikator einer dreifachen Tradition: der gnostischen, der zahlreicher hebräischer Sekten und der christlichen Apokryphen, die ein androgynes Wesen für den Anfang und das Ende der menschlichen Gattung hielten. Nach der Erlösung von der Erbsünde sollten die Menschen zu ihrer Urnatur zurückfinden, und die Geschlechter sollten sich wieder vereinen.

Das androgyne Urwesen ist nicht nur die archetypische Vereinigung des Männlichen und Weiblichen, es tritt auch in zahlreichen metaphysischen Spekulationen als Zeichen für die Überwindung aller Gegensätze auf. Den kosmischen Mythos vom androgynen Wesen finden wir bei Paracelsus ebenso wie bei Jakob Böhme, dem Zeitgenossen Shakespeares.

Rebis war eine der Bezeichnungen für den Stein der Weisen. Rebis heißt ›doppelt‹ oder ›zwei Körper‹. Rebis war das androgyne Symbol der Hermetiker. In der berühmten Traktatsammlung SPLENDOR SOLIS von 1532, der Bibel aller Alchimisten, finden wir eine hermaphroditische Discordia concors.[40] Sie symbolisiert nicht nur Mann und Weib, sondern auch Sonne und Mond, Erde und Wasser, Schwefel und Quecksilber, Anfang und Ende. Diese Gegensätze werden in der Figur eines Hermaphroditen sinnfällig gemacht, sind aber auch in dem Ei enthalten, das diese Figur in der Hand hält. Dieses Weltei symbolisiert die transzendente Harmonie.

Was hatten diese Mythen letztlich für eine Funktion? Im Florentiner Kreis der Medici mochten der arkadische und die platonischen Mythen der Versuch sein, eine metaphysische und moralische Rechtfertigung für den Typus der neu entstandenen Kultur zu finden, eine Rechtfertigung, die ihre Autorität sowohl aus der Antike wie aus der biblischen Tradition schöpfte. Sie mochten die Suche nach einem Prinzip sein, das die Einheit von Politik, Kunst und Sitten wiederzugewinnen helfen würde. Zu jenem Zeitpunkt hatten diese Mythen ihren sakralen Charakter gewiß schon verloren. Doch sie vermochten auch weiterhin die Phantasie zu infizieren. Im 16. und 17. Jahrhundert wurden die Hoffnungen auf eine Einheit der Welt, eine politische und religiöse Einigung begraben. Als vergeblich erwiesen sich auch die Hoffnungen auf Gründung einer humanistischen Republik der Gelehrten und Künstler. Die großen philosophischen Systeme lagen weiterhin im Wettstreit, aber ihr universeller Charakter war dahin. Die Erfahrungen überflügelten die Möglichkeiten der Verallgemeinerungen, sie ließen sich in keine abstrakte Formel mehr zwängen. Und es waren nicht nur die Erfahrungen der Gelehrten. Hierzu gehörten ebenso die Erfahrungen der Seeleute und der Bankiers, der Soldaten und Juristen, der Ärzte und der Handwerker. Diese Erfahrungen waren reicher und vielgestaltiger als die Lehre vom Völkerrecht und von den Elementen, erregender und umwälzender als alle Philosophien und Metaphysiken. Die Erde hatte lange Zeit einer Glaskugel geglichen, die den Kosmos spiegelte. Nun waren nur noch Scherben übriggeblieben, und eine jede von diesen Scherben spiegelte die Welt auf ihre Weise, brach das Licht anders.

Die historische Vorstellungskraft oszillierte zwischen zwei Polen der Weltgeschichte: goldenes Zeitalter und apokalyptischer Weltuntergang. In der Epoche des Barock und Manierismus nahmen alle herkömmlichen Mythen einen extremeren und dramatischeren Charakter an.

Der Ardenner Wald ist eine Verhöhnung des alten und des neuen Arkadien. Die Liebe ist Flucht vor der grausamen Geschichte in einen fiktiven Wald. Shakespeare gleicht der Bibel: er schafft eigene Mythen. Der Ardenner Wald ist der Ort, wo sich die Träume begegnen. Er ist Traum und Traumerwachen zugleich.

Coincidentia oppositorum! Zusammenfall aller Gegensätze! In diesem Wald ist die Liebe irdisch und zugleich platonisch sublimiert. Rosalinde ist Ganymed und das mädchenhafteste aller Mädchen. Beständig–launenhaft, vernünftig–wahnwitzig, beherrscht–heftig, hell–dunkel, schüchtern–verwegen, zurückhaltend–draufgängerisch, zärtlich–sarkastisch, kindlich–erwachsen, feige–mutig, schüchtern–leidenschaftlich, wie bei Leonardo ist sie ein nahezu vollkommener Androgyn und verkörpert dieselbe Sehnsucht nach dem verlorenen Paradies, in dem es noch keine Trennung des Männlichen vom Weiblichen gab.

> All this the world knows; yet none knows well
> To shun the heaven that leads men to this hell.* SONETT CXXIX

*Dies weiß jedweder ... doch nicht wie man flieht
Den himmel der zu dieser hölle zieht. (George)

PROSPEROS STAB

Für Krystyna Skuszanka

> ... not a soul
> But felt a fever of the mad and play 'd
> Some tricks of desperation.*
>
> DER STURM, I, 2

I

Die Vorführung geht ihrem Ende zu, Prospero hat Ariel zum letzten Mal zu sich gerufen und den magischen Kreis geschlossen. Die Elemente verstummen, der Sturm legt sich. Prospero kehrt in die menschliche Welt zurück und verzichtet auf seine Zauberkraft.

> But this rough magic
> I here abjure; and, when I have requir'd
> Some heavenly music ...
> I'll break my staff,
> Bury it certain fathoms in the earth ...** DER STURM, V, 1

Von allen großen Dramen Shakespeares scheint das Finale des STURMS am heitersten zu sein. Prospero wird wieder Herzog von Mailand, Alonso, der König von Neapel, gewinnt seinen Sohn zurück und bereut den begangenen Verrat. Der befreite Ariel zerfließt in der reinen Luft. Kaliban hat begriffen, daß er einen Trunkenbold für einen Gott gehalten hat. Die jungen Liebenden, Miranda und Ferdinand, spielen Schach um zwanzig Königreiche. Das Schiff harrt unversehrt in einer sicheren Bucht. Alle Schuld ist vergeben, alles Verbrechen verziehen. Sogar die beiden

* Keine Seele,
Die nicht ein Fieber gleich den Tollen fühlte,
Und Streiche der Verzweiflung übte.

** Doch dieses grause Zaubern
Schwör ich hier ab; und hab ich erst, wie jetzt
Ich's tue, himmlische Musik gefordert ...
So brech ich meinen Stab,
Begrab ihn manche Klafter in die Erde.

wortbrüchigen Brüder werden zum Abendessen in Prosperos Hütte geladen. Es ist Abend, kurz nach dem Sturm, es ist still und mild. Die Welt, die aus ihren Geleisen geraten war – wie in HAMLET: »The time is out of joint« –, ist zur moralischen Ordnung zurückgekehrt.

In one voyage
Found...... Prospero his dukedom
In a poor isle; and all of us ourselves,
When no man was his own.* DER STURM, V, 1

»When no man was his own...« Die Moralität ist zu Ende, der Zauber ist zerstoben und mit ihm der Wahnsinn. Die Leidenschaften sind erloschen, und die Elemente haben sich beruhigt. In allen Dramen Shakespeares gibt es ähnliche Augenblicke der Ruhe und Stille. Aber sie treten fast immer vor dem Sturm ein; hier ist der Sturm bereits vorbei. Am nächsten Morgen sollen die beiden Herrscher und alle Personen des Dramas zurück nach Neapel fahren. Die Handlung des STURMS kehrt zu ihrem Prolog zurück und alle Helden auf ihre alten Plätze. Der Kreis hat sich geschlossen, die Geschichte hat zu ihrem Anfang zurückgefunden. Wird sie sich noch einmal wiederholen? Die Königsdramen Shakespeares sind die Geschichte der Herrschaftsperioden. Die Hinrichtung des alten und die Krönung des neuen Herrschers stellen Prolog und Epilog dar. Die Personen des Dramas wechseln. Im STURM übernimmt derselbe Herrscher erneut die Macht über sein altes Herzogtum. Als habe sich nichts geändert. Als sei alles, dieses menschenleere Eiland miteingeschlossen, nur eine Theateraufführung gewesen. Ein von Prospero inszeniertes Spektakel, in dem er die Hauptrolle spielte, ähnlich jener Aufführung, die Hamlet sich ausgedacht und auf dem Schloß zu Elsinor inszeniert hat.

Der Schluß des STURMS ist noch beunruhigender als alle anderen Schlüsse der Shakespeareschen Dramen. Vielleicht ist das der Grund dafür, daß keiner der Kommentatoren auf jene Rückwendung der Handlung zu ihrem Anfang aufmerksam gemacht hat. Vielleicht schien das auch ganz einfach als zu selbstverständlich oder zerstörte die ganze bisherige romantische und idyllische Interpretation des STURMS als eines

*Auf einer Reise
Fand... ... Prospero
Sein Herzogtum auf einer armen Insel;
Wir all uns selbst, da niemand sein war.

Dramas des Verzeihens und der Aussöhnung mit der Welt. Dabei muß man doch gerade die Analyse des dramatischen Aufbaus des STURMS, wenn nicht zum Schlüssel, so doch zum Ausgangspunkt der Interpretation machen. Die Geschichte ist zu ihrem Anfang zurückgekehrt und beginnt von neuem. Aber welche Geschichte, und was ist der Sinn jener seltsamen Moralität, deren Handlung sich innerhalb von nicht ganz vier Stunden abwickelt, die also nicht viel länger dauert als ihre Wiedergabe auf der Bühne?

Shakespeare, der ansonsten so großzügig mit der Zeit umgeht, der ganze Monate zu einer Szene zusammenrafft, oder sechzehn lange Jahre zwischen den beiden Akten des WINTERMÄRCHENS verstreichen läßt, berechnet die Zeit des STURMS auf die Minute genau. Nach zwei Uhr gerät das Schiff, an dessen Bord sich Alonso befindet, vom Blitz getroffen in Feuer und zerschellt am felsigen Ufer, um sechs Uhr abends begeben sich die Helden zum Mahl; Prospero hat sein Herzogtum wieder, Alonso hat seinen Sohn gefunden, Ferdinand Miranda gewonnen. Shakespeares Uhr, die Uhr des Dramas, deren Zeiger innerhalb einer Minute Jahre übergehen können, läuft diesmal genauso wie alle anderen Uhren. Die Aufführungen zu Shakespeares Zeiten begannen im allgemeinen gegen drei Uhr und waren um sechs zu Ende. Zwischen zwei und drei Uhr beginnen die Zaubereien Prosperos, und um sechs Uhr abends hören sie auf. Man kann darin schwerlich einen Zufall erblicken.

Die Helden des Dramas haben den Sturm erlebt und sind einer Probe unterzogen worden; gemeinsam mit ihnen, genau zur selben Zeit, hat das Publikum eben diesen Sturm als Zeuge miterlebt. Die Helden des Dramas begeben sich zum Abendessen; zur nämlichen Zeit gehen auch Schauspieler und Publikum zum Abendessen. Der Sturm ist vorüber, der Zauber vorbei und die Vorführung zu Ende. Das Leben beginnt von neuem, und es ist sowohl für die Helden des Dramas als auch für die Zuschauer dasselbe Leben wie vor dem Sturm, vor der Aufführung. Hat sich gar nichts geändert? Bevor die Zuschauer auseinandergehen, hören sie noch den Epilog. Aufs Proszenium tritt Prospero oder vielmehr der Schauspieler, der Prospero spielt. Er spricht seinen Schlußmonolog. Es ist einer der schönsten, die Shakespeare geschrieben hat, und zugleich einer der schmerzlichsten und rätselhaftesten. Prosperos wendet sich darin direkt ans Publikum:

> Gentle breath of yours my sails
> Must fill, or else my project fails,
> Which was to please; now I want

Spirits to enforce, art to enchant;
And my ending is despair...* DER STURM, V, 1

Im spanischen Theater, bei Calderon und noch häufiger bei Lope de Vega, hat sich der Schauspieler im Namen des Autors dem Publikum empfohlen und die Zuschauer gebeten, die Unzulänglichkeiten der Vorführung zu verzeihen. Aber Shakespeares Schlußmonolog steht in einer völlig anderen Tonart, er ist eine lyrische Fuge, und man muß taub sein, um darin nicht ergreifende persönliche Akzente zu hören.

Der STURM ist das letzte große Stück Shakespeares, danach hat er aller Wahrscheinlichkeit nach nur noch einige Szenen zu Fletchers Tragödie HEINRICH VIII. hinzugeschrieben, vielleicht den ARDEN OF FEVERSHAM verbessert und ein paar Dutzend Verse der verlorengegangenen Tragödie über Thomas Morus niedergeschrieben. Der STURM schließt das Werk Shakespeares ab, und es ist deshalb nicht erstaunlich, daß mehrere Forscher- und Kritikergenerationen darin sein dichterisches Testament gesehen haben, den Abschied vom Theater, seine philosophische und künstlerische Selbstbiographie. Unter dem Mantel Prosperos soll Shakespeare selbst gesteckt haben.

Es fehlte natürlich auch nicht an gelehrten Shakespearologen, die den STURM als wörtlich zu nehmende Biographie zu deuten versuchten oder als eine politische Allegorie. Der alte Chambers, für den der STURM das optimistische Credo Shakespeares enthielt, verknüpfte das Entstehen des Dramas mit Shakespeares Wandlung nach dem Jahre 1607 und mit der Abkehr von der schwarzen Philosophie des HAMLET. J.D. Wilson sah im STURM den Abglanz der idyllischen Atmosphäre Stratfords und des heiteren Alters des Dichters an der Seite von Enkelin und Tochter. Robert Graves wollte im STURM dieselbe verkappte Autobiographie Shakespeares wie in den Sonetten sehen. In diesem Sinne war die Hexe Sykorax die »Schwarze Dame«, die Gefangenschaft Ariels die Unterwerfung unter die Liebesleidenschaft und Trinculo gar Ben Jonson selbst. Frau Winstanley d'Aberystwyth hat im STURM die Tragödie des Todes Heinrichs IV. von Frankreich entdeckt, in der Miranda das Symbol der nach

*Füllt milder Hauch aus eurem Mund
Mein Segel nicht, so geht zu Grund
Mein Plan; er ging auf eure Gunst.
Zum Zaubern fehlt mir jetzt die Kunst:
Kein Geist, der mein Gebot erkennt;
Verzweiflung ist mein Lebensend.

England geflüchteten Hugenotten sein sollte, Sykorax – die Catarina de Medici, Kaliban – der bösartige Pater Ravaillac. Ariel war demzufolge natürlich der Märtyrerkönig selbst.[41] Alle diese Einfälle wirken lächerlich und kindisch; aber nicht minder kindisch scheint es, Ariel und Kaliban als steife, geschlossene und eindeutig bestimmte philosophische Allegorien anzusehen oder sie wie einen systematischen Vortrag über ein esoterisches mystisches System zu behandeln.

Der große Magier, dem die Elemente gehorchen, auf dessen Befehl sich die Gräber öffnen und die Verstorbenen ihre Freiheit wiedererlangen, der die Sonne zur Mittagsstunde verdunkeln und die Stürme beruhigen kann, verzichtet auf seinen Zauberstab und auf die Macht über das menschliche Schicksal. Er wird zum gewöhnlichen Sterblichen, der schutzlos ist wie die anderen:

> Now my charms are all o'erthrown,
> And what strenght I have's mine own;
> Which is most faint.* DER STURM, V, 1

Diese Interpretation ist tatsächlich verlockend. Aber man sieht mit Leichtigkeit, daß sie sich im Bereich einer einzigen Metapher bewegt und erschöpft: der des magischen, kreativen Dichters und des Schweigens, das der Preis für die Rückkehr in die menschliche Gemeinschaft sei. Es läßt sich ebenso einfach feststellen, wie sehr diese Metapher der Romantik verpflichtet ist, und zwar sowohl in ihrer Stilistik als auch in ihrer Philosophie und Ästhetik, in der Auffassung des Dichters als eines Demiurgen im Konflikt zwischen Dichtertum und Welt, zwischen Ariel und Kaliban, zwischen dem reinen Geist und dem rein Tierhaften. Diese Symbolik stünde Victor Hugo und Lamartine und insbesondere der deutschen Romantik näher als dem Shakespeareschen Theater, das immer ein Bild der grausamen Natur, der grausamen Geschichte und des Menschen ist, der vergeblich Herr über sein Schicksal werden will.

Die Theatertradition des STURMS ist sehr rasch verlorengegangen. Von der Restauration bis in die vierziger Jahre des 19. Jahrhunderts wurde der STURM in England in einer Umarbeitung von Dryden gespielt. Es war dies eine leere höfische Féerie. Die Romantik brachte dann die symbolische Interpretation des STURMS und zeigte unter Anwendung aller

*Hin sind meine Zaubereien,
Was von Kraft mir bleibt, ist mein,
Und das ist wenig.

Mittel der neuen Theatertechnik und mit Hilfe von Beleuchtungseffekten einen illusionistischen STURM. Diese beiden schlechten Traditionen des Feenspiels und der Allegorie haben sich miteinander verbunden und lasten fast bis auf den heutigen Tag auf den STURM-Inszenierungen. Die große Poesie wurde verwässert, die drohende Moralität – zum allegorischen Schauspiel herabgewürdigt. Die Dramatik des STURMS zerrann im Ästhetizismus, seine philosophische Bitterkeit ging verloren. Der STURM wurde immer mehr zu einem romantischen und opernhaften Feenstück, in dem die Hauptrolle eine Ballettänzerin trug, die in hellem Trikot und mit silbertüllenen Flügeln schlagend über die Bühne schwebte. Von dieser Tradition hat sich nicht einmal Leon Schiller, der Schüler Craigs und größte Theatermann und Regisseur der polnischen Bühne nach dem Ersten Weltkrieg, befreien können, als er 1947 der romantischen Auffassung des STURMS ein optimistisches Aufklärungsmärchen über den königlichen Philosophen und die uneingeschränkte Macht der Vernunft entgegenzustellen versuchte.

Der wahre STURM ist drohend und roh, lyrisch und grotesk, er ist – wie alle großen Werke Shakespeares – eine leidenschaftliche Auseinandersetzung mit der wirklichen Welt. Um den STURM so und nicht anders zu lesen, muß man auf Shakespeares Text und Shakespeares Theater zurückgreifen. Man muß im STURM das Drama des Renaissance-Menschen und der letzten Humanistengeneration erblicken. Nur in diesem, ausschließlich in diesem Sinn kann man im STURM die philosophische Selbstbiographie Shakespeares und die *Summe* seines Theaters finden.

Der STURM wird dann zum Drama der verlorenen Illusionen, der bitteren Weisheit und der zerbrechlichen, wenn auch beharrlichen Hoffnung. Im STURM erwachen dann die großen Themen der Renaissance: das Thema der philosophischen Utopie, der Grenzen der menschlichen Erkenntnis, der Einheit von Mensch und Natur, der Beherrschung der Natur, der Bedrohung der moralischen Ordnung. Wir werden im STURM die Shakespearesche Gegenwart wiederfinden können: die Zeit der großen Seereisen, der Neuentdeckung von Kontinenten und geheimnisvollen Inseln, der Träume von einem Menschen, der sich Vögeln gleich in die Lüfte erheben könnte, und von Maschinen, die die Eroberung der stärksten Festungen möglich machten. Jene Epoche, die den Umbruch in der Astronomie, der Metallschmelzung und der Anatomie mit sich brachte, jene Epoche der Gemeinschaft von Gelehrten, Philosophen und Künstlern; der Wissenschaft, die zum ersten Mal universell geworden war, der Philosophie, die die Relativität aller menschlichen Urteile aufgedeckt hatte; jene Epoche der wunderbarsten Baudenkmäler und der astrologischen

Horoskope, die der Papst und mit ihm alle Fürsten sich stellen ließen; die Epoche der Religionskriege und der Scheiterhaufen, der Inquisition und des bisher unbekannten Prunkes der Zivilisation, sowie der Seuchen, die ganze Städte vernichteten; die herrliche, grausame und dramatische Welt, die plötzlich die ganze Macht des Menschen offenbarte und seine ganze Armseligkeit; die Welt, in der Natur und Geschichte, Königsmacht und Moral zum ersten Mal frei von theologischen *sacra* gezeigt wurden.

Das elisabethanische Theater war diese Welt. Über Shakespeares Bühne im Globe war ein riesiger Baldachin gespannt, mit den goldenen Zeichen des Tierkreises besät, der den Himmel symbolisierte. Das war noch wie im Mittelalter ein *theatrum mundi*. Aber es war das *theatrum mundi* nach dem Erdrutsch.

II

Der STURM hat zwei Schlüsse: den stillen Abend auf der Insel, wo Prospero seinen Feinden verzeiht und wo die ganze Geschichte zu ihrem Ausgangspunkt zurückkehrt – und den schmerzlichen Monolog Prosperos, der an die Zuschauer gerichtet ist, den Monolog, der außerhalb der Zeit liegt. Der STURM hat auch zwei Prologe. Den ersten, dramatischen, der auf dem Schiff stattfindet, das von den Blitzen entzündet und vom Sturmwind gegen die Felsen geworfen wird. Der zweite Prolog ist die Erzählung Prosperos über den Verlust des Herzogtums und über die einsame Insel; er enthält die Vorgeschichte der Helden des Dramas. Der erste Prolog ist, wie der Schlußmonolog Prosperos, nur scheinbar überflüssig. Da er außerhalb der Insel spielt, scheint er gleichsam nur ein Rahmen zu sein, aber sein dramatischer Sinn ist ein zweifacher. Er zeigt den wahren Sturm – im Gegensatz zum inneren Sturm, zum Wahnsinn, von dem die Helden des Dramas vor den Augen der Zuschauer heimgesucht werden. Die Moralität beginnt erst nach dem Bild des physischen und materiellen Sturms. Alles, was auf der Insel vor sich gehen wird, ist Theater im Theater, ist eine Vorführung, in der Prospero Regie führt.

Aber dieser dramatische Prolog besitzt noch einen anderen Sinn, er spricht eine der großen Shakespeare-Thesen direkt und ohne Zuhilfenahme von Allegorien aus, er ist eine heftige Konfrontation von Natur und Gesellschaftsordnung. Das Schiff hat einen König an Bord. Was bedeutet die königliche Macht und die königliche Majestät angesichts der entfesselten Elemente? Gar nichts! Shakespeare wiederholt die berühmte Invokation Panurges aus dem vierten Buch von GARGANTUA UND PANTAGRUEL, aber in viel schärferer und ausdrücklicherer Form.

GONZALO
Nay, good, be patient.
BOATSWAIN
When the sea is. Hence! What cares these roarers for the name of king? To cabin: silence! trouble us not.
GONZALO
Good, yet remember whom thou hast aboard.
BOATSWAIN
None that I more love than myself. You are a counsellor: if you can command these elements to silence, and work the peace of the present, we will not hand a rope more; use your authority: if you cannot, give thanks you have lived so long...* DER STURM, I, 1

Das ist das verkürzte und konzentrierte Thema des KÖNIG LEAR. Im Prolog des STURMS wird noch einmal die große renaissancehafte Entweihung der Majestät durchgeführt. Angesichts des brüllenden Meeres bedeutet der Bootsmann mehr als der König.
Der zweite Prolog ist die Erzählung Prosperos. Es ist eine lange Erzählung, in die sich einige nicht gänzlich ausgereifte Motive irgendeines alten Stückes verirrt haben, aus dem Shakespeare höchstwahrscheinlich die Fabel des STURMS entnommen hat. Aber das ist ohne Belang. Die Erzählung Prosperos greift wiederum eines der wichtigsten grundsätzlichen, wie eine Besessenheit anmutenden Themen Shakespeares auf: es ist das Thema des guten und des bösen Herrschers, des rechtmäßigen Herzogs

*GONZALO
Freund, seid doch ruhig.
BOOTSMANN
Wenn's die See ist. Fort! Was fragen diese Brausewinde nach dem Namen König? In die Kajüte. Still! Stört uns nicht!
GONZALO
Guter Freund, bedenke doch, wen du an Bord hast.
BOOTSMANN
Niemand, den ich lieber habe als mich selbst.
Ihr seid Rat: könnt Ihr diesen Elementen Stillschweigen gebieten und auf der Stelle Frieden stiften, so wollen wir kein Tau mehr anrühren: gebraucht nur Euer Ansehn! Wo nicht, so dankt Gott, daß Ihr so lange gelebt habt...

und des Usurpators, das Thema der Vertreibung des rechtmäßigen Herrschers von seinem Thron. Das ist für Shakespeare das Bild der Geschichte, der ewigen Geschichte, ihres unabänderlichen Mechanismus. Es wiederholt sich in den Königsdramen und Tragödien, in HAMLET und in MACBETH, ja selbst in den Komödien, denn sowohl in MASS FÜR MASS als auch in WIE ES EUCH GEFÄLLT erklingt dasselbe Thema. Lediglich in den römischen Tragödien ändern sich die *dramatis personae*, obwohl der Mechanismus der Geschichte und des Machtkampfes derselbe bleibt.
In Prosperos Erzählung ist das Schema der Feudalgeschichte entblößt, es ist frei von jeder Allegorie und frei von Zufälligkeit, frei nahezu von Eigennamen und Charakteren, abstrakt wie eine Formel. Prosperos Erzählung wirkt wie eine Inhaltswiedergabe des FÜRSTEN von Machiavelli.

... those (the liberal arts) being all my study,
The government I cast upon my brother,
And to my state grew stranger...
Being once perfected how to grant suits,
How to deny them who t'advance, and who
To trash for over-topping...
... set all hearts i'the state
To what tune pleas'd ear; that now he was
The ivy which had hid my princely trunk,
And suck'd my verdure out on't...
To have no screen between this part he play'd
And him he play'd it for, he needs will be
Absolute Milan...
... confederates –
So dry he was for sway – wi'the king of Naples
To give him annual tribute, do him homage.
... one midnight
Fated to the purpose did Antonio open
The gates of Milan.* DER STURM, I, 2

*Dieser (der freien Künste) nur beflissen,
Warf ich das Regiment auf meinen Bruder,
Und wurde meinem Lande fremd...
Sobald er ausgelernt, wie man Gesuche
Gewährt, wie abschlägt; wen man muß erhöhn,
Und wen als üpp'gen Schößling fällen...
Und stimmte jedes Herz im Staat zur Weise,

Prosperos Erzählung ist die Geschichte von Machtkampf, Gewalttätigkeit und Staatsstreich. Aber sie ist nicht nur die Geschichte des Herzogtums Mailand. Dasselbe Thema wird sich in den Geschicken Ariels und Kalibans wiederholen. Shakespeares Theater ist ein *theatrum mundi.* Gewalttätigkeit als Prinzip der Welt wird darin in kosmischen Kategorien gezeigt. Die Vorgeschichte Ariels und Kalibans ist die Wiederholung der Geschichte Properos, ein weiterer Beitrag zum selben Thema. Shakespeares Dramen sind nicht nach dem Gesetz der Einheit der Handlung gebaut, sondern nach dem Prinzip der Analogie, der doppelten, dreifachen und vierfachen Fabel, die dasselbe Grundthema wiederholt, sie sind ein System von konkaven und konvexen Spiegeln, die ein und dieselbe Situation spiegeln, vergrößern und parodieren.[42] Dasselbe Thema wiederholt sich in Dur und Moll in allen Registern der Shakespeareschen Musik, es klingt abwechselnd lyrisch und grotesk, pathetisch und ironisch. Dieselbe Situation, die von Königen gespielt wird, wird auf der Shakespeare-Bühne von Liebenden wiederholt und von Narren persifliert. Aber wer weiß, vielleicht persiflieren die Könige die Narren? Könige, Liebende und Narren sind nur Schauspieler. Die Rollen wurden verteilt, und die Situationen werden aufgezwungen. Schlimm, wenn die Schauspieler nicht in ihre Rolle passen und sie nicht zu spielen vermögen. Denn sie spielen auf einer Bühne, die das Bild der wirklichen Welt ist, auf der sich niemand seine Rolle selbst aussucht noch für eine Situation etwas kann. Die Situationen in Shakespeares Theater sind immer wirklich. Selbst dann, wenn sie von Geistern und Ungeheuern gespielt werden.

Noch bevor die Meeresströmungen das Floß mit Miranda und Prospero auf diese Insel brachten, wurde der erste Gewalt- und Terrorakt bereits verübt. Ariel wurde von der Hexe Sykorax gefangengenommen und

Die seinem Ohr gefiel; war nun das Efeu,
Das meinen herzoglichen Stamm versteckt,
Das Grün mir ausgesogen ...
Um keine Scheid'wand zwischen dieser Rolle
Und dem zu sehn, für welchen er sie spielte,
Nimmt er sich vor, der unumschränkte Mailand
Durchaus zu sein ...
                ... verbündet sich
(So lechzt' er nach Gewalt) mit Napels König,
Tribut zu zahlen, Huldigung zu tun,
Den Fürstenhut der Krone zu verpflichten.
In einer Nacht, erkoren zu der Tat,
Schloß nun Antonio Mailands Tore auf.

in einer hohlen Fichte eingekerkert, weil er ihre scheußlichen Wünsche nicht erfüllen wollte. Er leidet darunter, war er doch bislang frei wie ein Vogel. »Thou wast a spirit too delicate«, sagt Prospero, »to act her earthy and abhorr'd commands.« (I, 2)*

Prospero befreit Ariel, aber er tut es nur deshalb, damit Ariel nunmehr sein Diener werde und seine Wünsche erfülle. Shakespeare treibt immer zur Eile an, von Anfang an zeichnet er Konflikt und Situation mit heftigen Strichen. Kaum hat Prospero seine Erzählung berichtet, als der Konflikt zum Ausbruch kommt. Mit ganzer Kraft. Der Prolog ist zu Ende, die Handlung beginnt.

ARIEL
Let me remember thee what thou hast promis'd
Which is not yet perform'd me.
PROSPERO
How now! moody?
What is't thou canst demand?
ARIEL
My liberty!
PROSPERO
Before the time be out? no more!** DER STURM, I, 2

Zweimal wurde das Thema der Gewalttätigkeit bereits aufgegriffen. Aber auf der Insel befindet sich noch eine dritte Person des Dramas, Kaliban. Durch ihn wird dasselbe Thema, dieselbe Situation alsbald zum dritten Mal wiederholt werden. Nur daß die Rollen wechseln und daß Shakespeare einen neuen Spiegel einführt. Diesmal wird es ein Zerr-

*Ein allzuzarter Geist ...
Ihr schnödes fleischliches Geheiß zu tun.

**ARIEL
... laß mich dich an dein Versprechen mahnen,
Das mir noch nicht erfüllt ist.
PROSPERO
Seht mir! mürrisch?
Was kannst du denn verlangen?
ARIEL
Meine Freiheit.
PROSPERO
Eh deine Zeit nicht um? kein Wort!

spiegel sein. Kaliban ist ein Wurf der Hexe Sykorax mit dem Teufel. Nach ihrem Tod begann Kaliban auf der Insel zu herrschen. Er war der rechtmäßige Herrscher. Jedenfalls im feudalen Sinn. Kaliban hat sein Königtum verloren, so wie Prospero sein Herzogtum. Kaliban wurde durch Prospero gestürzt, so wie Prospero durch Antonio. Aber bevor die eigentliche Moralität beginnt und Prospero seine Feinde der Wahnsinnsprobe unterzieht, haben sich auf der einsamen Insel bereits zwei Akte der feudalen Geschichte abgespielt.

> This island's mine, by Sycorax my mother,
> Which thou tak'st from me. When thou camest first,
> Thou strok'dst me, and mad'st much of me; wouldst give me
> Water with berries in't...
> ... I am all the subjects that you have,
> Which first was mine own king.* Der Sturm, I, 2

Die erste Rebellion Kalibans gehört noch zur Vorgeschichte des Dramas. Kaliban hatte es auf Miranda abgesehen und wollte sie vergewaltigen; dieser Versuch schlug fehl. Kaliban wurde in eine Höhle geworfen, zum Wasser- und Holztragen verurteilt, Qualen ausgesetzt. Seine Martern bestehen in Zwicken und Zwacken, in Gicht, Seitenstechen und Krämpfen. Die Direktheit Shakespeares ist immer bestechend. Ariels Martern sind abstrakt, und abstrakt ist die Freiheit, von der er träumt. Sie ist die Verwerfung jeglicher Abhängigkeit. Die Qualen, die Kaliban erleidet, sind konkret, physisch, gehören noch in den Bereich des Tierhaften.

Die Einführung der Gestalten des Dramas geschieht bei Shakespeare niemals zufällig. Die erste Szene, in der Ariel auftritt, gilt der Forderung nach Freiheit.

Der erste Auftritt Kalibans ist die Erinnerung an die Rebellion. Es ist der Auftritt eines Sklaven. Die Grausamkeit der Szene ist durchaus beabsichtigt. Desgleichen ihre brutale Materialität.

* Dieses Eiland
Ist mein, von meiner Mutter Sykorax,
Das du mir wegnimmst. Wie du erstlich kamst,
Da streicheltest du mich und hieltst auf mich;
Gabst Wasser mir mit Beeren drein...
Denn ich bin, was ihr habt – an Untertanen,
Mein eigner König sonst...

PROSPERO
Thou poisonous slave, got by the devil himself
Upon thy wicked dam, come forth!
CALIBAN
As wicked dew as e'er my mother brush'd
With raven's feather from unwholesome fen
Drop on you both! a south-west blow on ye,
And blister all o'er!* DER STURM, I, 2

Die Exposition ist beendet. So sehen die Lebensgeschichten der Einwohner der einsamen Insel aus, an deren felsigen Gestaden das Schiff mit den früheren Feinden Prosperos strandete.

Für die meisten Interpreten ist die Insel im STURM der Schauplatz einer Féerie oder einer Utopie. Wir müssen uns diese Insel näher ansehen, schließlich ist sie die Bühne des eigentlichen Dramas. Wo liegt diese Insel, was hat sie zu bedeuten und wie hat Shakespeare sie beschrieben? Aus dem Itinerarium der Seefahrt des Königs von Neapel, Alonso, der aus Tunis kommt, sowie aus der Geschichte der Hexe Sykorax, die auf die Insel von Algier her kommt, geht hervor, daß Prosperos Insel im Mittelmeer liegen müßte. Die Wege des Königs und der Hexe kreuzen sich in der Nähe von Malta. Andere Interpreten lokalisieren die Insel in der Nähe von Sizilien und sehen in ihr die felsige Pantelleria oder suchen sie am nordafrikanischen Ufer und wollen in ihr Lampedusa erkennen. Aber Setebos, an den die Hexe Sykorax geglaubt hatte, ist der Gott der Indianer aus Patagonien. Und Ariel bringt Prospero Tau von den »stürmischen Bermudas«. Im Jahre 1609 hat Graf Southampton eine gewaltige Flotte mit Menschen und Material zur Bewirtschaftung Virginias entsandt, der ersten englischen Kolonie in Nordamerika. Die Expedition erweckte Hoffnungen auf ungeheure Reichtümer und entzündete die Phantasie. Zum erstenmal waren es nicht die Astronomen, Humanisten und Gelehrten, die sich an den Gedanken gewöhnten, daß

*PROSPERO
Du gift'ger Sklav, gezeugt vom Teufel selbst
Mit deiner bösen Mutter! Komm heraus!
KALIBAN
So böser Tau, als meine Mutter je
Von faulem Moor mit Rabenfedern strich,
Fall auf euch zwei! Ein Südwest blas euch an,
Und deck euch ganz mit Schwären!

die Erde wirklich eine Kugel sei, sondern Kaufleute, Bankiers und Politiker. Die vom Menschen bewohnte Erde ist im Laufe eines Jahrhunderts ums Doppelte gewachsen. Die Entdeckung der zweiten Halbkugel war eine Erschütterung, die sich nur mit der Landung einer Rakete auf dem Mond und der Aufnahme der zweiten Mondseite vergleichen läßt. Diese planetarische Sicht auf die Erde beginnt in der Epoche der Renaissance. Leonardo schrieb in seinen astronomischen Abhandlungen: »Und wärest du dort, wo der Mond ist, dann hättest du den Eindruck als spiegle sich die Sonne auf einer so großen Meeresfläche wie sie tagsüber beleuchtet, und inmitten dieses Wassers würde das Festland so aussehen wie die dunklen Flecken auf dem Mond, der, von der Erde aus gesehen, den Menschen so erscheint, wie unsere Welt den Menschen, die auf dem Mond wohnen, erscheinen dürfte... Deine ganze Abhandlung wird darauf hinauslaufen, daß die Erde ein Stern ist, fast wie der Mond, und wo wirst du die Erhabenheit unsers Weltalls beweisen...« Jean Fernel, einer der ersten Männer der neuen Epoche, Humanist, Mathematiker und Hofarzt des französischen Königs, schrieb 1530 im DIALOG: »In unseren Zeiten werden Dinge vollbracht, von denen im Altertum niemand träumen konnte... Dank des Heldenmuts unserer Seefahrer wurden der Ozean überquert und neue Inseln entdeckt... Die Seefahrer unserer Zeit haben uns eine neue Erde geschenkt.« Wenn man auf der Erde neue Welten entdeckt hatte, auf denen vernünftige Wesen wohnten, warum sollte es sie nicht auch in den Himmelssphären geben? Zu diesem Schluß gelangte Giordano Bruno, und eben dafür wurde er 1600 unter dem Vorwurf der Häresie auf dem Scheiterhaufen verbrannt. Zur selben Zeit begann Shakespeare mit HAMLET. Elf Jahre später entstand dann der STURM.

Die neuesten Interpreten des STURMS verknüpfen seine Genese mit Berichten über die Expedition der englischen Flotte nach Virginia im Jahre 1609. Die Expedition mißglückte. Das Flaggschiff SEA ADVENTURE wurde vom Sturm erfaßt, strandete, und die Seeleute mußten auf einer einsamen Insel Zuflucht suchen, die zum Bermuda-Archipel gehörte. Dort verbrachten sie zehn Monate, bauten zwei neue Schiffe und kamen damit bis nach Virginia. Die Inseln, auf die sie der Sturm verbannt hatte, nannten sie Teufelsinseln. Nachts drangen geheimnisvolle Schreie und Laute zu ihnen. Die Schiffbrüchigen hörten darin die Stimmen von Dämonen. So jedenfalls stand es in zeitgenössischen Berichten. Vielleicht nahm Shakespeare die Schilderung des Bootsmann daraus.

> ... strange and several noises
> Of roaring, shrieking, howling, jingling chains,
> And more diversity of sounds, all horrible.* DER STURM, V, 1

Die Berichte empörten die Siedler, und der Kolonierat von Virginia veröffentlichte eine Broschüre von William Barrett, in der die Gerüchte über die Heimsuchung der Bermudainseln durch Teufel oder böse Geister als falsch und übertrieben zurückgewiesen werden und gesagt wird, daß es »in dieser Tragikomödie nichts gäbe, was die Kolonisten abschrecken könnte«.[43] Die Siedler aus Virginia werden Shakespeare abgeklärter gelesen haben als manch einer seiner jüngsten Interpreten.

Man entdeckte zudem, daß die Muscheln, die Prospero Ferdinand als Nahrung zu geben droht (»fresh-brook muscles«), eine Art ungenießbarer Muscheln sind, die auch in den Berichten der gescheiterten Expedition erwähnt wurden. In Ariel, der das Schiff in Brand setzt, wollen einige Shakespearologen das Bild eines Elmsfeuers sehen, das die Schiffbrüchigen während der Katastrophe bei den Bermudas in Schrecken versetzt hatte.

> ... sometime I'ld divide
> And burn in many places; on the topmast,
> The yards, and bowsprit, would I flame distinctly.**
> DER STURM, I, 2

Shakespeares Phantastik nährte sich stets an zeitgenössischen Realien, und dank dessen wurde die Welt, die er auf der Bühne verdichtete, noch materieller. Aber sie war immer die ganze Welt. Und deshalb erscheint es uns als müßig, nach dem Breitengrad von Prosperos Insel zu fahnden.

Zweifellos ist der STURM von der Atmosphäre der weiten Übersee-Expeditionen und der geheimnisumwobenen, unbewohnten und schrecklichen Insel mitbestimmt, aber zugleich ist darin die aufrüttelnde Kühnheit der Schlüsse Giordano Brunos zu finden. Jedenfalls ist der STURM

*... wunderbar und mancherlei Getöse,
Brüllen, Kreischen, Heulen, Kettenklirren
Und mehr Verschiedenheit von Lauten, alle gräßlich.

** ... bald zerteilt ich mich
Und brannt an vielen Stellen; auf dem Mast,
An Stang und Bugspriet flammt ich abgesondert,
Floß dann in eins ...

von naivem Enthusiasmus und kindischer Hoffart der ersten Zeugen der geographischen Entdeckungen weit entfernt. Die Fragen des STURMS sind philosophischer Natur, und es sind bittere Fragen. Noch bitterer als die Fragen ist seine Erfahrung. Die Moralität, deren Regisseur Prospero sein soll, wird nicht ganz vier Stunden dauern. Aber die Insel selbst liegt außerhalb der Zeit. Sommer und Winter herrschen hier gleichzeitig. Prospero befiehlt Ariel, auf dem scharfen Nordwind dahinzujagen und in den Adern der Erde für ihn zu arbeiten, auch wenn diese vom Frost erstarrt seien. Die Insel besitzt süße und salzige Quellen, ödes und fruchtbares Land, Zitronenhaine und tiefe Sümpfe. Die Haselbüsche hängen voller Nüsse, an den Bäumen reifen die Äpfel, und in den Wäldern gibt es Trüffeln. Auf der Insel leben Meerkatzen, Igel, Kreuzottern, Fledermäuse und Kröten. Häher haben hier ihre Nester, und auf den Felsen legen die Möwen ihre Eier. Es wachsen Beeren, überall gibt es die seltsamsten Muscheln, die Füße stoßen sich an Dornen und Stacheln. Auf dieser Insel kann man das Bellen von Bluthunden und das Krähen von Hähnen hören. Einige Interpreten des STURMS wollen in der Insel die idyllische Atmosphäre Arkadiens sehen. Aber es scheint, als interpretierten sie lediglich eine schlechte Inszenierung des Stückes. Eine von jenen Inszenierungen, in denen die Hauptrolle von einer Balletteuse gespielt wird. Sie sehen in dem Stück auch weiterhin eine Féerie und ein Ballett. Sie täten besser daran, denen, die auf der Insel auf die Probe des Wahnsinns gestellt werden, ein wenig mehr Glauben zu schenken:

All torment, trouble, wonder, and amazement
Inhabits here: some heavenly power guide us
Out of this fearful country!* DER STURM, V, 1

Und deshalb ist es auch müßig, die Insel Prosperos auf den weißen Flekken der alten Landkarten zu suchen, wo die Zeichnung des Landes sich verliert, die Bläue des Ozeans verblaßt und Bilder absonderlicher Geschöpfe erscheinen. Oder die Aufschrift: *ubi leones*. Auch dort liegt diese Insel nicht. Prosperos Insel ist die Welt oder die Bühne. Für die Elisabethaner war das gleichbedeutend, die Bühne war die Welt, die Welt war die Bühne. Auf Prosperos Insel entwickelt sich in großer Abbreviation die Shakespearesche Geschichte der Welt. Sie besteht aus Machtkampf,

*Nur Qual, Verwirrung, Wunder und Entsetzen
Wohnt hier: führ eine himmlische Gewalt uns
Aus diesem furchtbaren Lande!

Mord, Rebellion und Gewalttätigkeit. Zwei Akte dieser Weltgeschichte spielten sich bereits vor dem Eintreffen des Schiffes mit Alonso ab. Jetzt beschleunigt Prospero die Handlung: noch zweimal wird sich dieselbe Geschichte tragisch und grotesk wiederholen, dann wird die Vorführung zu Ende sein. Prosperos Insel hat nichts mit den glücklichen Inseln der Renaissance-Utopia gemein. Sie ähnelt vielmehr einer Insel aus der Welt der Spätgotik. Eben solche Welten malte einer der größten Visionäre unter den Malern aller Zeiten, der Vorläufer von Barock und Surrealismus, der furiose Hieronymus Bosch. Seine Berge erheben sich inmitten des grauen Meeres. Sie sind braun oder gelb. Ihre Kegelform erinnert an Vulkane mit abgekapptem Gipfel. Auf diesen Bergen wimmelt es von kleinen Menschenfiguren wie Ameisen. Die Szenen stellen die sieben Todsünden und alle menschlichen Leidenschaften dar, aber vor allem Wollust, Völlerei, Mordlust und Trunksucht. Unter die Menschen mischen sich Dämonen mit wunderbar schlanken engelhaften Leibern, auf denen Kröten- und Hundeköpfe sitzen. Unter Tischen, die Panzern von Riesenschildkröten gleichen, ruhen Greise mit Hängebrüsten und Kindergesichtern in der Umarmung von halb menschlichen, halb insektenhaften Geschöpfen, die mit langen haarigen Fühlern ausgestattet sind. Die Tische sind wie zu einem fürstlichen Mahl gerichtet, aber die Krüge und Teller haben die gräßliche Gestalt von Käfern, Vögeln und Fröschen angenommen. Diese Insel ist ein Garten der Marter oder ein Bild menschlichen Wahnsinns. Sogar in der Form ähnelt sie der elisabethanischen Bühne. An den sanften Landestellen am Fuße des Berges legen Boote an. Das ist die Vorbühne. In großen Höhlen und auf den Terrassen des vulkanischen Kegels spielen sich die Hauptszenen ab. Der Kraterrand ist leer. Auf der oberen Bühne gibt es keinen Schauspieler. Niemand segnet, niemand richtet den Wahnsinn. Auf dieser Insel vollziehen sich die »Foltern der grimmigen Welt«. Jener Welt, deren Zeuge Shakespeare war. Darin gibt es keine Götter. Die Götter wären überflüssig. Die Menschen genügen sich selbst.

Our natures do pursue,
Like rats that ravin down their proper bane,
A thirsty evil; and when we drink we die.* MASS FÜR MASS, I, 2

* ... des Menschen Herze frönt –
Wie Ratten, die ihr eignes Gift verschlingen –
Dem bösen Durst, und tödlich wird der Trunk!

Dieses Zitat aus MASS FÜR MASS könnte unter den großen Bildern von Bosch stehen, die die VERSUCHUNG DES HEILIGEN ANTONIUS oder den GARTEN DER LÜSTE darstellen. Genauso sieht die Insel Prosperos aus. Ariel ist ihr Engel und Henker. Und deshalb nimmt er, wenn er sichtbar sein will, abwechselnd die Gestalt einer Nymphe oder einer Harpyie an. Hier verkündet er den Schiffbrüchigen das Urteil:

> You are three men auf sin, whom Destiny –
> That hath to instrument this lower world
> And what is in't, – the never-surfeited sea
> Hath caused to belch up you; and on this island
> Where man doth not inhabit; you 'mongst men
> Being most unfit to live. I have made you mad;
> And even with such-like valour men hang and drown
> Their proper selves.* DER STURM, III, 3

Ariel verfolgt die Schiffbrüchigen auf Prosperos Befehl, führt sie mit Musik in die Irre, bedrängt und zerstreut sie. Der König von Neapel, Alonso, und der treue Gonzalo sind schon erschöpft. Sie schlafen ein. Das ganze Gefolge schläft ein. Wache halten der treubrüchige Antonio und der Königsbruder Sebastian. Dann wiederholt sich die Geschichte des Anschlages auf die Macht noch einmal, nur daß Shakespeare einen neuen Spiegel reicht. Prosperos Verlust des Herzogtums wurde knapp, kühl und präzis wie in einem Geschichtsbuch geschildert. Er wurde in Formeln wiedergegeben, im reinen Mechanismus. Jetzt erfolgt die große Shakespearesche Retardation der Handlung und die Großaufnahme. Wie im Film. Jetzt hat jede Sekunde ihr eigenes Gewicht, und wir können jede Seelenregung und jede Geste genauestens mitverfolgen. Der König und Gonzalo schlafen. Der Augenblick ist günstig. Vielleicht wird es nie einen günstigeren geben.

*Ihr seid drei Sündenmänner, die das Schicksal
– Das diese niedre Welt, und was darinnen,
Als Werkzeug braucht – der nimmersatten See
Geboten auszuspein; und an dies Eiland,
Von Menschen unbewohnt, weil unter Menschen
Zu leben ihr nicht taugt. Ich macht euch toll;
Und grad in solchem Mut ersäufen, henken
Sich die Menschen selbst.

SEBASTIAN
But, for your conscience, –
ANTONIO
Ay, Sir; where lies that? if it were a kibe,
'Twould put me to my slipper; but I feel not
This deity in my bosom: twenty consciences,
That stand 'twixt me and Milan, candied be they,
And melt ere they molest!* DER STURM, II, 1

Antonio und Sebastian zücken ihre Schwerter. Gleich wird der Mord geschehen. Shakespeare ist von diesem Thema tatsächlich besessen. Nur die Spiegel wechseln. Und ein jeder dieser Spiegel ist nur ein anderer Kommentar zu immer denselben Situationen. Die Insel Prosperos ist ein Gefängnis wie Dänemark. Das Attentat Antonios und Sebastians ist eine Wiederholung der Szenen aus KÖNIG LEAR:

If that the heavens do not their visible spirits
Send quickly down to tame these vile offences,
It will come,
Humanity must perforce prey on itself,
Like monsters of the deep.** KÖNIG LEAR, IV, 2

Die Schwerter sinken, denn Ariel wacht. Er ist Agent und Provokateur sowie Inspizient des von Prospero inszenierten Spektakels zugleich. Der Mord muß gar nicht verübt werden. Es genügt, daß er gezeigt wird. Auf der Insel wird doch nur eine Moralität gespielt. Prospero unterzieht die Schiffbrüchigen einer Probe des Wahnsinns. Aber was bedeutet dieser

*SEBASTIAN
Doch Eu'r Gewissen?
ANTONIO
Ei, Herr, wo sitzt das? Wär's der Frost im Fuß,
Müßt ich in Socken gehn; allein ich fühle
D i e Gottheit nicht im Busen. Zehn Gewissen,
Die zwischen mir und Mailand stehn, sie möchten
Gefroren sein und auftaun, eh sie mir
Beschwerlich fielen.

**Schickt nicht der Himmel sichtbar seine Geister
Alsbald herab, zu zügeln diese Greu'l,
Muß Menschheit an sich selbst zum Raubtier werden
Wie Ungeheu'r der Tiefe.

Wahnsinn? Sebastian wiederholt die Tat Antonios von vor zwölf Jahren. Die Insel ist die Bühne, auf der sich die Geschichte der Welt wiederholt. Der Wahnsinn ist die Geschichte. Wie in RICHARD III.

> Welcome, destruction, blood and massacre!
> I see, as in a map, the end of all.* RICHARD III., II, 4

Prospero führt die Gestrandeten durch Grenz- und Endsituationen. Durch *Situationen* im Reinzustand. Sebastian wiederholt den Anschlag Antonios auf die Macht und auf den Bruder. Aber Antonio hat das Attentat in Mailand vollbracht, mit dem Ziel, in Wirklichkeit Herzog zu werden. Sebastian will seinen königlichen Bruder auf einer menschenleeren Insel umbringen. Das Schiff ist gescheitert, die auf den Flecken fremder Erde Verschlagenen sind nichts als eine Handvoll Schiffbrüchiger. Das Attentat Sebastians ist also im Grunde ein uneigennütziger Akt, eine reine Wahnsinnstat. Wie der Diebstahl eines Geldbeutels in der Wüste inmitten von Verdurstenden. Die Gesten und Motive Sebastians sind mit denen Antonios von vor zwölf Jahren identisch. Mit denen des wirklichen Staatsstreiches. Darauf beruht Shakespeares Prinzip der Analogie und der wechselnden Spiegel. Der Wahnsinn ist die Geschichte der Menschheit, aber um diesen Wahnsinn vollends zu zeigen, muß man ihn auf einer einsamen Insel sich ereignen lassen.

Der erste tragische Abschnitt des Prospero-Szenariums ist vorbei. Der Staatsstreich wurde gezeigt. Aber es waren Prinzen, die ihn spielten. Das Gesetz der Analogie wurde demnach noch nicht gänzlich erschöpft, und eine weitere große Konfrontation steht vor uns. Wiederum wechseln Schauspieler und Rollen, aber die Situation bleibt weiterhin dieselbe. Shakespeares Welt bildet eine Einheit, und nicht nur Stile sind darin vermischt. Staatsstreiche sind kein Königsprivileg, und nicht nur Prinzen gelüstet es nach Macht. Bereits dreimal wurde der Staatsstreich im STURM in tragischen Linsen flektiert, jetzt ist die Reihe am Buffo. Die Gestalten des Shakespeareschen Theaters kennen noch die Teilung in tragische und groteske Charaktere, aber die Groteske ist bei Shakespeare nicht nur ein lustiges Intermedium, in dem die Zuschauer nach den grausamen Szenen, die von Königen und Prinzen gespielt wurden, amüsiert werden sollen. Die tragischen Szenen bei Shakespeare sind oft mit Buffonaden, mit Groteske und Ironie durchzogen, und das Shakespearesche

*Willkommen, Blut, Zerstörung, Metzelei!
Ich sehe wie im Abriß schon das Ende.

Buffo ist bitter, lyrisch und grausam. In diesem Theater sagen die Narren die Wahrheit. Und es bleibt nicht beim Sagen: die Narren spielen die für die Herrscher vorbehaltene Situation. Der Trunkenbold Stephano und der Narr Trinculo wollen ebenfalls regieren. Zusammen mit Kaliban planen sie ein Attentat auf Prospero. Die Geschichte wiederholt sich noch einmal, aber diesmal ist sie nur eine Farce. Auch die Farce wird ins Tragische umschlagen. Aber vorerst ist sie noch reines Buffo.

> Lead, monster... I will kill this man: his daughter and I will be king and queen, – save our graces! and Trinculo and thyself shall be viceroys.*
> DER STURM, III, 2

Die Insel Prosperos ist die Arena der wirklichen Welt, keine Utopia. Shakespeare sagt das ganz deutlich, direkt zu den Zuschauern, unterstreicht es geradezu aufsässig. Gonzalo ist der Räsoneur des Dramas. Gonzalo ist treu und ehrlich, aber Gonzalo ist gleichzeitig naiv und lächerlich. Der König ist noch nicht eingeschlafen. Noch hat man das Attentat nicht versucht. Gonzalo beginnt eine Geschichte vom glücklichen Staat zu erzählen. Er muß gerade erst das berühmte Kapitel über die Kannibalen aus Montaignes ESSAIS gelesen haben. Er wiederholt dessen Worte. In diesem glücklichen Staat seien Arbeit und Handel unbekannt, es gebe dort weder Ämter noch Regierungen:

> GONZALO
> No sovereignty –
> ANTONIO
> The latter end of his commonwealth forgets the beginning.
> GONZALO
> All things in common nature should produce
> Without sweat or endeavour: treason, felony,
> Sword, pike, knife, gun, or need of any engine,
> Would I not have; but nature should bring forth,
> Of its own kind, all foison, all abundance,
> To feed my innocent people.**
> DER STURM, II, 1

*Führe, Ungeheuer, ich will den Mann umbringen; seine Tochter und ich, wir wollen König und Königin sein, – es lebe unsre Hoheit! und der Trinculo und du, ihr sollt Vizekönige werden.

**GONZALO
Kein Regiment –

Die menschlichen Wesen, die schön und voller Vernunft seien, leben in ihrem natürlichen Zustand, frei von Erbsünde und unverdorben von der Zivilisation. Die Natur sei gut und die Menschen seien gut. Das sind jene glücklichen Inseln der antifeudalen Utopia. Die gutherzigen Fratres aus dem Orden des hl. Franziskus entdeckten diese Menschen in der Südsee. Lange vor Rousseau fanden sie dort die guten und edelmütigen Wilden. Über diese »guten Wilden« schrieb Montaigne. Aber Shakespeare glaubte nicht an die guten Wilden, wie er nicht an die guten Könige glaubte. Suchte er die Utopia, so placierte er sie im Ardenner Wald der Begleiter Robin Hoods. Aber auch diese Utopia konnte er einem vergällen: auch im Märchenwald findet der Ritter Jakob keinen Platz für sich. Shakespeare glaubte nicht an die glücklichen Inseln. Sie lagen den Kontinenten zu nahe.

Den Sturm hatte der Sommernachtstraum vorangekündigt. Die in Moll geschriebene Komödie den Sturm in Dur, der ebenfalls einst als Lustspiel gegolten hat. Der Herzog ist gütig und verständnisvoll. Hermias Vater läßt sich erweichen. Hymen kann drei glückliche Paare bekränzen.

So steht es im Epilog. Aber im Prolog fordert der Vater die Todesstrafe für die Tochter, die sich einen Geliebten gegen seinen Willen auserkoren hat; die Liebenden müssen in den Wald flüchten. Hermia liebt Lysander. Demetrius ist nach Hermia verrückt. Helena ist blind vor Liebe zu Demetrius. Die Welt ist grausam und unvernünftig zugleich, grausam in ihren Gegebenheiten, den Gefühlen gegenüber voller Hohn. Aber die Liebe selbst ist auch wahnsinnig.

Und die Natur? Die Natur ist jener Wald, der Athener und Ardenner Wald zugleich, in dem Oberon und Titania leben und in dem eigentlich Puck der König ist. Dieser Puck ist nicht nur ein volkstümlicher, schalkhafter Elf. Er ist auch der Harlekin aus der *commedia dell'arte*. Aber der wahre Harlekin ist ein Teufel. Für Shakespeare ist die Natur genauso wahnsinnig wie Gesetz und Sitten. Sie verhöhnt die Gefühle, die Ordnung und die menschlichen Vorhaben.

> Antonio
> Das Ende seines gemeinen Wesens vergißt den Anfang.
> Gonzalo
> Gemeinsam allen brächte ihre Frucht
> Natur ohn Müh und Schweiß; Verrat, Betrug
> Gäb's nicht bei mir, es schaffte die Natur
> Alles nach seiner Art in Hüll und Fülle,
> Mein schuldlos Volk zu nähren.

Der Wahnsinn währte eine Julinacht. Dann tagt es, alle erwachen, haben etwas Seltsames und Fürchterliches geträumt. Sie wollen sich ihrer Träume nicht erinnern. Sie schämen sich der Nacht.
In diesem großen Bild des Liebeswahns ist Shakespeare präformierend und renaissancehaft zugleich; in den Alpträumen der Sommernacht und der Zäsur des Tages liegen eine entdeckerische Vorwegnahme und Vorausahnung der Tiefenpsychologie und der Lehre vom Unbewußten. Und eben hier hat man die wirkliche Modernität Shakespeares zu suchen. Sie ist bitter, aber im letzten menschlich.
Auf der Insel Prosperos walten noch stärker als im Ardenner Wald die Gesetze der wirklichen Welt...
Kaum hat Gonzalo seine Erzählung beendet und sich neben dem König zur Ruhe gelegt, da stehen Antonio und Sebastian mit blanken Schwertern über ihnen. Es beginnt ein Schauspiel, grausam wie die Welt. Wie die Welt, auf die Hamlet geblickt hat:

> ... the whips and scorns of time,
> The oppressor's wrong, the proud man's contumely,
> The pangs of dispriz'd love, the law's delay,
> The insolence of office, and the spurns
> That patient merit of the unworthy takes...* HAMLET, III, 1

Ariel hat die Befehle Prosperos erfüllt. Seine Feinde haben die Gesten von vor zwölf Jahren wiederholt. Die Gesten, nicht die Taten. Von der ersten bis zur letzten Szene sind sie nur ein Häuflein Schiffbrüchiger auf einer verlassenen Insel. In der Situation von Schiffbrüchigen können sie nur naive Gesten wiederholen. Diese Gesten sind wahnsinnig, und eben das war die menschliche Probe, durch die Prospero seine Schauspieler geführt hat. Sie sind ihren eigenen Weg zur Hölle der eigenen Seele gegangen. Zuletzt haben sie sich »nackt wie Würmer« gesehen. Diese Formulierung Sartres ist hier vollkommen berechtigt. Alonso hat den Sinn dieser Probe verstanden.

> This is as strange a maze as e'er men trod;
> And there is in this business more than nature

* ... der Zeiten Spott und Geißel,
Des Mächt'gen Druck, des Stolzen Mißhandlungen,
Verschmähter Liebe Pein, des Rechtes Aufschub,
Den Übermut der Ämter und die Schmach,
Die Unwert schweigendem Verdienst erweist...

Was ever conduct of: some oracle
Must rectify our knowledge.* DER STURM, V, 1

Die Aufführung des STURMS und die von Prospero inszenierte Moralität gehen zu Ende. Gleich ist es sechs Uhr. Ein und dieselbe Uhr hat die innere Zeit der Aufführung und die des Publikums gemessen. Denn Darsteller und Publikum sind während dieser Stunden durch denselben Sturm gegangen. Alle.

Not a soul
But felt a fever of the mad and play'd
Some tricks of desperation.** DER STURM, I, 2

Auf der Insel wurde die Geschichte der Welt aufgeführt und wiederaufgeführt. Auf der Insel, in der die Shakespearologen Arkadien sehen wollten.

III

Wer ist Prospero, und was bedeutet sein Stab? Warum verbindet er Wissen mit Magie, und welcher ist der endgültige Sinn seiner Konfrontation mit Kaliban? Denn Prospero und Kaliban sind die Helden des STURMS. Warum verzichtet Prospero auf seinen Zauberstab und wirft sein Buch ins Meer? Warum kehrt er wehrlos in die menschliche Welt zurück? In keinem der Meisterwerke Shakespeares, HAMLET ausgenommen, wurde die Antinomie zwischen der Größe des menschlichen Verstandes einerseits und der Grausamkeit der Geschichte und Zerbrechlichkeit der moralischen Ordnung andererseits so heftig zum Ausdruck gebracht wie im STURM. Es war eine von den Menschen der Renaissance tief gefühlte Antinomie, die man als tragisch empfand. Die neun ewigen Himmelssphären, die der mittelalterlichen Wissenschaft gemäß konzentrisch über

*Dies ist das wunderbarste Labyrinth,
Das je ein Mensch betrat; in diesem Handel
Ist mehr als unter Leitung der Natur
Je vorging ...

** Keine Seele,
Die nicht ein Fieber gleich den Tollen fühlte,
Und Streiche der Verzweiflung übte.

der Erde schwebten, waren die Garantie für die Ordnung der Natur. Der himmlischen Hierarchie entsprach die soziale. Dann hörten die neun Himmel plötzlich auf zu sein. Die Erde wurde zu einem der vielen Stäubchen im Sternenraum, aber gleichzeitig rückte das All näher; die Himmelskörper bewegten sich nach Gesetzen, die der menschliche Verstand entdeckt hatte. Die Erde wurde sehr klein und sehr groß. Die Ordnung der Natur verlor ihre *sacra*, die Geschichte wurde zur Geschichte des Menschen. Man durfte träumen, daß sie sich ändern würde. Aber sie hat sich nicht geändert. Nie zuvor erlebte man die Kluft zwischen Traum und Wirklichkeit, zwischen den im Menschen verborgenen Möglichkeiten und dem Elend seines Schicksals auf so schmerzliche Weise. Alles konnte sich ändern, und nichts änderte sich. Das sind die Widersprüche, die Hamlet nicht zu lösen vermochte und die ihn zerrissen:

> What a piece of work is a man! How noble in reason! how infinite in faculty! in form, in moving, how express and admirable! in action how like an angel! in apprehension how like a god! the beauty of the world! the paragon of animals! And yet, to me, what is this quintessence of dust? man delights not me; no, nor woman neither...*
>
> Hamlet, II, 2

Hamlet las Montaigne. Auch bei Montaigne zeichnen sich dieselben Gegensätze ab, noch heftiger, noch schärfer:
»Betrachten wir doch einmal den Menschen für sich, wie er ist... abgesehen von der göttlichen Gnade, bloß mit seinen eigenen Waffen versehen... Auf was gründet er seinen Glauben an seinen hohen Vorzug vor anderen Geschöpfen? Wer hat es ihm in den Kopf gesetzt, daß diese wunderbare rhythmische Bewegung des Himmelsgewölbes, daß das ewige Licht dieser Leuchten, die so majestätisch über seinem Haupte kreisen, daß die erstaunlichen Bewegungen dieses grenzenlosen Lichtmeers bloß zu seinem Dienst und zu seiner Bequemlichkeit eingerichtet und die Jahrtausende hindurch unterhalten werden? Kann man sich etwas Lächerlicheres denken, als daß dieses elende, ärmliche Gemächte,

*Welch ein Meisterwerk ist der Mensch! wie edel durch Vernunft! wie unbegrenzt an Fähigkeiten! in Gestalt und Bewegung wie bedeutend und wunderwürdig, im Handeln wie ähnlich einem Engel! im Begreifen wie ähnlich einem Gott! die Zierde der Welt! das Vorbild der Lebendigen! Und doch, was ist mir diese Quintessenz von Staube? Ich habe keine Lust am Manne – und am Weibe auch nicht.

das nicht einmal Herr über sich selbst ist, sich als Herr und Kaiser des Weltalls fühlt? Und doch steht es nicht in seiner Macht, auch nur den geringsten Teil davon zu überschauen, geschweige denn zu beherrschen.«

Und weiter: »Das jämmerlichste, gebrechlichste aller Geschöpfe ist der Mensch, und zugleich das hochmütigste. Da sieht er sich untergebracht im Schmutz und Dreck der Welt, im untersten Stockwerk des Gebäudes, das am weitesten weg ist vom Himmelsgewölbe, und er stellt sich in seinen Gedanken hoch über den wechselnden Mond und will den Himmel zum Schemel seiner Füße machen!«

Dieses Bewußtsein von Elend und Größe des Menschen besitzt Prospero. Nur daß er mit noch mehr Bitterkeit erfüllt ist. Auf der Bühne begegnet man ihm meistens in einem großen, sternenbesäten Mantel, den Zauberstab in der Hand. Dieses Kostüm lähmt den Schauspieler, verwandelt ihn in einen heiligen Nikolaus oder in einen Magier, treibt ihn ins Pathetische und heißt ihn die Rolle zelebrieren. Prospero wirkt dadurch eher feierlich, anstatt tragisch und menschlich zu sein. Prospero ist der Regisseur einer Moralität, aber diese Moralität zeigte die Gründe für seine Niederlage. Es war eine Wiederaufführung der Geschichte, aber die Geschichte konnte darin nicht geändert werden. Zusammen mit der schlechten Theatertradition muß man Prospero auch seinen Zaubermantel ablegen lassen.

Sooft ich an Prospero denke, sehe ich den Kopf Leonardos auf seinem letzten Selbstporträt vor mir. Er hat eine hohe, eine gewaltige Stirn. Die weißen schütteren Haare fallen wie die Überreste einer Löwenmähne auf den großen Gottvaterbart herab. Der Bart reicht bis an die zugekniffenen, schiefen, herabfallenden Lippen. Aus diesem Gesicht sprechen Weisheit und Bitterkeit. Es liegen weder Ruhe noch Demut darin. Das ist der Mensch, der am Rande eines großen Blattes, auf dem er Ausführungen über die Bewegung der Körper festgehalten hat, mit derselben Spiegelschrift, nur mit noch kleineren Zeichen, den Satz vermerkt hat:

»O Leonardo, wozu diese Mühen?«

Viele Kritiker haben die Gestalt Leonardos beschworen, als sie über Prospero schrieben. Ob Shakespeare je von Leonardo gehört hat? Wir wissen es nicht. Er hätte von Ben Jonson, der sehr gelehrt war, von Graf Southampton, von Essex oder von einem seiner reichen Freunde etwas über ihn erfahren können. Auch konnte die Legende von Leonardo zu ihm gedrungen sein, der in den Augen der Zeitgenossen und noch lange danach als derjenige galt, der über die größten Kenntnisse in der Magie verfügte. Der weißen, natürlichen Magie wohlgemerkt, die man schon damals die empirische nannte, im Gegensatz zur schwarzen, dämonischen; der Magie also, die Paracelsus betrieb. Die Luft wurde als eine Art Geist angesehen, der der Flüssigkeit im Siedepunkt entflieht. Die Luft, »an airy spirit«, wie Shakespeare Ariel im Personenverzeichnis nannte. Über die weiße und empirische Magie schrieb auch Pico della Mirandola; jener war der Ansicht, daß der Gelehrte »Himmel und Erde vereint und bewirkt, daß die niedrige Welt mit den Mächten der höheren Welt sich verbindet«. Vielleicht war es kein Zufall, daß Shakespeare Prospero das Herzogtum Mailand geschenkt hat, war es doch jenes Herzogtum, in dem Leonardo lange Jahre im Dienst Ludovicos Il Moro stand und von wo aus er 1499, nach dem Fall des mächtigsten aller Fürsten, auf die Wanderschaft ging, die erst mit seinem Tode enden sollte. All das sind Phantastereien, die einem Literarhistoriker zur Freizeitgestaltung dienen mögen. Wichtig ist nur eins: Shakespeare hat im STURM eine Gestalt geschaffen, die man mit der Leonardos vergleichen kann, und überdies läßt sich die Tragik Prosperos durch die Tragik Leonardos besser verstehen.

Leonardo war ein Meister der Mechanik und Hydraulik, er entwarf neue, großzügige Städte und moderne Kanalnetze, zeichnete und erfand neue Belagerungsmaschinen: Bombarden von bislang unbekannter Explosionskraft, elfrohrige Kanonen, die ihre Geschosse simultan abfeuern konnten. Gepanzerte Wagen, die den uns bekannten Panzern ähnlich waren und mit einem Zahnrad- und Transmsisionssystem mechanisch bewegt werden sollten. Im *Codice Atlantico* befinden sich exakte technische Zeichnungen neuer Walzwerke, automatischer Kanalbaumaschinen und flinker Webmaschinen. Beobachtungen über den Vogelflug, das Steuerungssystem der Fische und unendlich viele Berechnungen der Größe und des Gewichts von Schwingen, die den Menschen emporheben sollten, sind darin verzeichnet. Außerdem Entwürfe und Zeichnungen von Flugmaschinen, einem Taucheranzug mit Luftbehälter und Atmungsrohr, Pläne von Unterseebooten.

Keine von Leonardos Maschinen wurde hergestellt. Es war seine Tragödie, daß die Technik mit dem menschlichen Gedanken nicht Schritt halten konnte. Das Material, das ihm zur Verfügung stand, war zu plump, die Metallbearbeitung zu primitiv, als daß eine seiner Maschinen ohne Hilfe eines Motors hätte in Bewegung gesetzt werden können. Leonardo war sich des Widerstandes der Materie und der Unzulänglichkeit der Werkzeuge aufs schmerzlichste bewußt, aber er sah gleichzeitig, daß eine Welt im Kommen war, in der der Mensch der Natur ihre Geheimnisse entreißen und sie durch die Kunst und die Wissenschaft beherrschen würde.

»Siehst du denn nicht, daß das Auge die Schönheit des Alls umfaßt? Es ist der Meister der Astrologie und Schöpfer der Kosmographie; es ist Ratgeber und Verbesserer aller menschlichen Künste; es geleitet den Menschen in die verschiedenen Erdteile; es ist der Fürst der Mathematik; seine Lehren sind die sichersten; es hat die Höhe und Größe der Sterne gemessen; es hat die Elemente und deren Sitz entdeckt; es hat künftige Dinge mit Hilfe der Sternenbahnen vorauszusagen erlaubt; es hat die Architektur und die Perspektive geboren, und – die göttliche Malerei ... Doch wozu soll man sich in so erhabenen und langen Beweisen ergehen? Was gibt es, was nicht vom Auge käme? Das Auge führt den Menschen von Ost nach West, es hat die Seefahrt erfunden. Und es überragt die Natur darin, daß die einfachen Schöpfungen der Natur endlich sind, die Werke dagegen, die das Auge den Händen befiehlt, unendlich. Das beweist der Maler, der unendlich viele Formen von Tieren und Pflanzen, Bäumen und Landschaften erfindet.«

Der große Monolog Prosperos aus dem fünften Akt des Sturms, der von den Romantikern als Abschied Shakespeares vom Theater und als sein Bekenntnis zur demiurgischen Kraft der Poesie gelesen wurde, steht im Grunde der Begeisterung Leonardos für die Macht des menschlichen Geistes am nächsten, der der Natur ihre elementarsten Kräfte entwunden hat. Dieser Monolog ist eine entfernte Travestie der berühmten Stelle aus Ovids Metamorphosen. Die Welt ist in ihrer Bewegung und in ihrem Wandel gesehen; die vier Elemente – Erde, Wasser, Feuer, Luft – sind befreit. Aber sie gehorchen nicht mehr den Göttern, sie befinden sich in der Macht des Menschen, der die Ordnung der Natur zum ersten Mal umwirft.

Jede Epoche liest diesen Monolog durch ihre eigenen Erfahrungen. Für uns ist er ein Atommonolog, in dem mehr Grauen als Begeisterung liegt. Wir lesen ihn nicht so symbolisch und poetisch, sondern um vieles konkreter und wortwörtlicher. Für sechs Generationen von Shakespeareforschern – von William Hazlitt bis zu John D. Wilson – stand die Festigkeit der Welt außer Zweifel. Und vielleicht war das der Grund dafür, daß sie im Sturm ein arkadisches Stück sahen. Wir hören aus diesem Monolog Prosperos apokalyptische Klänge heraus, die aber nicht die der poetischen Apokalypse der Romantiker sind, sondern die der Kernexplosionen und des Atompilzes. Diese Sicht auf den Monolog Prosperos und den Sturm steht den Erfahrungen der Renaissance-Menschen und den heftigen Gegensätzen, die sie zu überwinden versuchten, gewiß näher.

LEONARDOS UNERSÄTTLICHES VERLANGEN NACH ERKENNTNIS – so hat er in seinen Aufzeichnungen diese Passage überschrieben:
»Kein so großes Getöse macht das stürmische Meer, wenn der Nordwind es peitscht, mit schäumenden Wellen, zwischen Skylla und Charybdis; noch Stromboli oder Ätna, wenn die Schwefelflammen, da sie eingekerkert sind, mit Gewalt den großen Berg brechen und öffnen, durch die Luft Steine und Erde schleudern, mit der herausgebrochenen und ausgespienen Flamme; noch wenn die glühenden Höhlen des Ätna das mit Mühe zurückgehaltene Element freilassen, es mit Wut wieder ausspeiend und in sein ihm eigenes Gebiet treibend, jedes Hindernis überwältigend, das sich seinem heftigen Drang widersetzt.
Angezogen von meinem mächtigen Verlangen, begierig, die große Fülle der verschiedenen und merkwürdigen Formen zu sehen, die von der kunstreichen Natur geschaffen sind, gelangte ich, nachdem ich eine Zeitlang zwischen schattigen Felsen umhergewandelt war, vor die Öffnung einer großen Höhle, wo ich betroffen und unwissend verblieb, dann den Rükken beugte, die linke Hand auf das Knie stützte, mit der rechten die gesenkten und zugekniffenen Lider beschirmte und mich oft hin und her bückte, um zu sehen, ob ich im Innern irgend etwas unterscheiden könnte, was mir aber durch die tiefe, darin herrschende Finsternis verwehrt wurde.
Nachdem ich eine Weile so verblieben war, stiegen zwei Gefühle in mir auf: Angst und Verlangen; Angst wegen der drohenden dunklen Höhle, Verlangen zu sehen, ob sie etwas Wunderbares enthalte...«
Das Verlangen nach Erkenntnis, die Angst vor der Erkenntnis, die Unvermeidbarkeit von Erkenntnis, die Unvermeidbarkeit der Angst vor Erkenntnis. Das ist bestimmt der Leonardische Schlüssel zu Prosperos großem Monolog. Und der zeitgenössische. Die Welt ist damals zugleich klein und groß geworden, und erstmalig erbebte sie unter den Füßen.

Ye elves of hills, brooks, standing lakes, and groves;
And ye, that on the sands with printless foot
Do chase the ebbing Neptune and do fly him
When he comes back; you demi-puppets, that
By moonshine do the green sour ringlets make
Whereof the ewe not bites; and you, whose pastime
Is to make midnight mushrooms; that rejoice
To hear the solemn curfew; by whose aid, –
Weak masters though ye be – I have bedimm'd
The noontide sun, call'd forth the mutinous winds,

And 'twixt the green sea and the azur'd vault
Set roaring war: to the dread-rattling thunder
Have I given fire and rifted Jove's stout oak
With his own bolt: the strong-bas'd promotory
Have I made shake; and by the spurs pluck'd up
The pine and cedar: graves at my command
Have wak'd their sleepers, op'd, and let them forth
By my so potent art.* DER STURM, V, 1

Bei nahezu allen Denkern, Dichtern und Philosophen der Renaissance begegnen wir diesem heftigen Umschlagen von Begeisterungsausbrüchen über die Errungenschaften des menschlichen Geistes in katastrophische Vernichtungsvisionen. Man findet sie bei Michelangelo und noch häufiger bei Leonardo, der zum Thema der totalen Vernichtung mit Besessenheit zurückkehrte. In seinen Schriften wimmelt es geradezu von detailliert geschilderten Schreckensbildern großer Brände, die ganze Städte verzehren, von Visionen einer neuen Sintflut, die die Menschheit ausmerzt, und von Seuchen, die sie dezimieren. Die Natur »schickt oft giftige und verpestende Dünste und endlose Seuchen über die riesigen Ansammlungen und Herden der Tiere, aber vor allem über die Menschen, die sich gewaltig vermehren, weil andere Tiere sich nicht von ihnen nähren«.
Das ist eine sehr shakespearehafte Formulierung, bis in ihre Stilistik

*Ihr Elfen von den Hügeln, Bächen, Hainen;
Und ihr, die ihr am Strand, spurlosen Fußes,
Den ebbenden Neptunus jagt, und flieht,
Wann er zurückkehrt; halbe Zwerge, die ihr
Bei Mondschein grüne saure Ringlein macht,
Wovon das Schaf nicht frißt; die ihr zur Kurzweil
Die nächt'gen Pilze macht; die ihr am Klang
Der Abendglock euch freut; mit deren Hilfe –
Seid ihr gleich schwache Fäntchen – ich am Mittag
Die Sonn umhüllt, aufrühr'sche Wind entboten,
Die grüne See mit der azurnen Wölbung
In lauten Kampf gesetzt, den furchtbarn Donner
Mit Feu'r bewehrt, und Jovis Baum gespalten
Mit seinem eignen Keil, des Vorgebirgs
Grundfest erschüttert, ausgerauft am Knorren
Die Ficht und Zeder; Grüft, auf mein Geheiß,
Erweckten ihre Toten, sprangen auf
Und ließen sie heraus, durch meiner Kunst
Gewalt'gen Zwang . . .

hinein. Bisweilen sind die Analogien tatsächlich überaus erstaunlich. Leonardo schreibt in einem unvollendeten Brief: »La bocca a ne' morti più che'l coltello.« Der Mund schaffte mehr Tote als der Dolch. Hamlet sagt nach der großen Szene mit den Schauspielern: »I will speak daggers to her, but use none.« (Nur reden will ich Dolche, keine brauchen. III, 2) Bei Leonardo findet man ähnlich wie bei Shakespeare häufig eine äußerst grausam und modern geartete Reflexion über die menschliche Geschichte, die nur einen Augenblick in der Geschichte der Erde darstellt.
Der Mensch ist ein Tier wie alle anderen Tiere. Vielleicht ist er ein sogar noch grausameres Tier als die anderen, aber im Gegensatz zu ihnen hat er das Bewußtsein seines Schicksals und strebt danach, dieses Schicksal zu ändern. Er wird in der außermenschlichen Zeit geboren und stirbt darin, und er kann sich damit niemals abfinden. Prosperos Stab befiehlt der Geschichte, sie möge sich auf der verlassenen Insel noch einmal wiederholen. Aber Prosperos Stab kann die Geschichte nicht ändern. Mit dem Schluß der Moralität ist auch die Zauberkraft Prosperos erschöpft. Ihm bleibt nur noch seine bittere Weisheit.
Noch ein Abschnitt aus Leonardos Schriften scheint mir mit dem STURM verwandt. Leonardo schrieb von einem Felsbrocken, der sich von einem Gipfel herabfallen ließ; unten angekommen, sei er von den Wagenrädern, den Hufeisen der Pferde und den Füßen der Wanderer unentwegt geschunden worden. Leonardo schließt: »So geht es denen, die das einsame und beschauliche Leben vertauschen wollen mit dem Aufenthalt in den Städten, unter Leuten voll unendlicher Bosheit.«
Dieses Fragment erinnert an die bittere Trauer Prosperos bei seinem Abschied von der Insel:

> And thence retire me to my Milan, where
> Every third thought shall be my grave.* DER STURM, V, 1

Diese leonardohafte Zerrissenheit zwischen Gedanken und Praxis, zwischen dem Königtum der Freiheit, Gerechtigkeit und Vernunft und der Ordnung der Natur und der Geschichte hat die letzte Generation der Renaissance-Menschen noch heftiger empfunden, die Generation Shakespeares. Sie besaß das Bewußtsein vom Ende der großen Epoche. Die Gegenwart war abstoßend, die Zukunft zeichnete sich noch düsterer ab.
Die großen Träume der Humanisten vom Glück haben sich nicht erfüllt,

*Dann zieh ich in mein Mailand, wo mein dritter
Gedanke soll das Grab sein.

sie sind Träume geblieben. Übrig blieb das bittere Bewußtsein von den verlorenen Illusionen. Die neue Macht des Geldes potenzierte die Grausamkeit der Feudalmacht. Die Wirklichkeit bestand aus Krieg, Hungersnot und Pest, aus dem Terror der Herrscher und dem Terror der Kirche. In England herrschte die grausame Elisabeth, Italien wurde den Spaniern ausgeliefert. Giordano Bruno wurde der Inquisition überlassen und auf dem Blumenmarkt, dem Campo di Fiore, verbrannt.

Gegen Ende des 16. Jahrhunderts mochte es noch so erscheinen, als habe das kopernikanische System endgültig gesiegt. Seine Lehre wurde zum ersten Mal empirisch bestätigt dank der Erfindung des Teleskops und der Entdeckung der Jupitertrabanten durch Galilei. Seine Abhandlung SIDEREUS NUNCIUS, die 1610 erschien, also beinahe im Entstehungsjahr des STURMS wurde zum neuen Triumph der Wissenschaft. Aber dieser Triumph erwies sich als trügerisch. Der SIDEREUS NUNCIUS wurde vielmehr zum Schwanengesang der großen Epoche. Zwar entzündete er die Phantasie Campanellas, wurde aber schließlich zur Häresie erklärt. Wiederum siegten die düsteren dogmatischen Aristoteliker. Im Jahr 1618 verurteilte das Heilige Offizium die Theorie des Kopernikus und die sogenannten »pythagoreischen« Ansichten offiziell als mit der Bibel in Widerspruch stehend. 1633 fand der Prozeß Galileis statt und die öffentliche Zurücknahme seiner häretischen Lehre:

»... Ich habe behauptet und geglaubt, daß die Sonne das Zentrum der Welt und unbeweglich sei, die Erde dagegen dieses Zentrum nicht sei und sich bewege ... Ich schwöre, daß ich in Zukunft nie mehr weder in Wort noch in Schrift Dinge verbreiten oder behaupten werde, die derlei Verdacht gegen mich wecken könnten; und sollte ich von irgendeinem Häretiker oder einem der Häresie Verdächtigen erfahren, so werde ich ihn dem Heiligen Offizium, dem Inquisitor oder dem Ordinarius meines Aufenthaltsortes denunzieren ...«

Fünf Jahre später schrieb der gequälte Greis aus seinem Hausarrest an einen seiner früheren Mitarbeiter: »Galilei, Euer teurer Freund und Diener, ist seit einem Monat völlig erblindet. Dies ist unabänderlich. Deshalb werdet Ihr Euch, gnädiger Freund, vorstellen können, wie groß meine Trauer sein muß, wenn ich mir vergegenwärtige, daß dieser Himmel, diese Räume und dieses All, die ich durch meine sonderbaren Beobachtungen und klaren Beweise hundert- und tausendfach vergrößert habe, im Vergleich mit dem, was die Gesamtheit der Gelehrten aller vorangegangenen Jahrhunderte gesehen hatte, nunmehr für mich so klein und dunkel geworden sind, daß sie nicht über den Raum hinausreichen, den meine Person einnimmt ...«

Prosperos Stab hat den Gang der Geschichte nicht umzukehren vermocht. Im Grunde hat er nichts geändert. Die Welt blieb so grausam, wie sie war.
Im letzten Monolog Prosperos sind für mich die Größe, die Verzweiflung und die Bitterkeit des Briefes Galileis enthalten:

Now I want
Spirits to enforce, art to enchant
And my ending is despair...* DER STURM, V, 1

Prospero ist nicht Leonardo und erst recht nicht Galilei. Und es geht mir nicht um Analogien, und seien es die bestechendsten. Es geht mir um die Lesart des STURMS als einer großen Renaissance-Tragödie der verlorenen Illusionen.
Jean Paris, der interessanteste der zeitgenössischen Shakespeare-Interpreten, nannte HAMLET ein Stück über »das Ende der Terrorepoche«.[44] Der alte Hamlet hat den alten Fortinbras getötet, Claudius den alten Hamlet getötet. Der junge Hamlet müßte demnach Claudius töten und der junge Fortinbras den jungen Hamlet. Den Thron gewinnt man mittels eines Mordes, und diese Kette kann man nicht zerreißen. Aber der junge Fortinbras tötet Hamlet nicht. Als er in seiner Silberrüstung heroisch und unbeugsam auf Elsinor erscheint, ist die Bühne bereits leer. Er übernimmt das dänische Königreich rechtmäßig, aber ohne Blutvergießen. Das »Ende der Terrorepoche« ist eingetreten. Der silberne Fortinbras hat gesiegt. Aber hört Dänemark dadurch auf, ein Gefängnis zu sein? Der Körper Hamlets wurde auf den Schultern der Ritter hinausgetragen. Nach dem Sinn der Feudalgeschichte und des menschlichen Daseins wird nicht mehr gefragt. Fortinbras stellt sich solche Fragen nicht. Er ahnt sie nicht einmal. Die Geschichte wurde gerettet, aber um welchen Preis?
Die elisabethanischen Tragödientheoretiker, die Zeitgenossen Shakespeares, sahen in der Tragödie das Bild des menschlichen Schicksals. Ihrer Ansicht nach durfte die Tragödie geschichtlich Wahres frei mit Fiktivem verbinden, wenn es um ein didaktisches Ziel ging. Die Tragödie sollte die Zuschauer vor den Leidenschaften warnen und die üblen Folgen der Verfehlungen demonstrieren. Sie sollte nach der berühmten Formulie-

*Zum Zaubern fehlt mir jetzt die Kunst:
Kein Geist, der mein Gebot erkennt;
Verzweiflung ist mein Lebensend...

rung Puttenhams aus dem Jahre 1589 »die Kühnheiten und maßlosen Schelmenstücke der Tyrannen verhöhnen... den Menschen ihr klägliches Ende vor Augen halten... die Wechselhaftigkeit des Schicksals unter Beweis stellen sowie die gerechte Strafe Gottes für das böse und sündhafte Leben«. Der Dichter war nach Philipp Sydney, dem Verfasser der ARCADIA, im Grunde nur »ein Verbreiter der allgemeinen Philosophie«. Aber Shakespeare war kein Verbreiter der allgemeinen Philosophie, und wenn er es war, dann nur in dem Sinne, in dem Montaigne einer war. Shakespeare war von der schroffen Didaktik Puttenhams und Sydneys weit entfernt. Für ihn gibt es keinen Unterschied zwischen einem rechtmäßigen König und einem Usurpator. Jeder Herrscher ist für ihn der FÜRST Machiavellis, der in einer Welt lebt, in der die großen Fische die kleinen Fische verschlingen. Er verschlingt oder wird verschlungen. Für Shakespeare gibt es keinen Unterschied zwischen einem guten König und einem Tyrannen, wie es für ihn keinen Unterschied zwischen einem König und einem Narren gibt. Beide sind sterblich. Gewalttätigkeit und Machtkampf sind keine Privilegien der Herrscher, sie sind das Gesetz dieser Welt.

Diese Geschichtsauffassung Shakespeares, pessimistisch und grausam wie sie ist, steht der materialistischen Philosophie Hobbes' im LEVIATHAN bereits sehr nahe. Hobbes war der Theoretiker der Restauration, die Könige waren für ihn nicht mehr die göttlich Gesalbten, sie sind zu Gesalbten der Geschichte geworden. Ihre absolute Macht und ihr Recht auf jegliche Grausamkeit resultierten aus dem »Krieg aller gegen alle«. Angesichts der ständig drohenden Anarchie garantieren sie für die Ordnung der Gesellschaft.

Shakespeare blickte auf die Feudalgeschichte wie Hobbes, aber er lehnte sich gegen ihre Unabänderlichkeit auf. Er suchte eine Lösung für die tragische Antinomie von Terror und Anarchie. Seinen Königen aus den Königsdramen und Tragödien, den Richards, Heinrichs und Macbeths, setzte er nie die Krone der geschichtlichen Notwendigkeit aufs Haupt. Er machte die Könige den Sterblichen gleich und zeigte, daß ein Pferd mehr wert sei als ein ganzes Königreich.

Auf der einsamen Insel hat sich die Geschichte der Welt abgespielt. Die Vorführung ist zu Ende, die Geschichte wiederholt sich noch einmal von Anfang an. Alonso wird nach Neapel zurückkehren, Prospero nach Mailand, Kaliban wird wieder Herr der Insel. Prospero verzichtet auf seinen Stab und wird wieder der Welt ausgesetzt sein. Hätte er seinen Stab behalten, dann wäre der STURM nur ein Zaubermärchen gewesen. Die Geschichte ist ein Wahnsinn, aber die Musik heilt die menschlichen Seelen vom Wahn, und der Geschichte kann man nur die bittere Weisheit entgegenhalten. Man kann ihr nicht entfliehen. Alle haben den Sturm erlebt und sind weiser geworden. Selbst Kaliban. Ja, vornehmlich er. Man muß noch einmal von vorn beginnen, ganz von vorn. Prospero geht darauf ein, nach Mailand zurückzukehren. Darin und nur darin liegt der schwierige und zerbrechliche Optimismus des STURMS.

IV

Ariel ist Engel, Henker und der Ausführende der Befehle Prosperos. Ihm persönlich gelten nur zwei Szenen: die Szene der Auflehnung im ersten Akt und das Gnadengesuch für die Feinde Prosperos im vierten Akt. Sein ganzer dramatischer Konflikt ist in seinem Sehnen nach Freiheit enthalten. Ariel war von den Interpreten des STURMS immer als Symbol der Seele, des Gedankens, der Intelligenz, der Poesie, der Luft, der Elektrizität angesehen worden und in katholischen Interpretationen sogar als die Verkörperung der der Natur entgegengestellten Gnade. Aber auf der Bühne ist Ariel nur ein Schauspieler, ein Mann oder eine Frau im Tricot oder Kostüm, mit oder ohne Maske. Ein Ariel im historischen Kostüm wird zu einem bloßen Fragment eines Genrebildes und bestenfalls zu einem Pagen Prosperos. In einem phantastischen Kostüm könnte Ariel leicht zu einem Laboranten werden, der einen Atomreaktor bedient. Im Trikot verwandelt er sich in eine Tänzerin aus einem Feenballet. Wenn Ariel vom ersten Akt an eine Maske trägt, dann ist das kein Shakespeare-Theater mehr. Und was für eine Maske sollte Ariel denn tragen? Auch Schauspieler, die Geister spielen, müssen Menschen bleiben. Immer, wenn ich an Ariel denke, stelle ich mir einen schmächtigen Jungen mit einem traurigen Gesicht vor. Sein Kostüm könnte so einfach wie nur möglich sein, es dürfte so wenig wie möglich bedeuten.

Ariel bewegt sich schneller als die Vorstellung. Mag er unauffällig auf der Bühne erscheinen und ebenso unauffällig abgehen, aber er darf weder tanzen noch huschen. Er müßte sich sehr langsam bewegen. Am besten, er stünde die meiste Zeit reglos. Nur so kann er die Gedanken überflügeln.

Die Kommentatoren des STURMS befassen sich hauptsächlich mit dem Vergleich zwischen Ariel und Kaliban. Ich bin der Meinung, daß diese Gegenüberstellung philosophisch flach und für das Theater belanglos ist. In der dramatischen Handlung ist Ariel nicht der Gegensatz Kalibans. Ariel ist nur für Propero und die Zuschauer sichtbar. Für alle anderen

Gestalten des Dramas ist er bis zum Schluß nur Musik und Stimme. Kaliban ist am Drama beteiligt, er ist die zweitwichtigste Person nach Prospero. Er ist eine der größten, originellsten und beunruhigendsten Schöpfungen Shakespeares. Er ist mit niemand und nichts vergleichbar. Seine Individualität ist voll ausgebildet. Er lebt im STURM, aber auch außerhalb seiner wie Hamlet, Falstaff und Jago. Er läßt sich nicht wie Ariel durch eine Metapher bestimmen. Im Personenverzeichnis figuriert er als »a savage and deformed slave« (ein wilder, mißgestalteter Sklave). Prospero nennt ihn »Erde«, »Erdkloß«, »Teufel«, »Vieh«, »Schildkröte«. Am häufigsten aber »Unhold«, »Ungeheuer«. Trinculo nennt ihn »seltsamer Fisch«.

Kaliban hat Beine wie ein Mensch, aber Flossen wie ein Fisch. Er kaut an etwas, knurrt, entfernt sich auf allen vieren.

Dürer hat ein zweiköpfiges Ferkel gezeichnet, ein Kind mit einem Bart, ein Nashorn, das einem monströsen Elefanten ähnelt. Leonardo gab in seinem TRAKTAT ÜBER DIE MALEREI folgende Vorschrift für einen Drachen: »Nimm für das Haupt den Kopf eines Bluthundes oder Bracken, für die Augen die einer Katze, für die Ohren die eines Stachelschweins, und dazu die Schnauze eines Windhundes, die Brauen eines Löwen, die Schläfen eines alten Hahns und den Hals einer Wasserschildkröte.«

Man fand Stiche aus dem Anfang des 17. Jahrhunderts, die Geschöpfe darstellen, von denen behauptet wurde, daß sie Kaliban ähnlich seien. Gelehrte bestimmten, daß seine Beschreibung am meisten an ein gewisses Säugetier aus der Familie der Walfische oder der Seelöwen erinnere, das vorwiegend in der Gegend der Malayischen Inseln vertreten ist. Kaliban wäre demzufolge eine Art Riesenpottwal. Aber auf der Bühne ist Kaliban wie Ariel nur ein kostümierter Darsteller. Er kann einem Fisch mehr oder weniger gleichen, kann mehr Mensch oder mehr Tier sein. Er muß etwas tierisch Ungeheures, etwas Kriechendes an sich haben, andernfalls sich die grotesken Szenen mit Stephano und Trinculo schwerlich lösen lassen. Aber ich zöge es vor, wenn er möglichst menschlich wirkte. Die Wortmetapher der Ungeheuerlichkeit wirkt so gänzlich anders als die konkrete Geste, Maske oder Charakterisierung. Kaliban ist ein Mensch, kein Ungeheuer. Kaliban spricht in Versen, wie Allardyce Nicoll treffend bemerkt hat.

Kaliban war der Herrscher der einsamen Insel gewesen, und nach der Rückkehr Prosperos bleibt er auf dieser Insel wieder allein zurück. Von allen Gestalten des STURMS ist sein Drama das tiefste. Vielleicht ist er der einzige, der sich wirklich ändert. Alle anderen Gestalten sind gleichsam von außen gezeichnet, sind nur in einigen grundsätzlichen Gesten gege-

ben. Selbst Prospero. Sein Drama ist nur ein intellektuelles, ebenso wie das Drama Ariels, das sich nur in Begriffssphären abspielt, nur ein abstraktes ist. Nur Kaliban verlieh Shakespeare Leidenschaft und eine volle Lebensgeschichte.
Kaliban hat das Sprechen erlernt. Die Insel soll die Geschichte der Welt darstellen. Miranda brachte Kaliban das Sprechen bei. Jetzt hält er ihr das vor. Die Sprache unterscheidet den Menschen vom Tier. Kaliban ist ein Anagramm der guten Montaigneschen Kannibalen, aber er ist kein biederer Wilder. Diese Insel ist keine Utopia, und die Geschichte der Welt ist frei von Illusionen. Der Gebrauch der Sprache kann zur Verdammnis werden und die Unfreiheit noch vertiefen. In diesem Fall beschränkt sich die Sprache auf Flüche. Das ist eine der bittersten Szenen des ganzen Stücks.

MIRANDA [45]
I pitied thee,
Took pains to make thee speak...
...when thou didst not, savage,
Know thine own meaning, but wouldst gabble like
A thing most brutish, I endow'd thy purposes
With words that made them known...
CALIBAN
You taught me language; and my profit on't
Is, I know how to curse; the red plague rid you,
For learning me your language!* DER STURM, I, 2

Für Miranda ist Kaliban ein Mann. Als sie Ferdinand zum ersten Mal sieht, sagt sie: »This is the third man that I e'er saw.« (Dies ist der dritte Mann, den ich gesehn. I, 2)

*MIRANDA
Ich erbarmte
Mich deiner, gab mir Müh, zum Sprechen dich
Zu bringen...
...Da du, Wilder, selbst
Nicht wußtest, was du wolltest, sondern nur
Höchst viehisch kollertest, versah ich dich
Mit Worten, deine Meinung kund zu tun...
KALIBAN
Ihr lehrtet Sprache mir, und mein Gewinn
Ist, daß ich weiß zu fluchen. Hol die Pest Euch
Fürs Lehren Eurer Sprache!

In Shakespeares System der Analogie und der heftigen Konfrontationen wird Kaliban mit Prospero und Ferdinand gleichgesetzt. Shakespeare unterstreicht das deutlich. Nach einigen Sätzen greift Prospero das Thema wieder auf. Er sagt zu Miranda über Ferdinand:

> ... foolish wench!
> To the most of men this is a Caliban
> And they to him are angels.* DER STURM, I, 2

Kaliban ist ein ungestaltes Scheusal. Ferdinand der schönste aller Prinzen. Aber Schönheit und Häßlichkeit hängen bei Shakespeare nur von der Sicht eines Außenstehenden ab. Vom Ort und von der Rolle, die man uns spielen ließ.

Die Handlung auf der Insel spielt sich genau nach Prosperos Plan ab. Die Schiffbrüchigen wurden zersprengt und zum Wahnsinn getrieben. Der Brudermord, den Ariel im letzten Augenblick verhinderte, war Warnung und Probe zugleich. Aber das von Prospero gefügte Szenarium durchbricht Kaliban. Prospero hat Kalibans Verrat nicht vorausgesehen und auch die Verschwörung nicht, die Kaliban gemeinsam mit Trinculo und Stephano schmiedet. Der Verrat Kalibans ist für Prospero eine Überraschung. Es ist die einzige Niederlage, die er auf der Insel erfährt. Aber in seinem Leben ist es bereits die zweite. Er hat sein Herzogtum verloren, weil er sich der Wissenschaft und der Kunst verschrieben, weil er seinem Bruder vertraut und an die Güte der Welt geglaubt hat. Kalibans Verrat ist ein neues Scheitern der Pädagogik Prosperos. Sein Stab hat abermals versagt. Er wollte auf der Insel zur Ermahnung der Schiffbrüchigen und des Publikums die Geschichte der Welt zeigen, aber diese überbot seinen Plan an Grausamkeit. Sie brachte noch eine bittere Überraschung, und das gerade in dem Augenblick, da er die feierliche Verlobung von Ferdinand und Miranda vollzieht, da er vor ihren Augen das Bild des verlorenen Paradieses wachruft.

> A devil, a born devil, on whose nature
> Nurture can never stick; on whom my pains,
> Humanely taken, are all lost, quite lost;
> And as with age his body uglier grows,

*Du töricht Mädchen! Mit den meisten Männern
Verglichen, ist er nur ein Kaliban,
Sie Engel gegen ihn.

So his mind cankers. I will plague them all,
Even to roaring.* DER STURM, IV, 1

Das ist einer der Schlüsselsätze des STURMS, der sich vielleicht am schwersten deuten läßt. Es ist der Höhepunkt der Tragödie Prosperos. Erst nach dieser Szene zerbricht er den Stab und wirft ihn fort. Erstaunlich ist auch die Wendung selbst, die Worte, die Prospero gebraucht:

... on whom my pains,
Humanely taken, are all lost, quite lost...

Als Molières Don Juan den Bettler trifft, verhöhnt er die himmlische Gerechtigkeit, um ihm dann ein Almosen für einen Fluch zu versprechen. Aber der Bettler weigert sich zu fluchen. Da wirft ihm Don Juan eine Goldmünze zu: »Je te le donne pour l'amour de l'humanité.« (Ich gebe dir's aus Liebe zur Menschheit.)
Über keinen Satz wurde so viel geschrieben wie über diese Replik. Einige Kommentatoren sehen in dieser Formulierung, die dem Französisch des 17. Jahrhunderts unbekannt war, lediglich ein Äquivalent für das banalere »de bon coeur«; andere eine laizistische Verdrehung oder sogar Parodie der traditionellen Formel »Pour l'amour de Dieu«. Und für noch andere ist das »humanité« im Munde Don Juans bereits der Menschlichkeits-Begriff des 18. Jahrhunderts. Don Juan erscheint ihnen als Vorläufer des Neuhumanismus.
Ähnlich vieldeutig sind die Shakespeareschen Worte »humanely taken«. Man kann sie in einem sehr engen Sinn verstehen, und sie werden dann nicht viel mehr bedeuten als »aus Güte«. Aber man kann daraus ebenfalls den vollen Sinn der renaissancehaften »humanitas« ersehen.
Die beiden Wendungen, Molières »pour l'amour de l'humanité« und Shakespeares »humanely taken«, stellen für mich ebenbürtige Genieblitze dar.
Wenn es die Geschichte der Welt ist, die auf der Insel Prosperos gespielt wird, so ist die Geschichte Kalibans ein Kapitel daraus. In dieser Lesart

*Ein Teufel, ein geborner Teufel ist's,
An dessen Art die Pflege nimmer haftet,
An dem die Mühe, die ich menschlich nahm,
Ganz, ganz verloren ist, durchaus verloren;
Und wie sein Leib durchs Alter garst'ger wird,
Verstockt sein Sinn sich. Alle will ich plagen,
Bis zum Gebrüll.

erhalten drei Szenen des Stücks eine ganz besondere Bedeutung. Die erste von diesen ist der Schluß des zweiten Aktes. Stephano hat Kaliban betrunken gemacht. Der Plan der Verschwörung wurde ausgeheckt. Das tapfere Ungeheuer will seine neuen Herren führen. Da singt Kaliban zum ersten Mal. Das Säuferlied mündet in einen überraschenden Refrain: »Freedom, high day! Freedom! Freedom! high day, freedom!«
Ariel verlangt in der ersten Szene nach Freiheit. Dieselbe Situation wiederholt Shakespeare jetzt mit grausamem Hohn. Und das nicht einmal, sondern zweimal. Im dritten Akt sind der Trunkenbold, der Narr und das arme Scheusal bereit, den Anschlag auszuführen. Schon sind sie auf dem Weg zu Prospero, um ihn zu töten. Jetzt ist es Kaliban, der um ein Lied bittet. Stephano wird es singen:

> Flout'em, and scout'em; and scout'em, and flout'em;
> Thought is free!* Der Sturm, III, 2

»Thought is free« – der Gedanke ist frei – singt der Trunkenbold. Der Gedanke ist frei, greift der Narr es auf. Nur Kaliban bemerkt, daß die Melodie plötzlich abbricht und in eine andere übergeht. Ariel ist mit Trommel und Pfeife erschienen und hat die Töne gestört. »That's not the tune.« (Das ist die Weise nicht. III, 2)
Das ist eben jene Shakespearesche Tragigroteske, deren barbarischer Charakter die Klassiker entsetzte und die die Romantiker zum Prinzip des neuen Dramas erklärten. Aber sie vermochten es nicht, den Ton Shakespeares zu treffen. Wie Victor Hugo schrieben sie Melodramen statt einer Tragigroteske. Bei Shakespeare sind Groteske und Tragödie vermischt und miteinander in Widerstreit wie das Trinkerlied Stephanos und Trinculos mit der Musik Ariels.
Stephano und Trinculo sind nur groteske Gestalten, Kaliban ist nicht nur grotesk. Er ist ein Herrscher, ein Ungeheuer und ein Mensch. Er ist grotesk in seiner dunklen, naiven, blinden Revolte, in seinem Freiheitsdrang, wobei Freiheit für ihn lediglich ruhig schlafen und fressen bedeutet. Er ist tragisch, weil er mit sich selbst nicht eins werden kann, weil er sich mit seinem Schicksal eines Dummkopfes und Sklaven nicht abfinden will und kann. Renan sah in Kaliban den *demos*, und in seiner Fortsetzung des Sturms führt er ihn nach Mailand und läßt ihn dort einen neuen, diesmal erfolgreichen Anschlag auf Prospero verüben. Guéhenno

*Neckt sie und zeckt sie, und zeckt sie und neckt sie!
Gedanken sind frei!

schrieb die Apologie: Kaliban gleich Volk. Diese beiden Deutungen sind zu einfach. Der Kaliban Shakespeares überragt sie.
Im STURM hört man die Musik Ariels und die Musik Kalibans, und es gibt keine Aufführung des Stückes, wo diese beiden Arten von Musik nicht deutlich auseinandergehalten würden. Aber es gibt einen Moment, in dem die Musik Kalibans derjenigen Ariels sehr nahe kommt. Das ist gleichzeitig der größte Durchbruch der Poesie Shakespeares. Trinculo und Stephano haben vor der Musik Ariels Angst, Kaliban, der sie hört, sagt:

> Be not afeard: the isle is full of noises,
> Sounds and sweet airs, that give delight, and hurt not.
> Sometimes a thousand twangling instruments
> Will hum about mine ears; and sometime voices,
> That, if I then had wak'd after long sleep,
> Will make me sleep again: and then, in dreaming,
> The clouds methought would open and show riches
> Ready to drop upon me: that, when I wak'd
> I cried to dream again.* DER STURM, III, 2

Diese Passage stellt für mich Shakespeares Buch Genesis dar. Die Geschichte der Menschheit beginnt. Dieselbe Geschichte, die sich auf der Insel zugetragen hat. Kaliban wurde betrogen, wurde wieder betrogen. Er hat eine Niederlage erlitten, so wie Prospero. Kaliban besitzt keinen Zauberstab, und kein Zauberstab wird ihm Beistand leisten. Er hat einen Säufer für einen Gott gehalten. Aber er hat denselben Weg betreten, auf dem Prospero schreitet. Er hat eine Probe durchgemacht, hat seine Illusionen verloren. Er muß noch einmal von vorn beginnen. Genau wie Prospero, der nach Mailand zurückkehrt, um wieder Herzog zu sein. »I'll be wise hereafter.« (... will künftig klüger sein.) – das sind die letzten

*Sei nicht in Angst! Die Insel ist voll Lärm,
Voll Tön und süßer Lieder, die ergötzen,
Und niemand Schaden tun. Mir klimpern manchmal
Viel tausend helle Instrument ums Ohr,
Und manchmal Stimmen, die mich, wenn ich auch
Nach langem Schlaf erst eben aufgewacht,
Zum Schlafen wieder bringen; dann im Traume
War mir, als täten sich die Wolken auf
Und zeigten Schätze, die auf mich herab
Sich schütten wollten, daß ich beim Erwachen,
Aufs neu zu träumen, heulte.

Worte Kalibans. Und als Prospero abgeht, klettert er langsam auf allen vieren auf die leere und höchste Fläche der boschhaften Insel Shakespeares.

Nur zwei Gestalten, Miranda und Ferdinand, sind von diesem Gesetz der Rückkehr befreit, das in der Konstruktion des STURMS verankert ist. Auf der Insel spielte sich die Geschichte der Welt ab, aber die beiden nehmen nicht daran teil – oder besser, ihre Teilnahme gehorcht einem anderen Gesetz. Nur für sie beginnt wirklich alles von Anfang. Im Laufe dieser vier Stunden lernen sie die Liebe kennen und entdecken einander. Sie sind voneinander entzückt. Sie sind die Jugend der Welt. Aber sie sehen die Welt nicht. Von der ersten bis zur letzten Szene sehen sie nur sich. Sie blicken nur ineinander. Sie haben nicht einmal bemerkt, daß sich neben ihnen ein Machtkampf zugetragen hat, der Versuch eines Brudermordes, Revolte und Verschwörung. Sie sind voneinander bezaubert.

Auch für Miranda und Ferdinand sind drei Szenen von entscheidender Bedeutung. Die erste davon ist die feierliche Verlobung, deren Schauspiel Prospero mit Ariels Hilfe für die beiden Liebenden inszeniert. Es ist ein typischer elisabethanischer Mummenschanz. Möglicherweise stammt diese Szene nicht einmal von Shakespeare, oder sie wurde erst später von ihm dazu geschrieben – für die feierliche Aufführung des Stückes anläßlich der Vermählung der Tochter Jakobs I. mit dem Palatinatswahlkönig. Die Maskerade ist allegorisch, es treten darin griechische Götter auf, die in prunkvollen und steifen Versen sprechen. Aber trotz der Gekünsteltheit dieser Schau birgt sie die Beschwörung des goldenen Zeitalters der Menschheit, einer von Sünde und Schmerz befreiten Erde. Auf der Insel, die Schauplatz der wahren Weltgeschichte war, zeigt Prospero dem Paar der jungen Liebenden das verlorene Paradies.

> So rare a wonder'd father and a wise,
> Makes this place Paradise.* DER STURM, IV, 1

Und gerade diese Szene wird plötzlich unterbrochen und endet mit einem Mißklang. Die wahre Geschichte unterbricht die Idylle, denn gerade in diesem Moment erfährt Prospero von Kalibans Verrat. Zum ersten Mal gerät er in Zorn. Verwirrt entschwinden die allegorischen Masken. Nun erfolgt der Monolog Prosperos mit dem berühmtesten Satz des STURMS:

*So wunderherrlich Vater und Gemahl,
Macht mir den Ort zum Paradies.

We are such stuff
As dreams are made on, and our little life
Is rounded with a sleep.* DER STURM, IV, 1

Die philosophische und poetische Konzeption vom Leben als Traum war in der Barockdichtung keine Seltenheit, aber der Sinn dieses Shakespeare-Satzes scheint mir von Calderons Mystik weit entfernt. Ich spüre darin vielmehr die große Unruhe der Monologe Hamlets sowie eine abermalige Warnung an die jungen Liebenden vor der Zerbrechlichkeit jedes menschlichen Unternehmens und dessen ständiger Gefährdung. Aber der Sinn jeder Metapher und eines jeden Bildes ist wie immer bei Shakespeare ein doppelter. Die Insel ist die Welt, die Welt das Theater, auf dem alle Schauspieler sind. Prospero hat nur eine Vorstellung inszeniert. Sie ist kurz und zerbrechlich wie das Leben.

These our actors
As I foretold you, were all spirits and
Are melted into air, into thin air:
And like the baseless fabric of this vision,
The cloud-capp'd towers, the gorgeous palaces,
The solemn temples, the great globe itself,
Yea, all which it inherit, shall dissolve
And, like this insubstantial pageant faded,
Leave not a rack behind.** DER STURM, IV, 1

Am Ende des Stücks zeigt Prospero dem König von Neapel dessen Sohn, der mit Miranda Schach spielt. Im Theater Shakespeares wurde diese Szene gewiß im Hintergrund der Bühne gespielt, in einer überdachten

* Wir sind solcher Zeug
Wie der zu Träumen, und dies kleine Leben
Umfaßt ein Schlaf.

** Unsre Spieler,
Wie ich euch sagte, waren Geister, und
Sind aufgelöst in Luft, in dünne Luft.
Wie dieses Scheines lockrer Bau, so werden
Die wolkenhohen Türme, die Paläste,
Die hehren Tempel, selbst der große Ball,
Ja, was daran nur teil hat, untergehn;
Und, wie dies leere Schaugepräng erblaßt,
Spurlos verschwinden.

Nische. Die Wände dieser Nische bildeten eine natürliche Umrahmung, und das junge Paar fügte sich in ein der Renaissance-Malerei wohlbekanntes Bild, das ein schachspielendes Liebespaar darstellt. Um welchen Preis wurde gespielt?

> MIRANDA
> Sweet lord, you play me false.
> FERDINAND
> No, my dearest love,
> I would not for the world.
> MIRANDA
> Yes, for a score of kingdoms you should wrangle,
> And I would call it fair play.* DER STURM, V, 1

Wegen eines Königreiches wären innerhalb von vier Stunden beinahe zwei Morde begangen worden, und das auf einer einsamen Insel. Miranda und Ferdinand haben nichts davon gemerkt, alles hat sich außerhalb ihrer Liebe zugetragen. Sie spielen Schach um zwanzig Königreiche, und sie spielten auch, wenn es um hundert ginge. Für diese beiden existiert kein Königreich. Ferdinand und Miranda stehen außerhalb der Geschichte, außerhalb des Ringens um Macht und Krone. Schließlich tritt Miranda auf die Bühne. Zum ersten Mal im Leben sieht sie so viele Menschen: König, Königsbruder und deren Gefolge. Sie ist erstaunt. Sie ruft:

> O, wonder!
> How many goodly creatures are there here!
> How beauteous mankind is! O brave new world,
> That has such people in't!** DER STURM, V, 1

*MIRANDA
Mein Prinz, Ihr spielt mir falsch.
FERDINAND
Nein, teures Leben,
Das tät ich um die Welt nicht.
MIRANDA
Ja, um ein Dutzend Königreiche würdet
Ihr hadern, und ich nennt es ehrlich Spiel.

** O Wunder!
Was gibt's für herrliche Geschöpfe hier!
Wie schön der Mensch ist! Wackre neue Welt,
Die solche Bürger trägt!

Das ist die letzte der großen Konfrontationen des STURMS. Miranda hat eine Bande von Schurken vor sich. Einer von ihnen hat vor zwölf Jahren ihren Vater des Thrones beraubt. Ein zweiter hat das Bündnis gebrochen. Der dritte hat gerade erst das Schwert gegen seinen Bruder erhoben. Prosperos Antwort ist sehr kurz. Aber darin ist alles enthalten. Seine ganze bittere Weisheit. Shakespeare genügen vier Worte:

'Tis new to thee.* DER STURM, V, 1

V

In allen seinen Werken hat Joseph Conrad Shakespeare nur dreimal erwähnt. Einmal, Macbeth travestierend, bezeichnete er ein nichtgenanntes Drama Shakespeares, als »Erzählung wie das Leben, voller Lärm und Wind, die aber nichts bedeutet«. Macbeth sagt in der vorletzten Szene des Stückes, das Leben sei das Märchen eines Verrückten, voller Lärm und Raserei, das nichts bedeute. Zwischen den wenigen Sachen Jims findet der Erzähler des Romans LORD JIM eine billige, einbändige Shakespeare-Ausgabe. Auf Marlowes Frage, ob Jim dies lese, antwortet jener bejahend: »Nichts stärkt den Menschen so...« Der Erzähler fügt hinzu: »Diese Szene ließ mich stutzen, aber für ein Gespräch über Shakespeare war keine Zeit.« Auch in seinen LEBENSERINNERUNGEN spricht Conrad von einer einbändigen Shakespeare-Ausgabe; seine Beziehungen zu Shakespeare erläutert er in betont dramatischen autobiographischen Zusammenhängen. In jenen intimen Bekenntnissen Conrads kann man einen Satz finden, der der bitteren Lesart des STURMS und der reifen Weisheit Prosperos verwandt scheint. Conrad schreibt: »Eine ethische Ansicht über die Welt verwickelt uns zuletzt in so viele grausame und lächerliche Widersprüche, bei denen die letzten Reste Glauben, Hoffnung, Liebe, ja des Verstandes selbst, der Vernichtung nahe scheinen, daß ich schließlich den Verdacht hege, der Zweck der Schöpfung könne überhaupt kein ethischer sein. Ich möchte fast glauben, daß ihr Zweck einfach der ist, ein Schauspiel zu sein, ein Schauspiel, das man mit Ehrfurcht, Liebe, Anbetung oder Haß, wenn man will, aber in dieser Beziehung wenigstens niemals mit Verzweiflung betrachten sollte. Ob das Geschaute köstlich oder schmerzlich sei, es trägt seinen sittlichen Zweck in sich. Das übrige ist unsere Angelegenheit...«

*Dir ist sie neu.

Im letzten Monolog Prosperos fällt das Wort Verzweiflung: »And my ending is despair.« Aber diese Verzweiflung ist keine Resignation. Der Schlüsselsatz, der das tiefste Verständnis des STURMS erschließt, lautet anders. Er fällt in einer anderen Tragödie, weist aber denselben ergreifend persönlichen Akzent auf wie der Epilog Prosperos. Der Satz lautet:

> My desolation does begin to make a better life.*
>
> ANTONIUS UND CLEOPATRA, V, 2

*Schon gibt Verzweiflung mir ein bessres Leben.

III. MISZELLEN

DER HAMLET VON STANISŁAW WYSPIAŃSKI

Ein armer Junge mit einem Buch in der Hand ...

Worin besteht der besondere Reiz dieses kleinen, von den Shakespeare-Kennern konsequent übergangenen Buches, das die unveränderte Begeisterung der Theaterleute hervorruft, jenes gedrängten, verworrenen und konfusen kleinen Buches, das Wyspiański gegen Ende des Jahres 1904 in knapp einer Woche geschrieben hat?[46] Es wirkt tatsächlich wie ein hastig in die Druckerei geschicktes Schmierheft. Mit nichts zu vergleichen, was in Polen über Theater geschrieben wurde, enthält es mehr von Wyspiański als alle seine anderen Werke. In dem kleinen Buch gibt es Gedichte, lyrische und einfache Prosa, den Rahmenplan für das Bühnenbild, die Situationsskizze der Duell-Szene, eine verblüffend moderne Textanalyse und eine phantastische Rekonstruktion des vorshakespeareschen HAMLET. Und schließlich die ersten Umrisse eines polnischen HAMLET, des HAMLET von Stanisław Wyspiański.
Diese tragische Geschichte von Hamlet, »frisch gelesen und durchdacht«, wie der Untertitel lautet, ist der Notizblock eines Regisseurs, Bühnenbildners und Dramatikers, der gleichzeitig das Stück konstruiert, es für die Bühne einrichtet und das Theater reformiert. Er baut ein eigenes Drama auf der Basis des Shakespeareschen HAMLET, aus fertigen Figuren und Situationen konstruiert er dieses Drama für ein Theater, das es bereits gibt und noch nicht gibt, das gleicherweise das reale Theater des Krakau der Jahrhundertwende ist wie das Theater der Zukunft, das reformierte, gigantische Theater, das kommen sollte. Wyspiański schreibt über Shakespeare und denkt an sich, oder denkt an Shakespeare und schreibt über sich:
»Es ist nie vorgekommen, daß Shakespeare ein Drama in Angriff genommen hätte, daß er noch nicht aus einer Legende oder Novelle, oder, und das war der häufigste Fall, direkt von der Bühne her gekannt hätte, ein Drama also, dessen Legende er selbst erst hätte erfinden müssen. Er kannte den Verlauf des Dramas auf die eine oder andere Weise, er lebte im Theater und für das Theater, diesem Theater schenkte er sein Künstlertum und sein Talent.«[47]
Dieser Satz scheint mir aufschlußreich für das ganze Buch. Wyspiański konstruiert einen eigenen HAMLET aufgrund des Shakespeareschen Szenariums, sieht aber gleichzeitig Shakespeares HAMLET als ein Stück, das auf der Basis eines früheren, vorshakespeareschen HAMLET, »im Theater

und für das Theater« entstanden war. Und eben darin besteht Wyspiańskis verblüffende Modernität.
HAMLET ist hier kein vollkommenes, geschlossenes und unwiederholbares Meisterwerk, keine Tragödie, die vom Himmel fiel; hier ist HAMLET nicht mehr nur Literatur und Philosophie, HAMLET wird hier zum Theater, zu einem Kapitel lebendigster Theatergeschichte. Shakespeares HAMLET entwächst der elisabethanischen Bühne, dem Theater, dessen Erbe Shakespeare übernommen hatte und das er reformierte.
1904 war ein solcher Gesichtspunkt noch äußerst selten. Dasselbe Jahr 1904 brachte die ersten Bände zweier Werke aus der Shakespeare-Literatur, die die Shakespeare-Forschung im Laufe des folgenden Jahrzehnts nachhaltig beeinflussen sollten. 1904 begann Greg mit der kritischen Ausgabe des TAGEBUCHS von Henslowe, dem Besitzer von Londoner Theatern in den Jahren 1592–1602, und ein zweiter großer Gelehrter, Mc Kerrow, bereitete die Edition von Nashe vor, einem Pamphletisten und Journalisten aus Shakespeares Epoche. Die Forschung über den Theatermann Shakespeare hat damals erst ihren Anfang genommen.
Wyspiański kannte weder die englische Sprache noch die Shakespeare-Forschung des 19. Jahrhunderts. Seine Rekonstruktion des ursprünglichen HAMLET-Textes ist oftmals phantastisch, seine Analysen voll von grandiosen Willkürlichkeiten und abenteuerlichen Vermutungen. Aber Wyspiański hatte eine sagenhafte Intuition und ein Gespür für das Theater Shakespeares. In ihm suchte er die Quellen von HAMLET. Er versuchte, sich in den jungen Shakespeare hineinzudenken, der 1594 in einem kleinen Londoner Theater das miese Stück eines unbekannten Autors, vielleicht Keats, unter dem Titel HAMLET zu sehen bekam, das Stück, von dem nur ein einziger Satz überliefert wurde, und das obendrein in der Version eines zeitgenössischen Neiders. In diesem Stück schrie der Geist mit der heiseren Stimme einer Austernhändlerin: »Hamlet, Rache!«
Wyspiański gewahrte in Shakespeare vor allem den großen Regisseur und Neuerer des Theaters. Für ihn war HAMLET weder ein einheitliches noch ein geschlossenes Drama, er sah darin vielmehr den Zusammenschluß von zwei HAMLET-Stücken zu einem recht lockeren Ganzen, viel eher ein großes Szenarium oder eine Art Theaterpartitur. Wyspiański betrachtete HAMLET fast so, wie er sich vorstellte, daß Shakespeare das miese kleine Stück betrachtet haben mochte, das unter diesem Titel auf einem Londoner Spielplan stand. Als Shakespeare seinen HAMLET aufführte, erneuerte er das Theater. Mit seiner HAMLET-Inszenierung will Wyspiański das Theater ebenfalls erneuern. Einerseits will er es Shakespeare näherbringen, zugleich aber auch der griechischen Tragödie, so

wie er sie verstand: »Sowohl den Schauspieler wie den Autor ging die *Tragödie* etwas an, das Drama, das menschliche Schicksal, und zwar jener Menschen, von denen die Tragödie handelte. Diese Menschen entstammten entweder der Legende oder der Geschichte, oder sie kamen aus der Erinnerung des Künstlers. Sie erwachten zum Leben und bekamen ihren Willen. Ihr Wille war alles. Die Bühne *diente* dazu, sie zu zeigen.«

In Wyspiańskis HAMLET-Buch lassen sich deutlich drei Stränge auseinanderhalten. Die Interpretation von HAMLET als solchem, die noch heute, nach mehr als einem halben Jahrhundert progressiv, entdeckerisch, stellenweise sensationell wirkt und dem Theater und der modernen Shakespeare-Forschung bedeutend näher steht als der Tradition des 19. Jahrhunderts. Dann das Drama über einen polnischen Hamlet, der zum jüngeren Bruder von Konrad aus Wyspiańskis WYZWOLENIE[48] wird, ein Mysterium des Willens und Schicksals, der Verantwortung für sich und die anderen. Und schließlich die Vision eines gigantischen Theaters, eines Theaters, in dem Architektur, Malerei und Drama vereinigt sind und welches »Spiegel, Brandmal und Gewissen der Gegenwart« zu sein habe.

Der erste Blick Wyspiańskis gilt wie immer der Lokalisierung des Stücks, dem Handlungsort, der Verbindung der »Logik der Architektur« mit der »Logik des Textes«. Die Rolle des Handlungsorts in Wyspiańskis Theater-Konzeption haben die Kritiker seit je klar erkannt. Am präzisesten hat sie neuerdings Jean Fabre erfaßt: »Die ungewöhnlich plastische Vision des Handlungsortes enthält mehr als nur den Hintergrund oder Rahmen der Komposition. Der Ort ist die wichtigste, die realste Figur des Dramas, vor der die menschlichen Figuren zu Schatten werden. So ist das Rom in LEGION, das Wawel-Schloß in AKROPOLIS, der Warschauer Łazienki-Park in NOC LISTOPADOWA. Allen voraus ist eine noch bezauberndere Vision: das Krakau der Jahre 1876–1910, das Krakau von Stanisław Wyspiański, die allgegenwärtige Stadt, von der man besessen ist.«[49]

Diese Stadt als Besessenheit, das zeitgenössische Krakau Stanisław Wyspiańskis finden wir in seinem HAMLET wieder. »Was ist das für eine Galerie, auf der ›Prinz Hamlet stundenlang zu lustwandeln pflegte‹? – ›Der arme Junge mit dem Buch in der Hand‹.

Sie sehen ihn, wie er mit dem Buch in der Hand auf der oberen Galerie des Krakauer Jagellonen-Schlosses schreitet.«

Das ist keine allgemeine Vision eines HAMLET auf dem Krakauer Königsschloß. Wyspiański zeichnet die Szene mit topographischer Exaktheit, gestaltet sofort die Szene des gigantischen Theaters, von dem er träumte. »Sie sehen ihn, wie er gegen Mitternacht zu den Wächtern stößt, wo ihn

Freund Horatio erwartet. Auf den Wawel-Terrassen... – und dort wird der Geist erscheinen!...«

Mit dieser Vision, mit der dramatischen Situation und dem darin enthaltenen Konflikt beginnt Wyspiański seine Interpretation. Nicht mit Worten, nicht mit Philologie, sondern mit einem Bild. Prinz Hamlet mit einem Buch in der Hand begegnet dem Geist. Was war das für ein Buch? Natürlich Montaigne. Hamlet liest also Montaigne. Dieser dänische Prinz ist gebildet, dieser junge Mann ist ein Mensch der Renaissance. Doch ein Renaissance-Hamlet darf nicht an Geister glauben, ein Hamlet der Renaissance muß stichhaltigere Beweise suchen. Es gibt also zwei Hamlets, einen alten und einen neuen, die Shakespeare zu einer Gestalt zusammengeschlossen hatte. Den alten Hamlet, der an Geister glaubt und dem Gesetz der Sippenrache gehorcht, und den neuen Hamlet der Renaissance, der sich Gedanken macht und zweifelt. Wyspiański konstruiert zwei verschiedene Szenarien: das Drama des Geistes, das er als Rachedrama des Prinzen Hamlet oder Drama der Nacht bezeichnet. Und das Drama des Renaissance-Tages, in dem Hamlet der Montaigne-Leser über den königlichen Hof hinauswächst und zum vollen moralischen Selbstbewußtsein gelangt. Dieser zweite HAMLET ist das Drama der Intelligenz, ist der polnische HAMLET der Jahrhundertwende, vierzig Jahre nach dem letzten Aufstand der dreigeteilten, staatenlosen Nation.

Unabhängig vom Hamlet der Philologen ist und war jeder Hamlet stets ein zeitgenössischer Mensch. So auch der Hamlet von Wyspiański. Dieser traurige Junge mit dem Buch in der Hand hatte bestimmt nicht Montaigne gelesen. Viel eher Baudelaire, vielleicht rezitierte er um Mitternacht die SATANSLITANEIEN auf dem Krakauer Marktplatz. Aber vor allem hatte er die nationalen Dichterfürsten gelesen, vor allem lastete auf ihm der Druck der Mauern. Rundum sah er nur ein unentwegtes Theater und geifernde, kreischende Karikaturen von Polonius. Eben diesem Theater beschloß er ein Anti-Theater entgegenzusetzen. Genauso wie Konrad in WYZWOLENIE.

Im Renaissance-HAMLET, den Shakespeare gewissermaßen dem alten Drama aufpfropfte, sind nach Wyspiański drei Szenen am wichtigsten: der Einzug der Schauspieler oder das Spektakel, die Szene mit den Porträts oder das Gespräch Hamlets mit seiner Mutter und die Friedhofs-Szene. Die Szene mit den Schauspielern lag Wyspiański doppelt nah: künstlerisch wie ideell. Sie war eben jenes ersehnte Anti-Theater, das Theater im Theater. Genau dasselbe wie im ersten und dritten Akt von WYZWOLENIE, wie in NOC LISTOPADOWA.

Die Bühne auf der Bühne zwang zum Bruch mit dem Illusionismus, mit der naturalistischen Theorie von der vierten Wand. Die Bühne auf der Bühne theatralisierte das Theater, zwang den Schauspieler dazu, zu *demonstrieren*, zwang ihn, statt einer echten Figur einen *Schauspieler* darzustellen. Worin bestand dieses Theater im Theater, von dem die europäische Avantgarde erst zu träumen begann? Wyspiański erteilt auf diese Frage eine seiner klarsten Antworten. Das Theater im Theater ist ein von den Kulissen her gezeigtes Theater, ist ein von dort aus gesehenes Schauspiel. Die Bühnenarbeiter stellen das Bühnenbild auf, die Schauspieler schminken sich, Autor, Regisseur und Theaterdirektor sprechen über das Stück und den Inszenierungsstil. Das ist der erste und dritte Akt von WYZWOLENIE. Das sind auch das gute Dutzend Seiten, vielleicht die schönsten, die Wyspiański geschrieben hat: Gespräche zwischen Shakespeare-Darstellern in der Theatergarderobe.

Die Schauspieler haben die Bühne verlassen, aber sie sind noch nicht in ihr normales Leben zurückgekehrt. Sie schminken sich oder schminken sich ab, haben die Königsmäntel noch auf der Schulter, die Schwerter lehnen an den Stühlen. Noch haftet etwas von der Größe des Dramas an ihnen, aber sie lachen schon wieder, machen Witze und äffen einander nach. Für eben jene Zwischenzone von Theater und Leben war Wyspiański besonders empfänglich. Dieser Art von Sensibilität ist die neue Ästhetik des Theaters zu verdanken. Und nicht nur die des Theaters. Dieselbe Zone des Ungewöhnlichen haben Apollinaire und Jacob später in den Vororten der Großstadt, in den Puppen der Friseursalons und unter den Zelten des Wanderzirkus' entdeckt. Noch heute werden wir alle von eben jenem Meta-Theater angesprochen. Eine der schönsten Shakespeare-Aufführungen, die ich je gesehen habe, waren Fragmente aus RICHARD III., die Woszczerowicz mit jungen Warschauer Schauspielern im Kulturhaus in der Elektoralna-Straße demonstrierte, ohne Kostüme, ohne Requisiten, auf einem gewöhnlichen Holzpodest. Wyspiański war auch hier der Vorläufer. Die Wiedererweckung dieser Art von Sensibilität hielt er mit Recht für eine Rückkehr zur elisabethanischen Tradition. Die Szene der Theateraufführung in HAMLET war für ihn ein mustergültiges Beispiel des neuen Theaters der Zukunft. Das Theater im Theater bedeutete für Wyspiański nicht nur eine neue Ästhetik, es war auch eine neue Ideologie. Die Bühne auf der Bühne, das ist das ersehnte Anti-Theater! Die Bühne auf der Bühne – das ist Auseinandersetzung, Diskussion, Parodie. Wyspiański hatte sich mit den Legenden der Romantik auseinanderzusetzen, mit den großen Werken der Dichterfürsten, die das Leben verdrängten und wie morsches Holz leuchteten. Doch er konnte den Mythen und Legenden, die zu einem Lebensersatz geworden waren, nur eine neue Legende entgegensetzen, eine andere Bühne, ein anderes Theater. Eben jenes Theater im Theater, die Bühne auf der Bühne, das Anti-Theater. So interpretiert und löst Wyspiański die Szene des Spektakels in HAMLET. »Und nun wächst die Bühne und der Zuschauerraum, das Theatrum, zum Gerichtssaal, in dem das Stück, das Drama, das Künstlertum das Urteil fällt und solche Töne anschlägt, daß die Gewissen wie an einem Angelhaken an die Oberfläche kommen.«

Aber das ist bereits der polnische HAMLET, der HAMLET von Wyspiański. Die Shakespearesche Bühne hat den Rang eines Gerichtssaals erlangt, in dem das Urteil über die Nation gefällt wird. Das Theater wird zum *Sejm* des nicht existierenden Staates, die Kunst zum höchsten moralischen und politischen Tribunal. So geht in dieser Studie die neuartige Interpretation des Shakespeareschen HAMLET in die Vision eines gänzlich anderen Theaters über, das der griechischen Tragödie bedeutend näher zu stehen scheint als Shakespeare.

Wir müssen jetzt die beiden ineinander verflochtenen Stränge trennen: das Shakespearesche Thema vom Thema des polnischen HAMLET, wie ihn Wyspiański sah. Das kleine Buch ist voll von Bemerkungen, Analysen, detaillierten Interpretationen, deren Neuartigkeit uns noch heute überrascht. Wyspiański sieht in HAMLET das Drama und das Theater. Er macht sich kaum Gedanken über die Abgründe der hamletischen Seele, die das 19. Jahrhundert so stark beschäftigte. Er fragt im Gegenteil nach Rolle und Aufgabe, die Hamlet im Szenarium zufallen, in dem eigenen, das Shakespeare als Vorlage diente, und in dem anderen, das dieser selbst entwickelte. Er fragt nach Rolle und Funktion, die Horatio, Laertes und vor allem Fortinbras zu erfüllen haben, im Theater und im Drama. Wyspiański beginnt mit der Situation, mit der dramatischen Intrige, nicht mit Philologie und Charakteranalyse. Und eben darin kommt er den modernen Shakespeare-Interpretationen nahe.

In allen neueren HAMLET-Analysen (H. Granville-Barker, F. Fergusson, J. Paris) rückt die Gestalt des Fortinbras in den Vordergrund. In den strukturalistischen Interpretationen wird HAMLET zu einem Drama analoger Situationen, einem Spiegelsystem, in dem ein und dasselbe Thema der Reihe nach tragisch, pathetisch, ironisch und grotesk reflektiert wird: drei Söhne, die nacheinander ihre Väter verloren, Hamlets Wahnsinn und Ophelias Wahnsinn. In den mehr historischen Interpretationen ist HAMLET ein Drama der Macht und Erbfolge. Im ersten Fall gilt Fortinbras als einer von Hamlets Doppelgängern, eines seiner *alter egos*, seiner ›Medien‹. Im zweiten Fall: als Erbe des dänischen Thrones, als derjenige, der die Kette der Blut- und Rachetaten unterbricht, der die Ordnung im dänischen Königreich wiederherstellt. Diese Ordnung kann als Wiederkehr der moralischen Ordnung oder als ›neue Ordnung in Europa‹ verstanden werden. Das Finale der Tragödie ist auf beide Weisen interpretiert worden.

Wenn man die moralischen Konflikte in HAMLET historisch lokalisieren, in einer historischen Situation verwurzeln will, gleich, ob es eine der Renaissance oder eine modernisiertere sein soll, so kann man Fortinbras' Rolle nicht übergehen. Die ganze Schwierigkeit ist die, daß Fortinbras im Text selber nur ganz undeutlich umrissen ist. Auf der Bühne tritt er nur zweimal auf: in Akt IV., als er mit seinem Heer nach Polen zieht, und am Schluß, als er sich auf den verwaisten Thron setzt. Wie ins gemachte Nest, nach beendetem Massaker. Es ist nicht weiter erstaunlich, daß die Theater des 19. Jahrhunderts das Problem Fortinbras fast gänzlich ignoriert haben. Für Wyspiański wird Fortinbras jedoch zum Schlüssel der Tragödie.

Wyspiański analysiert das Szenarium von HAMLET. Darin geht der Untat von Claudius die Untat von Hamlets Vater voraus. Der alte Hamlet hat den alten Fortinbras in einem Duell getötet. Und dafür muß er im Fegefeuer leiden. Wyspiański unterstreicht die Ähnlichkeit zwischen dem Schicksal des jungen Hamlet und des jungen Fortinbras:

»Fortinbras hat den Tod seines Vaters zu rächen.

Hamlet hat den Tod seines Vaters zu rächen.

Der Geist zieht Hamlet auf denselben Weg, den er selbst zu Lebzeiten gegangen war.

Fortinbras setzt die Gedanken, Ziele, Absichten und Ideen, die Bestrebungen und Pläne seines Vaters fort.«

In einer so konzipierten Tragödie ist die Thronübernahme durch Fortinbras die logische und dramaturgische Konsequenz der ersten Bluttat. Diese Lesart bringt den Shakespeareschen Historismus viel stärker zur Geltung. HAMLET wird nun zu einer philosophischen Verallgemeinerung der Chroniken.

Das Neuartige dieser Interpretation fällt dann vielleicht am stärksten auf, wenn man Wyspiańskis Versuch mit demjenigen Brechts vergleicht. Ich habe das entsprechende Brecht-Fragment aus dem KLEINEN ORGANON in dem HAMLET-Aufsatz zitiert.[50] Für Brechts Konzeption ist die herkömmliche Auffassung Goethes vom schwachen Hamlet zweifellos ausschlaggebend gewesen. Diese Konzeption des dänischen Prinzen war Wyspiański völlig fremd. Sein Hamlet war seiner Aufgabe gewachsen. Und dennoch. Trotz der grundsätzlichen Verschiedenheit in der Behandlung der Hamlet-Gestalt welche verblüffende Ähnlichkeit dieser beiden Szenarium-Skizzen. Brecht ist wie Wyspiański empfänglich für die Politik in HAMLET, stärker als die Seelengeheimnisse des Prinzen interessieren ihn die Bilder des historischen Konflikts. Brecht schrieb sein KLEINES ORGANON in den Jahren des Zweiten Weltkriegs. Was wunder, daß er in der Shakespeareschen Tragödie vor allem Feldzüge sah, die das Land verwüsteteten, Überfälle feindlicher Truppen, die Ohnmacht der Vernunft. Das persönliche Drama Hamlets und die Leiden der sensiblen Ophelia schmolzen angesichts der nationalen Tragödie zusammen. Die Tat, das war die Befreiung. Und deshalb sucht Wyspiański ähnlich wie Brecht den adäquaten historischen Hintergrund für seinen HAMLET. Auch hierin ähneln sich die beiden Szenarien. Sie haben dasselbe historische Klima.

Wyspiański schrieb: »... zu gleicher Zeit, da Shakespeare in den Jahren 1601–1604 sein Drama konzipierte, entwickelte und spielte sich auf der großen Welt ein Drama und eine Tragödie ab, die viele Rätsel barg, die des HAMLET würdig sind. Es ist die *Moskauer Tragödie*, die Tragödie Godunovs, Fjodors und des falschen Demetrius', über der der Geist Ivans des Schrecklichen schwebte. Der große dramatische Hintergrund der Ereignisse, der dem Drama selbst vorangeht, ist von zwei Titanen gemalt worden, die in einem gleichsam ariostischen Zweikampf um die Herrschaft über zwei Staaten ringen, von Báthory und Ivan. Und dann, im Verlauf des Dramas selbst, jene eigentümliche Gestalt Fjodors, die sonderbaren Meldungen über den heranwachsenden Demetrius, über dessen Tod, jenes fortwährende Auftauchen von Demetrius unter immer anderen Gestalten, jene von Jahr zu Jahr sonderbarer werdenden Meldungen und die Unruhe Godunovs, jenes Godunov, der die gesamte Rolle des Claudius Vers für Vers akzeptieren könnte, dann der junge Fortinbras, der Freiwillige aus den verschiedenen Gegenden ... Norwegens zusammenschart ...«

Noch auf eine weitere Ähnlichkeit zwischen diesen beiden HAMLET-Interpretationen muß hier hingewiesen werden. Ähnlich wie Brecht modernisiert Wyspiański den Konflikt zweier Völker in HAMLET ganz deutlich. Beide sehen im Streit um die Krone zwischen Dänemark und Norwegen einen Krieg zwischen Nachbarvölkern. Wyspiański sucht fieberhaft nach einer anderen Lösung, versucht das Shakespearesche Szenarium zu modifizieren, läßt Claudius Hamlet nicht nach England, sondern in das Heerlager des jungen Fortinbras schicken. Dort soll Hamlet geköpft werden. Aber Hamlet gelingt es, Fortinbras zu überzeugen. Infolgedessen ziehen sie gemeinsam zum Schloß Elsinor, um sich an Claudius zu rächen. Der treue Horatio verteidigt das Schloß. Er weiß nichts von der Absprache, den vertauschten Briefen. Er sieht nur, daß Hamlet in Elsinor Einzug hält und daß die Soldaten Fortinbras' hinter ihm die Tore besetzen. Die Soldaten des Feindes. Horatio wirft Hamlet Verrat und Wahnsinn vor. Hamlet bricht zusammen. Der einzige Freund hat ihn mißverstanden. Das ist eine weitere Version des polnischen HAMLET.

Und der Schluß: »Der Geist erscheint im Schloß, in voller Rüstung, er ist Schloßherr, der Wächter und Verteidiger, der alleinige König von Dänemark.

Die heilige Nacht ist vorbei und mit ihr der Zauber. Die Graber üben wieder ihre Macht aus.

Der Geist schreitet durch das Schloß, nunmehr für alle sichtbar.«

Das ist der HAMLET, den Wyspiański auf dem Wawel aufführen wollte, der Krakauer und romantische HAMLET, der HAMLET der polnischen »König-Geister«.[51] Eine verwegene Idee mehr in diesem fiebrig geschriebenen kleinen Buch. Dann führt Wyspiański die Analyse des Shakespeareschen Textes fort. Nach der Klärung des Problems Fortinbras folgt die Frage des Laertes. Das ist der dritte junge Mann, dessen Vater ermordet wurde. Im vierten Akt kehrt Laertes nach Elsinor zurück, das Volk ruft ihn zum König aus, er stellt sich an die Spitze der Rebellion, erobert den Palast und bedroht Claudius. So steht es bei Shakespeare. Wyspiański sieht in dieser Szene den deutlichen Sprung im Gefüge des Dramas, die Stelle, an der die beiden Szenarien ineinander übergehen, das alte und das neue. Laertes ist hier der Hamlet des ursprünglichen Dramas, das mit der Ermordung Claudius' und der Thronübernahme des jungen Prinzen enden mußte. Laertes ist für Wyspiański der mittelalterliche Hamlet, der nur zur persönlichen Rache fähig war. Laertes ist das deformierte erste Gesicht von Hamlet, ist ein Hamlet ohne dessen Größe und moralische Wahrhaftigkeit.

Ganz ähnlich wird die Figur des Laertes in neueren Arbeiten interpretiert. Jean Paris interpretiert HAMLET in seinem letzten Buch, das als der originellste Beitrag der französischen Shakespeare-Forschung angesehen wird,[52] als kosmisches Drama und philosophische Verallgemeinerung der Geschichte. HAMLET ist für ihn ein Drama des Sohnes in drei Personen: Hamlets, Laertes' und Fortinbras'. Hamlet ist das Symbol der tatlosen Reflexion, Laertes: der reflexionslosen Tat. Der Sieg des Fortinbras säubert die Welt vom Verbrechen. Francis Fergusson sieht das Stück viel weniger metaphysisch.[53] Für ihn gehört Laertes in das System von Spiegeln und Analogien, die dieselbe reale Situation in wechselndem Licht zeigen. Laertes ist Hamlets Zerrbild, so wie Polonius das Zerrbild von Claudius ist. Beide Autoren heben den Parallelismus als einen Grundzug Shakespearescher Kompositionstechnik hervor. Sie stützen ihre Interpretation auf die Logik der Handlung und den Aufbau des Dramas. Genauso verfährt Wyspiański. HAMLET endet mit der Thronübernahme durch den jungen Fortinbras. Der feudale Zyklus, eröffnet mit der Ermordung des alten Fortinbras, schließt sich an dieser Stelle. Doch die notwendige und unerläßliche Bedingung für das Sichschließen des Zyklus' ist die unblutige Machtübernahme durch den jungen Fortinbras. Hätte Fortinbras Hamlet in einem Duell getötet, müßte ein neuer Zyklus der Sippenfehde und -rache beginnen. Deshalb müssen Hamlet und Claudius sterben, noch bevor Fortinbras vor den Toren Elsinors erscheint. Hamlet kann Claudius nicht unmittelbar töten, sonst hätte die drei Akte währende dramatische Retardation keinen Sinn. Hamlet kann sich nicht selbst töten, denn er muß die Rechnung mit der Welt begleichen und die Bühne in voller moralischer Größe verlassen. Dann gibt es noch den Laertes, der sowohl sterben als auch den Tod seines Vaters rächen muß. Dann gibt es noch die Königin, die für ihre Schuld bezahlen und sterben muß, indem sie Hamlet rettet.

Die Schlußszene mit dem Duell und dem Überreichen des vergifteten Pokals ist die mathematische Lösung aller Konflikte des Dramas. Dieses verworrene *imbroglio*: der vergifteten Waffe, des Wechsels der Rapiere und der giftigen Perle ist nicht nur ein Augenschmaus oder das unvermeidliche allgemeine Massaker am Ende der Tragödie. Es besitzt vollen dramatischen und ideellen Sinn. In den Königsdramen war der jeweilige Herrscher erst Henker, dann Opfer. So sah Shakespeare den grausamen Geschichtsmechanismus. Wyspiański war nahe daran, HAMLET als philosophischen Versuch der Überwindung jenes Mechanismus der Feudalgeschichte zu lesen. Fortinbras ist der erste Herrscher, der weder Henker noch Opfer ist. Hamlet wird erst im letzten Augenblick seines Lebens zum Henker und zum Opfer, gegen seinen eigenen Willen; er hat die ihm vom Szenarium auferlegte Rolle bis zum blutigen Ende gespielt. Innerlich hat er sie nie akzeptiert. Er war mit seiner Rolle zerstritten.

Die Szene des Duells und des Tausches der Rapiere wurde auf dem Theater, und so ist es häufig immer noch, als Schaunummer, als Paradestück der Fechtkunst gezeigt. In seiner detaillierten Analyse dieser Szene bestimmt Wyspiański für jeden Passus des Textes die Positionen der beiden Fechter sowie die Gesten von König und Königin. Er stellt Hamlet bewußt mit dem Rücken zum königlichen Paar in dem Moment, da die Königin nach dem Giftpokal greift und daraus trinkt. Jeder Platzwechsel, jeder der einzelnen Kämpfe und der Tausch der Rapiere sind dramatisch motiviert, dienen einem übergeordneten Ziel. Dieses Szenarium der Duellszene sollte als klassische Seite der polnischen Shakespeare-Forschung und als Musterbeispiel modernen Regiedenkens anerkannt werden. Erstmalig machte der Russe G. Kosinzev in seiner HAMLET-Verfilmung von 1964 davon Gebrauch.

Zum Schluß setzt sich Wyspiański mit Goethes Auffassung von Hamlet, dem Schwächling[54], und mit dem modernistischen Theater eines hamletisierenden Hamlet auseinander. Er schreibt: »Hamletisieren, das ist etwas anderes als Hamlet. Hamlet selber hamletisiert nicht. Er *denkt*. Sein Denken hat ein Ziel. Dieses Ziel heißt Entwicklung. Entwicklung! (...) So also war alles Lob, das Hamlet seit längerer Zeit gespendet wurde, ebenso wie das tragische Händeringen über sein Schicksal ein Lob der eigenen Schwäche und der eigenen Untauglichkeit... Ein so verstandener Hamlet war ein garantierter Trost für alle, die kein Talent außer zum Hamletisieren hatten... Mehr noch: Hamlet wurde zum Gift für alle Geister, die noch zur Entwicklung fähig gewesen wären, zum Gift, das seine Wirkung nie verfehlte und das sich in die Worte fassen ließ: man kann zugleich Taugenichts und Held sein.

Ich gestatte mir, diese beiden Substantive voneinander zu trennen. Hamlet ist ein Held, so wie jede Jugend heldenhaft ist, und er kennt keine Schwäche, sondern nur Gedanken und deren allmähliche Entwicklung. Nicht Unvermögen und Mangel an Energie und Kraft, sondern das Gefühl eines *Menschen*, der die Taten, für die er bestimmt ist, mit unfehlbarer Gewißheit abwarten will und nichts zu tun bereit ist, das einen Schatten auf ihn werfen könnte. Gedanklich aber kann man sich diesem Ziel nur stufenweise nähern. Über Stufen gehen kann nur der, dessen *Seele* wächst und der von den einmal eroberten Stufen nicht mehr weicht!«

Wyspiański sieht in HAMLET das Drama der Intelligenz und der Jugend, und diese seine Konzeption ist den Hamlets des 20. Jahrhunderts viel näher als der Tradition des 19. Jahrhunderts. Zugleich ist sein Hamlet sehr nietzschehaft, es ist ein einsamer, von der Größe der eigenen Seele berauschter Held. Dieser Hamlet soll wie Konrad das eigene Volk befreien und verzichtet ebenso wie Konrad auf Genossen oder Komplizen. Er will die nötige moralische Kraft in sich selbst finden. Der dänische Prinz ist bereits von der Bühne verschwunden, und der traurige Junge irrt über die Terrassen der Wawel-Ruine. Derselbe Wyspiański, der den Shakespeareschen Text auf eine so erregende Weise las und dessen ganze Konkretheit und dramatische Möglichkeiten zeigte, der den Shakespeareschen HAMLET in eine blutige und grausame, aber reale Geschichte stellte, verleiht ihm jetzt, da er Hamlet zu einem polnischen Helden macht, Theaterkothurne und Pathos.

Er gibt ihm Konrads Mantel und Konrads Aufgaben. Hamlet wird zu einem tragisch-sarkastischen Opferpriester der polnischen Nemesis.

»In Polen besteht Hamlets Rätsel darin, was es in Polen zu denken gibt. (...) Führe HAMLET auf, wo immer in Polen es dir beliebt. Überall werden deine Worte: Unrecht, Lüge, Trug, Betrug – Betrug, Trug, Lüge und Unrecht bedeuten! und nach Rache schreien!

Es sei denn, du siehst nicht, wer der Räuber, der gemeine Dieb ist, der das teure *Diadem* aus der Auslage stahl. Vielleicht gelingt es dir, auf den Hof des Claudius zu gelangen?

Seine-Königliche-Hoheit-liebt-Komödien.«

Doch ist dieser neue polnische Hamlet kein Held einer nach Shakespeare geschriebenen Tragödie mehr, sondern der eines modernistischen Mysterienspiels. Er lebt in einer künstlichen Welt von leeren Begriffen und Parolen, von großgeschriebenen Schlagwörtern: TAT, WILLE, SCHICKSAL, BESTIMMUNG.

Die Taten der Väter lasten auf den Söhnen und führen eine Katastrophe herbei. Selbst dann, wenn sie nicht fortgesetzt werden. Die Ausführung der Tat im Namen der Generation der Väter ist das Schicksal der Söhne. Doch rächen darf man nur das eigene Unrecht, nicht das der Väter. So stand es bei Wyspiański. Der polnische Hamlet reift zur Unterscheidung zwischen Wahrheit und Lüge, zur Entlarvung der moralischen Verlogenheit der Welt, zur Akzeptierung des Todes, der Selbsterkenntnis ist. Denn nicht die Menschen regieren die Welt, sondern Gott. Und Gottes Hand läßt Gerechtigkeit walten.

In einem so verstandenen HAMLET verflüchtigt sich alles, was darin konkrete, historische und psychologische Erfahrung war. Dieser polnische Hamlet ist weder ein Held der Renaissance noch ein moderner Hamlet. Statt Montaigne las er leider nur Schopenhauer und Nietzsche.

Wyspiańskis Hamlet steht den Helden der Tragödien von Hofmannsthal wohl am nächsten. Es geht hier um die nämliche ›tragische Antinomie‹, die Hofmannsthal in seiner Selbstanalyse AD ME IPSUM meinte. Über die Dramen dieser Zeit schrieb Heinz Kindermann: »Vergänglichkeit und Ewigkeit, Einsamkeit und Gemeinschaft: das sind die antinomischen Ordinaten ... Das Zum-Opfer-Erwähltsein königlicher Menschen, Schuldlos-Schuldiger, wird nun einer der Hauptvorwürfe. Und selbst wo Verirrung gezeigt wird, sind es doch oft adelige, große und innerlich schöne Menschen, die in den Abgrund taumeln, ist ihre Verirrung nicht schändliche Sünde, sondern schicksalhaftes Geschehen.«[55]

Zu dem Helden einer solchen modernistischen Tragödie wurde Wyspiańskis Hamlet.

SHAKESPEARE, GRAUSAM UND WAHRHAFTIG

The Shakespeare Memorial Theatre Company: Titus Andronicus. Regie, Bühnenbild und Musik von Peter Brook. Gastspiel in Warschau, Juni 1957.

Hätte Titus Andronicus einen sechsten Akt, dann würde Shakespeare an den Zuschauern der ersten Reihen sich vergreifen und sie unter grausamen Qualen sterben lassen. Denn auf der Bühne bleibt außer Lucius kein Held der Tragödie am Leben. Noch bevor der Vorhang im ersten Akt sich erhebt, sind bereits einundzwanzig Söhne des Titus gefallen. Und so geht es weiter bis zum Schluß, pausenlos bis zu dem großen Massaker der letzten Szene. Dieses Stück hat fünfunddreißig Leichen aufzuweisen, abgesehen von den ermordeten Soldaten, Dienern, Nebenpersonen. Mindestens zehn große Morde geschehen vor den Augen des Zuschauers. Und es handelt sich dabei um Morde und Grausamkeiten diversester Natur. Titus wird eine Hand abgeschlagen, Lavinia die Zunge ausgeschnitten und die Hände abgehauen, die Wärterin wird erdrosselt. Hinzu kommen Notzucht, Kannibalismus und bestialische Torturen. Verglichen mit diesem Renaissance-Drama erscheint die moderne amerikanische schwarze Literatur wie eine süße Idylle.

Titus ist keineswegs das brutalste Stück Shakespeares. Mehr Leichen gibt es in Richard III.; König Lear wiederum ist bei weitem grausamer. Ich kenne keine erschütterndere Szene als den Tod Cordelias. König Lear ist zweifellos ein Meisterwerk. Ein Meisterwerk ist auch Richard III. Bei der Lektüre erscheinen die Grausamkeiten von Titus Andronicus kindisch. Wir haben das Stück jetzt erneut gelesen, es wirkte lächerlich. Dann sahen wir es auf der Bühne, und wir waren erschüttert.

Was besagt das? Besagt das lediglich, daß Olivier ein genialer Tragöde und Peter Brook ein großer Regisseur ist? Ich glaube, es geht um mehr. Scheint uns ein modernes Stück bei der Lektüre flach und kindisch, ergreift und überzeugt es uns dagegen im Theater, so sagen wir, dieses Stück sei bühnenwirksam. Von Shakespeare zu sagen, er sei bühnenwirksam, mutet nun doch recht lächerlich an. Denn Titus Andronicus ist ein Stück von Shakespeare, oder vielmehr ein von Shakespeare umgearbeitetes Stück so wie Hamlet, allein mit dem Unterschied, daß Shakespeare in Titus Andronicus bei der Gestaltung der dramatischen Materie, die er antraf, erst am Anfang war. Er war zwar schon dabei, große Gestalten zu entwerfen, aber noch vermochte er nicht, seinen Giganten volle Stimmen zu verleihen. Noch stammeln sie und haben wie Lavinia eine herausgerissene Zunge. Denn Titus Andronicus ist bereits Shakespeare-*Theater*, ist aber noch nicht Shakespeare-*Text*. Peter Brook und Olivier sagten und schrieben dazu, die Inszenierung von Titus Andronicus habe sie gerade deshalb gereizt, weil sie in dieser noch rohen Gestalt die Keime aller Shakespeareschen Tragödien erblickten. Ohne Zweifel künden die Qualen des Titus bereits die Hölle an, die König Lear durchwandern wird. Hätte Lucius, statt in das Lager der Goten zu gehen, sich auf die Universität zu Wittenberg begeben, er wäre gewiß als Hamlet wiedergekehrt. Wollte Tamora, die Königin der Goten, in die Tiefe ihrer Seele schauen, sie stünde Lady Macbeth gewiß sehr nahe. Nur das Bewußtsein des Verbrechens fehlt ihr, so wie Lavinia jenes Bewußtsein des Leidens fehlt, das Ophelia in den Wahnsinn stürzt.

Und vielleicht kann man aus Titus Andronicus besser als aus irgendeinem anderen Stück Shakespeares ersehen, worin sein Genius bestand: er verlieh den Leidenschaften inneres Bewußtsein, bei ihm hörte die Grausamkeit auf, nur ein physisches Phänomen zu sein. Shakespeare entdeckte die moralische Hölle. Und den Himmel. Aber er blieb auf der Erde.

Alles das sah Peter Brook in Titus Andronicus. Und dennoch hat er dieses Stück nicht als erster entdeckt. Allerdings hatte man es mehr als zwei Jahrhunderte als ein barbarisches und unvollkommenes Werk betrachtet. Die Klassiker nannten es ein gotisches Stück. Sie hatten auf ihre Weise recht. Titus Andronicus konnte ihnen nicht gefallen. Aber das Stück hatte dem Publikum Shakespeares gefallen. Es gehörte zu den meistgespielten.

Peter Brook hat Titus Andronicus nicht entdeckt. Peter Brook hat aber in Titus Shakespeare entdeckt. Oder vielmehr: er entdeckte darin Shakespeares Theater. Jenes Theater, das die Zuschauer rührte und erschütterte, entsetzte und berauschte.

Die Antwort auf die Frage, wer in unseren Zeiten den wahren Shakespeare am eindringlichsten zur Darstellung gebracht hat, ist klar: Olivier. Der Shakespeare unsrer Zeit wurde erstmals im Film gezeigt. Verglichen mit den großen Filmen Oliviers: Hamlet, Heinrich V., Richard III., wirken selbst die besten Theateraufführungen fade und nüchtern, verniedlicht und konventionell, flach und langweilig.

Der Film hat den renaissancehaften Shakespeare entdeckt. In der Inszenierung, mit der die Shakespeare Memorial Theatre Company bei uns zu Gast war, ist die Rückkehr zum wahren Shakespeare durch die Erfahrungen des Films das Merkmal, das am meisten in Erstaunen versetzte. Es lohnt sich, bei dieser Frage zu verweilen. Denn hier, irgendwo hier, stecken die Entdeckungen, die für das Verständnis des modernen Shakespeare von grundsätzlicher Bedeutung sind. Des modernen, aber zugleich auch des renaissancehaften Shakespeare.

In was für einer Szenerie und in welchen Kostümen soll man Shakespeare spielen? Ich habe Shakespeare auf großen Treppen aufgeführt gesehen und vor dem Hintergrund kubistischer Prismen und zwischen rachitisch verrenkten Bäumen, den Lieblingen polnischer Bühnenbildner, im ›leibhaftigen‹ Wald mit rauschendem Blattwerk und zwischen sogenannten phantastischen Dekorationen mit Fischschuppen, schwebendem Tüll und in aus der Oper geliehenen Rüstungen. Und pomphaft und in der pseudonoblen Stilisierung aus dem Jahre 1930.

Einmal war es besser, einmal schlechter, gut aber niemals. Erst der Film zeigte, daß die große Malerei der Renaissance und des Barock einer der Wege zur Wiedergabe der Shakespeareschen Vision sein kann. Oder der Gobelin wie in RICHARD III. Natürlich nur Ausgangspunkt, keinesfalls blinde Nachahmung. Ausgangspunkt für die Gestik, die Komposition des Bildes, das Kostüm. Die Römer in Shakespeares Tragödie lassen sich weder in künstlich erfundene, unabhängig von der gegebenen Epoche stilisierte Kostüme kleiden noch in abgezeichnete, dokumentarisch genaue Museumsstücke. Es müssen Römer sein, wie sie die Renaissance gesehen hat. Und wie sie sie gemalt hat.

Peter Brook ging diesen Weg. Er beschritt ihn wie ein großer Künstler. Ohne zu kopieren, mit völliger Ungezwungenheit, ohne krampfhafte Einheitlichkeit. Die Gelbtöne nahm er von Tizian, die Priester kleidete er in das aufreizende Grün Veroneses. Sein Mohr spielt in einem schwarz-blau-goldenen Kostüm, das er von Rubens übernommen hat. Von Rubens dürfte auch die gesamte Szene im Lager der Goten mit Aaron stammen, der in einem aus großen Leitern gefügten Käfig gequält und gefoltert wird. Und es ist unwichtig, ob das Kolorit tatsächlich von den Venezianern stammt, oder ob man sich bei der dramatischen Aufstellung der Gestalten stärker von El Greco oder von Rubens hat inspirieren lassen. Wichtig ist, daß es sich hierbei um eine durch die Erfahrungen des Films gesehene Malerei handelte. Keine lebenden Bilder, keine Oper. Jede Szene ist wie ein Filmbild gebaut, und die Szenen folgen einander wie im Film die Sequenzen. Als man mit der Verfilmung Shakespeares begann, wurde die Handlung genauso wichtig wie das Wort. Alle Stücke Shakespeares sind große Schaustücke, voll von Waffenlärm, Truppenzügen und Duellen, es gibt darin Gastmähler und Saufgelage. Ringkämpfe zwischen Muskelprotzen, kobolzschießende Narren, Stürme und Gewitter, körperliche Liebe, Grausamkeiten und Leiden. Das elisabethanische Theater war zum Schauen bestimmt. Es war ebenso wie die chinesische Oper eine große Schaubude. Alles darin geschah wirklich. Der Zuschauer glaubte daran, daß ein Sturm über die Bühne fegte, daß das Schiff unterging, daß der König zur Jagd ausritt, daß der gedungene Mörder den Helden mit dem Dolch erstach.

Die Geburt der elisabethanischen Tragödie ähnelt der Geburt des Films in vielem. Man nahm alles in die Tragödie auf, was zur Hand war. Die Tagesereignisse, die Kriminalchronik, Geschichtsfetzen, Legenden, Politik und Philosophie. Sie war Wochenschau und Geschichtschronik zugleich. Die elisabethanische Tragödie war habgierig: frei von Regeln stürzte sie sich auf jeden Stoff. Wie der Film lebte sie von Kriminalstories, von der Geschichte und der unmittelbaren Beobachtung des Zeitgeschehens. Sie arbeitete sowohl Geschichte als auch Legenden und alte Sagen um. Für sie war alles neu, alles eignete sich zur Adaptierung. Diese großen Elisabethaner erinnern oftmals an Filmproduzenten, die vor allen Dingen auf attraktive Themen aus sind. Man lese Marlowe oder neben Shakespeare – Ben Jonson.

Als sich das Theater von der elisabethanischen Gestalt entfernte, verlor es gleichzeitig das Spektakulöse Shakespeares und seine Fleischlichkeit. Dergleichen vermochte es nicht mehr zu zeigen. Dafür hatte es einfach keine Bühnenmittel mehr, oder besser: es hatte ihrer zu viele.

Ich habe Shakespeare auf der Drehbühne gesehen und zwischen Dekorationen, die man vor den Augen des Publikums wechselte, und zwischen Vorhängen mit heruntergelassenen Schildern, die den Ort der Handlung bezeichneten. Aber immer war es ein unwahrer Shakespeare. Das Theater schwankte zwischen Illusionismus und Stilisierung. Der Illusionismus war flach, naturalistisch oder einfältig und opernhaft. Die Stilisierung war abstrakt und formalistisch – oder penetrant und augenzwinkernd ans Publikum gerichtet. Illusionismus und Stilisierung haben Shakespeare gleichermaßen ausgedörrt, ihm seine Schreckenskraft und Poesie genommen, seine Fleischlichkeit.

Vier Männer treffen aufeinander. Einer von ihnen beginnt damit, die drei anderen zu schmähen. Sie zücken ihre Schwerter. Einer der vier wird ermordet. Sie gehen auseinander. Die Freundschaft ist hin. Ein Bürgerkrieg und ein Aufstand brechen aus. Das alles dauerte zwei Minuten. Das Schicksal des Königreiches wurde in diesem Augenblick entschieden. In fünfzehn Repliken.

Der Jüngling wirft dem Mädchen eine Blume zu, das Mädchen hebt sie auf. Ihre Blicke treffen sich. Sie ist die Tochter seines Feindes. Drei Repliken über Sonne, Sterne und junge Tiger, schon ist sie machtlos vor

Liebe. In dem einen Augenblick hat sich das Schicksal zweier Geschlechter entschieden. Laßt diese beiden Szenen naturalistisch spielen. Oder stilisiert. Ihr werdet Shakespeare töten. Shakespeare ist wahrer als das Leben. Und er läßt sich nur wörtlich spielen. Die Filme Oliviers brachten ihn dieser Wörtlichkeit näher als irgendein Theater. Und näher an die Über-Wahrheit Shakespeares. Sie schufen eine neue Shakespearesche Bühnensprache. Eine Sprache, die nur aus Spannung besteht, ohne leere Stellen. Ein in der Manier des neunzehnten Jahrhunderts erzogener Schauspieler schafft es nicht, sich innerhalb von dreißig Sekunden zu verlieben. Auch nicht, innerhalb zweier Repliken in Haß auszubrechen oder innerhalb von zehn ein Königreich zu stürzen. Der Filmschauspieler fällt direkt aus der großen Liebesszene in den Wahn. Er hat getötet, steckt das Schwert in die Scheide und klatscht nach einem Becher Wein. Er kommt nicht dazu, ihn zu leeren. Schon naht ein Knappe mit der Botschaft vom Tode seines Sohnes. Er wird leiden, aber nicht länger als dreißig Sekunden. Wie ist das möglich? Die leeren Stellen hat der Schnitt eliminiert. Der große Film besteht aus lauter Spannung. Wie bei Shakespeare.

Wenn Shakespeare die Handlung in einer solchen Verdichtung aufbaut, bedeutet das, daß er vom Schauspieler ein entsprechendes Spiel fordert. Der Text ist intensiv, metaphorisch. Shakespeare operiert unentwegt mit Großaufnahmen – wie der Film. Die Geliebte, der Verräter, der König, der Usurpator; eine kurze Totale und der Monolog. Der Monolog wird direkt in die Kamera gesprochen, auf der Vorderbühne, zum Zuschauer. Der große Monolog – wie eine Großaufnahme. Der Theaterschauspieler der alten Schule ist in solchen Augenblicken ratlos. Vergeblich versucht er, den Monolog glaubhafter zu machen, aber er fühlt weiterhin die ganze Bühne um sich her.

Indes, es gibt nur ihn, nur ihn und die Zuschauer. Das eben ist die Shakespearesche Großaufnahme. Und das ist die Großaufnahme des Films. Ich glaube, daß entgegen der Meinung Oliviers dieser Ausdruckssteigerung die Großaufnahme des Films entspricht. Olivier ließ in HEINRICH V. die Kamera des öfteren zurückfahren, wenn die großen Shakespeare-Monologe stattfinden. Aber das Fernsehen hat uns gelehrt, daß man den Ausdrucksgipfel weder durch erhöhte Gestikulation noch durch Erheben der Stimme erreicht. Es gibt einen inneren Ausdruck. Die Großaufnahme des Gesichts vermag ihn wiederzugeben. Und der leise Ton.

Das Theater hat Shakespeare in Szenen aufgeteilt, dem Ort der Handlung gemäß. Als es sich von der elisabethanischen Bühne entfernte, versuchte es vergeblich, den zerstückelten Shakespeare in ein einheitliches Ganzes zu fügen. Das Drehbuch dagegen kennt keine Einteilung in Szenen, es besteht aus Einstellungen und Bildfolgen. Das Shakespeare-Theater besteht ebenfalls aus Einstellungen und Bildfolgen. Die Shakespeareologen haben das seit langem gewußt. Selbst einige zeitgenössische Regisseure haben das gewußt. Aber erst Oliviers Filme zeigten die Flüssigkeit, Einheitlichkeit und Raschheit des Shakespeareschen Geschehens. Peter Brook baute TITUS ANDRONICUS nicht aus Szenen, sondern aus Einstellungen und Bildfolgen. Er schuf ihn nach dem Prinzip der Spannungsmontage, ohne leere Stellen. Er kürzte den Text, er weitete dagegen die Handlung aus. Er schuf Folgen von großen dramatischen Bildern. Er fand in Shakespeare das erschütternde Spektakel wieder.

Dem heutigen Theaterzuschauer fällt die filmische Konvention des Wechsels von Ort und Zeit überhaupt nicht auf, sie ist für ihn etwas Natürliches, geradezu Selbstverständliches. Olivier beginnt RICHARD III. mit einer großen Gesamtszene und erst nach der Darstellung des Krönungsgetümmels beginnt eine Reihe von Metaphern. Die Schildknappen tragen auf scharlachroten Kissen die Kronen der Königsbrüder herein. Die Kronen derer, die fallen werden. Das ist eine typisch filmische Erzählweise, die jedoch in Shakespeares Text enthalten ist. Man könnte sich diese Szene auch auf der Vorderbühne des Theaters vorstellen; die Knappen gehen vorüber, die Kronen fallen zu Boden. Es ist ein Filmeffekt, aber das Theater könnte ihn übernehmen. Und wie shakespearehaft in seiner Metaphorik wirkt der wie eine Riesenspinne über den Schatten des Königs sich beugende Schatten Richards. Dieses Bild ist die Vorwegnahme des Dramas, kündet die Schreckensatmosphäre an. Das eben ist das große Filmdrehbuch, das in Shakespeares Theater enthalten ist und das das Theater so selten wahrzunehmen weiß.

Peter Brook hat die Konventionen des Films ins Theater eingeführt. Die Verdunklung zeigt einen Zeitsprung an. Ein Bild überblendet das andere. Wie im Film. Dem Zuschauer fällt diese Konvention nicht auf. Er akzeptiert sie. In diesem Fall wird Shakespeare wirklich wörtlich genommen. Der Königszug begibt sich wirklich auf die Jagd. Tamora und Aaron treffen sich wirklich an dem öden Ort. Lavinia wird wirklich vergewaltigt.

Und dieser zeitgenössische Shakespeare ist zugleich überaus renaissancehaft: es ist ein heftiger, grausamer und brutaler Shakespeare, ein irdischer und höllischer, ein Shakespeare des Grauens und der Sehnsüchte, der Träume und der Poesie, ein überwahrer und ein unwahrscheinlicher Shakespeare, ein dramatischer, sarkastischer und leidenschaftlicher Shakespeare, ein wahnsinniger und ein weiser Shakespeare der großen Eschatologien und des großen Realismus.

Und noch eine Sache versetzt in Erstaunen. Peter Brooks Inszenierung entstammt im gleichen Maße den Erfahrungen des modernen Films wie den Errungenschaften und Überlegungen der neuen Shakespeare-Schule in Stratford. Dieser so moderne und filmische Shakespeare wird letzten Endes auf einer Bühne gespielt, deren Grundstruktur der alten elisabethanischen Tradition treu bleibt. Die Handlung wird genau wie in Shakespeares Zeiten auf einer Vorderbühne und einer dreigeteilten Hauptbühne ausgetragen, deren mittlerer Teil in zwei Niveaus geteilt ist. Das Innere der großen Holzsäule, mit den nach beiden Seiten sich öffnenden Flügeln, ist Familiengruft, Waldklause, Titus' Gemach. Dank dessen gelingt es Peter Brook, jene erstaunliche Einheit und Logik des Geschehens zu erreichen.

Es gibt keinen Shakespeare ohne große Darsteller. Laurence Olivier gilt heute allgemein als der größte zeitgenössische Tragöde. Er spielte den Titus nicht nur auf der Basis des Textes, der in diesem Jugendstück noch hölzern und dumpf klingt. Er spielte ihn, indem er die Leidenschaften und Qualen aller Shakespeareschen Giganten in sich aufnahm. Er war ein Titus, der den Weg König Lears kannte. Auch er war überwahr. Er nutzte alle Möglichkeiten der Stimme, alle Möglichkeiten der Gestik. Vor nichts schreckte er zurück. Weder vor der Lächerlichkeit noch vor dem Pathos, weder vor Seufzern noch vor Schreien und Flüstern. Es ist so schwierig, Genialität zu beschreiben.

Im Film ist die Großaufnahme überwahr. Sie ist die Steigerung des Ausdrucks, seine Abbreviation und seine Vervielfältigung. Im englischen Spektakel lösten sich die Szenen der dramatischen Zusammenstöße und die der Monologe von den allgemeinen Szenen wie große Nahaufnahmen heraus. Die ganze Aufmerksamkeit wurde auf eine Gestalt gelenkt, die zu wachsen und sich dem Zuschauer zu nähern schien. Als ob die Kamera von Titus Andronicus zu Lavinia, von Tamora zu Aaron schwenkte. Das Licht schälte die Gestalten heraus.

Anthony Quayle ist ein Darsteller größten Formats. Er schont weder sich noch den Zuschauer. Er verfügt wie Olivier über eine starke, kraftvolle und renaissancehafte Gestik, über einen Reichtum der Stimme, dramatische Wucht. Seine Ungebändigtheit, seine Ausdrucksstärke erreichte die beunruhigend schöne Maxine Audley als Tamora.

Inmitten dieser großen bewegten, menschlichen Leidenschaften fiel Vivien Leigh in der wohl schwierigsten Rolle der unglücklichen Lavinia vielleicht ein wenig blaß aus. Vom zweiten Akt an spielt sie stumm, mit abgeschnittenen Händen. Ihr bleibt nur der Blick, das Flattern der in Tüchern versteckten Arme, Gestalt und Gang. Aber wie sie geht! Und wie sie blickt! Wieviel Leiden vermag sie allein in der Beugung der Gestalt, dem Verdecken des Gesichts zu sammeln.

Titus Andronicus wurde für mich zur Offenbarung eines Shakespeare, den ich vorausgeahnt, von dem ich geträumt, den ich bislang aber noch nicht auf der Bühne zu sehen bekommen hatte. Nach Jouvet, den ich vor dem Krieg in Doktor Knock gesehen habe, nach Mutter Courage im Berliner Ensemble, nach der Chinesischen Oper in Peking war das mein größtes Theatererlebnis seit Leon Schillers Inszenierung der Ahnenfeier von Adam Mickiewicz, die ich als Kind gesehen habe.

NOTIZBUCH

1. Seit drei Jahrhunderten gehört ein abgehackter Kopf in einer Art Hühnerkäfig zu den obligaten Requisiten jeder Shakespeare-Truppe. Den letzten RICHARD III. habe ich in Stratford, in Peter Halls Inszenierung gesehen, mit Jan Holm als Richard und Janet Surman als Lady Anne. Mönche in Kapuzen tragen den Sarg herein, Anna folgt der Leiche ihres Schwiegervaters, Richard stellt sich ihr in die Quere. Die Mönche stellen den Sarg ab und fliehen. Jetzt beginnt eine der größten Szenen des Shakespeare-Theaters. Richard hat Annas Vater und ihren Mann getötet. Die Leichen trennen sie, diese Leiche trennt sie buchstäblich. Richard und Lady Anne sind während der ganzen Szene durch den Katafalk getrennt. Nach Richards erster Liebeswerbung reißt Anna das Leichentuch weg: die rotbekleckerte Leiche in der einfachen Holzkiste ist zu sehen. Anna kniet nieder, Richard folgt ihrem Beispiel: um zu buhlen. Sie tauschen Flüche und Liebeserklärungen über diesen nackten, blutigen Leichnam hinweg aus. Anna spuckt Richard ins Gesicht, knapp über dem Kopf der entblößten Leiche. Richard reicht ihr den Dolch.
In der Warschauer Aufführung im Ateneum-Theater holt Anna wiederholt aus, läßt dann die Hand sinken, der Dolch entfällt. Sie kann nicht zustoßen. In Stratford tut sie es. Sie stößt zu, über der Leiche des Schwiegervaters, mit Wucht, aber Richard packt ihre Hand, preßt und biegt sie um, bis Anna den Dolch fallen läßt. Alles spielt sich über der Leiche ab. Und in eben diesem Augenblick schwindet ihr Widerstand. Anna wird den Druck nicht mehr los. Die nackte Physis siegte. Das Ineinandergreifen der Hände und die Übermacht des Mannes. Jetzt wird Anna mit Richard ins Bett gehen. Die Mönche holen den Katafalk, tragen ihn irgendwohin. Anna blickt ihm nicht einmal mehr nach. Sie geht ins Bett, danach wird sie das Schafott besteigen.

2. Die beiden Königstragödien, RICHARD II. und RICHARD III. basieren auf einer grundsätzlich verschiedenen Theateroptik. Richard III. beginnt mit einem großen Monolog, er ist zuerst auf der Vorderbühne, die ersten drei Akte zeigen ihn ständig in Großaufnahme. Er ist Bewußtsein und Intelligenz, er wird erst noch wählen, die Macht liegt vor ihm, die geschichtliche Partie ist noch zu gewinnen. Für ihn ist die Geschichte transparent, sie besteht aus Ursachen und Wirkungen, die Geschichte ist ein Mechanismus, den man in Bewegung setzen kann. Aber von dem Augenblick an, da er die Krone aufsetzt, wird Richard selber zu einem Zahn-

rad des Großen Mechanismus. Er wird in den Bühnenhintergrund weichen. Er hatte die Menschen wie Dinge behandelt, jetzt ist er selbst zu einem Ding geworden.

Richard II. ist während der ersten drei Akte der Tragödie ausschließlich König, ein Mechanismus und die Geschichte der eigenen Macht, er befindet sich fast die ganze Zeit über im Hintergrund. Auf der Vorderbühne wird er erst dann erscheinen, wenn man ihm die Krone vom Kopf reißen wird. Erst jetzt tritt er im eigenen Namen auf. Genauso spielte Holoubek die Rolle im Warschauer Nationaltheater.[56] Am Anfang spielte er gleichsam zwei Personen: die Majestät und den, der die eigene Majestät gelegentlich aus dem Auge verliert. In den ersten Akten gönnte er sich einige Augenblicke der Zerstreutheit, einige private Momente, die der Maßstab seines Könnens waren.

In Richard II. ist das Prinzip der Inkohärenz keine Willkür, sondern Entscheidung. Der entthronte Richard ist verblüfft darüber, daß es ihn überhaupt noch gibt, daß er weiter in demselben Körper existieren kann, der zuvor die irdische Hülle des Gesalbten war. Im Thema von Richard II. liegt eine Ankündigung des Lear. Richard ist kein Element des Großen Mechanismus mehr, ist kein Zahnrad, ist überhaupt nichts Mechanisches mehr, er ist Bewußtsein und Reflexion, Bewußtsein und Reflexion am Nullpunkt, *nach* allem, so wie Richard III. Bewußtsein und Reflexion am Ausgangspunkt, *vor* allem, ist.

Königin Elisabeth verbot die Aufführung von Richard II. Es war üblich, daß das Theater Könige und Kaiser als Tyrannen zeigte, als vertragsbrüchige, grausame Despoten. Die jeweiligen Herrscher hatten nichts gegen eine solche Zeichnung, sie waren immer der Ansicht, daß sie auf sie selbst nicht zutreffe. Die anderen waren die Despoten, sie selbst waren die Könige von Gottes und des Volkes Gnaden. Die Darstellung der Herrscher als Tyrannen war eine jahrhundertlange geheiligte Tradition. Anders verhielt es sich mit der Entthronungsszene, in der dem König buchstäblich vor aller Augen die Krone vom Kopf gerissen wird. Ein Herrscher, der ein König war, verwandelte sich nach der Abdankung in einen gewöhnlichen Sterblichen. Das durfte nicht geschehen. Das Theater zeigte, wie Könige hingerichtet wurden, aber es waren immerhin Könige, die geköpft wurden, der kopflose Rumpf blieb ein königlicher Rumpf. Auch diese Tradition war geheiligt. Die Hinrichtung eines Königs war die physische Verletzung des Gehorsamsprinzips, aber die Entthronung war der Umsturz selbst, der Umsturz der gesamten Theologie. Der Umsturz der Metaphysik. Nach diesem Sturz blieb der Himmel für immer leer.

Marlowe war der erste, der den Mut aufbrachte, das zu zeigen. Shakespeare war fasziniert von Marlowe, und vielleicht war es eine gegenseitige Faszination. EDUARD II. wurde lange Zeit als Modell und Inspirationsquelle für Shakespeares RICHARD II. angesehen. Die Entstehungsdaten der beiden Stücke können nicht exakt bestimmt werden, heute ist man eher der Meinung, daß Marlowe es war, der unter Shakespeares Einfluß blieb, jedenfalls daß der eine von dem anderen beeinflußt war.

Meines Erachtens hat EDUARD II. das Modell einer ›königlichen Tragödie‹ abgegeben, und Shakespeare hat dieses Modell in RICHARD II., dem späteren der beiden Stücke, wiederholt. Marlowes größte Entdeckung bestand darin, daß er in der Geschichte einer Herrschaft selbst ein Drama sah, daß diese Geschichte ihren Anfang, ihre Krönung und ihr Ende, den Tod, hat. Sogleich wird die Zeit zu einem dramatischen Wert; sie verdichtet sich oder steht still. Zwischen zwei Szenen können Jahre vergehen, zwei Dialogzeilen können Wochen umfassen, und dann kommt endlich die entscheidende Szene, in der die Zeit stillsteht. Die in ein Drama verwandelte Geschichte einer Herrschaft ist stets episches Theater. So sah es Brecht, und das war der Grund, warum er das Modell seines Theaters bei den Elisabethanern suchte, bei Shakespeare und vielleicht noch mehr bei Marlowe.

In einem Königsdrama ist die Geschichte transparent, die Akteure darin sind von Anfang an gegeben. Es sind: der Souverän, der Usurpator, die Feudalbarone. Für die Handlung ist im vorhinein gesorgt: Rebellion und Verschwörung. Auch ihr Kulminationspunkt ist im vorhinein gegeben: die Hinrichtung der Rebellen. Die Handlung hat ein Ende, niemals ein glückliches. Der Souverän stirbt; er stirbt eines natürlichen Todes oder wird ermordet. Es gibt auch noch einen dritten Schluß: die Absetzung. Shakespeares Richard III. ist ganz Intelligenz, er hat keine Illusion. Er macht nur anderen etwas vor, niemals sich selbst. Er zwingt uns zur Sympathie, sogar gegen unseren Willen. Jedenfalls können wir ihn nicht verachten. Machiavelli hat sich als eine der stärksten Inspirationsquellen des politischen Dramas erwiesen, dank seiner sind die großen Tyrannen gefährlich intelligent geworden. Sie haben nicht nur gedungene Mörder in ihren Diensten, sondern auch die Philosophie der Geschichte und der Praxis. Richard III. ist Machiavellis Fürst.

Eduard II. und Mortimer, der König und der Mann, der mit der Königin geschlafen hat, haben dem König die Krone vom Kopf gerissen und ließen ihn ermorden. Diese beiden haben keine Philosophie und sind jeder Ideologie bar. Marlowe haßte beide gleich stark, den König wie den

Usurpator. Die Welt, die er zeigt, ist nackt: Das menschliche Verhalten wird bloßgestellt, es gibt keinen Glauben mehr und keine Philosophie. Die Entmystifizierung ist bis zum Schluß durchgeführt worden. Keiner in diesem Kreis hat Ehre oder auch nur Mut. »Mein Königreich für ein Pferd«, schreit Richard in seiner letzten Szene. Dieselbe Szene finden wir bei Marlowe, nur ist sie mit noch größerer Verachtung für den König geschrieben.

EDUARD
What, was I born to fly and run away,
And leave the Mortimers conquerors behind?
Give me my horse, and let's r'enforce our troops:
And in this bed of honour die with fame.
BALDOCK
O no, my lord, this princely resolution
Fits not the time; away, we are pursued.
Exeunt
Enter Kent alone, with a sword and target
KENT
This way he fled, but I am come too late.* EDUARD II., IV, 5

Jeden trifft dieselbe Verachtung. Die Opfer sind ebenso wie die Henker der letzten Würde entkleidet. Sie haben nicht einmal mehr ein Recht auf die letzte aller Gesten: Gesicht zu wahren im Augenblick des Todes. Baldock wendet sich mit folgenden Worten an Spencer:

Pay nature's debts with cheerful countenance;
Reduce we all our lessons unto this,

*KÖNIG EDUARD
Wie, ward ich geboren, zu fliehn und fortzulaufen,
Die Mortimers erobernd hier zu lassen?
Bring mir mein Pferd, die Truppen aufzufrischen,
In diesem Ehrenbett mit Ruhm zu sterben.
BALDOCK
O nein, Mylord, der fürstliche Entschluß
Paßt diesmal nicht hierher, wir sind verfolgt.
Alle ab!
Kent tritt auf mit Schwert und Schild.
KENT
Hier floh er hin, ich bin zu spät gekommen.

To die, sweet Spencer, therefore live we all;
Spencer, all live to die, and rise to fall.*

Und das ist, was der Henker ihnen zu sagen hat:

Come, come, keep these preachments till you come to the place appointed. You, and such as you are, have made wise work in England. Will your lordship away?** EDUARD II., IV, 6

Verhöhnt wird sogar Senecas Stoizismus. Für Marlowe sind der Große Mechanismus und Shakespeares Metapher von der Treppe, die von den Großen dieser Welt nur bestiegen wird, damit sie von oben wieder herunterfallen, zuviel. Diese Welt hat überhaupt keine Bedeutung, und es gibt niemanden und nichts, keine Person und keine Instanz, an die man appellieren könnte. Die Niederlage ist absolut und endgültig. In diesem großen Drama, das die totale Erniedrigung des Königs zeigt, einem Drama, in dem jede Theodizee zerstört ist, hören wir den Henker mit dem König plaudern, den Meuchelmörder mit seinem Auftraggeber. Diese Dialoge werden sich später in allen Chroniken und in fast allen Tragödien Shakespeares wiederholen. Sie müssen ihren Ursprung in tiefgehenden Gefühlen und in rudimentären Erfahrungen dieser Epoche haben. Der König wird dem Henker gleichgesetzt, Politik wird reduziert auf das Instrumentarium des Mörders. Mortimers Dialog mit Lightborn übertrifft sogar Shakespeare; eine kalte Grausamkeit liegt darin, die zu akzeptieren äußerst schwer fällt.

LIGHTBORN
... I learned in Naples how to poison flowers;
To strangle with a lawn thrust through the throat;
To pierce the windpipe with a needle's point;
Or whilst one is asleep, to take a quill

*Zahl der Natur mit Gleichmut den Tribut,
Versammeln wir auf dieses alle Weisheit,
Zu sterben, Süßer, darum leben wir,
Zu sterben, leben all und steigen, um zu fallen.

**Kommt, kommt, laßt diese Predigten, bis Ihr am vorgeschriebenen Platze seid. Ihr und euresgleichen habt in England schöne Geschichten angestellt; wollen Eure Lordschaften nun endlich fort?

And blow a little powder in his ears:
Or open his mouth and pour quicksilver down.
But yet I have a braver way than these.
MORTIMER
What's that?
LIGHTBORN
Nay, you shall pardon me; none shall know my tricks.
MORTIMER
I care not how it is, so it be not spied.* EDUARD II., V, 4

Dieser Dialog ist unserer Zeit gut angepaßt. Marlowe ist ein Klassiker des Theaters der Grausamkeit, dessen Johannes der Täufer für unsere Zeit Antonin Artaud ist, ein Visionär, Mystiker und Wahnsinniger, gewiß aber der Vorläufer eines Theaters und Dramas, die zu sich selbst zu gelangen scheinen. In EDUARD II. werden alle Formen von Grausamkeit und Gewalt gezeigt oder zumindest beschrieben: Menschen werden auf offener Bühne getötet, oder man hört die Schreie der Opfer hinter den Kulissen, die Köpfe der Opfer werden auf die Bühne gebracht, Torturen und Qualen werden leidenschaftslos kommentiert, ausführlich und mit kalter Eleganz. Gezeigt wird nicht nur physische Folterung. Wir sind auch Zeuge geistiger Torturen. In der Tat, Marlowe war ein Vorläufer des zeitgenössischen Theaters. Hier sprechen die Meuchelmörder über den König:

*LIGHTBORN
Ihr braucht mir keine Instruktion zu geben.
Es ist der Erste nicht, den ich ermorde.
In Neapel lernt ich, Gift in Blumen tun,
Ein würgend Tüchlein in den Hals zu treiben,
Luftröhren mit der Nadelspitz durchbohren,
Dann, wenn wer schläft, mit einer Feder ihm
Ein artig Pulver in das Ohr zu blasen,
Ins offne Maul Quecksilber ihm zu schütten.
Und doch weiß ich noch beßre Art als diese.
DER JÜNGERE MORTIMER
Das wär?
LIGHTBORN
Nein, mit Verlaub: für mich sind meine Kniffe.
DER JÜNGERE MORTIMER
Ich sorg mich nicht ums Wie, wenns nur nicht aufkommt.

MATREVIS
He hath a body able to endure
More than we can inflict: and therefore now
Let us assail his mind another while.
GURNEY
Send for him out thence, and I will anger him.*

EDUARD II., V, 5

Marlowe verschont weder den König noch die Feudalbarone noch die Meuchelmörder. Er verschont nicht einmal das Publikum: er nimmt uns die letzte Chance des Mitleids und Mitgefühls für die Opfer. Die gedungenen Mörder bringen den König um, dann bringt einer von ihnen den anderen um und denunziert seinen Auftraggeber. Der letzte Kopf, der auf die Bühne gebracht wird, gehört Mortimer.

FIRST LORD
My lord, here is the head of Mortimer.
KING EDWARD III.
Go fetch my father's hearse, where it shall lie;
And bring my funeral robes.

Exeunt attendants

Accursed head,
Could I have ruled thee then, as I do now,
Thou hadst not hatched this monstrous treachery!**

EDUARD II., V, 6

*MATREVIS
Sein Körper hält mehr aus, als du und ich
Ihm antun können, drum laß uns die Feste
Seines Verstandes wieder mal berennen.
GURNEY
Mach auf und laß ihn raus. Ich will ihn ärgern.

**ERSTER LORD
Herr, hier ist das Haupt Mortimers.
KÖNIG EDUARD DER DRITTE
Rüstet des Vaters Sarg, dort soll es liegen.
Bringt mir das Trauerkleid!
Diener treten ab.
Verfluchtes Haupt,
Hätt ich dich damals so wie jetzt beherrscht,
So grausiger Verrat blieb ungebrütet.

Marlowe ist grausamer als Shakespeare. Die Opfer verdienen nicht nur kein Mitgefühl und Mitleid, sie sind sogar jedes menschlichen Zuges entblößt. Abgetrennte Köpfe sind wie ruchlose Hennen, die Verrat ausgebrütet haben.
Marlowes Grausamkeit war nicht selbstlos. In drei seiner Stücke stellte er drei Religionen dar: den Islam, den Judaismus und das Christentum. In EDUARD II. kämpfte er mit einer vierten zeitgenössischen Religion: der Monarchie, der Monarchie des Gesalbten des Herrn auf dem Thron. EDUARD II. wirkt wie eine auf das blanke Gerippe reduzierte Shakespearesche Chronik, frei von jeglichem Rest an Mitleid und Verständnis für die Welt. Der Große Mechanismus ist hier vollständig bloßgelegt, es gibt nicht nur keinen Rest an Mitleid, es gibt nicht einmal einen Rest an Ideologie. Der König ist ein leichtsinniger Narr, zynisch und feige, charakterlos, nicht einmal grausam, nur mit grausamen Launen. Die Königin ist halb verliebte Hündin, halb gewöhnliche Dirne. Nicht einmal die Krone besitzt Würde, sie besteht aus einem riesigen Goldreif, den sich die großen Feudalbarone gegenseitig aus der Hand reißen. Alle stecken im selben Dreck, von den Galanen des Königs bis zu den Galanen der Königin. Bischöfe und Kanzler, Hofpagen und Großrichter. Vor allem aber der König. Marlowe taucht ihn buchstäblich in Schlamm. In der letzten Szene, in der er bereits der Krone beraubt ist, steckt er bis zum Hals im Dreck. Es muß eine außerordentliche Genugtuung gewesen sein, den König in Dreck zu tauchen. Dieser wütende Haß brennt noch heute in Marlowes Drama. Verglichen mit Marlowe wirkt Shakespeare kühler, wie von diesem Haß gereinigt. Er vergönnt sogar dem König Momente der Menschlichkeit. In Holoubeks Interpretation ergibt sich Richard II. in der letzten Szene nicht ohne Widerstand. Er will sich nicht von den gedungenen Mördern abschlachten lassen. Er stürzt sich auf sie, entreißt ihnen die Waffen, tötet sie. Genausogut könnte er Exton töten. Er verzichtet darauf. Er wirft sein Schwert weg, sein Widerstand ist erschöpft. In diesem letzten Augenblick akzeptiert er die Welt mit ihrer ganzen Grausamkeit. Er verachtet sie zu stark, als daß er sich noch verteidigen könnte. Der Shakespearesche Text läßt in dieser Szene viele Möglichkeiten offen. Holoubek hat sich für die schwierigste entschieden.

3. Märchen und Archäologie. Ein Märchen von zwei bösen Töchtern und einer guten oder die Geschichte eines alten Druiden? Der Anfang von KÖNIG LEAR stellt den Regisseur vor eine unsinnige Wahl: Märchen oder keltisches Mysterienspiel? Märchen und Archäologie haben dem LEAR

sofort den großen Ernst und das große Buffo genommen. Ich meine, daß Peter Brooks[57] erste Entdeckung darin bestand, daß er das Stück historisch richtig placierte, daß er eine Situation dafür fand, in der es zur brutalen und tragischen, ernsten und grotesken Geschichte wurde, in der wirkliche Menschen und wirkliche Gegenstände vorkommen.

Stellen wir uns nur alle die kleinen Fürsten und Magnaten der polnischen Grenzgebiete im Osten vor, die Wiśniowieckis, Radziwills und Potockis des 17. Jahrhunderts, mit ihrem ganzen Hofstaat, der es dem königlichen gleichtun wollte, mit seinen Sitten, in denen sich Ritterlichkeit mit Grausamkeit, Edelmut mit Gemeinheit, hohe Politik mit dem Eigennutz der Dynastie paarten.

Sie waren einander so ähnlich, die kleinen Fürsten und Magnaten des 16. und 17. Jahrhunderts, in England und in der Ukraine, in Schottland und in Litauen. Für einen König ist dieser Lear zu klein, aber seine Züge lassen sich mühelos bei zahllosen kleinen Grenzlandfürsten wiederfinden. Einer greisenhaften Laune folgend, verteilt er das in Rindleder geritzte Land unter seine Töchter und Schwiegersöhne und fordert zu einem rhetorischen Wettstreit über das Thema Tochterliebe auf. Nachdem er seine Macht und seinen Schatz abgetreten hat, zieht er mit seiner betrunkenen Suite übers Land, verwüstet unterwegs alles wie ein Heuschreckenschwarm, sucht der Reihe nach seine Töchter auf. In König Lear herrscht eine Mischung von Wahnsinn, Leidenschaft, Dünkel, Raserei, Herrschsucht, Willkür, Menschlichkeit und Schrecken, die ihren genauen historischen Ort und ihre historische Zeit besitzt. Die ersten drei Akte sind nahezu episches Theater. Es gibt darin nur wenige Gegenstände, aber jeder Gegenstand ist real und bedeutet etwas: die königlichen Insignien, die Landkarte aus Leder, das Astrolabium des alten Gloster, selbst die Kette mit dem Löffel, die Oswald als Hofmeister trägt. König Lear ist ein Stück über den Zerfall der Welt. Wenn man den Zerfall zeigen will, muß man erst einmal beweisen können, daß die Welt existiert hat. Bevor sie auseinanderbricht, muß sie gedauert haben, mit ihren Hierarchien und Konfessionen, ihren Bräuchen und Zeremonien, sie muß von Dauer gewesen sein in den verwickelten Beziehungen von Macht und Dynastie, Ehe und Ehebruch, von ehelichen und unehelichen Kindern, von Recht und Gewalt. Ich meine, daß es in König Lear leichter gewesen ist, den Zerfall dieser Welt zu zeigen als ihre Dauer. Den Zerfall hatte bereits das absurde Theater gezeigt. Es genügte, Beckett in Shakespeare zu entdecken.

Die Szenen des Wahnsinns sind wie ein Lot, aus einem Boot bis auf den Grund geworfen. Von diesen leibhaftigen Menschen sind nur noch

Rümpfe übriggeblieben, Torsos. Von der zweiten Hälfte des vierten Aktes an beginnt die Welt allmählich wieder zusammenzuwachsen. Wieder beginnen Zeremonien, wieder wird eine Liturgie in Bewegung gesetzt. Irgendwo wird mit irgendwem um irgendwas Krieg geführt.
Für Lear und Gloster ist das jedoch bereits unverständlicher Lärm aus einer Welt, die aufgehört hat zu existieren.
In meinen Gesprächen mit Peter Brook habe ich einmal versucht, ihn für eine Idee zu gewinnen, die den Abstieg aller Personen des Dramas veranschaulichen sollte. Ich schlug vor, die ersten Akte auf einer großen tellerförmigen Fläche hoch oben spielen zu lassen, damit der Zerfall später in seiner ganzen Konkretheit sichtbar werde. Brook bedurfte keiner so naiven Metapher. Die Welt, die zerfallen ist, wächst in dieser Inszenierung nicht wieder zusammen, so wie sie bei Shakespeare nicht verheilt. Die Rümpfe werden ihre Menschlichkeit zwar zurückgewinnen, aber das heißt lediglich, daß sie Leid, Tortur und Tod nicht akzeptieren wollen. Daß sie die Absurdität der Welt ablehnen, auf der man nur lebt, um zu zeugen, zu morden und zu sterben.
Ein Bruder wirft sich den Bruder über die Schulter, den er selbst ermordete. Das ist im Grunde alles. Es wird keinen neuen König geben. Die Bühne bleibt leer wie die Welt. In WARTEN AUF GODOT liegt am Anfang ein Paar Schuhe nahe der Rampe. Die Wartenden ziehen Schuhe aus, probieren Schuhe an, lassen Schuhe liegen, finden Schuhe. Die Schuhe sind hier absurd, dienen keinem Zweck; niemand wird diesen Ort je verlassen. Brooks KÖNIG LEAR-Inszenierung beginnt damit, daß die Hofleute dem König die Schuhe anziehen. Es sind wirkliche Schuhe, die Gesten sind exakt, funktionell, tragen keinerlei Symbolcharakter. Später, als der frierende Lear von der Jagd zurückkehrt, helfen ihm die Burschen die Schuhe ausziehen. Die Gesten sind wiederum exakt, wahrheitsgetreu. Scofield massiert sich seine Fußsohle, ihm sind die Füße steifgeworden. Der geblendete Gloster trifft den irren Lear. Diese beiden menschlichen Rümpfe wissen bereits alles über sich und die Welt. Alles bis zum Schluß. Gloster zieht Lear die Schuhe aus, drückt sie an die Brust, küßt sie. Was küßt er? Vielleicht die letzte Erinnerung an die Welt, die war.

4. Zu den heikelsten Problemen in HAMLET gehört heute das Prinzentum des Prinzen. Es war für die Renaissance oder das 18. Jahrhundert eine hinlänglich vertraute Sache. Doch jetzt taugt es wenig, wenn ein Regisseur dem Schauspieler sagt: »Du darfst nicht vergessen, daß du ein Königssohn bist.« Er muß sich fragen, der Schauspieler muß sich fragen: welches ist das zeitgenössische emotionale Äquivalent? Es war ein

großartiger Einfall von Peter Hall, als er David Warner als Hamlet der Stratforder Inszenierung dazu anhielt, aus Hamlet einen jungen Intellektuellen zu machen. In Cambridge bin ich einer Reihe post-graduate-Studenten begegnet, die diesem Hamlet glichen, sogar in ihren Gesten. Es sind keine Königssöhne. Aber sie sind sich dessen bewußt, die Erben der Probleme dieser Welt zu sein.

Für mich als Ausländer war es verblüffend, erleuchtend, diese jungen Männer zu sehen, so groß, überhaupt nicht ›vornehm‹, die mit Vorliebe auf dem Fußboden saßen, Kleider trugen, die ihnen zu groß waren, immer geneigt, gegen die Formen zu verstoßen. Und in Stratford lag in der Ähnlichkeit von David Warner und diesen Jungs die äußerliche Beziehung zwischen Shakespeares Figur und unserer Zeit. Als nächstes war es notwendig, die Relation zwischen diesen beiden innerhalb der historischen Situation zu finden.

Dieser besondere Aspekt unterliegt natürlich einem unentwegten Wandel. Als ich zum ersten Mal über HAMLET sprach – über einen polnischen HAMLET, vor acht Jahren –, dachte ich an einen jungen Mann, der von seinem Auslandsstudium heimkehrte, als an einen von denen, die unmittelbar auf die Generation der ›zornigen jungen Männer‹ folgten, die der Ansicht waren, daß es möglich sei, die Welt mit einer großen Geste zu verändern. Er war bitter, aber er war natürlich auch von effektivem politischen Einfluß weit entfernt. Und er fühlte sich äußerst frustriert, weil es nicht möglich war, die Dinge zu verändern, nicht einmal den eigenen Nonkonformismus zu retten.

Das ganze HAMLET-Erlebnis ist heute antipoetisch und antirhetorisch. Es ist richtig, daß die großen Monologe direkt ins Publikum hineingesprochen werden sollten, auf eine unrhetorische Weise, und daß dieser Hamlet zum schwarzen Humor hin tendieren sollte. Es ist keine Frage des Zynismus, es geht vielmehr darum, ein neues Modell zu entwickeln, das Gefühle vermeidet und etwas verkörpert, das zuweilen Grausamkeit in der Gesellschaft und in Hamlet selbst genannt wird. Dieser Hamlet ist kein zorniger Mann mehr, er bleibt *uncommitted*, solange er kann.

Die Art, wie diese Inszenierung endet, ist eine weitere wunderbare Entdeckung von Peter Hall. Wenn Hamlet und Laertes ihr Duell beginnen, ziehen sie fast immer noch eine Show ab, sie scheinen ein Ballett vor dem König, der Königin und den Höflingen zu mimen, dann plötzlich fangen sie an, ernsthaft, verbittert zu kämpfen, sie lassen die Rapiere fallen, fangen an, sich zu kratzen und zu schlagen. Das ist eine brisant konzipierte Erhellung einer Generation, die lieber nichts tun, die aber in einer extremen Situation grausam und primitiv kämpfen würde.

Hamlet ist genau dieser junge Mann, aber einer, der zu seinem Leidwesen dazu bestimmt ist, eine große Rolle zu spielen.

Dann folgt eine weitere brillante Erfindung von Peter Hall: als Claudius' Stunde gekommen ist, tut Hamlet Gift in dessen Ohr, so wie Claudius es mit Hamlets Vater getan hatte. Dies ist das Symbol der angemaßten Verantwortlichkeit. Rache ist genommen worden, aber nichts hat einen Sinn, Hamlet selbst wird nicht König. Sterbend lacht er. Die Antwort der Generation, für die er steht, ist: Verantwortung zu übernehmen, lachend.

Wie steht es nun um die Interpretation der Rolle der Ophelia in dieser Inszenierung? Zunächst war ich nicht überzeugt, aber Glenda Jacksons Spiel entwickelte einen Charakter, der sinnvoll war. Auch Ophelia rebelliert, aber unartikulierter. Daraus ergibt sich, daß sie keine Verbündete ist, sondern eine schlechte Tochter und eine schlechte Freundin. Sie kann ihren eigenen Weg nicht finden, aber sie will auch niemandes anderen Weg gehen. Sehr oberklassengemäß, wahrhaft aristokratisch und wahrhaftig englisch endet auch sie, indem sie sich für Disengagement entscheidet. Und so ist sie auf je verschiedene Weise ihrem Vater und Hamlet gegenüber untreu. In ihrer stillen Revolte verliert sie den Weg, fällt in Wahnsinn zurück. Ihr Selbstmord ist keine sentimentale Geste, sondern eher eine – letzte – Geste der Revolte.

Aber selbstverständlich ist HAMLET mehr als nur ein modernes Stück über einen jungen Mann und ein Mädchen. Es ist auch ein sehr großes Renaissancestück. So weit sind wir in den letzten paar Jahren gekommen. Als ich Oliviers HAMLET zum erstenmal sah, fühlte ich, daß das ein großer Schritt voran war, aber jetzt scheint irgend etwas politisch Infantiles darin zu liegen. Unsere politische Wachheit hat so stark zugenommen. Peter Hall hat diese gesteigerte Wachheit in THE WARS OF THE ROSES und neuerdings in HAMLET demonstriert. Er hat ein ganz sicheres Gefühl für die Lebensweise in einem totalitären Staat. Ich glaube, daß er vielleicht von der russischen Schule gelernt hat: diese Emphase, diese Betonung der ständigen Präsenz anderer Leute beispielsweise, die Kosinzev in der letzten russischen HAMLET-Verfilmung aufzeigte. Das englische Theater ist lange Zeit das beste der Welt gewesen. Aber es war nicht immer aufregend. Inszenierungen wie diese, in denen die zeitgenössische Relevanz so klar aus der zeitlosen Größe eines Stückes hervorgeht, werden es sicherlich zu einem der brisantesten Theater machen.

	1483 Krönung Richards III.
	1485 Krönung Heinrichs VII. Tudor Ende der Rosenkriege
1487 Umsegelung Afrikas durch Bartolomeo Diaz	
1492 Christoph Columbus erreicht die Küste von Cuba	
1493 Der Papst teilt die Neue Welt zwischen Spanien und Portugal auf Der Traktat über die Malerei von Leonardo da Vinci	
1497 Vasco da Gama umsegelt das Kap der Guten Hoffnung	
1498 Die apokalyptischen Reiter von Dürer	
1499 La Celestina von de Rojas	
um 1500 Die Versuchung des heiligen Antonius und das Narrenschiff von Hieronymus Bosch	
1504 Die Briefe von Amerigo Vespucci	
1506 Gründung der Universität Wittenberg	
1509 Laus stultitiae von Erasmus von Rotterdam	1509 Krönung Heinrichs VIII.
1513 Erstes polnisches gedrucktes Buch	
	1516 Die Utopia von Thomas Morus
1519 Wahl Karls V. Weltumsegelung Fernãos de Magalhães Cortez erobert Mexiko Tod Leonardo da Vincis	
1522 Luthers Übersetzung des Neuen Testamentes	
	1525–1535 Englische Bibelübersetzung von Tyndale u. Coverdale
1526 Schlacht bei Mohács	
1529 Türken vor Wien	

1532 Pizarro erobert Peru
Il Principe von Machiavelli
Gargantua und Pantagruel von Rabelais

1534 Ignatius von Loyola gründet den Jesuitenorden

1536 Die Kurtisanengespräche von Aretino

1543 De revolutionibus orbium coelestium von Kopernikus
De humani corporis fabrica von Versalius

1545 Eröffnung des Trienter Konzils

1546 Die Rime von Michelangelo

1551 De republica emendanda von Frycz Modrzewski

1552 Historia general de las Indias von Las Casas

1553 Der Lazarillo de Tormes

1555 Augsburger Religionsfrieden

1558 Das Selbstporträt eines ehrbaren Mannes von Mikolaj Rej

1561 Gongoras Geburtsjahr

1564 Michelangelos Todesjahr

1569 Marinos Geburtsjahr

1572 Bartholomäusnacht in Paris

1576 Rudolph II. deutscher Kaiser

1531 Heinrich VIII. erklärt sich zum Oberhaupt der Kirche

1546 Aufstand Schottlands

1559 Krönung Elisabeths I.

1564 Im Februar wird Marlowe geboren
Am 23. April wird William Shakespeare geboren

1570 Pius V. exkommuniziert Elisabeth I.
Der Lord Mayor von London erläßt das Verbot der Theateraufführungen in der City

1576 Burbage baut das erste Theater in London

1577 Drake umsegelt die Welt und plündert unterwegs spanische Siedlungen in Chile und Peru

1578	Aufführung der Odprawa posłów greckich von Jan Kochanowski in Jazdów bei Warschau		
		1579	Übersetzung der Vitae Plutarchs von North
1580	Les Essais (Buch I und II) von Montaigne Gerusalemme liberata von Tasso Spanien erhält die Herrschaft über Portugal und Brasilien	1580	Arcadia von Sidney
		1586	Vorführung der Spanischen Tragödie von Thomas Kyd
		1587	Enthauptung Maria Stuarts
1588	Einleitung zur neuen Astronomie von Tyho Brahe	1588	Vernichtung der Unüberwindlichen Armada Der Faust Marlowes
		1589	Essex landet in Portugal an der Spitze des englischen Heeres
		1592	Shakespeare: König Richard III.
		1593	Marlowes Todesjahr
		1594	Romeo und Julia
		1595	Aufstand Irlands
		1596	Der Sommernachtstraum Essex und Drake greifen Cadix an
		1597	The Essays von Bacon Theater Londons werden geschlossen. Gefangennahme Ben Jonsons
		1598	Bau und Eröffnung von »The Globe«
1599	Die Bibel von Wujek		
1600	Nach Urteilsspruch der Inquisition wird Giordano Bruno auf dem Scheiterhaufen in Rom verbrannt	1600	De magnete von Gilbert (Beschreibung der Welt als eines Magneten)
		1601	Verschwörung des Essex. Am 7. Februar führt »The Globe« Richard II. auf. Am 25. Februar Hinrichtung Essex' Blutige Zusammenstöße beim Aufstand in Holland Hamlet

		1603	Tod Elisabeths, Krönung Jakobs I. Les Essais von Montaigne in der Übersetzung von Flory
		1604	The honest whore von Thomas Dekker
1605	Don Quijote von Cervantes (1. Teil)	1605	König Lear und Macbeth Pulververschwörung Volpone von Ben Jonson
1606	Geburtsjahr Corneilles		
1610	Sidereus nuncius von Galilei	1608	Coriolan
1611	Englische Komödianten in Warschau. In ihrem Repertoire wahrscheinlich Stücke von Shakespeare	1611	»Autorisierte« Bibelübersetzung
1612	Jakob Böhmes erste Schrift Tractatus de legibus von Francisco Suarez. (Rechtfertigung des Tyrannenmordes)	1612	Der Sturm. Shakespeare kehrt nach Stratford zurück
1613	Soledades von Gongora	1613	Brand des Theaters »The Globe«
1616	Todesjahr Cervantes' Geburtsjahr Gryphius'	1616	Am 23. April stirbt William Shakespeare
1618	Kirche verwirft das kopernikanische System Beginn des Dreißigjährigen Krieges Fuente Ovejuna von Lope de Vega		
1622	Geburtsjahr Molières		
1623	Adone von Marino Civitas Solis von Campanella	1623	»Das erste Folio« (erste Gesammelte Ausgabe) Shakespeares
		1628	Harvey entdeckt den Blutkreislauf
1631	Das Leben ein Traum von Calderon		
1632	Dialog über die beiden großen Weltsysteme von Galilei		

1633	Galilei widerruft vor der Inquisition seine Ansichten		
1637	Le Cid von Corneille Discours de la méthode von Descartes		
1639	Geburtsjahr Racines		
1642	Todesjahr Galileis Molière gründet das »Illustre Théâtre«	1642	Bürgerliche Revolution in England Siegreiche Puritaner schließen die Theater Geburtsjahr Newtons
1648	Ende des Dreißigjährigen Krieges Kosakenaufstand unter der Führung von Chmielnicki		
		1649	Enthauptung Karls I. Republik England

ANMERKUNGEN

I. Die Tragödien

Die Könige

1 S. 69. RYSZARD III. Inszenierung und Textbearbeitung: Jacek Woszczerowicz. Bühnenbild: Wojciech Sieciński. Teatr Ateneum, Warschau. Premiere: 17. Oktober 1960.

Der HAMLET der Jahrhundertmitte

2 S. 73. HAMLET. Inszenierung und Bühnenbild: Roman Zawistowski. Bühnenbild: Tadeusz Kantor. Teatr Stary, Krakau. Premiere: 30. September 1956.

3 S. 80. Bertolt Brecht: Kleines Organon für das Theater. Frankfurt a. M. 1960, S. 39/40.

Die zwei Paradoxe des OTHELLO

4 S. 106. M. R. Ridley: The Arden Shakespeare. London 1958.

5 S. 107. Th. Rymer: Short View of Tragedy. In: Critical Works of Thomas Rymer. Hrsg. v. C. A. Zimansky. New Haven–London 1956, S. 132, 164.

6 S. 111. G. Wilson Knight: The Othello Music. In: G. Wilson Knight: The Wheel of Fire. London 1959.

7 S. 112. Victor Hugo: William Shakespeare. Paris 1864, S. 321/22.

8 S. 116. Die Formulierung stammt von G. Wilson Knight.

9 S. 119. Caroline Spurgeon: Shakespeare's Imagery. Cambridge 1935, S. 335/336.

10 S. 124. Heinrich Heine: Shakespeare's Mädchen und Frauen. In: Heinrich Heine: Sämmtliche Werke. Ausgabe in 12 Bänden. Bd. 12. Hamburg 1876, S. 164.

11 S. 125. Robert Speaight: Nature in Shakespearian Tragedy. London 1955.

KÖNIG LEAR oder das Endspiel

12 S. 135. H. Granville-Barker: Prefaces to Shakespeare. London 1945.
13 S. 135. Robert Speaight, op. cit., S. 97.
14 S. 137. Das Abenteuer Ionesco. Zürich 1958, S. 35.
15 S. 144. Leszek Kołakowski: Kapłan i błazen. In: Twórczość 1959, Nr. 10, S. 82/83. (Deutsche Ausgabe: Der Priester und der Narr. Das theologische Erbe in der heutigen Philosophie. In: Leszek Kołakowski: Der Mensch ohne Alternative. München 1961, S. 276/77.) Übersetzt nach der Originalausgabe.
16 S. 148. Vgl. die Analyse dieser Szene in G. Wilson Knights Studie über die Elemente der Groteske in KÖNIG LEAR: ›King Lear‹ and the Comedy of the Grotesque. In: G. Wilson Knight: The Wheel of Fire. London 1957, die von meiner abweicht.
17 S. 157. A. Falkiewicz: Eksperyment teatralny lat pięćdziesiątych (3). In: Dialog, Warschau 1959, Nr. 9.
18 S. 162. Albert Camus: Der Mythos von Sisyphos. Hamburg 1960, S. 70.
19 S. 166. Siehe Witold Gombrowiczs a-individualistische und akollektivistische »dritte Sicht auf den Menschen« als auf den »Menschen in Beziehung zum Menschen«, den »durch den Menschen erschaffenen und gesteigerten Menschen« (DAS TAGEBUCH DES WITOLD GOMBROWICZ, dt. Pfullingen 1961), die in G.s Roman FERDYDURKE (dt. Pfullingen 1960) in dem grotesken Bild von der »Fresse« als dem Resultat des Einwirkens der äußeren »Form« auf den Menschen, die ihn entstellt und seinen »wesensmäßigen« Ausdruck deformiert, vorgeprägt wurde. (Anm. d. Übers.)
20 S. 168. Leszek Kołakowski, op. cit.

CORIOLAN oder von Shakespeares Widersprüchen

21 S. 179. Vgl. Brechts antitraditionelle, wenngleich didaktische CORIOLAN-Auffassung: das Drama des vom faschistischen Führer betrogenen Volkes.
22 S. 183. Vgl. T. B. J. Spencer: Shakespeare and the Elizabethan Romans. In: Shakespeare Survey, 1957, Nr. 10.
23 S. 187. Alle drei Zitate sind dem Buch von Stanisław Ossowski: Struktura klasowa w społecznej świadomości. Lodz 1957, entnommen (dt.: Klassenstruktur im sozialen Bewußtsein. Neuwied–Berlin 1962.). O. unterscheidet zwischen drei Konzeptionen der Klassenstruktur: den dichotomischen, den Gradiations- und den funktionellen Schemata. Er führt das Märchen Agrippas an, erwähnt seine Rolle in CORIOLAN jedoch nicht.
24 S. 209. Vgl. H. Heuer: From Plutarch to Shakespeare. A Study of ›Coriolanus‹. In: Shakespeare Survey, 1957, Nr. 10, S. 50–59.
25 S. 210. Vgl. G. Wilson Knight: The Sovereign Flower. London 1958.

II. Die Komödien

Titania und der Eselskopf

26 S. 216. A. L. Rowse: William Shakespeare. A Biography. London 1958.
27 S. 224. Vgl. Edgar Wind: Pagan Mysteries in the Renaissance. London 1958.

Bitteres Arkadien

28 S. 237. Eine vollständige Zusammenstellung der Zeit-Bilder in den SONETTEN und in TROILUS UND CRESSIDA gibt C. Spurgeon, op. cit.
29 S. 241. Vgl. A. L. Rowse, op. cit. Die Argumente des Autors bezüglich der Chronologie und des Adressaten der SONETTE scheinen überzeugend.
30 S. 247. M. Ficino: Il convivio Plathonis. 1475. Zit. nach André Chastel: Art et humanisme à Florence au temps de Laurent le Magnifique. Paris 1959.
31 S. 248. Der Übersetzer verzichtet im Deutschen auf das Wort *Donna* (Zeile 2), weil das Gedicht nach Thodes Vermutung zuerst an Cavalieri gerichtet war und erst später für Vittoria Colonna verändert wurde. (Anm. d. Übers.)
32 S. 250. Über die Beziehungen zwischen Neuplatonismus und florentinischer Malerei schreibt A. Chastel, op. cit. Vgl. insbesondere das glänzende Kapitel: Eros Socraticus.
33 S. 255. Das Motiv des »Geschlechtswechsels« ist im internationalen systematischen Katalog der Volksmärchen inventarisiert (A Th 514). Über dieses Motiv in Legenden, Sagen, Märchen vgl. auch J. Kryżanowski: Dziewczyna chłopcem. In: Slavia Orientalis, 1963, Jg. XII, H. 2.
34 S. 266. Vgl. Gustav René Hocke: Die Welt als Labyrinth. Manier und Manie in der europäischen Kunst. Hamburg 1957.
35 S. 266. Vgl. Marie Delcourt: Hermaphrodite. Paris 1958.
36 S. 271. Über das liturgische Verkleidungsspiel und die mit ihm verbundene Mythologie vgl. Mircea Eliade: Méphistophélès et l'Androgyne. Paris 1962, und R. Callois: L'homme et le sacré. Paris 1958.
37 S. 287. A. Chastel, op. cit., S. 232.
38 S. 288. Vgl. M. Eliade, op. cit., insbesondere das Kapitel: Le mythe de l'androgyne; G. R. Hocke, op. cit., Fünfter Teil, 28.: Hermaphroditen; Mario Praz: La carne, la morte e il diavolo. Florenz 1948 (dt.: Liebe, Tod und Teufel. Die schwarze Romantik. München 1963.).
39 S. 289. Zitat aus Jan Kochanowski: Wzór pań mężnych übersetzt nach der Originalausgabe. (Anm. d. Übers.)
40 S. 289. Vgl. G. R. Hocke, op. cit.

Prosperos Stab

41 S. 295. Vgl. L. Gillet: Shakespeare. Paris 1931.

42 S. 300. Über die Analogie als Prinzip der Shakespeareschen Dramaturgie schrieben Francis Fergusson: The Idea of a Theater. Garden City, N. Y. 1953; Richard G. Moulton: Shakespeare as a Dramatic Artist. New York 1966 (Dover ed., unabridged and unaltered republ. of the 3. rev. and enlarged ed. 1893); William Empson: Some Versions of Pastoral. London 1966. Henry James gebraucht den Begriff »the central reflector« in bezug auf HAMLET.

43 S. 305. Zit. nach Clara Longworth de Chambrun: Shakespeare. A Portrait Restored. London 1957, S. 339. (Frz. Originalausgabe u. d. T.: Shakespeare Retrouvé. Paris 1947.)

44 S. 323. Jean Paris: Hamlet ou les personnages du fils. Paris 1957.

45 S. 327. In der Cambridge-Ausgabe und im Foliotext von 1623 spricht Miranda diese Worte, in anderen Ausgaben Prospero. Im ersten Fall ergibt sich zwischen Miranda und Kaliban eine viel dramatischere Beziehung.

Miszellen

Der HAMLET von Stanisław Wyspiański

46 S. 339. Stanisław Wyspiański (1869–1907), der Dramatiker, Maler und Regisseur, den Gordon Craig den universellsten Theaterkünstler nannte, ist der führende Vertreter der modernistisch ausgerichteten Theaterkunst in Polen um 1900. Seine als Weiterführung der Wagnerschen Theaterreform postulierte ganzheitliche Inszenierungskonzeption eines »gigantischen Theaters« – einer Synthese von Musik, bildender Kunst, Schauspielkunst und Dichtung mit besonderem Akzent auf Bühnenbild und Kostüm – wirkt im Inszenierungsstil des heutigen polnischen Theaters weiter. (Anm. d. Übers.)

47 S. 339. Dieses und alle weiteren Zitate sind dem HAMLET-Buch Wyspiańskis entnommen (s. Quellennachweis).

48 S. 341. Gemeint ist S. Wyspiańskis Stück WYZWOLENIE (1903), dessen Held Konrad in der Auseinandersetzung mit dem Erbe der polnischen romantischen Dichtung die Dimension nietzscheanischer Polemik mit der christlichen Tradition erreicht und Anspruch auf »geistige Führung« der Nation erhebt. (Anm. d. Übers.)

49 S. 341. Jean Fabre: Wyspiański i jego teatr. In: Pamiętnik Teatralny, 1957, Nr. 23/24.
LEGION, AKROPOLIS, NOC LISTOPADOWA sind weitere Stücke von Wyspiański. Sie entstanden in den Jahren 1900 (LEGION) und 1904. (Anm. d. Übers.)

50 S. 345. Siehe S. 79/80.

51 S. 347. Diese Formulierung bezieht sich auf den Titel des unbeendeten Poems von Juliusz Słowacki: KRÓL-DUCH (König-Geist), entstanden 1845–1849, das

als das sprachlich und gedanklich kühnste Werk der polnischen Romantik in ihrer mystischen Phase anzusehen ist. (Anm. d. Übers.)

52 S. 347. J. Paris, op. cit.

53 S. 347. F. Fergusson, op. cit.

54 S. 349. Wyspiański bezieht sich wörtlich auf die Goethe-Stelle: »Hamlet ist eine große Seele, der eine *große* Tat angeboten und die dieser Tat nicht gewachsen ist« und berichtet von einer Berliner HAMLET-Inszenierung, in der der sterbende Hamlet auf den Thron gesetzt und gekrönt wird. Wyspiański kommentiert diesen Schluß: »Diesen Wunsch hegt man in Berlin. Hamlet soll das erreichen, was er verdient und was alle ihm gönnen.« (Anm. d. Übers.)

55 S. 350. Heinz Kindermann: Tragische Weltsicht im modernen Drama. In: Maske und Kothurn, 4. Jg., 1958, H. 5, S. 293.

Notizbuch

56 S. 360. KRÓL RYSZARD DRUGI. Inszenierung und Regie: Henryk Szletyński. In der Titelrolle: Gustaw Holoubek. Teatr Narodowy, Warschau. Premiere: 22. Februar 1964.

57 S. 367. KING LEAR. Regie und Bühnenbild: Peter Brook. In der Titelrolle: Paul Scofield. Royal Shakespeare Theatre Company, Stratford. Premiere: 6. Februar 1962.

QUELLENNACHWEIS

1. Shakespeare-Ausgaben

The Complete Works of William Shakespeare. Ed. by W. J. Craig, London–New York–Toronto 1955.

Deutsche Übersetzungen:

(Falls nicht anders vermerkt, sind die Dramen-Zitate der Schlegel-Tieck-Übersetzung entnommen.)

Shakespeares Werke. Englisch und deutsch. Sechs Bände. Hrsg. v. Levin Schükking. Berlin und Darmstadt 1955. (Diese Ausgabe enthält die Schlegel-Tieck-Übersetzung der Dramen und die Sonett-Übertragungen von Therese Robinson.)

William Shakespeare: Dramen. Der Elisabethanische Shakespeare in vier Bänden. In Übers. u. Neufass. v. Hans Rothe. Neu durchges. Aufl. München–Wien 1963–64.

Shakespeares Sonette. Übersetzt von Richard Flatter. Wien–München–Basel 1957.

Stefan George: Shakespeare Sonnette. Umdichtung. Vermehrt um einige Stücke aus dem Liebenden Pilgrim. Düsseldorf und München 1964.

2. Originalausgaben und deutsche Übersetzungen

Guillaume Apollinaire: Poetische Werke – Œuvres poétiques. Ausgew. u. hrsg. v. Gerd Henniger. Neuwied und Berlin 1969.

Ludovico Ariosto: Orlando furioso. Hrsg. v. Santorre Benedetti u. Cesare Segre. Bologna 1960. (Collezione di opere inedite o rare, Vol. 122.)

Lodovico Ariosto's Rasender Roland. Übers. v. J. D. Gries. Jena 1807.

Samuel Beckett: Endspiel. Übers. v. Elmar Tophoven. Frankfurt a. M. 1957.

ders.: Warten auf Godot. Übers. v. Elmar Tophoven. Berlin–Frankfurt a. M. 1953.

Michelangelo Buonarroti: Sonette. Ital. u. dt. Übertr. u. hrsg. v. Edwin Redslob. Heidelberg 1964.

Joseph Conrad: Lebenserinnerungen. Übers. v. Elsie McCalman. Berlin 1928.

John Donne: Poems. London–New York 1947.

ders.: Nacktes denkendes Herz. Aus seinen poetischen Schriften und Prosawerken. Ausgew., übers. u. eingel. v. Annemarie Schimmel. Köln 1969.

Galileo Galilei: Opere. Con note di Pietro Pagnini. Vol. 1–5. Florenz 1964.

Jan Kochanowski: Wzór pań mężnych. Dzieła polskie. Bd. 2. Warschau 1969.

Christopher Marlowe: The Works and Life of Christopher Marlowe. Hrsg. v. R. H. Case. New York 1966.

ders.: Eduard II. Tragödie von Christopher Marlowe. Übers. v. Alfred Walter Heymel. Leipzig 1912.

Michel de Montaigne: Die Essais und Das Reisetagebuch. In den Hauptteilen hrsg. u. verdeutscht v. Paul Sakmann. Stuttgart 1948.

Platon: Das Gastmahl. Sämtliche Werke. Bd. 4. Übers. v. F. Susemihl. Heidelberg o. J.

Plutarch: Römische Heldenleben. Coriolan, die Gracchen, Sulla, Pompeius, Cäsar, Cicero, Brutus. Übers. u. hrsg. v. Wilhelm Ax. 5. durchges. u. verm. Aufl. Stuttgart 1953.

Juliusz Słowacki: Dzieła wszystkie. Bd. 2. Hrsg. v. Juliusz Kleiner. Breslau 1952.

Leonardo da Vinci: Tagebücher und Aufzeichnungen. Bd. 1. 2. Nach den ital. Handschriften übers. u. hrsg. v. Theodor Lücke. Leipzig 1940 und München 1952.

ders.: Philosophische Tagebücher. Ital. u. dt. Zusgest., übers. u. (...) hrsg. v. Giuseppe Zamboni. Hamburg 1958.

Stanisław Wyspiański: Hamlet (The tragicall Historie of Hamlet). Dzieła Zebrane. Bd. 13. Krakau 1961.

REGISTER

Adamov, Arthur 144
ANTONIUS UND CLEOPATRA *171–178*, 183, 200, 201, 336
Apollinaire, Guillaume 252, 343
Aretino, Pietro 262
Ariost, Lodovico 263, 279
Artaud, Antonin 364
Audley, Maxine 357

Bach, Johann Sebastian 133
Barrett, William 305
Baudelaire, Charles 342
Beckett, Samuel 133, 136, 138, 139, 150–154, 158, 159, 162, 164, 269, 368
Beethoven, Ludwig van 133
Böhme, Jakob 289
Bosch, Hieronymus 229, 307–308
Botticelli, Sandro 244, 246, 249
Brecht, Bertolt 9, 11, 52, 67, 79–80, 136, 179, 191–192, 194–195, 345–346, 358, 376, 377
Brook, Peter 10, 11, 17, 215, 351–353, 356–357, 367, 380
Bruegel, Pieter 159
Bruno, Giordano 304, 305, 322
BUCH HIOB 149, 151, 157, 160–161
Büchner, Georg 52

Calderon de la Barca, Pedro 294, 333
Callois, R. 378
Campanella, Tommaso 322
Camus, Albert 81, 162, 377
Carlyle, Thomas 113
Chagall, Marc 229
Chambers, E. K. 294
Chambrun, Clara Longworth de 379
Chastel, André 286, 378
Cervantes Saavedra, Miguel de 279, 287
Coleridge, Samuel 113, 179
Colonna, Vittoria 378
Conrad, Joseph 62, 208, 335
Copeau, Jacques 12
CORIOLAN *179–210*, 377
Corneille, Pierre 63, 64, 196
Craig, Edward Gordon 296, 379
Cusanus, Nicolaus 288

Dante Alighieri 133, 149
David, J. Louis 203
Delcourt, Marie 378
Donatello 250
Donne, John 241, 263
Dryden, John 295
Ducis, Jean-François 107
Dumas, Alexandre 109
Dürer, Albrecht 326
Durkheim, Émile 187
Dürrenmatt, Friedrich 136–137, 139, 210

Eliade, Mircea 378
Eliot, T. S. 72
Elisabeth I., Königin von England 23, 25, 45, 322, 360
Empson, William 379
Essex, 2nd Earl of 316
Euripides 11

Fabre, Jean 341, 379
Falkiewicz, Andrzej 157, 377
Fergusson, Francis 344, 347, 379, 380
Fernel, Jean 304
Ficino, Marsilio 223, 246–248, 286, 378
Flatter, Richard 241, 249

Fletcher, John 294
Frye, Northrop 279

Galenus 41
Galilei, Galileo 322, 323
Genet, Jean 229, 262, 268, 269
George, Stefan 238, 240, 241, 243, 244, 247, 249, 251, 252, 290
Georgias aus Leontinoi 137
Gillet, L. 379
Goethe, Johann Wolfgang 345, 349, 380
Goldoni, Carlo 164
Gombrowicz, Witold 377
Goya, Francisco 229–232
Granville-Barker, H. 109, 135, 344, 377
Graves, Robert 294
Greco, El 353
Greg 340
Guéhenno, Jean 330

Hall, Peter 11, 359, 369–370
HAMLET 11, 15, 23, 29, 48, 49, 52, 53, 56, 57, *72–84*, 86, 110, 132, 133, 188, 244, 245, 284, 292, 294, 299, 304, 313, 314, 315–316, 323, 339–350, 351, 352, 368–370, 376, 379, 380
Hazlitt, William 113, 318
Hebraeus, Leo 288–289
Hegel, Georg Wilhelm Friedrich 52
Heine, Heinrich 124, 376
Henniger, Gerd 252
Henslowe, Philip 340
Herbert, George 241
Herbert, Zbigniew 72
Hesiod 266
Heuer, H. 377
Hobbes, Thomas 324
Hocke, Gustav René 378
Hofmannsthal, Hugo von 350
Holm, Jan 359
Holoubek, Gustaw 360, 366, 380
Hugo, Victor 9, 107, 111–112, 123, 295, 330, 376

Ionesco, Eugène 137, 138, 148, 149, 154, 377

Jacob, Max 343
James, Henry 379
Jessner, Leopold 54
Jonson, Ben 195, 294, 316, 354
Jouvet, Louis 358
JULIUS CAESAR 41, 134, 183, 201

Kafka, Franz 81
Kantor, Tadeusz 376
KAUFMANN VON VENEDIG, DER 242
Kean, Edmund 107, 134
Keats, John 124
Kindermann, Heinz 380
Knight, G. Wilson 111, 118, 376, 377
Kochanowski, Jan 288, 378
Kołakowski, Leszek 144, 167, 377
KÖNIG HEINRICH IV. 17, 27, 66, 67, 68
KÖNIG HEINRICH V. 17, 19, 66, 352, 355
KÖNIG HEINRICH VI. 17, 18, 66, 201
KÖNIG HEINRICH VIII. 17, 66
KÖNIG JOHANN 8, 17, 19, 68
KÖNIG LEAR 11, 15, 53, 57, 98, 105, 110, 111, 119, 120–121, 123, 126, 127, 129, *133–170*, 214, 239, 269, 281, 283, 298, 309, 351, 360, 366–368, 377, 380
KÖNIG RICHARD II. 17, 19, 20, *23–30*, *53–58*, 64, 66, 359–361, 380
KÖNIG RICHARD III. 15–17, 19, 20, 21, 22, 23, *29–51*, *53–65*, 66, 68–69, 92, 94, 178, 310, 343, 351, 352–353, 356, 359, 376
Kopernikus, Nikolaus 322
Kosinzev, Grigorij 349, 370
Kott, Jan 10
Krasiński, Zygmunt 143
Kryżanowski, J. 378
Kurosawa, Akira 12

Lachmann, Peter 146, 224
Lamartine, Alphonse de 295
Lamb, Charles 133

Legge, Thomas 45
Leonardo da Vinci 72, 82, 237, 238, 244, 245, 246, 247, 252, 265, 304, 316–321, 323, 326
Livius 181, 182, 186
Lodge, T. 267
Lope de Vega 287, 294
Ludovico il Moro 317

MACBETH 15, 22, *92–105*, 110, 111, 127, 133, 184, 299, 335
Machiavelli, Niccolo 35, 58, 68, 299, 324, 361
Malraux, André 82, 97
Maria Stuart 45
Marlowe, Christopher 242, 264, 265, 267, 354, 361–366
Marx, Karl 19, 51, 52, 187
MASS FÜR MASS 299, 307–308
McKerrow 340
Medici, die 245, 249, 251, 266, 286, 289
–, Lorenzo der Prächtige 286, 287
Mendelssohn-Bartholdy, Felix 225
Meyerhold, Vsevolod 12
Michelangelo Buonarroti 133, 246, 248 bis 251, 265, 266, 288, 320
Mickiewicz, Adam 358
Mirandola, Pico della 223, 246, 286, 317
Molière, Jean Baptiste 329
Montaigne, Michel de 81, 311, 312, 315, 342, 350
Montemayor, Jorge 287
Morus, Thomas 45, 294
Moretti, Marcello 216
Moulton, Richard G. 379
Musset, Alfred de 279

Nashe, Thomas 340
Nicoll, Allardyce 326
Nietzsche, Friedrich 98, 350
North, Sir Thomas 175

Offenbach, Jacques 86, 197
Olivier, Sir Laurence 42, 70, 112, 351, 352, 355–357, 370
Ossowski, Stanisław 377
OTHELLO 9, *106–132*, 281, 376
Ovid 266, 318

Paracelsus 317
Paris, Jean 323, 344, 347, 379, 380
Petrarca 242
Platon 223, 246, 248, 289
Plutarch 174–176, 181, 182, 183, 186, 188, 194, 195, 196, 198, 201, 203, 204, 288
Poliziano, Angelo 286
Praz, Mario 378
Puttenham 324

Quayle, Anthony 357

Rabelais, François 298
Racine, Jean 172–173, 176–178, 196
Reichenbach, Hans 76
Rembrandt 130
Ridley, M. R. 106, 376
Robinson, Therese 239, 240
Rolland, Romain 52
ROMEO UND JULIA 221
Roosevelt, Franklin D. 186
Rothe, Hans 223
Rousseau, Jean-Jacques 312
Rowse, A. L. 216, 220, 378
Rubens, Peter Paul 353
Rymer, Thomas 106, 376

Sannazaro, Jacopo 286–287
Sartre, Jean-Paul 81, 82, 138, 260
Savonarola, Girolamo 246
Schiller, Friedrich 51, 52
Schiller, Leon 179, 296, 358
Schlegel, August Wilhelm 124
Schopenhauer, Arthur 224, 350
Schulz, Bruno 230
Scofield, Paul 358, 380
Seneca 41, 169, 266, 363

Sidney, Sir Philip 287, 324
Sieciński, Wojciech 376
Sienkiewicz, Karol 107
Signorelli, Luca 250, 286, 287
Słowacki, Juliusz 145, 146, 200, 279, 379
SOMMERNACHTSTRAUM, EIN 11, 165, *213 bis 235*, 253, 283, 312
SONETTE *236–253*, 254, 257, 258, 259, 265, 290, 294, 378
Sophokles 11, 139
Southampton, 1st Earl of 220, 221, 223, 241, 245, 303, 316
Speaight, Robert 135, 376, 377
Spencer, T. B. J. 187, 377
Spenser, Edmund 287
SPLENDOR SOLIS 289
Spurgeon, Caroline 119, 376, 378
Stanislavskij, Konstantin 108–109
Stoll 109
STURM, DER 53, 132, 214, 215, 234, 236, *291–336*
Sueton 183
Surman, Janet 359
Swift, Jonathan 129, 280, 281
Swinburne, A. Charles 179
Szletyński, Henryk 380

Tacitus 183
Tasso, Torquato 287
Theodoret aus Cyrus 186
Tieck, Ludwig 124
TITUS ANDRONICUS 17, 46, 124, 198, 351–352, 356, 358
Tizian 353
TROILUS UND CRESSIDA 55, *85–91*, 105, 132, 179, 197, 218, 237, 253, 378
TRUE HISTORY OF RICHARD III. 45
Tynan, Kenneth 9

d'Urfé, Honoré 287

Verdi, Giuseppe 108
VERGEBLICHE LIEBESMÜH 219, 220, 242, 253, 283
Verocchio, Andrea del 249, 250
Veronese, Paolo 353
Vigny, Alfred de 107

Wagner, Richard 133
Warner, David 369
WAS IHR WOLLT 236, 242, *253–262*, 268, 271, 277, 279, 282, 283, 284
WIE ES EUCH GEFÄLLT 10, 214, 219, 242, 253, 256, *267–288*, 299
William, Clifford 10, 215
Wilson, John D. 294, 318
Wind, Edgar 378
WINTERMÄRCHEN, DAS 132, 293
Woszczerowicz, Jacek 69–71, 343, 376
Wyspiański, Stanisław 339–350, 379 bis 380

Zawistowski, Roman 376
ZWEI HERREN AUS VERONA 242, 253